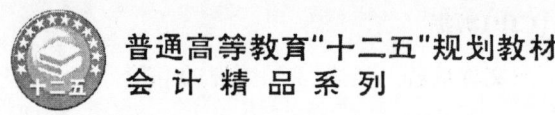

普通高等教育"十二五"规划教材
会 计 精 品 系 列

施工企业会计

（第五版）

俞文青/编著

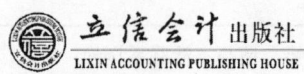
LIXIN ACCOUNTING PUBLISHING HOUSE

图书在版编目(CIP)数据

施工企业会计/俞文青编著. —5版. —上海：立信会计出版社，2012.12
普通高等教育"十二五"规划教材. 会计精品系列
ISBN 978-7-5429-1848-2

Ⅰ.①施… Ⅱ.①俞… Ⅲ.①施工企业－会计－高等学校－教材 Ⅳ.①F407.967.2

中国版本图书馆 CIP 数据核字(2012)第 317234 号

责任编辑　赵志梅
封面设计　周崇文

施工企业会计(第五版)

出版发行	立信会计出版社
地　　址	上海市中山西路 2230 号　邮政编码　200235
电　　话	(021)64411389　传　真　(021)64411325
网　　址	www.lixinaph.com　电子邮箱　lxaph@sh163.net
网上书店	www.shlx.net　电　话　(021)64411071
经　　销	各地新华书店
印　　刷	常熟市梅李印刷有限公司
开　　本	850 毫米×1168 毫米　1/32
印　　张	20.25　插　页　2
字　　数	501 千字
版　　次	2012 年 12 月第 5 版
印　　次	2019 年 3 月第 9 次
印　　数	37 301—38 400
书　　号	ISBN 978-7-5429-1848-2/F
定　　价	34.00 元

如有印订差错　请与本社联系调换

第五版说明

自本书 1999 年第四版出版以后，财政部相继颁发了《企业会计制度》、《企业会计准则》和《企业会计准则应用指南》，建设部也规定了《工程价款结算》等办法。这些企业会计准则、企业会计制度和办法，对规范、完善施工企业会计核算，提高企业会计信息质量有着积极的意义，也使施工企业会计更加适应我国市场经济发展和对外开放的需要。现根据这些会计准则、制度、办法，结合施工企业的施工生产经营的特征，对本书再作修改。考虑到目前上市股份制施工企业以外的其他施工企业，大都采用《企业会计制度》，因此本书在修订时，对《企业会计制度》和《企业会计准则应用指南》中采用的会计科目和会计报表及其核算、编制方法，都同时作了叙述，并对采用《企业会计准则》可能发生的一些问题进行了讨论，以满足不同施工企业的核算需要。此次修改，曾得到上海建工股份有限公司的协助，俞壮林同志参加了第十章的修改，附志于此，表示衷心的感谢。书中不妥之处，恳请读者批评指正。

俞文青
2007 年 4 月

修订本说明

本书是1984年在中国财政经济出版社出版的《施工企业会计》的修订本。该书出版以来,随着经济管理体制改革,特别是企业转换经营机制条例和企业财务通则、企业会计准则的发布,施工企业不论在经营管理体制方面,还是在财务管理方面,都有了较大的变革,会计方面也在年初根据企业会计准则修订印发了新的《施工企业会计制度》。为了满足教学和业务单位的需要,我对1984年出版的《施工企业会计》进行了全面修订。

本书在修订时,力求联系实际,体现现行施工企业会计制度的基本精神,并对当前施工企业会计中存在的一些问题展开了讨论。在各章后面,附有复习题和习题,可作为施工企业财会人员的业务学习用书和财经院校有关专业施工企业会计课程的教材。

本书在修订过程中,曾得到财政部会计事务管理司、上海建工(集团)总公司及其所属建筑工程公司等单位的协助,胡荣振同志协助修订了部分习题,附志于此,表示衷心的感谢。限于水平,本书在内容和编写方面定多不妥之处,恳请读者批评指正,以便续加修订。

俞文青
1993年6月

目 录

第一章 总 论 ………………………………………… 1
  第一节 施工企业会计的对象 ………………………… 1
  第二节 施工企业会计的目标 ………………………… 6
  第三节 施工企业会计工作的组织 …………………… 9
  第四节 施工企业生产核算的主要特点 ……………… 14
  第五节 施工企业生产费用的分类 …………………… 16
  第六节 施工企业生产核算的主要程序 ……………… 22
  复习题 …………………………………………………… 24

第二章 货币资金的核算 ……………………………… 25
  第一节 现金的核算 …………………………………… 25
  第二节 银行存款的核算 ……………………………… 31
  第三节 外币收支业务的核算 ………………………… 36
  第四节 其他货币资金的核算 ………………………… 45
  第五节 商业汇票结算的核算 ………………………… 49
  复习题 …………………………………………………… 55
  习 题 …………………………………………………… 55

第三章 职工薪酬的核算 ……………………………… 58
  第一节 职工薪酬及其核算的内容 …………………… 58
  第二节 职工的分类和工资的种类 …………………… 59
  第三节 工作时间和工程数量的核算 ………………… 61

  第四节 工资的核算 …………………………………… 66
  第五节 职工福利费和其他薪酬的核算 ………………… 78
  复习题 ……………………………………………………… 83
  习 题 ……………………………………………………… 83

第四章 材料的核算 ……………………………………… 85
  第一节 材料核算的意义和内容 ………………………… 85
  第二节 材料的分类和计价 …………………………… 86
  第三节 材料采购的核算 ……………………………… 90
  第四节 材料收发的核算 ……………………………… 101
  第五节 材料委托加工的核算 ………………………… 124
  第六节 周转材料的核算 ……………………………… 127
  第七节 低值易耗品的核算 …………………………… 133
  第八节 材料盘点盈亏和跌价准备提取的核算 ……… 140
  复习题 ……………………………………………………… 144
  习 题 ……………………………………………………… 146

第五章 固定资产和无形资产的核算 ………………… 154
  第一节 固定资产核算的意义和内容 ………………… 154
  第二节 固定资产的分类和计价 ………………………… 156
  第三节 固定资产收入的核算 ………………………… 161
  第四节 固定资产折旧和减值准备提取的核算 ……… 165
  第五节 固定资产修理的核算 ………………………… 181
  第六节 固定资产清理、出售和盘点盈亏的核算 ……… 185
  第七节 租赁固定资产的核算 ………………………… 193
  第八节 无形资产的核算 ……………………………… 200
  第九节 长期待摊费用的核算 ………………………… 209
  复习题 ……………………………………………………… 210

习　题……………………………………………… 211

第六章　工程成本和工程价款结算的核算…………… 215
　第一节　工程成本核算的意义…………………………… 215
　第二节　正确组织工程成本核算的要求………………… 217
　第三节　材料费和人工费的核算………………………… 222
　第四节　机械使用费的核算……………………………… 225
　第五节　其他直接费的核算……………………………… 235
　第六节　间接费用的核算………………………………… 241
　第七节　工程成本的明细分类核算……………………… 247
　第八节　单位工程竣工成本决算………………………… 249
　第九节　工程价款结算的核算…………………………… 253
　复习题……………………………………………………… 264
　习　题……………………………………………………… 265

第七章　附属工业生产和辅助生产的核算…………… 277
　第一节　附属工业生产和辅助生产核算的意义和组织… 277
　第二节　生产费用计入产品成本的程序………………… 286
　第三节　混凝土成本的计算……………………………… 298
　第四节　机械设备制造和修理成本的计算……………… 301
　第五节　砖、瓦、采石成本的计算……………………… 306
　第六节　钢筋混凝土构件成本的计算…………………… 314
　第七节　附属工业生产和辅助生产的总分类核算……… 318
　复习题……………………………………………………… 322
　习　题……………………………………………………… 323

第八章　利润及其分配的核算…………………………… 332
　第一节　施工企业利润总额的组成……………………… 332

第二节　其他业务利润的核算……………………………………… 334
　第三节　管理费用、财务费用和资产减值损失的核算 …… 337
　第四节　投资净收益、补贴收入和营业外收支的核算 …… 347
　第五节　本年利润的核算…………………………………………… 353
　第六节　所得税的核算……………………………………………… 355
　第七节　利润分配的核算…………………………………………… 365
　第八节　以前年度损益调整的核算………………………………… 372
　复习题……………………………………………………………………… 374
　习　题……………………………………………………………………… 375

第九章　所有者权益的核算……………………………………………… 378
　第一节　投入资本金的核算………………………………………… 378
　第二节　资本公积的核算…………………………………………… 384
　第三节　盈余公积和未分配利润的核算…………………………… 391
　第四节　资本金增减变动的核算…………………………………… 396
　复习题……………………………………………………………………… 404
　习　题……………………………………………………………………… 405

第十章　负债的核算……………………………………………………… 407
　第一节　流动负债的核算…………………………………………… 407
　第二节　长期负债及其资金成本的计算…………………………… 414
　第三节　长期借款的核算…………………………………………… 418
　第四节　应付债券的核算…………………………………………… 427
　第五节　长期应付款和专项应付款的核算………………………… 437
　复习题……………………………………………………………………… 442
　习　题……………………………………………………………………… 443

第十一章　对外投资、投资性房地产和在建专项工程的核算 … 446

第一节	短期投资和交易性金融资产的核算	446
第二节	长期股权投资的核算	454
第三节	长期债权投资和持有至到期投资的核算	465
第四节	可供出售金融资产的核算	477
第五节	投资性房地产的核算	480
第六节	在建专项工程的核算	488
第七节	临时设施的核算	496
复习题		501
习　题		502

第十二章　资产、负债重组和企业合并的核算 …… 506

第一节	非货币性资产交换的核算	506
第二节	债务重组的核算	511
第三节	企业合并的核算	527
复习题		536
习　题		537

第十三章　财务会计报告 …… 541

第一节	财务会计报告的作用和种类	541
第二节	资产负债表及其附表	546
第三节	利润表及其附表	563
第四节	现金流量表	577
第五节	合并会计报表	595
第六节	会计报表附注	611
第七节	财务情况说明书	623
复习题		632
习　题		632

第一章 总　论

第一节　施工企业会计的对象

物质资料的生产是社会存在和发展的基础。人们为了管好生产,就必须对生产过程进行反映、监督和控制,必须通过计量和登记,取得反映财产及其变动和经营成果的会计信息,借以了解生产过程,监督经济活动,考核经营成果,促进生产的发展。会计就是通过加工获得的会计信息来反映、监督和控制生产过程,管理经济的一个工具。

在社会主义市场经济条件下,企业之间的商品基本上是按照生产商品的社会必要劳动时间即价值量进行交换的。由于价值规律的作用,生产相同的产品,有的企业因个别劳动耗费低于社会必要劳动耗费而获得盈利;相反,有的企业因个别劳动耗费等于甚至高于社会必要劳动耗费而无利可图甚至亏本。这就迫使企业要从市场需要出发,合理组织生产,实行有效经营,并适应市场带有随机性的变化,作出灵活和果断的反映。商品生产者是独立经营的,但市场经济条件下的市场却把商品生产者联成一个整体。每一个企业之所以能在市场经济条件下进行有序的生产,原因之一就是包括会计信息在内的经济信息作为一种重要的资源和其他资源一起,投入商品经济运动。人们利用经济信息,发现、开发人力资源和物质资源,组成现实的生产力,并有效地加以控制和调节,指导整个经济的运转。

施工企业是从事建筑安装工程施工生产的企业。它要从事施工生产，实行有效经营，必须利用加工取得反映企业财务状况和经营成果的会计信息，据以组织、调节和控制施工生产。同时，要为国家经济管理部门、投资者、潜在投资者、债权人提供所需的会计信息，以满足宏观调控和投资决策、信贷决策等需要，使企业的施工生产能够符合社会需求，扩大再生产所需的资金能够顺利筹措。

施工企业在从事施工生产经营活动中，除了要有人这个决定性的因素外，还要有材料、施工机械、运输设备等生产资料，即财产物资。在会计中，这些财产物资叫做资产。

施工企业的资产，按其在施工生产过程中所起的作用，分为流动资产、固定资产、无形资产、长期待摊费用、长期投资、在建专项工程和临时设施等。

流动资产包括货币资金、结算资金、短期投资、劳动对象和劳动产品。属于货币资金的有库存现金、银行存款和外埠存款、银行汇票存款、银行本票存款等其他货币资金。属于结算资金的有各项应收、预付款项和付给内部单位或采购人员的备用金。属于短期投资的有企业购入能随时变现的交易性金融资产，如债券投资、股票投资、基金投资等。属于劳动对象的有主要材料、结构件、机械配件、周转材料等生产储备，正在施工中的未完工建筑安装工程和正在附属工业企业、辅助生产单位中生产的未完工产品。在会计中，未完工建筑安装工程叫做"未完施工"或"未完工程"、"在建工程"，未完工产品叫做"在产品"或"在制品"。劳动对象在经过施工和生产过程后，大都改变或消失其原有的物质形态，并把它们本身的物质加到工程和产品的物质里去。属于劳动产品的有附属工业企业和辅助生产单位生产的产成品。劳动对象和劳动产品在会计中统称为"存货"。

固定资产包括企业所有施工机械、运输设备、生产设备等劳动资料和非生产用房屋设备，它们能在较长时期内发挥其效能，并在许多施工生产周期中一直保持着自己的物质形态，而不把其本身的物质加到工程和产品的物质里去。但是,它本身的价值却随着使用而逐渐损耗,并通过折旧的方法将其损耗的价值计入工程和产品的成本,然后从工程和产品的结算价款中获得补偿。

无形资产是指企业长期发挥作用而不具备实物形态的非货币性资产,包括专利权、专有技术、土地使用权、商标权、商誉等。它们或者表明企业所拥有的一种特殊权利,或者有助于企业取得高于一般水平的经济效益,所以它们都有一定的价值。与固定资产相似,其价值要在受益期内摊入成本和费用。

长期待摊费用是指那些不能全部计入当年成本、费用,应在以后年度内分期摊销的租入固定资产改良支出、固定资产大修理支出等。

长期投资是指不准备在一年或一年内变现的投资,包括股票投资、债券投资、其他股权债权投资以及投资性房地产等。

在建专项工程包括固定资产的新建、扩建、改建工程,大修理工程,需要安装设备的安装工程,以及临时设施搭建等工程,这些工程在完工以后,均成为企业的固定资产和临时设施。

临时设施是为保证施工和管理的正常进行而建造的各种临时建筑及设施。在《企业会计准则》中,将临时设施列作固定资产。

上述流动资产以外的固定资产、无形资产等资产,在《企业会计准则》中,统称为非流动资产。

施工企业的资产是由企业投资者和债权人投入的资金、物资、专利技术等形成的,因而投资者和债权人对企业资产有提出要求的权利。在会计中,对一个企业的资产可以提出要求的权利,叫做权益。它由负债和所有者权益两个部分组成。

负债也叫债权人权益,它是指将来要在一个固定的或可以确定的日期对企业提出偿还要求的权利。负债按其债务偿还期间的长短,分为流动负债和长期负债。

流动负债是指将在一年或者超过一年的经营周期内必须偿还

的债务，包括向银行借入的短期借款以及在施工生产经营过程中暂时取得或占用的各种应付、预收款，如应付账款、预收账款、其他应付款、应付工资、应付福利费、应交税金、应付股利等。

长期负债是指向银行借入期限在一年以上的各种借款，以及为筹集长期资金而向企业债券持有人确认的应付债券等。在企业会计准则中，长期负债又称为非流动负债。

所有者权益也叫净权益，是指企业投资者对企业净资产（即资产减负债后的余额）可提出要求的权利，包括资本金、资本公积金、盈余公积金和未分配利润。国有施工企业的资本金，由有权代表国家投资的机构以国有资产投入企业形成。有限责任公司的资本金，由有权代表国家投资的机构、其他法人单位、社会个人等股东以其依法可以支配的资产投入企业形成。股份有限公司的资本金，由有权代表国家投资的机构、其他法人单位、社会个人等股东通过认购公司股份形成。这些由有权代表国家投资的机构、其他法人单位、社会个人等投资者以所有者身份投入企业供长期使用的资本金，在一般企业叫做"实收资本"，在股份有限公司叫做"股本"。资本公积金是指属于资本但不能作为资本金记入"实收资本"或"股本"的资本溢价、股票溢价、接受捐赠的财产等，在会计中叫做"资本公积"。盈余公积金是指企业按照规定从净利润中提取的有特定用途的积累资金，包括法定盈余公积金和任意盈余公积金，在会计中叫做"盈余公积"。未分配利润是指企业未作分配的净利润。

施工企业的资产，在施工生产经营过程中，要依次经过供应、施工生产和工程点交（产品销售）过程，不断发生增减变动。在每一过程中，都相应地表现为不同的形态。负债和所有者权益，在企业施工生产经营中，也要发生变动。所有这些变动，在会计中都要加以反映。

在供应过程中，企业通过合同用货币向供应单位购买施工生产所需的各种劳动对象,这样,企业的货币资金转变为材料储备。企业储备的材料,在施工生产需要时,即进入施工生产过程。

在施工生产过程中,被消耗的材料的价值全部转移于未完工程或在产品成本中。与此同时,工人付出了劳动,企业必须以工资形式支付给工人报酬,货币资金通过支付工资而转入未完工程或在产品成本中。此外,在施工生产过程中,固定资产的使用使固定资产发生了损耗,已损耗的固定资产的价值也要与无形资产的摊销转移于未完工程或在产品成本中。

随着施工生产过程的进行,企业的未完工程完工,并在工程点交过程中将完工工程点交给发包单位,从发包单位重新获得了货币资金;企业附属工业企业的在产品成为产成品,通过销售过程从购买单位获得了货币资金。企业利用从发包单位和购买单位获得的货币资金,再度购买材料、支付工资、投入施工生产过程。但是由于施工生产过程中支付给工人的工资,仅包括工人必要劳动创造的那一部分工程和产品的价值,因而企业在工程点交和产品销售过程中收回的货币资金的数额,要比原来投入的资金的数额大。这部分增加的货币资金,就形成了企业的利润。此项利润,要根据国家有关规定,一部分以税金形式上交国家,一部分以积累形式留存企业成为盈余公积金;另一部分以投资回报的形式分配给投资者,这就使企业的资产和所有者权益发生变动。此外,企业在施工生产经营过程中,还会发生诸如购建固定资产和临时设施,借入或归还银行借款,发售企业债券和偿还债券本息,购买其他单位股票、债券和分得股利及到期收回债券本息,向其他单位投出固定资产、材料、货币资金和分得其他单位利润及收回其他单位投资等业务。这些业务也都要引起资产、负债和所有者权益的变动。

通过以上说明,可知施工企业的施工生产经营过程,是施工企业会计对象的内容,它决定着资产、负债和所有者权益的变动。资产、负债和所有者权益的变动,是施工企业会计对象的形式。施工企业施工生产经营过程的完成和资产、负债、所有者权益的变动,是一个经济现象两个方面观察的结果。两者是有机地统一不可分的。

第二节 施工企业会计的目标

会计的目标,是根据客观的需要和要求确定的,它受会计对象的制约。施工企业会计的目标,是对施工企业会计对象进行核算和监督所要达到的目的和要求,主要有以下三个方面。

一、为管理者和投资者提供企业财务状况和经营成果的会计信息,满足企业经营管理决策和国家宏观经济管理的要求,满足企业投资者和债权人进行投资、贷款决策的需要

我国实行的是社会主义市场经济,每个施工企业,都必须根据自身的施工生产能力和建筑市场的需求,向社会招揽工程任务,充分利用生产潜力,合理安排施工生产。为了不断改善企业施工生产经营管理,增强在建筑市场的竞争能力,一方面要接受国家综合管理部门的指导,使自己的施工生产经营活动符合国家产业政策的要求;另一方面要接受投资者的监督,使投资者关心企业,为企业提供扩大再生产所需的资金,同时,要使银行等债权人了解企业的偿债能力和盈利能力,能为企业提供施工生产所需的借款。这就要求企业必须做好会计工作,及时提供会计信息,真实反映企业的财务状况和经营成果,以满足企业经营管理决策和国家宏观经济管理的要求,满足企业投资者、潜在投资者和债权人进行投资、贷款决策的需要。

要及时真实地提供会计信息,企业会计工作必须遵循真实性原则,如实反映企业财务状况和经营成果,做到内容真实,数字准确,信息可靠。遵循相关性原则,以满足各有关方面对会计信息的需要;遵循可比性原则和一贯性原则,按照会计准则允许的会计方法和会计估计,在不同会计期间前后一致地加以采用,以便于会计信息的相互比较和利用;遵循及时性原则和明晰性原则,及时、简明易懂地进行会计核算,以便于会计信息及时、有效地利用;遵循权责发生制原则和配比原则,正确地核算收入和费用,以便准确地计算当年损益;遵循谨慎性原则,考虑企业经营风险和财务风险,合理核算可能发生的损失和费用,并对减值资产计提减值准备;遵循划分收益性支出与资本性支出的原则,正确区分计入当期损益的支出与计入资产价值的支出,如实反映企业的资产价值和损益情况;遵循重要性原则,在全面核算企业施工生产经营情况的同时,对重要的经济业务,单独进行核算反映。在日常核算工作中,必须按照会计制度的规定,记好账、算好账、编好表,做到内容真实,数字准确,账目清楚,日清月结,按期报账。在办理年度会计决算以前,必须全面清查财产物资,核实库存数量和查清盘点盈亏原因。

二、反映和监督财产物资保管、使用情况,不断降低工程成本,节约使用资金,提高经济效益

为了适应建筑市场公平竞争的需要,施工企业必须讲求和提高经济效益,多好快省地进行施工生产,一方面要做好财产物资的保管工作,保证财产物资的安全完整;另一方面要合理使用财产物资,不断减少资金耗费,节约使用资金,降低工程成本。

要保证财产物资的安全完整,就必须做好会计工作,全面反映和监督各项财产物资的存在和变动情况。对于一切货币资金的收支,财产物资的收入、发出和转移,要据实填制凭证,认真进行审核,及时登记账簿,要定期进行财产清查,查明账实不符的原因,明确管理人员的经济责任。

要保证财产物资的合理使用,就必须及时计算工程成本,反映工程在施工过程中的生产耗费;及时做好固定资产和材料的核算,反映固定资产和材料的利用情况。工程成本是工程在施工过程中耗费的各项生产费用。它能反映材料的消耗情况,工人工资、施工机械使用费和各项费用的开支情况。如果提高了施工管理水平，节约了材料的消耗，提高了劳动生产率和机械利用率，减少了各项费用的开支，那么，必然反映为工程成本的降低。因此，通过工程成本的计算和分析，可使企业及时发现施工管理中存在的问题，采取降低工程成本的有效措施，多为国家、投资者、企业提供税金、投资回报和企业扩大再生产所需的资金。

施工企业要进行施工活动，必须有一定数量的机械设备和材料储备。但是，这个量不是绝对不变的，如果加强了固定资产和材料的管理和核算工作，及时反映和监督固定资产和材料的利用情况，就可能促使企业充分利用机械设备，合理组织材料的供应，减少机械设备的需要量和压缩材料的储备量，从而减少企业资金的占用量，这就有可能把节约的资金用于本企业的扩大再生产。

三、反映和监督执行财经制度和财经纪律的情况，促使企业坚持社会主义方向

施工企业的施工生产经营过程，是贯彻国家财经制度和财经纪律的过程。每个施工企业，都必须执行国家的财经制度，遵守国家的财经纪律，坚持社会主义方向。由于施工企业所有的财产物资和各项经营活动都要在会计核算过程中反映出来，因而通过对凭证的审查和账表资料的分析和考核，以及由此进行深入的调查研究，就可了解企业各项经营活动是否遵守财经制度和财经纪律。例如，通过固定资产和材料的核算，可以发现有无将属固定资产支出的资本性支出，作为收益性支出计入当期损益；有无在前后年度采用不同的折旧方法调节工程成本。通过工程成本分析，可以发现有无任意扩大成本开支范围，将应由专项工程开支的资本性支出挤入施工成本，借以提高施工成本，减少利润，少交税金。通过管理费用的核算，可以发现有无假公济私、请客送礼、铺张浪费以及擅自提高开支标准，扩大福利待遇等情况。通过工程结算收入的核算，可以发现在年度盈利水平较高的情况下，有无隐匿工程结算收入,调节年度间的利润;有无收取回扣,压低工程造价或故意少算漏项工程收入等情况。通过利润分配的核算,可以发现有无不按有关规定,不提或少提法定盈余公积金,在所有者之间多分利润的情况。通过财产清查,可以发现有无贪污盗窃,等等。做好会计工作,就能促使企业遵守国家的财经制度和财经纪律,同一切违法乱纪的行为作斗争,促使企业坚持社会主义方向。

第三节 施工企业会计工作的组织

科学地组织会计工作,是充分发挥会计作用、保证会计目标实现的一个重要条件。为了把施工企业的会计工作科学地组织起来,每个施工企业都要根据国家的有关规定,结合本企业的具体情况,健全会计机构,制订和执行合理的会计制度,加强会计队伍的建设。

一、建立和健全会计机构

会计机构是企业负责组织和从事会计工作的职能部门。在施工企业里,一般都必须单独设置会计机构,配备必要的专职会计人员。因为会计和财务工作是紧密联系、难以分割的两项经济管理工作,所以在施工企业里,大都设置会计科(组)、财务科(组)或财务会计科(组)。

为了更好地把会计工作组织起来,并促使企业各个职能部门和所属各施工单位的施工经营的各个环节讲求经济效益,加强经济核算,大中型施工企业还应设置总会计师,建立总会计师的经济责任制。总会计师是企业经济工作的负责人,领导财务会计工作,编制和执行财务收支预算、信贷计划,拟订资金筹措和使用方案,开辟财源,有效地使用资金;进行成本费用预测、计划、控制、核算、分析和考核,督促企业有关单位降低消耗,节约费用,提高经济效益;建立、健全经济核算制度,利用财务会计资料进行经济活动分析。在没有设总会计师的小型施工企业,可指定一名企业领导人行使总会计师的职责。

企业所属各施工生产单位和其他管钱、管物的单位,也要根据工作需要,设置会计机构,配备会计人员或指定专人负责会计工作,并指导和协助工人班组开展经济核算工作。根据建筑安装工程施工现场不断转移而且较为分散的特点,施工企业在经营管理上,要更加重视分级管理、分级核算。对于分散在各个地区的施工单位,应给予比一般工业企业的生产车间更大的职权,以便充分调动各级施工单位当家理财的积极性,并及时处理财务会计工作中的问题。企业内部各单位的会计工作是整个企业会计工作的组成部分,因此,这些单位的会计人员在业务上都要接受企业会计部门的指导。

在企业会计机构内部,要根据业务的繁简程度进行合理分工,建立岗位责任制。对于各种会计凭证、会计报表的填制、登记、审核、保管以及报表的编制和分析,都要有明确的分工,使各种核算工作有专人负责。这样,能更好地发挥每个会计人员的积极性和主动性。

为了充分发挥各级会计机构的作用,要贯彻统一领导、分级管理、分级核算的原则,根据企业的施工规模和管理工作的实际需要,正确处理各级权责关系,建立相应的核算体制。施工企业的核算体制,应与企业施工管理体制相适应。在一般情况下,公司为独立核算单位,它独立核算企业盈亏,全面核算企业各项技术经济指标。公司所属的工程处(或分公司、工区)、加工厂为内部独立核算单位。它在公司统筹下核拨施工生产所需的资金,并单独计算盈亏。工程处所属的施工队(或项目经理部)为内部核算单位。这样,就使企业各级单位的核算,组成完整的核算体系。对企业生产经营活动进行经常的、全面的核算,既有利于各单位及时掌握本单位的经济活动情况,又有利于因地制宜地解决存在的问题,不断改善施工生产经营管理,提高经济效益。

二、制订合理的会计制度

会计制度是组织和从事会计工作时必须遵循的规范。为了正确地组织施工企业的会计工作,必须有一套完整的、科学的会计制度。

制订会计制度,必须遵循统一领导、分级管理的原则。全国性的会计制度,必须由国家统一制定。会计的基本原则、会计核算的指标体系和核算方法等,都必须在全国范围内统一起来。我国统一的会计制度由财政部制定颁发。

会计制度的内容主要有会计工作规则、会计科目(包括科目设置、会计事项的处理程序和办法)、会计报表(包括报表的编制、报送、审查和批复)、会计核算规程(如成本核算规程等)、会计监督和检查、会计档案管理、会计人员的职责和权限等方面的规定。

除了国家规定的会计制度外,企业为了加强内部管理,在不违背统一会计制度规定的前提下,可以制订一些必要的核算办法,如固定资产核算办法、材料核算办法、工资核算办法、财产清查办法和会计凭证循转程序等。

制订会计制度,是一项很严肃的工作,必须深入基层,调查研究,周密考虑,既要符合企业会计准则,又要顾及现有企业的实际情况。在制订会计报表、会计科目和核算方法时,还要正确处理繁与简的关系。会计指标体系和会计方法的繁与简,不能仅仅以指标的多少、工作量的大小或掌握核算业务的难易来判断,还应当看它在反映经济活动和财务预算成本计划执行方面是否必要。不能任意取消必要指标和核算工作,不能离开会计的基本原则和目标单纯追求会计方法的简化。在科学地、全面地、正确地反映企业经济活动及其预算、计划执行情况的前提下,应当尽可能简化核算手续和核算方法。既要避免盲目增加报表和指标,也要避免把反映经济活动基本情况、记录经济业务发生和变动过程的必要指标、必要手续和方法等统统"简化"掉。

会计制度制订以后就要认真执行。但是,会计制度属于上层建筑,它并不是一成不变的。随着经济的发展,人们对客观事物的认识不断提高,经济体制、财政体制、税收制度和财务制度要发生变革,会计制度也要作相应的改革。在会计制度的改革上,必须正确处理破与立的关系。为了保证会计工作正常地进行,在新的会计制度没有建立以前,原有的会计制度还应继续执行。否则,就会造成无章可循的状态,引起管理上的混乱,招致不必要的损失。

近十多年来,施工企业采用的会计制度,有财政部1993年颁发的《施工企业会计制度》、2001年颁发的《企业会计制度》(以下称企业会计制度)和2006年颁发的《企业会计准则》、《企业会计准则应用指南》(以下称企业会计准则)。目前,多数施工企业均在采有企业会计制度。比起《施工企业会计制度》,企业会计制度在会计报表上所反映的各项会计要素更加符合其质量特征,满足会计信息可靠性的要求,如对企业所拥有或控制的各项资产,若已发生了跌价或减值,均应计提跌价或减值准备,使会计报表反映的资产价值更加真实,等等。2006年颁发的企业会计准则,目前已在股份制施工企业采用,比起企业会计制度,企业会计准则更多借鉴国际财务报告准则和国际惯例,对企业资产的计量,逐步采用公允价值模式,对企业合并和资产负债重组及其会计处理,更加适应我国市场经济发展和对外开放的需要,但企业会计准则主要反映企业一些共性的核算内容,没有反映施工企业施工生产经营过程的核算内容,对涉及施工企业的核算内容,也没有结合近年建设部、财政部颁发的相关法规,所以作者在修订本书时,除了根据企业会计制度以及相关会计准则对一些共性的核算内容加以叙述外,仍结合近年有关施工企业法规,并保留原书对施工生产经营过程中关于材料供应、工程施工生产成本、工程价款结算的总分类和明细分类核算的内容,以满足施工企业会计从业人员的需要。

三、加强会计队伍的建设

要做好施工企业的会计工作,必须根据工作需要,配备具有一定素质和业务水平的会计人员。

为了调动会计人员的积极性,保证会计任务的完成,国家规定了会计人员的技术职称和会计人员的工作职权。会计人员的主要职责是:按照国家财务制度的规定,认真编制并严格执行财务预算,遵守各项收入制度、费用开支范围和开支标准,筹集并合理使用资金,保证完成税款上交任务;按照国家会计制度的规定,记账、算账、报账,做到手续完备,内容真实,数字准确,账目清楚,日清月结,按期报账;按照金融制度的规定,合理使用借款,加强现金管理,做好结算工作;按照经济核算原则,定期检查、分析财务预算的执行情况,挖掘增收节支的潜力,考核资金使用效果,揭露经营管理中的问题,及时向领导提出建议;按照国家会计制度的规定,妥善保管会计凭证、账簿、报表等档案资料;遵守、宣传、维护国家财经制度和财经纪律,同一切违法乱纪行为作斗争。为了保障会计人员能够更好地履行其职责,会计人员有权要求本单位有关部门、人员遵守国家财经纪律和财务会计制度;有权参与编制本单位计划、预算,制定定额,签订经济合同,参加有关的施工、生产、经营管理会议;有权监督、检查本单位有关部门的财务收支、资金使用和财产保管、收发、计量、检验等情况;有权要求有关部门提供资料,如实反映情况;对于违反财经法令、制度、计划和预算的经济业务,有权拒绝付款、拒绝报销或拒绝执行。对于弄虚作假、营私舞弊、欺骗上级等违法乱纪行为,不但要拒绝执行,而且应向本单位领导或上级机关、财政部门报告。各级领导和有关人员要支持会计人员的工作,保证他们履行职权,如果有人对坚持原则、反映情况的会计人员进行刁难、阻挠或打击报复,上级机关要查明情况,严肃处理。

为了充分发挥会计人员在施工经营管理中的作用,要根据国家有关规定,评定并授予技术职称。同时要有计划地对会计人员进行专业培训,提高其业务水平,并建立会计人员的定期考核制度,鼓励他们坚持原则、廉洁奉公、钻研业务、积极工作,遵守敬业爱岗、熟悉法规、依法办事、客观公正、搞好服务、保守秘密的职业道德规范,更好地为社会主义建设服务。

会计人员在核算工作中,要面向生产建设,关心生产建设,想工程之所想,急工程之所急。凡是有利于生产建设事业发展的事情,只要在政策和计划的许可范围内,都应积极支持;凡是违背经济发展规律和束缚生产建设事业发展的事情,都应劝阻和制止。要按照国家政策和企业计划的要求,根据需要与可能,切实解决好在施工生产和供应等方面所需资金的问题,促使生产建设事业顺利发展。

广大工人群众处在生产第一线,他们对施工生产的具体情况最熟悉。会计人员在核算工作中,要紧密依靠工人群众,并积极协助工人群众搞好班组核算。会计人员只要深入实际了解情况,做好调查研究,就容易发现问题,抓住关键,提出改进工作的措施,实现增产节约,提高经济效益。

第四节 施工企业生产核算的主要特点

正确组织施工企业生产过程的核算,在施工企业会计中占有极其重要的地位。施工企业生产过程核算的组织和方法,很大程度上取决于建筑安装工程及其施工的特点。

第一,建筑安装工程具有固定性的特点。每一建筑安装工程的位置都是固定不变的,必须在建设单位指定的地点进行施工。建筑安装工程固定性的特点,给建筑安装工程施工带来了流动性,使得建筑安装工人和施工机械设备都必须在各个工地上流动。由于建筑安装工程的施工活动分散在各个工地上进行,在组织施工企业生产核算时,必须更加重视分级核算,充分调动各级施工单位和广大职工当家理财的积极性。同时,要更加重视施工机械设备和材料的管理和核算,及时反映它们的使用和保管情况。

第二,建筑安装工程具有多样性的特点。每一建筑安装工程几乎都有独特的形式和结构,需要单独的设计图纸,采用不同的施工方法和施工组织。即使采用相同的标准设计,由于建造地点的地形、地质和水文等自然条件与运输等社会条件不同,也往往需要对设计图纸以及施工方法、施工组织等作适当的改变。建筑安装工程多样性的特点,使得施工企业的生产具有单件性的特点。因此,施工企业必须按照各项建筑安装工程分别进行成本的核算。凡是可以直接计入某项工程的生产费用,应直接计入该项工程成本;凡不能直接计入某项工程而应由各项工程共同负担的生产费用,要先按照发生地点先行汇总登记,然后按照一定的标准,定期分配计入有关工程成本。

第三,建筑安装工程具有体积庞大、露天施工受气候条件影响的特点。由于建筑安装工程施工在露天进行,使得施工机械设备等经常露天存放,受自然力侵蚀的影响很大。因此,在计算这些施工机械的损耗价值即折旧费时,除了考虑使用上的磨损这个因素外,还要充分考虑受自然力侵蚀的影响。由于建筑安装工程施工要受气候条件的影响,使得施工企业的施工活动在各个月份内很难均衡。特别是在北方严寒地区,施工企业往往利用冬季停工期间,集中修理机械设备,让职工回家探亲。为了合理负担机械设备折旧、修理费用和职工探亲旅费,对这些费用应采用台班折旧法和预提、待摊的核算方法,而不宜将发生的费用全部计入当月工程成本。

第四,建筑安装工程具有施工周期较长的特点。由于工程施工周期较长,对工程进行成本核算和价款结算,不能等到工程全部竣工才进行。因此,对于施工企业的成品,往往给予某些假定的条件。从理论上来说,施工企业的成品,应指在该企业范围内全部竣工不再需要进行任何施工活动的工程。在一般性施工(建筑)企业,因为它所承包的往往是完整的房屋和构筑物,所以,只有当这些完整的房屋和构筑物全部竣工,才能成为该企业的成品。在专业性施工企业,由于它所承包的是房屋、构筑物的建造或机器设备的安装的个别部分,只有当这些承包的房屋、构筑物的建造部分或机器设备的安装部分全部竣工,才能成为该企业的成品。但是,由于建筑安装工程的施工周期较长,如果只对具有完整使用价值的房屋、构筑物或其承包的房屋、构筑物的建造部分或机器设备的安装部分全部竣工才进行核算和结算,就会占用很大一笔流动资金,给施工企业流动资金的周转带来很大困难,核算也只能起到事后记录的作用。因此,在核算和工程价款结算上,对于施工企业成品的含义,也往往给予某些假定的条件,即在技术上达到一定成熟阶段的建筑安装工程,就视为"成品"即"已完工程"看待,并与发包单位进行工程进度价款的结算。这部分工程虽不具有完整的使用价值,也不是施工企业的竣工工程,但由于企业对这部分工程不再需要进行任何施工活动,已可确定工程的数量和质量,就可核算它的实际成本,考核施工活动的经济效果。

随着建筑生产技术条件和社会条件的变化,建筑安装工程及其施工的特点也会不断变化。认识这些特点,对于我们做好施工企业的会计工作是十分必要的。

第五节 施工企业生产费用的分类

一、工程成本和生产费用的概念

要组织施工企业生产过程的核算,必须先了解什么是工程成本和生产费用。

施工企业的生产过程,同时也是生产的消费过程。在工程生产过程中，既要耗费活劳动，又要耗费物化劳动。工程在生产过程中耗费的活劳动和物化劳动，构成工程的价值。工程价值包括已耗费的生产资料的价值和劳动者在生产过程中新创造的工程的价值。对于新创造的工程的价值，一部分用以满足劳动者本身的消耗；另一部分用以满足全社会的需要。这样，工程价值就包括：(1) 在生产过程中耗费的生产资料即物化劳动的价值；(2) 在生产过程中耗费的必要劳动创造的价值；(3) 剩余劳动创造的价值。这三部分的总和体现着工程在生产过程中耗费的社会劳动量。

但是，就施工企业来说，它在工程生产过程中所耗费的只是已耗费的生产资料的价值和相当于工资部分的必要劳动创造的价值。至于剩余劳动创造的价值，是作为社会的纯收入并不支付给工人的。这样，工程价值的前两部分，就构成了工程的成本。

在社会主义社会中，施工企业耗费的生产资料的价值，是以货币计算的。具体地说，生产过程中耗费的施工机械、运输设备等劳动资料的价值，是以折旧费的形式计入工程成本的。生产过程中耗费的主要材料、结构件、其他材料等劳动对象的价值，是以耗用材料的价格计入工程成本的。至于工人必要劳动创造的工程的价值，是按工资形式支付并计入工程成本的。因此，工程成本是以货币形式表现的已耗费的生产资料的价值和工人必要劳动创造的工程价值。它是由企业耗费的"材料费"、"折旧费"、"工资"等生产费用构成的。

为了考核和分析生产费用，寻求进一步降低工程成本的途径，要从不同的角度观察生产费用的变动情况，并对生产费用进行合理的分类。

二、生产费用按照经济性质的分类

生产费用按照经济性质分类，就是把生产费用划分为费用要素。因此，这种分类也叫生产费用按生产要素分类。施工企业生

产费用按其经济性质的不同,分为下列各生产费用要素:

1. 材料费。指企业为进行施工生产经营管理活动所耗用的各种外购材料,包括主要材料、结构件、机械配件、周转材料、其他材料和低值易耗品等费用。

2. 工资。指企业支付给职工的工资、奖金、津贴、福利费等。

3. 折旧费。指企业在生产经营管理过程中使用固定资产而发生的折旧费。

4. 其他费用。指不属于以上各要素的费用支出,如邮电费、差旅费等。

生产费用按经济性质分类,可以提供企业在一定时期内耗费的材料费总额、工资总额、固定资产折旧总额和其他现金支出总额,这对于企业编制材料供应计划、工资计划、财务预算和考核这些计划的执行情况,有着很大的方便和用处。同时,生产费用按经济性质分类,也可以把物化劳动和活劳动的耗费划分开来,作为计算建筑业净产值和国民收入的重要依据。但是,这种分类方法也有一些缺点:第一,它仅能表现在施工经营管理过程中耗费了哪些费用,而不能表明这些费用的用途。为了指导施工经营过程,我们不仅要知道施工经营管理过程中耗费了哪些费用,而且要知道这些费用使用在哪里及其支出是否经济合理。例如,材料费中的材料可耗用于工程的施工过程,也可耗用于施工机械设备的维护修理过程或作为管理部门的一般消耗。因此,对于耗用的材料,如不按其用途分别计算,就难以分清其超支或降低的原因。第二,生产费用按经济性质分类,不能用来计算各项工程的实际成本。这是由于企业发生的生产费用只有一部分是可以直接记入各项工程成本的;另一部分属于共同性的生产费用,不能确定其为某项工程所应负担,而必须按照一定的标准将它间接地分配于各项工程成本和管理费用。为了便于计算各项工程的成本,需要将生产费用另加分类。

三、生产费用按照经济用途的分类

生产费用按照它的经济用途来分类,构成工程的成本项目。因此,这种分类也叫生产费用按成本项目分类。施工企业生产费用按照它的经济用途,分为下列成本项目:

1. 材料费。指在施工过程中所耗用的、构成工程实体或有助于工程形成的各种主要材料、外购结构件(包括内部独立核算附属工业企业供应的结构件)的费用,以及周转材料的摊销及租赁费用。

2. 人工费。指直接从事建筑安装工程施工的工人(包括施工现场制作构件工人,施工现场水平、垂直运输等辅助工人,但不包括机械施工人员)的工资和职工福利费。

3. 机械使用费。指建筑安装工程施工过程中使用施工机械所发生的费用(包括机上操作人员人工费,燃料、动力费,机械折旧、修理费,替换工具及部件费,润滑及擦拭材料费,安装、拆卸及辅助设施费,养路费,牌照税,使用外单位施工机械的租赁费,以及保管机械而发生的保管费等)和按照规定支付的施工机械进出场费等。

4. 其他直接费。指为完成工程项目施工、发生于施工前和施工过程中不能直接计入工程实体的费用,包括环境保护费、安全施工费、临时设施费、冬雨季施工增加费、夜间施工增加费、材料两次搬运费、土方运输费、生产工具仪器使用费、检验试验费、施工排水降水费、施工过程耗用水、电、风、汽费等。

5. 间接费用。指企业所属各施工单位如分公司(工区)、施工队(项目经理部)为组织和管理施工生产活动所发生的各项费用,包括施工单位管理人员工资、职工福利费、折旧费、修理费、工具用具使用费、办公费、差旅交通费、劳动保护费等。

由于材料费、人工费、机械使用费和其他直接费直接耗用于工程的施工过程,所以也叫"直接费"。间接费用是为组织和管理施工生产活动所发生的各项费用,它要按照一定标准分配计入各项工程成本。工程直接费加上分配的间接费用，构成建筑安装工程成本。

按上述成本项目计算的工程成本是工程施工成本，它不包括企业管理费用和财务费用等期间费用。因按现行财务会计制度的规定，期间费用直接计入当期损益，不分配计入工程成本，所以上述工程成本是工程施工成本，不是工程完全成本。工程施工成本加上管理费用和财务费用，才构成工程完全成本，能据以计算当期工程利润。

必须指出，在国家建设部 2003 年印发的《建筑安装工程费用项目组成》的通知中，规定工程预算成本由直接费和间接费组成。直接费由直接工程费和措施费组成。直接工程费包括人工费、材料费和施工机械使用费。措施费包括环境保护费、安全施工费、临时设施费、夜间施工增加费、材料两次搬运费、施工排水降水费等。间接费由规费和企业管理费组成。规费是指政府和有关权力部门规定必须交纳的工程排污费、工程定额测定费、社会保障费、住房公积金、危险作业意外伤害保险费等。从建筑安装工程费用项目组成的内容来看，工程预算成本相当于工程完全成本，直接费相当于工程施工成本。工程完全成本与工程预算成本各个项目之间的相互关系大致如图表 1-1 所示。

图表 1-1

工程完全成本与工程预算成本项目关系图

工程完全成本	工程施工成本	直接费	人工费	人工费	直接工程费	直接费	工程预算成本
			材料费	材料费			
			机械使用费	施工机械使用费			
			其他直接费	措施费			
		间接费用					
	管理费用			规费		间接费	
	财务费用			企业管理费			

在工程成本项目中对因使用机械设备而发生的各项费用,在一般工业企业都是分别在人工费和制造费用项目计算的,但从工程施工技术经济特点来看,那样计算会发生一些问题。首先,不便于正确计算各项工程的成本。因为在同一时期内,一台机械往往同时为几个单位工程服务,它所发生的动力、燃料、折旧、修理、运输和装卸等费用,很难直接计入各项工程成本,也不宜将它与其他直接费或间接费一起,按统一的分配标准进行分配。特别是大型施工机械,往往是为某些大型工程服务的。为了正确计算各项工程所应负担的机械使用费,不论是编制工程预算成本,还是计算工程实际成本,都应按照各项工程使用的台班来计算和分配机械使用费。其次,也不便于分析施工机械使用的经济效益,找出影响机械使用费超降的原因,为进一步提高机械利用率和节约机械使用费寻找途径。因此,在建筑安装工程的成本项目中,都将机械使用费单独设置一个项目。

四、生产费用按其与工程量增减关系的分类

生产费用按其与工程量增减的关系,可以分为变动费用和相对固定费用。

变动费用是指费用总额随着工程量的增减而增减的费用,如材料费,机械使用费中的动力、燃料费等。这些费用,虽然随着工程量的增减而增减,但就单位工程所应负担的费用来说,则不因工程量的变动而变动。

相对固定费用是指费用总额不随着或几乎不随着工程量的增减而增减的费用,如间接费用,机械使用费中的机械折旧、修理费等。这些费用就其总额来说,虽然不随着工程量的增减而增减,但就单位工程所应负担的费用来说,则随着工程量而成反比例的变动,即工程量增加,单位工程分摊的费用随之减少;工程量减少,单位工程分摊的费用随之增加。由于工程成本中有相对固定费用,所以,增加工程数量就能降低工程成本。

区别变动费用和相对固定费用,对寻求降低工程成本的途径具有重大的意义。对于变动费用,应从降低各项工程的消耗定额着手;而对相对固定费用,主要应从节约各个时期的绝对支出数和增加工程数量着手。

第六节 施工企业生产核算的主要程序

施工企业的生产按其在企业内部的职能,可分为建筑安装工程生产和辅助、附属生产。

建筑安装工程生产是指直接从事建筑工程、设备安装工程的施工,在会计核算中,用"生产成本——工程施工成本"或"工程施工"科目(采用企业会计制度的施工企业用"生产成本——工程施工成本"科目,采用企业会计准则的施工企业用"工程施工"科目)核算其所发生的生产费用。

辅助、附属生产是指直接或间接为建筑安装工程施工服务的生产。按照它们的性质可以分为:(1)从事工程施工所需材料、构件(如砖、瓦、砂、石、石灰、混凝土和钢筋混凝土构件)的生产和木材的加工;(2)从事工程施工所需机械设备的制造和修理;(3)提供工程施工所需的水、电、蒸汽。如果这些辅助、附属生产单位实行内部独立核算、独立计算盈亏,通常称为"附属工业企业",在会计核算中,用"生产成本——工业生产成本"科目核算其所发生的生产费用;如果不实行内部独立核算,通常称为"辅助生产单位",在会计核算中,用"生产成本——辅助生产成本"科目核算其所发生的生产费用。

在施工企业会计核算中,对于建筑安装工程在施工过程中发生并能直接记入各项工程的生产费用,应直接记入"生产成本——工程施工成本"或"工程施工"科目的借方;对于辅助生产单位和附属工业企业在产品生产和劳务供应过程中所发生的各项生产费用,应分别记入"生产成本——辅助生产成本"和"生产成本——工业生产成本"科目的借方; 对于工程施工过程中使用施工机械和运输设备进行机械化施工和运输作业所发生的各项生产费用,应先在"生产成本——机械作业成本"或"机械作业"科目(采用企业会计制度的施工企业用"生产成本——机械作业成本"科目,采用企业会计准则的施工企业用"机械作业"科目)汇总,于月终再转入"生产成本——工程施工成本"或"工程施工"科目的借方。

对于不能直接记入各项工程和产品成本的各项间接费用,先归集于"生产成本——工程施工成本"或"工程施工"和"生产成本——工业生产成本"科目所属的"间接费用"科目,于月终再将它分配计入各项工程、产品成本。

现将上述各主要生产科目的总分类核算程序列示如图表1-2。

图表1-2

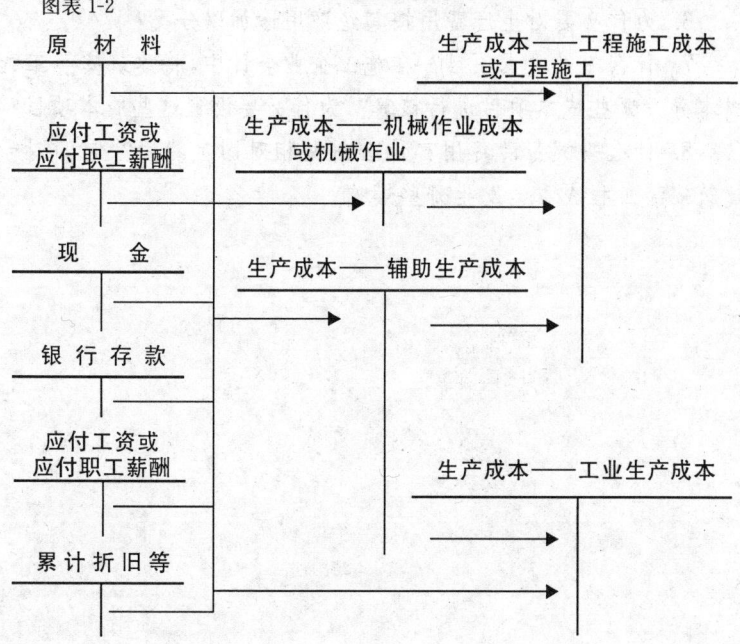

复 习 题

1. 施工企业会计的对象是什么？它的主要目标是什么？它们两者之间的关系怎样？

2. 什么叫做资产？什么叫做负债？什么叫做所有者权益？它们之间存在着什么关系？在施工生产经营过程中，它们要引起哪些方面的变动？

3. 会计制度包括哪些主要内容？在制订会计制度时，为什么必须正确处理繁与简的关系？怎样正确处理这方面的关系？

4. 会计人员的工作职责和权限是什么？

5. 建筑安装工程及其施工就其与施工企业生产核算有关的方面来说，主要有哪些特点？它们对生产核算带来哪些影响？

6. 为什么要对生产费用按其经济用途加以分类？

7. 什么叫做成本项目？在施工企业会计中，将建筑安装工程成本分设哪些成本项目进行核算？为什么要设置这些成本项目？

8. 什么叫做变动费用？什么叫做相对固定费用？它们对于建筑安装工程成本会发生哪些影响？

第二章 货币资金的核算

第一节 现金的核算

货币资金是指施工企业在施工生产经营活动中停留于货币形态的那一部分资金,包括现金、银行存款和其他货币资金,如外埠存款、银行本票存款、银行汇票存款、信用卡存款等。其中现金是指库存现金,与现金流量表中所界定的现金概念不同。现金流量表中所说的现金包括库存现金、银行存款和其他符合现金定义的票证。

在社会主义市场经济条件下,商品物资的分配和交换,都必须以货币为媒介。一方面是商品物资的流转;另一方面是货币的收付。同时,各种劳务的供应,以及企业税金的上交和工资的支付,都要通过货币来进行。因此,加强货币资金的管理,组织好货币的收支,是一项十分重要的工作。做好这项工作,不仅可以合理安排货币收支,增加收入,节约开支,保证资金的合理使用和增强企业的支付能力,而且有利于正确处理企业与国家、企业与企业、企业与职工,以及企业内部各部门之间的经济关系,更好地贯彻执行国家的财经政策和制度,维护国家的财经纪律,促使企业坚持社会主义方向。

在我国,国家通过有关银行对企业实行现金管理,统一组织和办理企业与各单位之间的结算业务。各个企业都必须接受有关银行的监督,执行国家规定的现金管理制度和结算制度,对货币资金的收支加强管理。

按照现金管理和结算制度的规定,每个施工企业的货币资金,除按规定在限额以内可以保存少量的现金以外,都应存入银行。企业的一切经济往来,除在规定范围以内可以采用现金结算以外,都应通过银行办理转账结算。这样,就有利于国家通过银行对生产和流通进行监督和管理,并集中闲置的货币资金,加以充分利用。

企业在与外单位或本单位职工之间的经济往来中,用现金直接收付的,叫做现金结算;由银行划拨转账的,叫做非现金结算或转账结算。现金结算方式用来办理企业与职工之间、企业与不能转账的集体或个人之间的款项的结算。规定可用现金结算的有:

1. 职工工资、各种工资性津贴。
2. 个人劳务报酬,包括稿费和讲课费及其他专门工作报酬。
3. 支付给个人的各种奖金,包括根据国家规定颁发给个人的各种科学技术、文化艺术、体育等各种奖金。
4. 各种劳保、福利费用以及国家规定的对个人的其他现金支出。
5. 收购单位向个人收购农副产品和其他物资支付的价款。
6. 出差人员必须随身携带的差旅费。
7. 结算起点(目前规定为一千元)以下的零星支出。
8. 因采购地点不确定、交通不便、抢险救灾以及其他特殊情况,办理转账结算不够方便,必须使用现金的开户单位,要向开户银行提出书面申请,由本单位财会部门负责人签字盖章,开户银行审查批准后,予以支付现金。

属于现金结算范围的支出,企业可根据需要向银行提取现金支付。为了满足企业日常零星开支的需要,每个施工企业可以根据国家规定,经常保留一定数额的库存现金。库存现金的限额,一般以不超过3～5天的日常零星开支的需要量为准。远离银行的施工企业,库存现金的限额最高不得超过15天日常零星开支的需要量。企业必须严格遵守规定的库存现金限额,超过限额的现金,必须及时送存银行。

施工企业在经营活动中,允许收入一些现金,这主要是企业职工交回的剩余差旅费、备用金,销售给不能办理转账结算的集体或个人的产品的销售收入,以及不足转账起点的小额销售收入和小额材料、废料销售收入等。施工企业销售收入的现金,应及时送存银行,不准直接用于自身的支出。为了便于银行的监督,企业向银行送存现金时,应在送款单上注明款项的来源;支取现金时,应在现金支票上注明款项的用途。用途不明或不符合规定的,银行有权拒绝付款。

为了切实加强现金管理,企业应建立现金管理的责任制,配备专职出纳人员负责办理现金的出纳和保管业务。出纳人员在办理现金的收付业务时,应以经过审核和签证的会计凭证为依据,及时登记有关账簿,以便反映和检查现金的收支结存情况,并为加强日常财务管理和事后分析检查提供必要条件。

出纳人员在办理现金收支业务时,必须先取得或填制有关的原始凭证,如向银行提取现金,应填制现金支票;以现金支付工资、困难补助费,应取得经领款人签收的工资结算凭证或领款单;职工借支差旅费、零星采购等备用金,应取得经有关负责人审批同意并由借款人签章的借款单;报销差旅费、零星采购费,应取得由出差人员、采购人员签章的差旅费报销单、车船票、购货发票等;因零星销售而收入现金,应取得本单位开具的发票;职工交回的现金,应填制收款单;现金送银行,应填制送款单,等等。

现金收支的原始凭证,必须经过审核后才能据以填制记账凭证和登记账簿。加强现金收支凭证的审核,是促使企业认真执行现金管理制度、维护国家财经政策、遵守财经纪律的一个重要方法,也是防止收支不清、手续不全,堵塞贪污浪费的一种必要手段。现金收支原始凭证的审核,可以由会计主管人员负责,也可以由其指定的人员负责。在审核中,要查明每笔收支是否符合现金管理制度,是否遵守国家财经政策和财经纪律,有无批准计划,有无超过预算和开支限额,是否符合开支标准,原始凭证所填项目内容是否齐全,数字是否正确,手续是否完备等。对于违反财经规章制度的收支,应加以抵制;对于未经批准,或超过计划、预算和开支标准的支出,应拒绝付款和报销;对于伪造、涂改单据和虚报冒领款项等非法行为,应及时报请领导处理;对于手续不完备、内容欠缺、数字计算有错误的凭证,应退还经办人员补办手续或进行更正。经审核后的原始凭证,即可据以编制收款凭证和付款凭证,并办理现金的收付。出纳人员在收付现金以后,还应在原始凭证上加盖"收讫"或"付讫"戳记,表示款项已经收付。

收款凭证和付款凭证是根据有关现金或银行存款收付业务的原始凭证填制的记账凭证,用以分别反映现金或银行存款的收付业务。它是出纳人员收付款项的依据,也是登记现金和银行存款日记账的依据。对于现金存入银行或从银行提取现金的业务,由于纯属货币资金形态的转换,只要填制一张收款或付款凭证。通常仅填制付款凭证,不填收款凭证,即将现金存入银行时,只填现金付款凭证,以此作为借记"银行存款"科目、贷记"现金"科目的依据,不再填制银行存款收款凭证;从银行存款提取现金时,只填制银行存款付款凭证,以此作为借记"现金"科目、贷记"银行存款"科目的依据,不再填制现金收款凭证,以免重复登账。

收(付)款凭证的格式如图表 2-1 所示。

图表 2-1

收(付)款凭证

借(贷)方科目			年 月 日	字第 号	
摘要	贷(借)方科目	账页	金 额		附件
			一级科目	二级科目、明细科目	
					张
合 计					

现金的核算,包括现金的序时核算和总分类核算。现金的序时核算是在现金日记账中进行的。现金日记账是按照收支时间的先后顺序进行登记的账簿,一般采用收入、支出和结余三栏格式。现金日记账能够逐日反映库存现金收入的来源、支出的用途和结存的金额,有利于对现金的保管、使用以及现金管理制度的执行情况进行严格的检查。同时,利用现金日记账的记录,还可检查收付款凭证有无丢失情况,保证账证相符。

现金日记账由出纳员根据现金的收款凭证和付款凭证逐日顺序登记。每日登记完毕后,要结出库存现金的余额,并与实际库存额核对。对于超过库存限额的现金,应于次日送存银行。

现金日记账的格式如图表 2-2 所示。

图表 2-2

现 金 日 记 账

第　　页

2006年		凭证		摘要	对方科目	收入	付出	结存
月	日	种类	号数					
				承前页				300
8	1	现付	801	支付文具用品费	管理费用		20	
	1	现付	802	支付差旅费	管理费用		80	
	1	现付	1601	废料销售收入	其他业务收入	50		
8	1			本日合计		50	100	250

为了总括反映现金的收支结存情况,在总分类核算中应设置"现金"科目,科目借方登记现金的收入金额,贷方登记现金的付出金额,借方余额表示结存的现金数额。总分类账的"现金"科目,可以直接根据收款凭证、付款凭证登记,在现金收付业务较多的企业,也可根据汇总的收款凭证和付款凭证定期登记。

现以图表 2-2 所示现金日记账记录的有关业务为例,说明现金收付业务的账务处理。

付出现金,根据有关现金的付款凭证,作如下分录:

 借:管理费用   20
  贷:现金   20

收入现金,根据有关现金的收款凭证,作如下分录:

 借:现金   50
  贷:其他业务收入   50

  为了加强现金管理,防止现金挪用和贪污盗窃,确保库存现金的完整无缺,应组织有关人员对出纳员经管的现金进行定期和不定期的清查。在进行现金清查以前,出纳人员应将到清查时为止的现金收付款项,根据收付款凭证全部登记入账,并结出余额,同时将保管的现金整理就绪,以备查对。清查时,清查人员应在出纳人员在场时清点现金,核对账面结存数,并注意不得用借条、收据等抵充现金。清查结果,应将账面结存数和实际清点数填入库存现金盘点报告单。如果发现实际库存现金与账面结存数不符,应查明原因,并将现金短缺或溢余,先通过"待处理财产损溢"科目核算。属于现金短缺,应按实际短缺的金额,记入"待处理财产损溢——待处理流动资产损溢"科目的借方和"现金"科目的贷方,作如下分录入账:

 借:待处理财产损溢——待处理流动资产损溢 ×××
  贷:现金   ×××

  属于现金溢余,按实际溢余的金额,记入"现金"科目的借方和"待处理财产损溢——待处理流动资产损溢"科目的贷方,作如下分录入账:

 借:现金   ×××
  贷:待处理财产损溢——待处理流动资产损溢 ×××

  待查明现金缺溢原因后,如为现金短缺,属于应由责任人赔偿的部分,应将赔偿数记入"现金"或"其他应收款"科目的借方和"待处理财产损溢——待处理流动资产损溢"科目的贷方,作如下分录入账:

借:现金或其他应收款 ×××
  贷:待处理财产损溢——待处理流动资产损溢 ×××

属于应由保险公司赔偿部分,应将赔偿款记入"银行存款"或"其他应收款"科目的借方和"待处理财产损溢——待处理流动资产损溢"科目的贷方,作如下分录入账:

借:银行存款或其他应收款 ×××
  贷:待处理财产损溢——待处理流动资产损溢 ×××

属于无法查明的其他原因,经批准后将短缺数计入管理费用,作如下分录入账:

借:管理费用 ×××
  贷:待处理财产损溢——待处理流动资产损溢 ×××

如为现金溢余,属于应支付给有关人员或单位的,应将溢余数记入"待处理财产损溢——待处理流动资产损溢"科目的借方和"其他应付款"科目的贷方,作如下分录入账:

借:待处理财产损溢——待处理流动资产损溢 ×××
  贷:其他应付款 ×××

属于无法查明原因的现金溢余,经批准后将溢余数作为营业外收入,作如下分录入账:

借:待处理财产损溢——待处理流动资产损溢 ×××
  贷:营业外收入 ×××

第二节 银行存款的核算

施工企业的银行存款是企业存放在银行的货币资金。根据国家关于现金管理和结算制度的规定,施工企业要在当地的银行开立账户,企业除按规定留存少量现金以备日常零星开支外,其余的货币资金都应存入银行。企业一切货币资金的收支,除了按规定可以用现金结算方式直接以现金收付外,其余一律用非现金结算方式,通过银行划拨转账,即由银行按结算方式规定的手续,将结算款项从付款单位的账户划转至收款单位的账户,来完成各企业单位之间的款项收付业务,从而使银行可以根据各企业单位双方订立的购销等合同,监督它们及时交货、付款,做到钱货两清,维护购销双方的正当权益。这样,一方面可以加强结算纪律,防止相互拖欠,有利于加强经济核算,加速流动资金的周转,促进生产建设事业的发展;另一方面可以大大减少现金流通,节省用于清点、运送、保管现金的人力和物力,并使银行能够把企业单位暂时不用的闲置资金集中起来,有计划地发放贷款,以满足社会主义生产、流通部门对资金的临时需要。

为了加强银行存款的管理,企业应建立责任制,由专职出纳人员负责办理银行存款的收付业务。出纳人员必须按照各种结算方式的规定,填制或取得银行印发的收款或付款结算凭证,如现金支票、转账支票、银行汇票委托书、银行承兑汇票、银行电汇信汇凭证等,要经常掌握银行存款收支和结余的情况,防止超过银行存款余额签发空头支票。会计主管人员或其指定人员必须认真审核收付款的结算凭证。对于违反财经政策、财经制度的开支和收入,如不按计划采购材料的料款,超过人员编制的工资支出,不合法的预付款和预收款,超过计划、预算或开支标准的各项支出,任意报废和处理财产物资的各项收入,以及具有投机倒把、贪污盗窃嫌疑和铺张浪费的收付行为,都应坚持原则,拒绝收付或报销,并及时报告领导进行处理。经过审核后的各项银行结算凭证,应据以填制银行存款的收款凭证和付款凭证,并登记入账。

对于从银行存款转存其他金融机构存款,由于同属银行存款之间的转账,一般也只填制银行存款的付款凭证,而不同时填制其他金融机构存款的收款凭证,以免重复登账。

银行存款的核算,也与现金的核算一样,包括序时核算和总分类核算。银行存款的序时核算在银行存款日记账中进行,由出纳人员根据银行存款的收款、付款凭证和现金存入银行时填制的现金付款凭证,按照业务发生的时间先后,逐日逐笔顺序登记,以便随时掌握银行存款的收支动态和结存金额,为合理调度资金,组织货币资金的收支平衡提供资料,使会计工作更好地为生产建设服务。

银行存款日记账的格式如图表 2-3 所示。

图表 2-3

银行存款日记账

第 页

2006年		凭证		摘要	对方科目	支票		收入	支出	结存
月	日	种类	号数			种类	号数			
				承前页						22 500
8	31	银付	451	付五一钢厂购料款	原材料	转	81		5 000	
	31	银付	452	付劳保用品采购款	低值易耗品	现	62		100	
	31	银收	801	收上海电厂工程款	应收账款			6 000		
8	31			本日合计				6 000	5 100	23 400

为了总括反映银行存款的收支结存情况,在总分类核算中要设置"银行存款"科目。凡存入银行的款项,应记入这个科目的借方。科目借方余额,表示存在银行的存款余额。

银行存款科目的登记,可以根据收款凭证和付款凭证登记。在银行存款收付业务较多的企业,也可根据汇总的收款凭证和付款凭证定期登记。

现以图表 2-3 所示银行存款日记账记录的有关业务为例,说明银行存款收付业务的账务处理。

付出银行存款,根据有关银行结算凭证的支款通知联、存根和其他原始凭证,填制银行存款付款凭证,作如下分录:

借:原材料	5 000
低值易耗品	100
贷:银行存款	5 100

收入银行存款,根据银行结算凭证的收款通知联和其他原始凭证,填制银行存款收款凭证,作如下分录:

借:银行存款	6 000
贷:应收账款	6 000

为了防止记账发生差错,正确掌握银行存款的实际余额,企业应定期(通常在月末)同银行核对银行存款账。

企业核对银行存款,要先认真检查自己所记的账目,保证银行存款日记账记录的正确性和完整性,然后再同银行送来的账单逐笔核对,以查明双方账目有无错误或遗漏。

在同一时期内,企业银行存款账上的余额与银行对账单的存款余额如果不一致,除了记账差错外,还可能由于存在"未达账项"。所谓未达账项,就是指一方已经入账,而另一方尚未接到有关凭证,因而没有入账的款项。

未达账项的发生,通常有如下四种情况:

1. 企业存入各种款项,企业已经登记入账,增加了银行存款,但银行因办理各种手续尚未记入企业存款户。

2. 企业开出支票和其他付款凭证,企业已经登记入账,减少了银行存款,但银行尚未支付或尚未办理转账手续,没有记入企业存款户。

3. 企业委托银行代收的款项,银行已于收到之日记入企业存款户,但企业尚未收到银行转账通知,没有入账。

4. 企业委托银行代付的款项,银行已于付款后记入企业存款户,但企业尚未收到银行的转账通知,没有入账。

为了查明银行存款的正确数字,并消除未达账项的影响,进一步了解双方账目的登记有无差错,就要将银行的对账单同企业的银行存款日记账的收支记录逐笔进行核对。在核对过程中,如有疑问,应请银行提供证明。如发现银行的记录有错账、漏账,要及时通知银行查明更正。对于未达账项,要于查明后编制"银行存款余额调整表",然后再行核对。

例如,某施工企业在2000年8月31日结算户存款的账面余额是23 450元,银行对账单上的企业结算户存款余额是24 000元。经逐笔核对后,查明有以下几笔未达账项:

1. 企业于月末把从其他企业收到的转账支票2 000元存入银行,银行尚未入账。

2. 企业于月末开出转账支票200元,持票人尚未到银行办理转账,银行尚未入账。

3. 企业委托银行代收工程款3 000元,银行已经收款入账,但企业尚未收到转账通知,没有入账。

4. 银行代付电费650元,但企业尚未收到银行转账通知,没有入账。

根据以上未达账项,企业可以编制如图表2-4所示的"银行存款余额调整表"。

图表2-4

银行存款余额调整表

存款种类:人民币　　　　2006年8月31日　　　　　　　单位:元

项　目	金额	项　目	金额
企业账面的存款余额	23 450	银行对账单的存款余额	24 000
加:银行已收、企业未收的工程款收入	3 000	加:企业已收、银行未收的转账支票	2 000
减:银行已付、企业未付的电费	650	减:企业已付、银行未付的转账支票	200
调整后的存款余额	25 800	调整后的存款余额	25 800

银行存款余额调整表调整后的存款余额,是月末根据双方的未达账项,对双方账面存款余额调整后求得的存款余额。它反映企业在月末可以动用的结算户存款实有额。调整后的双方存款余额如果相等,一般表明双方记账没有差错;如果不等,表明记账有差错,要进一步查明原因,加以更正。银行存款余额调整表,不能作为原始凭证和记账凭证,据以调整账面记录,登记未达账项。只有等到有关银行结算凭证到达企业,未达账项变成了已达账项,才能根据收到的结算凭证进行账务处理。

第三节 外币收支业务的核算

施工企业如有外币收支业务,应组织外币收支业务的核算。外币是外汇的主要组成部分。根据我国外汇管理暂行条例的规定,外汇包括:(1) 外币,如钞票、铸币等;(2) 外币有价证券,如政府债券、公司债券、股票等;(3) 外币支付凭证,如外币票据、银行存款凭证等;(4) 其他外汇资金,如特别提款权等。

施工企业对于发生的外币收支业务,应在"银行存款"科目下设置"外币存款"二级科目进行核算,并将记账本位币——人民币在"人民币存款"二级科目进行核算,同时应按外币种类设置"银行存款日记账"。企业发生的外币收支业务和往来款项,应将有关外币金额折合为人民币记账,并登记外币金额和折合率。因此,在外币银行存款日记账的收入、支出、结存栏均应分设原币、折合率和人民币三小栏,有如图表 2-5 所示的格式。

一、外币折合率和记账汇率

外币折合率也叫兑换率或汇率,它是指一国的货币单位兑换成另一国货币单位的比价,即一国货币单位用另一国货币单位表示的价格,也就是两种不同货币单位的兑换比率。在国际上,外币

图表 2-5

银行存款日记账

存款种类：美元存款

第 4 页

2006年		凭证		摘要	对方科目	收入			支出			结存		
月	日	种类	号数			原币	折合率	人民币	原币	折合率	人民币	原币	折合率	人民币
6	1			月初余额								20 000	8.60	172 000
	5	银收	6015	收回甲公司工程款	应收账款——甲公司	4 000	8.60	34 400						
	14	银付	6687	付子公司材料款	应付账款——子公司				3 000	8.60	25 800			
	20	银付	6763	偿还短期借款	短期借款				5 000	8.60	43 000	16 000	8.60	137 600
	30			按月末汇率调整	美元借款			1 600				16 000	8.70	139 200

的标价方法有两种:一种叫直接标价法。它是以一定单位的外国货币作为标准折算成若干单位的本国货币。另一种叫间接标价法。它是以一定单位的本国货币作为标准折算成若干单位的外国货币。我国采用直接标价法。如1美元可兑换8.50元人民币,它的汇率或折合率即为8.50:1。

目前我国的汇率分为两种:一是由中国人民银行公布的汇率;二是各个经营外汇业务的指定银行的挂牌汇率。中国人民银行根据前一日银行间外汇交易市场形成的汇率,每日公布人民币对美元交易的市场汇率,并参照国际外汇市场各种外币的供求变化情况,同时公布人民币对其他主要外币的市场汇率。各经营外汇业务的指定银行以此为依据,在中国人民银行规定的浮动幅度内,自行挂牌确定挂牌汇率,对客户买卖外汇。

外币需通过以外汇指定银行为交易主体的外汇市场进行买卖或兑换。外汇汇价有买入价、卖出价、中间价、现钞价之分。买入价是银行向同业或客户买入外汇的汇率;卖出价是银行向同业或客户卖出外汇的汇率;中间价是买入价与卖出价的平均价;现钞价是银行向客户卖出外币现钞的价格。外币现钞的买入价低于一般外汇的买入价,外币现钞的卖出价高于一般外汇的卖出价。这是因为现钞比外币要多一层运送手续,银行要多花一笔费用。中国人民银行公布的汇率一般为中间价。因为它作为国家宏观调控机构,并不直接向客户买卖外汇,只是有时根据国家宏观经济调控的要求,为平抑汇率才适时向外汇市场吞吐外汇。各指定外汇银行的挂牌汇率,则有买入价、卖出价、现钞价之分。

施工企业发生外币业务时在记账时采用的外币折合率或汇率,叫做记账汇率。已经登记入账的汇率,叫做账面汇率。由于中国人民银行公布的汇率与经营外汇业务的银行的挂牌汇率之间以及各不同外汇指定银行的挂牌汇率之间,均可能有差异,那么,企业发生外币业务需将外币金额折算成人民币金额记账,究竟采用什么汇率作为记账汇率进行折算呢?如果采用指定经营外汇业务的银行挂牌汇率作为记账汇率加以折算,则会因各企业的开户银行不同而采用的外币折合率各不相同。如果一个企业同时在几个银行开户,则同一天的外汇交易业务将采用几个不同的挂牌汇率作为外币折合率。这样,既不利于会计核算,也不利于外部监督。因此,企业在处理外币业务时,应以中国人民银行公布的汇率作为记账汇率。

按照现行会计制度的规定,企业采用的记账汇率,可采用变动汇率,也可采用固定汇率。采用变动汇率记账的,即按外币业务发生时的当日汇率作为记账汇率。采用固定汇率记账的,即按外币业务发生的当期期初(月初、季初或年初)的汇率作为记账汇率。采用固定汇率记账时,应在月份(或季度、年度)终了时,将外币账户的外币余额按照当日汇率折合为人民币,作为外币账户的期末人民币余额;调整后的外币账户的人民币余额与原人民币余额的差额,作为汇兑损益。企业具体采用哪种汇率,可以自行决定,但一经确定,不能随意改变。一般说来,采用变动汇率记账,比较接近实际,但因汇率经常变动,核算手续较繁。采用固定汇率记账,核算手续比较简便。因按固定汇率记账,外币账户在外币实际增加或减少时不发生汇兑损益,汇兑损益只在期末调整账户余额时才有反映。

二、汇兑损益的确认与处理

汇兑损益是外币折算与外汇兑换损益的简称,是外币业务(包括外币现金和银行存款以及需用各种外币清偿的债权、债务)由于时间的变动和汇率的不同而发生的折合为人民币金额的差额,以及不同币种之间的买卖兑换,由于实际兑换时的汇率与记账汇率或账面汇率不同而发生的折合为人民币金额的差额。

汇兑损益的确认是指企业对登记入账外币业务,在什么时候认定其汇兑收益的取得或汇兑损失的发生。例如,企业对外承包一项工程,发生应收美元账款一笔,由于外汇汇率随时变动,其汇兑损益是在美元汇率发生变动时确认,还是在收到美元时确认,抑或是将美元卖出或将其兑换成人民币时确认呢?

对于汇兑损益的确认,历来有两种观点:一种是认为汇兑损益的确认应以实现为准,即以外币兑换为人民币的时间为准,因为此时汇兑损益才真正得以实现。显然,这是按收付实现制原则来处理汇兑损益的一种做法。另一种是认为凡在本会计期间由于汇率变动所引起的外币与人民币的折算差额,均应列作本期汇兑损益,这是按权责发生制原则来处理汇兑损益的一种做法。这样处理不仅能正确计算和反映各期的损益,而且在汇率下跌时也符合稳健性原则。根据我国《企业财务通则》与企业会计准则的要求,企业对汇兑损益的确认,应采用后一种观点。即企业各种外币业务的期末余额,除国家另有规定者外,按照期末汇率折合为人民币金额。期末按汇率折合的人民币金额与原账面人民币金额的差额,作为汇兑损益入账。

施工企业发生的汇兑损益,应区别情况分别加以处理:属于企业日常经营业务所发生的汇兑损益,列作财务费用;属于企业筹建期间发生的汇兑损益,作为开办费记入长期待摊费用或管理费用(见第五章第九节);属于为购建固定资产而发生的汇兑损益,在固定资产尚未交付使用以前发生的,记作专项工程支出,构成固定资产价值;在固定资产已完工交付使用,并办理了竣工决算手续后发生的,记入财务费用。

三、采用固定汇率对外币收支业务的核算

在采用固定汇率记账时,期内均以期初汇率作为外币的折合率。如某施工企业采用当月月初的汇率作为外币折合率,2006年5月末有关外币账户的外币余额和按5月31日汇率调整后人民币余额如下。

科 目 名 称	账 面 余 额		
	美元	折合率	人民币(元)
银行存款——美元存款	20 000	8.60	172 000
应收账款——甲公司	6 000	8.60	51 600
应付账款——子公司	5 000	8.60	43 000
短期借款——美元借款	10 000	8.60	86 000

6月1日的汇率为1美元兑换人民币8.60元。

6月份共发生了下列有关外币收支业务：

1. 5日收回甲公司上月工程费4 000美元。

2. 16日支付子公司材料款3 000美元。

3. 21日偿还短期借款5 000美元。

以月初汇率为折合率，应作如下分录入账：

借：银行存款——美元存款(8.60×4 000)　　34 400
　　贷：应收账款——甲公司　　　　　　　　　　34 400
借：应付账款——子公司　　　　　　　　　　25 800
　　贷：银行存款——美元存款(8.60×3 000)　　25 800
借：短期借款——美元借款　　　　　　　　　43 000
　　贷：银行存款——美元存款(8.60×5 000)　　43 000

月份终了，应将有关外币账户的外币余额，按月末外汇牌价折合的人民币，作为外币账户的人民币余额，并将调整后的各外币账户人民币余额与原账面人民币余额的差额，作为汇兑损益，列作当月财务费用、开办费或专项工程支出。

假如6月30日汇率为1美元兑换人民币8.70元，将6月份外币收支业务记账后，"银行存款——美元存款"账户余额为：16 000美元(20 000＋4 000－3 000－5 000)，人民币137 600元(172 000＋34 400－25 800－43 000)，按6月30日汇率8.70元调整后的人民币余额为139 200元(8.70×16 000)，差额为1 600元

(139 200－137 600)。"应收账款——甲公司"账户余额为：2 000 美元(6 000－4 000)，人民币 17 200 元(51 600－34 400)，调整后的人民币余额为 17 400 元(8.70×2 000)，差额为 200 元(17 400－17 200)。"应付账款——子公司"账户余额为：2 000 美元(5 000－3 000)，人民币 17 200 元(43 000－25 800)，调整后的人民币余额为 17 400 元(8.70×2 000)，差额为 200 元(17 400－17 200)。"短期借款——美元借款"账户余额为：5 000 美元(10 000－5 000)，人民币 43 000 元(86 000－43 000)，调整后的人民币余额为 43 500 元(8.70×5 000)，差额为 500 元(43 500－43 000)。

在实际工作中，可先将有关外币账户的余额编制成如图表2-6所示的"期末外币账户余额调整及汇兑损益计算表"。

图表 2-6

期末外币账户余额调整及汇兑损益计算表

2006 年 6 月

科目名称	账面余额		调整后余额		汇兑损益	
	美元	人民币(元)	折合率	人民币(元)	收益(贷方)	损失(借方)
银行存款——美元存款	16 000	137 600	8.70	139 200	1 600	
应收账款——甲公司	2 000	17 200	8.70	17 400	200	
应付账款——子公司	2 000	17 200	8.70	17 400		200
短期借款——美元借款	5 000	43 000	8.70	43 500		500
合　　计					1 800	700

根据期末外币账户余额调整及汇兑损益计算表，即可作如下分录，将各外币账户人民币余额与原账面人民币余额的差额，作为汇兑损益列账。由于该企业的汇兑损益，均属企业日常施工经营活动所发生，因此应将它列作当月财务费用。

借：银行存款——美元存款　　　　　　　　　　1 600
　　应收账款——甲公司　　　　　　　　　　　　200
　　贷：财务费用——汇兑收益　　　　　　　　1 800

借:财务费用——汇兑损失	700
贷:应付账款——子公司	200
短期借款——美元借款	500

如按季初、年初固定汇率记账,则应在季末、年末时将外币账户的外币余额按照季末、年末国家外汇牌价折合为人民币,并对账面人民币余额进行调整。

四、采用变动汇率对外币收支业务的核算

施工企业如采用变动汇率对外币收支业务进行核算,则应分别采用记账汇率和账面汇率。所谓记账汇率,就是指记账当天国家外汇牌价的汇率。所谓账面汇率,就是指已经登记入账的记账汇率所确定的汇率。当外币存款增加和外币债权、债务发生时,采用记账汇率来折算;当外币存款减少和外币债务偿还、外币债权收回时,采用账面汇率来折算。对外币银行存款来说,由于每次增加的外币存款,记账汇率可能不同,其账面汇率可以采用先进先出、加权平均等方法来确定。对于用外币结算的债权和债务账户,由于反映的是某一项具体的债权或债务,当与对方结清时,该项债权或债务的账面上应无余额。所以,这类账户的账面汇率与该债权或债务发生时的记账汇率相一致。

由于核算上同时采用记账汇率和账面汇率,因此,对每一笔涉及外汇收支的经济业务,其借贷方金额就可能由于采用不同的汇率而出现折算上的差额,这一差额即上文所说的汇兑损益。

现举例说明如下:

如某施工企业对外币收支业务采用变动汇率记账。2006年8月1日银行外币存款结存10 000美元,账面汇率为8.60。8月4日收入乙公司上月工程款20 000美元,该项应收工程款账面汇率为8.60,当天汇率为1美元兑换人民币8.70元。8月20日购入进口钢材一批,支付价款12 000美元,当天汇率为1美元兑换人民币8.80元。

则在 8 月 4 日收到乙公司工程款 20 000 美元时：

按记账汇率折合的银行存款——美元存款账户人民币金额为：

$$20\,000 \times 8.70 = 174\,000(元)$$

按账面汇率折合的应收账款——乙公司账户人民币金额为：

$$20\,000 \times 8.60 = 172\,000(元)$$

差额汇兑收益为：

$$174\,000 - 172\,000 = 2\,000(元)$$

由于这项汇兑收益属于工程结算业务所发生，应计入财务费用，作如下分录入账：

借：银行存款——美元存款	174 000
贷：应收账款——乙公司	172 000
财务费用——汇兑收益	2 000

8 月 20 日支付购料款 12 000 美元时：

按记账汇率折合的人民币金额为：

$$12\,000 \times 8.80 = 105\,600(元)$$

按账面汇率折合的人民币金额为：

$$10\,000 \times 8.6 + 2\,000 \times 8.70 = 103\,400(元)$$

差额汇兑收益为：

$$105\,600 - 103\,400 = 2\,200(元)$$

由于这项汇兑收益属于日常采购业务所发生，应计入财务费用，作如下分录入账：

借：物资采购	105 600
贷：银行存款——美元存款	103 400
财务费用——汇兑收益	2 200

第四节 其他货币资金的核算

其他货币资金是除了现金、银行存款以外的其他货币资金,包括外埠存款、银行汇票存款、银行本票存款、信用卡存款、信用证保证金存款、存出投资款等。企业对上列各种其他货币资金,应设置"其他货币资金"科目,并在其下设"外埠存款"、"银行汇票"、"银行本票"、"信用卡"、"信用证保证金"、"存出投资款"等二级科目,再按外埠存款的开户银行、银行汇票或本票及信用证的收款单位等进行明细核算。有信用卡业务的企业应在"信用卡"二级科目下按开出信用卡的银行和信用卡种类设置明细账。

一、外埠存款的核算

外埠存款是指企业到外地进行临时或零星采购时,汇往采购地银行开立采购户的款项。企业将款项委托当地银行汇往采购地开立专户时,记入"其他货币资金——外埠存款"科目的借方和"银行存款"科目的贷方:

　　借:其他货币资金——外埠存款　　　　×××
　　　贷:银行存款　　　　　　　　　　　×××

收到采购员交来供应单位发票账单等报销凭证时,记入"物资采购"或"原材料"等科目的借方和"其他货币资金——外埠存款"科目的贷方:

　　借:物资采购或原材料等　　　　　　　×××
　　　贷:其他货币资金——外埠存款　　　×××

采购结束将多余的外埠存款转回当地银行时,根据银行的收账通知,记入"银行存款"科目的借方和"其他货币资金——外埠存款"科目的贷方:

　　借:银行存款　　　　　　　　　　　　×××
　　　贷:其他货币资金——外埠存款　　　×××

二、银行汇票结算的核算

银行汇票是指汇款人将款项交存当地银行,由银行签发给汇款人持往异地办理转账结算或支取现金的票据。企业在填送"银行汇票申请书"并将款项交存银行、取得银行汇票后,应根据银行盖章退回的申请书存根联,记入"其他货币资金——银行汇票"科目的借方和"银行存款"科目的贷方:

借:其他货币资金——银行汇票　　　　×××
　　贷:银行存款　　　　　　　　　　　×××

企业使用银行汇票后,根据发票账单等有关凭证,记入"物资采购"或"原材料"等科目的借方和"其他货币资金——银行汇票"科目的贷方:

借:物资采购或原材料等　　　　　　　×××
　　贷:其他货币资金——银行汇票　　　×××

如有多余款或因汇票超过付款期等原因退回款项时,根据开户行转来的银行汇票多余款收账通知联,记入"银行存款"科目的借方和"其他货币资金——银行汇票"科目的贷方:

借:银行存款　　　　　　　　　　　　×××
　　贷:其他货币资金——银行汇票　　　×××

三、银行本票结算的核算

银行本票是指申请人将款项交给银行,由银行签发给凭以办理转账结算或支取现金的票据。企业向银行提交"银行本票申请书"并将款项交存银行、取得银行本票后,应根据银行盖章退回的申请书存根联,记入"其他货币资金——银行本票"科目的借方和"银行存款"科目的贷方:

借:其他货币资金——银行本票　　　　×××
　　贷:银行存款　　　　　　　　　　　×××

企业使用银行本票后,根据发票账单等有关凭证,记入"物资采购"或"原材料"等科目的借方和"其他货币资金——银行本票"科目的贷方:

  借:物资采购或原材料等　　　　　　　×××
   贷:其他货币资金——银行本票　　　　×××

因银行本票超过付款期等原因而要求退款时,应填制进账单连同本票一并送交银行,根据银行盖章退回的进账单第一联,记入"银行存款"科目的借方和"其他货币资金——银行本票"科目的贷方:

  借:银行存款　　　　　　　　　　　　×××
   贷:其他货币资金——银行本票　　　　×××

四、信用卡存款的核算

信用卡是指申请人将款项交给发卡银行,由银行签发给凭以办理结算的账卡。企业按规定填制申请表、连同支票和有关资料一并送交发卡银行时,根据银行盖章退回的进账单第一联,记入"其他货币资金——信用卡"科目的借方和"银行存款"科目的贷方:

  借:其他货币资金——信用卡　　　　　×××
   贷:银行存款　　　　　　　　　　　　×××

企业用信用卡购物或支付有关费用时,根据有关发票账单记入"管理费用"等科目的借方和"其他货币资金——信用卡"科目的贷方:

  借:管理费用等　　　　　　　　　　　×××
   贷:其他货币资金——信用卡　　　　　×××

企业信用卡在使用过程中向其账户续存资金时,记入"其他货币资金——信用卡"科目的借方和"银行存款"科目的贷方。

五、信用证保证金存款的核算

信用证保证金存款是指企业为取得信用证按规定存入银行的保证金。企业向银行申请开立信用证,应按规定向银行提交开证申请书、信用证申请人承诺书和购货合同。企业向银行交纳保证金时,根据银行退回的进账单第一联,记入"其他货币资金——信用证保证金"科目的借方和"银行存款"科目的贷方:

借:其他货币资金——信用证保证金 ×××
　　贷:银行存款 ×××

根据开证银行交来的信用证来单通知书及有关单据列明的金额,记入"物资采购"或"原材料"等科目的借方和"其他货币资金——信用证保证金"科目的贷方:

借:物资采购或原材料等 ×××
　　贷:其他货币资金——信用证保证金 ×××

六、存出投资款的核算

存出投资款是指企业已存入证券公司但尚未进行短期投资的款项。企业向证券公司划出资金时,应按实际划出的金额,记入"其他货币资金——存出投资款"科目的借方和"银行存款"科目的贷方:

借:其他货币资金——存出投资款 ×××
　　贷:银行存款 ×××

购买股票、债券、基金等时,按实际发生的金额,记入"短期投资"科目的借方和"其他货币资金——存出投资款"科目的贷方:

借:短期投资 ×××
　　贷:其他货币资金——存出投资款 ×××

企业在会计工作中,应加强其他货币资金的管理,及时办理结算。对于逾期尚未办理结算的银行汇票、银行本票和没有进行短期投资的存出投资款等,应按规定及时转回。

其他货币资金科目的期末借方余额,反映企业实际持有的其他货币资金,在编制资产负债表时,应将其与"现金"、"银行存款"科目的余额加总,反映于"货币资金"项目。

第五节 商业汇票结算的核算

商业汇票是收款人或付款人(或承兑申请人)签发,由承兑人承兑,并于到期日向收款人或被背书人支付款项的票据。施工企业经常用商业汇票与在银行开立账户的企业单位,根据购销合同、工程价款结算账单等进行交易款项的结算。

商业汇票按其承兑人的不同,分为商业承兑汇票和银行承兑汇票:

1. 商业承兑汇票是由收款人签发、经付款人承兑,或由付款人签发并承兑的票据。

2. 银行承兑汇票是由收款人或承兑申请人签发,并由承兑申请人向开户银行申请,经银行审查同意承兑的票据。

商业汇票一律记名,允许背书转让。签发时必须以合法的商品交易为基础。商业汇票承兑期限,由交易双方商定,最长不超过九个月。如属分期付款,应一次签发若干张不同期限的汇票。商业汇票承兑后,承兑人即付款人负有到期无条件支付票款的责任。

收款人需要资金时,可持未到期的承兑汇票向其开户银行申请贴现。贴现的期限,一律从其贴现之日起至汇票到期日止。实付贴现金额按票面金额扣除贴现日至汇票到期前一日的利息计算。贴现到期,贴现银行向承兑人收取票款。如商业承兑汇票,承兑人的银行账户不足支付时,其开户银行除按规定收取按票面金额的5‰但不低于50元的罚款外,应立即将商业承兑汇票退给贴现银行,由贴现银行从贴现申请人账户内收取。

企业持未到期的商业承兑汇票向其开户银行贴现的贴息及实

收贴现金额,按下列公式进行计算:

$$贴息 = 商业承兑汇票到期值 \times 贴现率 \times 贴现期$$

$$实收贴现金额 = 商业承兑汇票到期值 - 贴息$$

其中: 带息商业承兑汇票到期值 $=$ 面值$+$利息$=$ 面值$\times(1+$利率$\times$期限$)$

$$不带息商业承兑汇票到期值 = 面值$$

如某施工企业于2006年5月23日持一张于当年8月31日到期的5 000元不带息商业承兑汇票向开户银行贴现,月贴现率为6‰,则这张商业承兑汇票的:

$$贴息 = 5\,000 \times 6‰ \div 30 \times (9+30+31+30) = 100(元)$$

$$实收贴现金额 = 5\,000 - 100 = 4\,900(元)$$

施工企业因工程价款结算,购、售材料和产成品而收到或开出承兑的商业汇票,都应通过"应收票据"和"应付票据"科目核算。

一、银行承兑汇票的核算

1. 购货企业或工程总承包企业开出和承兑银行承兑汇票的核算。

采用银行承兑汇票结算的企业,首先要持银行承兑汇票和购货合同、工程分包合同向其开户银行申请承兑。经银行审查后,与银行签订承兑协议,由银行在银行承兑汇票上盖章,用压数机压印汇票金额后,退回银行承兑汇票和解讫通知。企业向银行申请承兑,按规定向银行交纳承兑手续费(按票面金额1‰但不低于10元计收)时,应将交纳承兑手续费记入"财务费用"科目的借方和"银行存款"科目的贷方:

借:财务费用　　　　　　　　　　　　　×××
　　贷:银行存款　　　　　　　　　　　　×××

企业购买材料物资或将工程分包给外单位等而将银行承兑汇票和解讫通知交给收款单位(即供应单位或工程分包单位,以下同)时,应记入"物资采购"、"应付账款"等科目的借方和"应付票据"科目的贷方：

　　借：物资采购　　　　　　　　　　　　×××
　　　　应付账款　　　　　　　　　　　　×××
　　　　贷：应付票据　　　　　　　　　　×××

2. 收款单位收到银行承兑汇票的核算

收款单位收到银行承兑汇票,应在"应收票据"科目进行核算。企业因承包工程、销售产品、材料等收到建设单位(或总包单位,以下同)、购货单位的银行承兑汇票时,记入"应收票据"科目的借方和"主营业务收入"、"其他业务收入"科目的贷方：

　　借：应收票据　　　　　　　　　　　　×××
　　　　贷：主营业务收入　　　　　　　　×××
　　　　　　其他业务收入　　　　　　　　×××

收款单位应在银行承兑汇票到期时,将银行承兑汇票、解讫通知连同进账单送交开户银行办理转账,并根据收到银行盖章退回的进账单收账通知联,编制收款凭证,记入"银行存款"科目的借方和"应付票据"科目的贷方：

　　借：银行存款　　　　　　　　　　　　×××
　　　　贷：应收票据　　　　　　　　　　×××

收款单位因需要资金,将未到期的银行承兑汇票向银行申请贴现。在贴现时,应按贴现收入净额记入"银行存款"科目的借方,将收入净额小于票面金额的差额(即贴息)记入"财务费用"科目的借方,按票面金额记入"应收票据"科目的贷方：

借：银行存款 ×××
　　财务费用 ×××
　　贷：应收票据 ×××

收款单位如将银行承兑汇票背书转让给其他单位，用以购买材料或抵付分包工程款等，应按规定办理背书转让手续，在背书转让时，记入"物资采购"、"应付账款"等科目的借方和"应收票据"科目的贷方：

借：物资采购 ×××
　　应付账款 ×××
　　贷：应收票据 ×××

3. 购货企业或工程总承包企业于银行承兑汇票到期付款的核算

购货企业或工程总承包企业应于银行承兑汇票到期前，将汇票面额款项足额存交其开户银行。企业收到银行支付到期票据的付款通知时，应将支付票款记入"应付票据"科目的借方和"银行存款"科目的贷方：

借：应付票据 ×××
　　贷：银行存款 ×××

如为带息应付票据，应将支付的利息记入"财务费用"科目的借方（见第十章第一节）。

由于银行对银行承兑汇票负有向收款人或贴现银行无条件支付票款的责任，所以，购货企业或工程总承包企业如在银行承兑汇票到期日未能足额交存汇票面额时，银行将向购货单位或工程总承包单位执行扣款，并将尚未扣回的承兑金额转入该企业的贷款户，作为逾期贷款处理，每日按5‰计收利息。购货企业或工程总承包企业在收到银行"商业汇票无款支付转入逾期贷款户"通知时，记入"应付票据"科目的借方和"短期借款"科目的贷方。企业

支付的罚息,记入"营业外支出"科目的借方和"银行存款"科目的贷方:

借:应付票据 ×××
　贷:短期借款 　×××
借:营业外支出 ×××
　贷:银行存款 　×××

二、商业承兑汇票的核算

商业承兑汇票的核算方法,除了以下几个方面外,基本上与银行承兑汇票的核算方法相同。

(一)开出、承兑手续有些不同

商业承兑汇票按双方约定签发,由付款人承兑。签发、承兑不通过银行办理。因此,商业承兑汇票不需向银行交纳手续费。

(二)商业承兑汇票到期时,付款人账户存款不足支付的处理方法不同

商业承兑汇票到期日付款人账户存款不足支付的,银行只是将收到的商业承兑汇票退给收款人,由收付款双方自行处理,银行不负责付款,并且要对付款人处以按票面金额5%但不低于50元的罚款。

如果付款单位无力支付到期的商业承兑汇票,收款单位应在收到银行退回的商业承兑汇票时,按票面金额,自"应收票据"科目转入"应收账款"科目,记入"应收账款"科目的借方和"应收票据"科目的贷方:

借:应收账款 ×××
　贷:应收票据 　×××

购货企业或工程总承包企业应在汇票到期日将无力支付票款的商业承兑汇票自"应付票据"科目转入"应付账款"科目,记入"应付票据"科目的借方和"应付账款"科目的贷方。支付的银

行罚款,应记入"营业外支出"科目的借方和"银行存款"科目的贷方:

借:应付票据 ×××
　　贷:应付账款 ×××
借:营业外支出 ×××
　　贷:银行存款 ×××

(三)贴现的商业承兑汇票到期的处理方法不同

贴现的商业承兑汇票到期,如果付款单位账户存款不足支付票款,银行则将贴现的商业承兑汇票退回给贴现申请人,并从贴现申请人账户收回已贴现票款。如果贴现申请人账户存款不足银行收回已贴现票款,银行将作为逾期贷款处理。申请贴现企业收到银行退回的商业承兑汇票和支款通知时,应将支付款记入"应收账款"科目的借方和"银行存款"科目的贷方;将作逾期贷款处理数记入"应收账款"科目的借方和"短期借款"科目的贷方:

借:应收账款 ×××
　　贷:银行存款 ×××
借:应收账款 ×××
　　贷:短期借款 ×××

到期不能收回的带息应收票据,转入"应收账款"科目核算后,期末不再计算利息,其所包含的利息,在备查簿中进行登记,待实际收到时,再冲减收到当期的财务费用。

为了加强对商业汇票的管理,企业的会计部门应有专人负责管理商业汇票,并设置"应收票据备查簿"和"应付票据备查簿"。在"应收票据备查簿"中,应逐笔记录每一应收票据的种类、号数、签发日期、票面金额、付款人、承兑人、背书人的姓名或单位名称、到期日、贴现日、贴现率和贴现净额,以及收款日期和收回金额等资料。应收票据到期结清票款后,应在备查簿内逐笔注销。

在"应付票据备查簿"中,应详细登记每一应付票据的种类、号数、签发日期、到期日、票面金额、合同号、收款人姓名或单位名称,以及付款日期和金额等。应付票据到期付清时,应在备查簿内逐笔注销。

复 习 题

1. 在我国,为什么必须由银行集中管理货币资金并统一办理结算和信贷业务?

2. 什么叫做现金结算?什么叫做转账结算?施工企业对哪些开支可以采用现金结算?

3. 什么叫做未达账项?它是在哪些情况下发生的?在有未达账项的情况下,怎样才能使企业和银行双方账目正确无误?

4. 什么叫做汇兑损益?汇兑损益是怎样产生和计算的?哪些汇兑损益应计入财务费用?哪些汇兑损益应计入固定资产的价值?

习 题

习 题 一

(一) **目的** 练习外币收支业务的核算。

(二) **资料**

1. 某施工企业采用当季季初的汇率作为外币的折合率,2006年7月1日的汇率是1美元兑换人民币8.50元。

2. 该企业6月30日有关外币账户的外币余额和按6月30

日汇率调整后的人民币余额如下表所示：

科 目 名 称	账 面 余 额		
	美 元	折合率	人民币(元)
银行存款——美元存款	25 000	8.40	210 000
应收账款——甲公司	3 000	8.40	25 200
应收账款——乙公司	1 500	8.40	12 600
应付账款——子公司	2 500	8.40	21 000
短期借款——美元借款	10 000	8.40	84 000

3. 该企业在第三季度内发生了下列有关外币收支业务：

(1) 7月15日收回甲公司上月工程款3 000美元。

(2) 8月6日支付子公司材料款1 500美元。

(3) 9月8日偿还短期借款5 000美元。

(4) 9月30日向甲公司点交已完工程，应收工程款4 000美元。

(三) 要求

1. 为上列外币收支业务作成会计分录。

2. 编制9月30日汇兑损益计算表，按当日8.70元汇率将外币账户人民币余额进行调整。

习 题 二

(一) 目的　练习应收票据及其贴现的核算。

(二) 资料

1. 某施工企业于2006年6月1日收到中华钢厂支付工程价款的商业承兑汇票，票面金额为100 000元，不带息，8月1日到期。

2. 6月11日，该企业将未到期商业承兑汇票向银行贴现，月贴现率为10‰。

3. 8月1日,收到银行退回商业承兑汇票和支款通知,从企业存款户中收回已贴现票款。

(三) 要求

1. 计算商业承兑汇票向银行贴现时的贴息和实收贴现金额;
2. 为上列应收票据及其贴现和退回业务作成会计分录。

第三章 职工薪酬的核算

第一节 职工薪酬及其核算的内容

职工薪酬是指企业为获得职工提供的服务而给予各种形式的报酬以及其他相关支出。职工薪酬除了职工工资、奖金、津贴和补贴外，在企业会计准则中，还包括职工福利费、医疗保险费、养老保险费、失业保险费、工伤保险费和生育保险费，住房公积金，工会经费和职工教育经费，非货币性福利，因解除与职工的劳动关系给予的补偿，及其他与获得职工提供的服务相关的支出。可见今后职工薪酬的概念覆盖面较广，有别于以往的狭隘范围。

施工企业职工薪酬的核算，要认真贯彻国家的工资政策，及时正确地计算各个职工应得的工资和相关收入，考核工资和薪酬计划的执行。各个施工企业必须根据企业施工任务、劳动生产率水平和企业经济效益，来确定工资和相关支出的支付标准，制定出人员定额和工资及相关支出计划，促使企业遵守定员，节约使用劳动力，在保证劳动生产率的不断提高下，逐年提高企业职工的工资和福利水平。

施工企业职工工资的核算，要根据职工提供服务的数量和质量，正确计算每一个职工的工资，并及时进行结算，保证按劳分配原则的贯彻执行。要按照工资支出的用途和发生的地点，正确地归集和分配工资支出，并合理地计入工程和产品成本。工资是企业生产费用的组成部分，只有正确地计算各项工程和产品所花的工资，才能正确计算工程和产品的人工费。因此，必须按照工资支出的用途和发生的地点,归集和分配工资支出,计算各项工程和产品的人工费,并通过人工费的计算,促使企业改善劳动组织,提高劳动生产率,不断降低工程成本。

施工企业除工资外的其他薪酬,有的是政府部门规定必须交纳用于社会保障方面的支出,有的是企业直接用于改善职工生活条件和用于职工后续教育等方面的支出,在核算时,对前者要及时上交,对后者,要规定开支范围和开支标准,防止支出失控。

职工薪酬的核算,采用企业会计制度的施工企业,通过"应付工资"、"应付福利费"、"其他应付款"等科目进行。采用企业会计准则的施工企业,通过"应付职工薪酬"科目及其按用途分别设置的"应付工资"、"应付福利费"、"应付社会保险费"、"应付住房公积金"、"应付工会经费"、"职工教育经费"、"应付辞退补偿"等二级科目进行。在实际核算工作中,也可将上列二级科目提升为一级科目。

第二节 职工的分类和工资的种类

一、职工的分类

为了正确计算各类职工应得的工资,考核工资计划的执行情况,并且合理地分配工资支出,必须了解施工企业职工的分类及其组成。

施工企业的职工是指在企业中工作,并由企业支付工资的全部人员。企业的全部人员按其工作性质和所处劳动岗位,分为如下六类:

1. 生产工人,指直接从事建筑安装施工生产活动的物质生产的工人,包括建筑安装工人、附属辅助生产工人、运输工人和在现场直接服务于施工生产的其他生产工人。

2. 学徒,指在熟练工人指导下,在施工生产劳动中学习生产技术、享受学徒待遇的人员。

3. 工程技术人员，指担任工程技术工作，并具有工程技术能力和职称的人员。

4. 管理人员，指在企业各职能机构及各基层单位从事行政、生产、经济管理和政治工作的人员。

5. 服务人员，指服务于职工生活和间接服务于生产的人员。

6. 其他人员，指由企业开支工资，但与企业施工生产活动无关的人员，包括出国援外人员、长期脱产学习人员、长期病假人员、派出外单位工作人员等。

通过上述分类，可以反映企业职工的组成和劳动力的使用情况，同时也有利于工资支出按其用途进行分配，并考核工资计划的执行。

二、工资总额的组成

工资总额是指各企业单位在一定时期内直接支付给本企业单位全部职工的劳动报酬总额。施工企业工资总额的计算，应以直接支付给施工企业职工的全部劳动报酬为依据。它由以下六个部分组成：

1. 基本工资。基本工资也叫标准工资，它是按照规定的标准计算的工资，包括实行结构工资制的基础工资、职务工资和工龄津贴。基本工资是职工的基本收入，也是工资总额的主要组成部分。基本工资又可分为计时工资和计件工资两种形式。

（1）计时工资。指按计时工资标准和工作时间计算并支付给职工的劳动报酬。

（2）计件工资。指根据职工所完成的合格工程、产品数量和计件单价计算并支付给职工的劳动报酬。

2. 经常性奖金。经常性奖金是指在基本工资之外，对完成或超额完成工作量以及有关经济技术指标的职工而支付的各种奖励性报酬。如超产奖、质量奖、安全（无事故）奖、考核各项经济指标的综合奖、提前竣工奖、年终奖、节约奖、劳动竞赛奖等。

3. 工资性津贴。工资性津贴是指为了补偿职工额外或特殊的劳动消耗,以及为了保证职工的工资水平不受特殊条件的影响和鼓励职工安心于劳动强度大、条件艰苦的工作岗位而支付给职工的各种津贴和补助。如高空津贴、井下津贴、野外津贴、夜班津贴、技术性津贴等。

4. 加班加点工资。指按国家规定的标准支付给职工在法定工作时间之外从事劳动的报酬。

5. 非工作时间工资。指根据国家法律、法规和政策规定对职工在某些特殊情况下非工作时间支付的工资。如病假、工伤假、产假、婚丧假、探亲假、计划生育假、定期休假、停工学习、执行国家或社会义务时间的工资。

企业的"工资总额",也叫企业的"工资基金"。所有企业单位的工资总额,构成国民收入分配数额的一个重要组成部分,体现一定时期内国家积累和消费的比例关系。因此,加强工资总额的管理和核算,促使企业遵守定员,按规定发放奖金和津贴,不仅可以促使企业节约使用劳动力,控制工资支出,防止工程、产品成本中人工费的超支,达到降低工程、产品成本的目的,而且对整个国民经济核算也具有重要的意义。

第三节 工作时间和工程数量的核算

一、工作时间的核算

施工企业在进行工资核算时,首先应了解每一职工的出勤、缺勤和工作时间的利用情况,做好工作时间的核算。工作时间的核算,能反映企业每个职工在每一工作日内的工作时间和在各项工程施工过程中所耗用的时间,用以:

1. 反映和检查职工是否按时上班、下班,有无故迟到、早退等情况，促使职工自觉遵守劳动纪律，提高出勤率。

2. 记录每一职工的工作时间及工作对象，据以结算工资和计算各项工程的人工费。

3. 提供工作时间利用情况的资料，以便进一步挖掘工时利用的潜力，不断提高劳动生产率。

记录工作时间的方法和凭证，要视各个企业的劳动组织和管理制度等具体情况而定。对生产人员，通常可按班组分别设置"考勤表"（也叫"计工单"），由班组长或考勤员按每一工人逐日记录其出勤作业时数和缺勤停工等非作业时数。对于缺勤停工应注明其

图表 3-1

考 勤 表

工人班组：张军 泥工组　　　2006 年 6 月

姓名	工 时 别	考勤记录					……	工时合计						
		1	2	3	4	5		作业工时	其中加班加点	公假	病假	事假	工伤假	雨休
张军	作业工时	8	8	8	8			152		8	40	8		
	非作业工时 原因					病/8								
张林	作业工时	8	8	8	8	8		192			8	8		
	非作业工时 原因													
王铁	作业工时							208						
	非作业工时 原因													
〜〜〜〜〜〜〜〜〜〜〜〜〜〜〜〜〜〜〜〜〜〜〜〜〜〜〜〜〜〜													
合　计								1960		8	64	48		
作业工时合计	工程编号名称	103 厂房建筑工程	80	80	80	80	72	1500						
		104 办公楼建筑工程						460						

原因。在登记时,可用"事"代事假,"旷"代旷工,"停"代停工,"病"代病假,"伤"代工伤,"会"代开会,"学"代学习,"雨"代雨休等。另外,还要将班组内工人作业时数逐日按工程等分析汇总填列在"考勤表"的下端,以便据以计算各项工程应分配的工资。"考勤表"的格式如图表 3-1 所示。

每月终了,要根据"考勤表"结算每个职工应得的工资,并分别按建筑安装工人、机械施工人员、辅助生产工人等编制"工时汇总表",用以汇总全月内各项工程耗用的工时,并反映工时利用情况。"工时汇总表"的格式如图表 3-2 所示。

图表 3-2

(建筑安装工人)工时汇总表

2006 年 6 月

工人班组	工种	作业工时					非作业工时				
		103厂房建筑工程	104办公楼建筑工程	105宿舍建筑工程	201厂房水电安装工程	合计	公假	病假	事假	工伤假	雨休
张军 ⋮	泥	1 500	460			1 960	8	64	48		
合计		42 000	24 800	16 320	8 000	91 120					

企业各职能部门管理人员和其他非直接生产人员的考勤,要在按部门分别设置的"考勤表"中进行,并根据"考勤表"的出勤记录结算工资。

二、工程数量的核算

施工企业如果采用计时奖励工资或计件工资时,还要记录职工完成的工程数量,进行工程数量的核算,以便计算职工应得的奖金或计件工资。在施工企业里,常用"工程任务单"来记录职工完成的工程数量。

"工程任务单"是施工员根据施工作业计划,于施工前下达给工人班组的具体工作通知,也是用以记录完成工程数量、计算奖金或计件工资的凭证。通常于施工前由施工员会同定额员根据施工作业计划和劳动定额,参照施工图纸,按不同班组分别签发。由于定额项目不同或施工条件变化,对需要制定临时补充定额的工程项目,定额员应会同施工员提出初步意见,按照定额批准手续经批准后签发。

任务单中的工程完工后,班组长应即向施工员报告。施工员根据工程任务单中规定的各项条件进行检查,并会同质量检查员进行验收,评定质量等级。实际验收的工程数量,原则上不得多于或少于签发的工程任务单中的工程数量。如实际验收数量与规定数量有出入时,必须查明原因,经领导批准后才能结算。

每月签发的"工程任务单",应于月末进行结算。如果某些工程尚未全部完工,先将其完工部分按估计数进行结算。未完工部分可结合下月施工作业计划中的工程任务,再签发给原来的班组,使当月完成的工程和当月应发的奖金或工资于当月结算,并正确反映工程成本中的人工费。"工程任务单"的格式如图表 3-3 所示。

图表 3-3

工程任务单

第 511 号

工人班组:王林 泥工组
工程编号名称:104 办公楼建筑工程
分部工程名称:砖基础工程

施工期限	计 划	实 际
开 工	5月2日	5月2日
完 工	5月11日	5月9日

劳动定额编号	工程项目及施工条件	计量单位	计划任务			实际完成		完成定额(%)	工资	
			工程量	劳动定额	定额工日数	工程量	实用工日数		计件单价	工资总额
1-24	砖基础	立方米	100	0.9	90	100	85	106	(采用计件工资时填列)	

技术操作和质量要求	质量等级评定

年 月 日结算

在按班组签发"工程任务单"计算计件工资时,根据任务单只能算得各班组应得的计件工资总额,当它在班组成员之间进行分配时,尚需根据各个职工的出勤情况。因此,在采用计件工资时,仍要使用"考勤表"记录各个职工的出勤情况。不过在这种情况下,"考勤表"中可仅记录各个职工的作业工时数和非作业工时数,不必对作业工时数按工程对象另加分析汇总。

在采用计件工资时,对于某些受施工条件限制,不能计件的零星工程或无法确定工资单价的任务,施工员可签发"计时工程任务单",按实际工作时间和标准工资来计算工资。"计时工程任务单"的格式,除应具备上示工程任务单的一些必要内容外,还要在下端或背面记录完成该项工程任务的各个工人的工作时数或日数,以便根据各个工人的工作时数(或工作日数)和时标准工资(或日标准工资),求得应发工资。

凡在施工过程中因等待材料、等待图纸、气候影响、停电等原因而发生停工又无法及时安排其他工作时,应由班组长在当天下班前填写"停工单",经施工员签章后,交给考勤员保管,作为结算工资的凭证。在填写"停工单"时,必须对停工原因进行分析说明。

图表 3-4

停 工 单

2006 年 5 月 7 日

工人班组:王林 泥工组　　　　工程编号名称:104 办公楼建筑工程
有关任务单编号:511

停 工 原 因	停 工 时 间		
	开始时间	结束时间	持续时间
暴雨	7:30	11:30	4
停工责任负责人:			
施工员:　　　　班组长:			
王林	6	4	2.72　　　10.88
（以　　下　　从　　略）			
合　　　　计			

由于设计变更、等待图纸以及其他属于发包建设单位原因造成的停工,应由发包建设单位负担停工工资的,要及时通知发包建设单位驻工地代表在"停工单"上签证,作为施工企业与发包建设单位结算停工工资的凭证。至于工人进入施工现场在尚未接受任务以前的停工,应由考勤员填写"停工单",经施工员签章后,由考勤员保管,据以结算工资。职工停工时间的工资,一般低于标准工资,如按标准工资的80%计算等。"停工单"的格式如图表3-4所示。

第四节 工资的核算

一、工资的结算和支付

施工企业职工工资的计算,通常按月进行。工资的支付,有的与工资计算期相同,即按月支付。有的每月支付两次,上半月预付一次,下半月进行结算。对个别采用计件工资或包工工资的班组,也有按"工程任务单"结算和支付工资的。

施工企业发给施工生产单位职工的工资,一般由各单位的工资员进行计算,各职能部门职工的工资,由会计部门进行计算。为了正确及时地计算职工的工资,各班组和职能部门应将上节所述有关工资计算的原始记录,如"考勤表"、"工程任务单"、"停工单"等及时送交工资员和会计部门加以审核,以便正确计算每一职工的工资。

应付职工的工资,包括前述应付计时工资、计件工资、奖金、津贴、加班加点工资以及特殊情况下支付的工资。

(一)计时工资和加班加点工资的计算

应付职工的计时工资,是根据"考勤表"的作业工日、非作业工日和工资登记卡(反映职工就职、离职、调动、工资级别调整和工资津贴变动等情况的卡片)的工资标准计算的,在具体计算时,要先计算各级工人日标准工资。工人日标准工资,可按月平均工作日数除工人月标准工资算得。在国家规定劳动者每日工作时间不超过8小时、平均每周工作时间不超过40小时的情况下,目前一般施工企业都实行一周工作5日、每日工作8小时的工时制度。日标准工资可按每月平均工作日数20.92日(以一年365日减去52个星期日、52个休假日和10个法定休假日除以12求得)计算。这样,星期日和休假日就不付工资,病、事假和旷工期间的星期日、休假日也不算缺勤,不扣工资。

如泥工张军的月标准工资为878.64元,6月份作业工日为16日,公假1日,事假1日,病假6日(其中2日为星期日休假日),星期休假日8日(其中2日在病假期间),则他的应付月计时工资为:

$$日标准工资 = \frac{878.64}{20.92} = 42(元)$$

$$应付月计时工资 = 42 \times 16 = 672(元)$$

公假1日和病假4日另按日标准工资和病假工资标准计算。

应付职工的加班加点工资,应按加班加点工日(或工时)和日(或时)标准工资计算。

(二) 计件工资的计算

应付工人的计件工资,是根据"工程任务单"中验收的合格工程量乘以规定的计件单价计算的。它的计算公式如下:

$$应付计件工资 = \Sigma(验收合格工程量 \times 计件单价)$$

如果是小组集体计件,则应按小组集体完成的合格工程量和计件单价,先求得小组应得的计件工资总额,然后在小组成员之间根据每个工人的日标准工资和实际作业工日计算的标准工资的比例进行分配。

如由三个不同工资等级工人组成的泥工小组,在某月份内共完成100立方米砖基础砌筑工程。每立方米砖基础计件单价为17.64元,则应付小组计件工资为:

$$17.64 \times 100 = 1764(元)$$

小组每个工人的工资等级、日标准工资、实际作业工日和按日标准工资计算的标准工资如图表3-5所示。

图表3-5

工人姓名	工资等级	日标准工资（元）	实际作业工日	按日标准工资和作业工日计算的标准工资（元）
甲	6	34.00	20	680.00
乙	4	24.00	20	480.00
丙	3	20.40	20	408.00
合　　计			60	1 568.00

按照每个工人实际作业工日和日标准工资计算的标准工资为1 568元，但由于劳动生产率的提高，实得计件工资为1 764元。计件工资占标准工资的百分比为：

$$\text{计件工资占标准工资的百分比} = \frac{\text{计件工资}}{\sum(\text{日标准工资} \times \text{作业工日})} \times 100\%$$

$$= \frac{1\,764}{1\,568} \times 100\% = 112.5\%$$

根据上面算得的计件工资占标准工资的百分比，就可用下列公式算得每个工人应得的计件工资：

$$\text{每个工人应得计件工资} = \text{日标准工资} \times \text{作业工日} \times \text{计件工资占标准工资的百分比}$$

甲工人应得计件工资：680×112.5%＝765（元）

乙工人应得计件工资：480×112.5%＝540（元）

丙工人应得计件工资：408×112.5%＝459（元）

　　　合　　计：　　　　　　　　　1 764元

应付计件工人的停工工资，应根据"停工单"计算。

通过以上计算，就可求得企业每个职工应得的计时工资和计件工资，加上每个职工应得的经常性奖金和津贴，即为每个职工在工资结算期内的应得工资总额。

（三）奖金、津贴的计算

施工企业应付的各项工资性奖金，应根据各施工生产单位和职能部门的评定和分配结果进行计算。凡有定额考核的一线生产工人,应以劳动定额、消耗定额为依据,按照完成施工生产任务的质量、效率、安全、节约和出勤情况,按月进行考核,实行按分计奖。对于无定额考核的二线人员和技术、管理、服务人员,应在建立部门、个人经济责任制的基础上,根据任务轻重、工作难易、责任大小等,实行计分的办法,按月或按季进行考核,按分计奖。

各种工资性的津贴,不论是实行计时工资或是实行计件工资,均应按照国家和地区的有关规定计算。

(四)伤、病假工资和其他工资的计算

国家为了适当解决企业职工伤、病假期间的待遇,减轻其生活中的困难,有利于伤、病职工早日恢复健康,并体现长期病休与短期病休待遇的区别,根据《劳动保险条例》规定,职工因工负伤,其医疗、休养期间的工资应按标准工资金额支付。职工因病或非因工负伤,及其他如执行国家或社会义务时间工资,停工学习期间工资,以及职工定期休假、探亲假、婚丧假、计划生育假、女工产假期间工资,都应按计时工资标准或规定的计时工资标准的一定比例计算。

通过上面计算求得的每月应付工资,往往不等于实发工资。因为在实际工作中,为了方便群众,简化现金收付手续,企业在发放工资时,往往要从应付工资中扣回一些代交款项,如代交住房公积金、代交养老保险费、代交医疗保险费,等等。会计部门应根据每个职工的应付工资和扣款通知单中所列的代交款项,计算每个职工的实发工资:

实发工资=应付工资-代交款项

然后编制工资结算凭证,据以进行工资的结算和支付。

工资结算凭证可以采用"工资结算单"的形式,也可以采用"工资结算卡片"的形式。

工资结算单也叫"工资单"，一般按工作班组和职能部门分别编制，每月一张。在结算单中，要先列明每个职工的应付工资和代扣款项，然后结出以现金直接支付的实发工资。工资结算单中的应付工资，一般由施工生产单位工资员根据工资标准和"考勤表"、"工程任务单"、"停工单"等记录计算填列。代交款项和实发工资，由工资员或会计员根据有关扣款通知单填列。

"工资结算单"中除了列明应付工资、代交款项和实发工资外，还设有领款人签章栏，在支付时由职工盖章签收。因此，"工资结算单"不单是工资结算的凭证，同时也是支付工资的收据。

"工资结算单"通常一式三份，一份由劳动工资部门存查；一份按每个职工裁成"工资条"和工资一起发给职工，以便职工对工资结算的正确性进行检查；一份由职工签收后作为会计部门结算和支付工资的凭证。"工资结算单"的格式如图表 3-6 所示。

企业对于职工工资的结算，也有采用"工资结算卡片"来进行的。"工资结算卡片"通常按每个职工每年设置一张，保存在施工生产单位工资员的卡片箱内。"工资结算卡片"内的项目与工资结算单基本相同。各施工生产单位工资员应根据有关工资结算的凭证，如"考勤表"、"工程任务单"、"停工单"等，按月填入卡片，并算出应付工资，由工资员或会计人员根据有关扣款通知单，填入代扣款项和实发工资。然后按工人班组汇总编制施工生产单位"工资汇总表"，据以交会计部门开发支票向银行提取现金，发放各个职工的工资。职工领取工资时，应在卡片上盖章签收。

采用"工资结算卡片"结算工资，可以减少各个月份抄写全部职工名单的工作，并易于了解每一职工全年的工资结算情况，但不便于汇总各类职工的工资总额。同时卡片的流动性较大，也容易散失。因此，必须加强对卡片的管理，设置卡片登记簿，记录卡片

图表 3-6

工 资 结 算 单

工人班组或部门：张军 泥工组　　　　　　　　　　　　2006 年 6 月

工号	姓名	月标准工资	实作工日数		非作业工日数				作业工资、奖金、津贴					合计
			出勤工日	加班加点	公假	病假	事假	工伤假	计时工资	加班加点工资	计件工资	奖金	技术津贴	
	张军	878.64	16		1	4		1	672.00			78.00	50.00	800.00
合计									（以下略）					

工号	姓名	公假工资	病假工资		工伤假工资	合计	劳保工资	应付工资	代扣款项			合计	实发工资	领款人签章
			实发比例	金额					住房公积金	养老保险费	医疗保险费			
	张军	42.00	90%	151.20		193.20		993.20	60.00	50.00	20.00	130.00	863.20	
合计														

的发出及卡片在各班组、车间的流转情况。在发放工资后,应及时收回卡片,检查有无散失,并按照规定的顺序放回卡片箱内。

根据各个工人班组和部门的"工资结算单"或各施工生产单位的"工资汇总表",还要汇总编制"工资结算汇总表",用以汇总反映整个企业各单位、各部门的应付工资。为了便于总分类核算和工程成本计算,除按本章第二节所述职工分类,汇总编制"工资结算汇总表"以供考核工资计划的执行情况外,还要按总分类核算的要求,分别按照直接从事建筑安装工程施工工人(包括在施工现场运料、配料等辅助工人,以下同),机械施工和运输作业机上人员,辅助生产单位工人,附属工业企业生产工人,材料采购、保管人员,施工单位工程技术、管理、服务人员,企业行政管理人员,医务、保育人员,集体福利部门人员,6个月以上病假人员等汇总编制。"工资结算汇总表"的格式如图表3-7所示。

为了保证工资总额的合理使用,会计部门在编制"工资结算汇总表"时,应从以下几个方面对工资支出认真审查:

工资的计算是否正确,有无多算、少算、重发、漏发、虚报工资等情况。

各种奖金、津贴、补贴的支付是否符合有关劳动工资的法令、制度和计划的规定。

有无将下列不包括在工资总额范围的支出列入工资总额:(1)根据国务院发布的有关规定颁发的创造发明奖、自然科学奖、科学技术进步奖和支付的合理化建议及技术改进奖;(2)有关劳动保险和职工福利方面的各项费用;(3)有关离休、退休、退职人员待遇的各项支出;(4)劳动保护的各项支出;(5)稿费、讲课费及其他专门工作报酬;(6)出差伙食补助费、误餐补助费、调动工作的旅费和安家费;(7)对自带工具来企业工作职工所支付的工具补偿费用;(8)实行租赁经营单位的承租人的风险性补偿收入;

图表 3-7

工资结算汇总表

2006年6月

单位:元

人员类别	作业工资			奖金、津贴		非作业工资		劳保工资	应付工资	代扣款	实发工资
	计时工资	加班加点工资	计件工资	奖金	津贴	病假工资	其他工资				
建筑安装工程施工工人	34 940	260		4 040	300	450	250		40 240	5 240	35 000
其中:第一施工队	18 040	140		2 240	160	250	130		20 960	2 660	18 300
第二施工队	16 900	120		1 800	140	200	120		19 280	2 580	16 700
机械施工机上人员	7 018	60		908	90	40	32		8 148	1 040	7 108
运输作业机上人员	3 860	40		569	38	20	12		4 539	590	3 949
辅助生产工人	4 670	35		500	45	30	20		5 300	676	4 624
工业生产工人	8 050			980	80	40	30		9 180	1 170	8 010
施工单位技术、管理、服务人员	6 200			900		60	40		7 200	910	6 290
企业行政管理人员	6 600			890					7 490	920	6 570
材料采购、保管人员	2 780			313		60	40		3 193	390	2 803
医务、保育人员	850			110		60	50		1 070	130	940
集体福利部门人员	860			110					970	120	850
6个月以上病假人员								540	540		540
合　计	75 828	395		9 320	553	760	474	540	87 870	11 186	76 684

(9)对购买本企业股票和债券的职工所支付的股利和利息；(10)劳动合同制职工解除劳动合同时由企业支付的医疗补助费、生活补助费等；(11)因录用临时工而在工资以外向提供劳动力单位支付的手续费或管理费；(12)支付给家庭工人的加工费和按加工订货办法支付给承包单位的发包费用；(13)计划生育独生子女补贴。

是否遵守定员计划，有无因超计划录用人员而造成工资总额的超支。

此外，还应进一步计算劳动生产率指标，检查劳动生产率的增长速度是否超过工资总额的增长速度，促使企业不断提高施工活动的经济效益。

二、工资的核算

工资核算的主要任务是：一方面正确计算每个职工的应付工资和实发工资，反映企业与职工的结算情况和企业工资计划的执行情况，保证工资总额的合理使用；另一方面将工资支出按其用途或发生地点进行归集和分配，以便正确地记入有关科目。这两方面是相互联系、不可分割的。所有应付职工的工资都必须按其用途进行分配，并记入有关的科目；而所有记入有关科目的工资支出又必然是企业的应付工资。

工资的总分类核算是根据"工资结算汇总表"和有关工资的付款凭证，通过"应付工资"或"应付职工薪酬——应付工资"科目(采用企业会计制度的施工企业用"应付工资"科目，采用企业会计准则的施工企业用"应付职工薪酬——应付工资"科目，以下同)进行的。"应付工资"或"应付职工薪酬——应付工资"科目的借方登记本月应发工资总额，包括用现金支付的和通过转账支付的工资，以及职工未领的工资；贷方登记按支出用途分配记入有关科目的当月应付工资总额。因此，设置和运用"应付工资"或"应付职工薪酬——应付工资"科目，一方面集中反映企业支付给全体职工的工资,更好地控制工资总额的使用;另一方面也便于进行工资的结算和分配,有利于全面了解工资的分配情况,促使企业节约使用劳动力。

为了总括反映施工企业各个月份内工资的分配情况,会计部门应根据"工资结算汇总表"编制如图表 3-8 所示的"工资分配表"。

根据"工资分配表"分配工资,应作如下分录入账:

借:生产成本——工程施工成本或工程施工　　　40 240
　　生产成本——机械作业成本或机械作业　　　12 687
　　生产成本——辅助生产成本　　　　　　　　5 300
　　生产成本——工业生产成本　　　　　　　　9 180
　　生产成本——工程施工成本——间接费用
　　　或工程施工——间接费用　　　　　　　　7 200
　　管理费用　　　　　　　　　　　　　　　　8 030
　　采购保管费　　　　　　　　　　　　　　　3 193
　　应付福利费或应付职工薪酬——应付福利费　2 040
　贷:应付工资或应付职工薪酬——应付工资　　87 870

如果企业有从事多种经营的业务人员,应将他们的工资记入"其他业务支出"科目的借方;有从事固定资产建造、扩建、改建、修理以及临时设施搭建等专项工程的工人,应将他们的工资记入"在建专项工程"科目的借方。

对于"工资结算汇总表"中向职工收回的代交款项,应记入"其他应付款"科目的贷方和"应付工资"或"应付职工薪酬——应付工资"科目的借方,作如下分录入账:

借:应付工资或应付职工薪酬——应付工资　　11 186
　贷:其他应付款　　　　　　　　　　　　　　11 186

图表 3-8

工 资 分 配 表

2006年6月

单位:元

人员类别 应借科目	建筑安装工程施工人	机械施工机上人员	运输作业上人员	辅助生产工人	工业生产工人	施工单位技术、管理、服务人员	企业行政管理人员	材料采购、保管人员	医务、保育人员	集体福利部门人员	6个月以上病假人员	合 计
生产成本——工程施工	40 240											40 240
生产成本——机械作业或机械作业成本		8 148	4 539									12 687
生产成本——辅助生产成本				5 300								5 300
生产成本——工业生产成本					9 180							9 180
生产成本——工程施工或间接费用或间接费用——间接费用						7 200						7 200
管理费用							7 490				540	8 030
采购保管费								3 193				3 193
应付福利费或应付职工薪酬——应付福利费									1 070	970		2 040
合 计	40 240	8 148	4 539	5 300	9 180	7 200	7 490	3 193	1 070	970	540	87 870

根据"工资结算汇总表"中的实发工资,开出支票,向银行结算户提取现金,支付工资时,应作如下分录入账:

借:现金　　　　　　　　　　　　　　　　　76 684
　　贷:银行存款　　　　　　　　　　　　　　　76 684

借:应付工资或应付职工薪酬——应付工资　　　76 684
　　贷:现金　　　　　　　　　　　　　　　　　76 684

企业在支付工资时,可能有少数职工因故不能按时领取工资。对于这些未领工资,在超过企业规定的工资发放期限时,应由班组、车间、部门交回,并编制待领工资明细表,作如下分录入账:

借:现金　　　　　　　　　　　　　　　　　1 200
　　贷:其他应付款——未领工资　　　　　　　　1 200

同时,将未领工资的现金存入银行:

借:银行存款　　　　　　　　　　　　　　　1 200
　　贷:现金　　　　　　　　　　　　　　　　　1 200

如果企业对职工的工资每月分两次支付,即上半月预付一次,下半月进行结算,一般在上半月预付相当于全月标准工资的一半。为了简化计算手续,预付工资最好为整数。如月标准工资为833.30元,在上半月可预付410元;月标准工资为782.92元的,在上半月可预付390元等。预付工资时,应作借记"应付工资"或"应付职工薪酬——应付工资"科目和贷记"现金"科目的分录入账。下半月结算工资时,应将上半月预付工资在"工资结算单"或"工资结算卡片"中的"上半月预付"栏内列明并扣回。由于此项预付工资已作借记"应付工资"或"应付职工薪酬——应付工资"科目的分录,所以,不必再作扣款的分录,只要将下半月发放工资的金额,作工资支付的分录即可。

第五节 职工福利费和其他薪酬的核算

一、职工福利费的核算

施工企业职工除了按照自己的服务数量、质量领取供个人支配使用的工资外,还可享受企业的各种集体福利和取得必要的个人补助。这种用于职工集体福利事业和个人补助的资金来源,目前主要是由根据工资总额的 14% 提取的职工福利费解决的。

企业按照规定提取的职工福利费,应在"应付福利费"或"应付职工薪酬——应付福利费"科目(采用企业会计制度的施工企业用"应付福利费"科目,采用企业会计准则的施工企业用"应付职工薪酬——应付福利费"科目,以下同)进行核算,在提取时,应记入科目的贷方和有关成本费用科目的借方,即为建筑安装工程施工工人和施工单位技术、管理、服务人员计提的福利费,应记入"生产成本——工程施工成本"或"工程施工"科目的借方;为机械施工、运输机上人员计提的福利费,应记入"生产成本——机械作业成本"科目的借方;为辅助生产单位工人计提的福利费,应记入"生产成本——辅助生产成本"科目的借方;为附属工业企业生产工人计提的福利费,应记入"生产成本——工业生产成本"科目的借方;为企业行政管理人员、医务保育人员、集体福利部门人员、六个月以上病假人员计提的福利费,应记入"管理费用"科目的借方;为材料采购保管人员计提的福利费,应记入"采购保管费"科目的借方;为企业固定资产建造、扩建、改建、修理以及临时设施搭建等的工人计提的福利费,应记入"在建专项工程"科目的借方。

在实际工作中,为了总括反映职工福利费的提取和分配,可根据"工资结算汇总表"算得各类职工计提职工福利费的工资总额,按照规定的提取比例计算,并编制如图表 3-9 所示的"职工福利费计算表"。

图表 3-9

职工福利费计算表

2006 年 6 月　　　　　　　　　　　　　单位:元

人 员 类 别	工资总额	计提福利费	应 借 科 目
建筑安装工程施工人员	40 240	5 634	生产成本——工程施工成本或工程施工
机械施工机上人员	8 148	1 141	生产成本——机械作业成本或机械作业
运输作业机上人员	4 539	635	生产成本——机械作业成本或机械作业
辅助生产工人	5 300	742	生产成本——辅助生产成本
工业生产工人	9 180	1 285	生产成本——工业生产成本
施工单位技术、管理服务人员	7 200	1 008	生产成本——工程施工成本——间接费用或工程施工——间接费用
企业行政管理人员	7 490	1 048	管理费用
材料采购、保管人员	3 193	447	采购保管费
医务、保育人员	1 070	150	管理费用
集体福利部门人员	970	136	管理费用
六个月以上病假人员	540	76	管理费用
合　　计	87 870	12 302	

根据"职工福利费计算表",即可将计提的职工福利费作如下分录入账:

借：生产成本——工程施工成本或工程施工 5 634
生产成本——机械作业成本或机械作业 1 776
生产成本——辅助生产成本 742
生产成本——工业生产成本 1 285
生产成本——工程施工成本——间接费用
或工程施——间接费用 1 008
管理费用 1 410
采购保管费 447
贷：应付福利费或应付职工薪酬——应付福利费 12 302

施工企业提取的职工福利费,主要用于职工的医药费(包括企业参加职工医疗保险交纳的医疗保险费)、医护人员的工资、医务经费,职工因公负伤赴外地就医路费,职工生活困难补助、职工浴室、理发室、幼儿园、托儿所等集体福利部门人员的工资,以及按照国家规定开支的其他职工福利支出,在支付时,应记入"应付福利费"或"应付职工薪酬——应付福利费"科目的借方和"银行存款"、"应付工资"或"应付职工薪酬——应付工资"等科目的贷方。作如下分录入账：

借：应付福利费或应付职工薪酬——应付福利费 ×××
贷：银行存款 ×××
应付工资或应付职工薪酬——应付工资 ×××

对企业职工福利费的会计处理,有的要求按实际发生额列支,不按工资总额的14%计提。如果今后按实际发生的福利费列支,可在发生时即将它记入有关成本费用科目的借方和"银行存款"等科目的贷方,但在采用这种会计处理时,必须事前制定可操作的福利费开支范围和开支标准,防止福利开支失控。

二、社会保险费和住房公积金的核算

社会保险费是指医疗保险费、养老保险费、失业保险费、生育保险费、工伤保险费。与住房公积金一起,称为"五险一金",以前都被认为是企业职工福利。现在都是政府及有关权力机关规定必须交纳的费用。企业会计准则也明确将其纳入职工薪酬范围。社会保险费和住房公积金在会计中应在"其他应付款"科目或"应付职工薪酬"科目下设置的"应付社会保险费"和"应付住房公积金"两个二级科目(采用企业会计制度的施工企业,用"其他应付款"科目,采用企业会计准则的施工企业,用"应付职工薪酬"科目,以下同)进行核算。企业应交的社会保险费和住房公积金,应在职工为其提供服务期间根据工资总额一定比例计算,将其记入"管理费用"科目的借方和"其他应付款"或"应付职工薪酬——应付社会保险费","应付职工薪酬——应付住房公积金"科目的贷方:

借:管理费用　　　　　　　　　　　×××
　　贷:其他应付款或应付职工薪酬——应付社会保险费　×××
　　　　其他应付款或应付职工薪酬——应付住房公积金　×××

企业在交纳社会保险金和住房公积金时,应记入"其他应付款"或"应付职工薪酬——应付社会保险费"、"应付职工薪酬——应付住房公积金"科目的借方和"银行存款"等科目的贷方。

借:其他应付款或应付职工薪酬——应付社会保险费　×××
　　其他应付款或应付职工薪酬——应付住房公积金　×××
　　贷:银行存款　　　　　　　　　　　×××

三、工会经费和职工教育经费的核算

工会经费和职工教育经费是用于工会活动和职工教育的日常费用。这两项经费都可为职工后续教育作支出准备,因而也将它纳入职工薪酬的范围,在"其他应付款"科目或"应付职工薪酬"科目下设置的"应付工会经费"和"应付职工教育经费"两个二级科目(采用企业会计制度的施工企业,用"其他应付款"科目,采用企业会计准则的施工企业,用"应付职工薪酬"科目,以下同)进行核算。

目前,工会经费一般按工资总额的2%提取,职工教育经费一般按工资总额的1.5%提取。在计提时,应记入"管理费用"科目的借方和"其他应付款"或"应付职工薪酬——应付工会经费"、"应付职工薪酬——应付职工教育经费"科目的贷方:

  借:管理费用   ×××
   贷:其他应付款或应付职工薪酬——应付工会经费 ×××
     其他应付款或应付职工薪酬——应付职工教育经费×××

企业将提取工会经费和职工教育经费从银行结算户拨交使用时,应记入"其他应付款"或"应付职工薪酬——应付工会经费"、"应付职工薪酬——应付职工教育经费"科目的借方和"银行存款"科目的贷方:

  借:其他应付款或应付职工薪酬——应付工会经费 ×××
     其他应付款或应付职工薪酬——应付职工教育经费×××
   贷:银行存款   ×××

四、辞退补偿的核算

辞退补偿是指企业在职工还没有到退休年限的时候,提前与其终止了劳动合同,而给予相当于辞退的补偿金,或者为了鼓励员工自愿接受裁减而给予的补偿金。按企业会计准则的规定,在符合企业已制定正式的解除劳动关系计划和企业不能单方面撤回解除劳动关系计划这两个条件时,就应将辞退补偿进行预计,确认为企业负债,将它记入"其他应付款"或"应付职工薪酬——应付辞退补偿"科目(采用企业会计制度的施工,用"其他应付款"科目,采用企业会计准则的施工企业,用"应付职工薪酬——应付辞退补偿"科目,以下同)的贷方,并记入当期"管理费用"科目的借方。

  借:管理费用   ×××
   贷:其他应付款或应付职工薪酬——应付辞退补偿 ×××

企业付给辞退职工补偿金时,记入"其他应付款"或"应付职工薪酬——应付辞退补偿"科目的借方和"银行存款"科目的贷方:

  借:其他应付款或应付职工薪酬——应付辞退补偿 ×××
   贷:银行存款   ×××

复习题

1. 企业职工的薪酬，主要包括哪些？
2. 为什么要对工作时间和生产数量进行核算？在核算时应采用哪些凭证？这些凭证的作用是什么？试就采用计时工资和计件工资分别加以说明。
3. 实行小组集体计件工资时，如何在小组工人之间进行工资的分配？
4. 什么叫做工资总额？它由哪些部分组成？
5. 职工福利费、社会保险费、住房公积金、工会经费和职工教育经费在核算上有哪些不同之处？

习 题

习 题 一

(一) **目的** 练习工资的核算。

(二) **资料** 某施工企业在 2006 年 8 月份内，共发生了下列有关工资业务：

1. 8 月份工资总额的组成为：

建筑安装工程施工工人工资总额 40 000 元

机械施工机上人员工资总额 6 000 元

运输作业机上人员工资总额 5 000 元

辅助生产工人工资总额 5 000 元

施工单位技术、管理、服务人员工资总额 6 600 元

医务、保育人员工资总额 760 元

企业行政管理人员工资总额 7 000 元

集体福利部门人员工资总额760元

六个月以上病假人员工资总额320元

2. 从8月份应付工资中,应向职工收回各种代扣款项9 740元。

3. 按实发工资开出支票,向银行结算户提取现金,以备发放。

4. 根据"工资结算单"发放工资61 700元。

5. 在发放工资后,某工程队交回逾期未领工资870元,并存回银行。

(三) 要求 根据上列资料为各项有关工资业务作成会计分录。

习 题 二

(一) 目的 练习职工福利费、工会经费和职工教育经费的提取和核算。

(二) 资料 [习题一]的施工企业在2006年8月份内共发生了下列有关职工福利费、工会经费和职工教育经费的提取业务:

1. 按工资总额的14%计提职工福利费。

2. 按工资总额的2%计提工会经费。

3. 按工资总额的1.5%计提职工教育经费。

4. 将提取的工会经费和职工教育经费从银行结算户拨交工会和职工学校使用。

(三) 要求 根据[习题一]和上列资料:

1. 计算8月份应提的职工福利费,并编制职工福利费计算表。

2. 为各项有关职工福利费、工会经费、职工教育经费提取和拨付业务作成会计分录。

第四章 材料的核算

第一节 材料核算的意义和内容

材料是指经过人类劳动加工过的作为劳动对象的物质资料。在会计中,材料又称原材料,一般把作为劳动对象从矿山采掘的矿石、从原始森林采伐的原木等称为原料,把经过进一步加工的原料仍作为劳动对象的产品称为材料。材料和固定资产不同,它通常只能在一次施工生产过程中使用,并在施工生产过程中大都变更或消失其原有物质形态,或将其本身的物质加到工程或产品的物质里去,因而大都将其价值一次转入工程和产品的成本中。施工企业施工生产过程,同时也是各种材料的使用和消费过程。为了保证施工生产过程不间断地进行,就需要做好材料的供应工作,及时补充施工生产中消耗的材料。

材料供应工作在保证施工需要的同时,还要注意储备资金的节约使用,提高流动资金的利用效果。在组织材料供应时,要少购勤进,以最少的储备量来保证施工的需要;要合理组织材料运输,就地取材,就近采购,降低材料采购成本。在我国社会主义建设事业需要大量建筑材料和建设资金的情况下,用最少的材料储备保证施工的顺利进行,一方面可以为国家腾出大量的建筑材料,以保证发展建设事业的需要;另一方面可以避免企业流动资金的浪费和积压,提高资金利用效果。一定的施工规模虽要有一定数量的材料储备来保证,但是这个量不是绝对不变的。如果企业合理地组织材料供应工作,就有可能适当地压缩材料储备量,减少企业储备资金的占用额。因此,在材料供应和资金管理工作中,必须克服"宽打宽用"、"宁多勿少"等错误思想,在不影响工程质量的前提下,大搞修旧利废,加工改制,积极处理各种积压材料,加速流动资金周转。

材料核算是材料供应和资金管理工作的一个很重要环节。认真做好材料核算工作,可以及时反映材料的采购、储备、保管和耗用情况,考核材料供应计划、材料储备定额和材料消耗定额的执行情况。这对节约使用储备资金,降低工程、产品成本,发展建筑生产事业都有着很重要的意义。施工企业材料的核算,主要包括以下几个方面:

1. 正确及时地反映材料采购情况,考核材料供应计划和用款计划的执行,促使企业不断改善材料采购工作,做到既保证施工生产需要,又节约使用采购资金,降低材料采购成本。

2. 正确及时地反映材料的收发和结存情况,考核材料储备定额的执行,防止材料超储、积压或储备不足等现象,不断加速材料储备资金周转。

3. 反映和考核材料消耗定额的执行情况,促使企业节约使用材料,降低工程、产品的材料成本。

4. 正确计算耗用材料的实际成本,分别按照用途计入工程和产品成本。

5. 定期对材料的结存数量和质量进行清查盘点,查明盘点盈亏的原因,并对减值材料计提减值准备,按照规定作出处理,防止丢失和盗窃,确保材料的完整无缺,做到账、料、卡相符。

第二节　材料的分类和计价

一、材料的分类

施工企业所需的材料,品种规格很多,性质和用途不一,而且存放地点分散,收发频繁,库存数量经常发生变动。为了加强材料管理和正确组织材料核算,必须对材料进行合理的分类。

施工企业施工生产用的材料,按其在施工生产中所起的不同作用,可分为主要材料、结构件、机械配件、其他材料等几类。

主要材料是指用于工程、产品并能构成工程、产品实体的各种材料,包括黑色及有色金属材料、木材、硅酸盐材料(即水泥、砖、瓦、石灰、砂、石等)、电器材料、建筑五金、化学油漆材料等。

结构件是指经过吊装、拼砌、安装即能构成房屋建筑物实体的各种金属的、钢筋混凝土的、混凝土的和木质的结构物、构件、砌块等。

机械配件是指用于机械设备维护修理的各种配件和零件,如齿轮、阀门、轴承等。

其他材料是指那些在施工生产过程中并不构成工程、产品实体的各种材料,包括燃料、油料、饲料和润滑油、擦布、绳子等辅助材料。

材料的总分类核算,应在"原材料"科目中进行,并按照上述分类分别设置"主要材料"、"结构件"、"机械配件"和"其他材料"等二级科目。

在实际核算工作中,除了上述一次性消耗材料外,对于在施工过程中可以反复周转使用的周转材料,以及那些虽属劳动资料,但单位价值较低或使用时间较短而不列入固定资产的工具用具和劳保用品,也都将它们视同材料,分别在"周转材料"和"低值易耗品"科目中进行核算。

为了适应材料的实物管理和日常核算的需要,在上述分类的基础上,还要按照各类材料的物理性能、技术特征、等级、成分、规格、尺寸等作进一步的明细分类。如对主要材料,可将它分为黑色金属材料类、有色金属材料类、木材类、硅酸盐材料类、电器材料类、小五金类、化学油漆类等。在黑色金属材料类下,又可分为圆钢、螺纹钢、方钢、扁钢、角钢、工字钢、槽钢、薄钢板、中厚钢板等品种。在圆钢之下，还可按其直径大小分为 6 毫米圆钢、7 毫米圆钢等不同规格。

为了便于材料的保管和核算，除了对材料进行分类外，还须对各种材料按照类别、品种、名称、规格逐一进行编号，并规定各种材料的计量单位和材料的计划单价（通常即地区材料预算单价），编制"材料目录"，以供材料供应、保管、领用、核算各部门人员统一使用，避免类似材料的相互混淆，防止差错，并简化核算手续，提高工作效率。材料的编号，一般须意义明确、易于记忆并有伸缩性，以便在增加材料品种规格时随时调整。"材料目录"的格式如图表 4-1 所示。

图表 4-1

材 料 目 录

材料编号	材料类别	材料名称型号规格	计量单位	计划单价			备注
				2006 年	年	年	
110106	黑色金属类	圆钢 Ø6	吨	1 060			
110107		Ø7	吨	1 020			
110108		Ø8	吨	980			

二、材料的计价

所谓材料的计价，就是材料在核算时按照什么价格计算。施工企业的材料，应按实际成本计价。外购材料的实际成本，包括下列各项支出：

1. 买价，包括材料的原价、供销单位的手续费和税金。购买材料时支付的税金，大都属于增值税。增值税属于价外税，在专用发票上另行注明。施工企业结算完工工程价款时应交的税是营业税属于价内税，无法将购料专用发票上的应交增值税从中抵扣。因此，施工企业在专用发票上注明的应交增值税，应作为购料成本。

2. 运杂费，包括自采购地点运到工地仓库（施工现场堆存材料的地点）前发生的包装、运输、装卸以及合理的运输损耗等费用（包装物的保证金或押金应予扣除，回收包装物的收入应冲减运杂费）。

3. 采购保管费，包括材料供应部门和仓库（包括露天堆放场）为材料采购、验收、整理、保管、收发而发生的各项费用，以及合理的保管损耗。

对于不能直接计入某一种材料的支出，要按照适当的标准分摊计入。

施工企业耗用所属内部独立核算的附属工业企业所生产的材料、构件，应以按照规定程序编制的产品价格或预算价格作为材料的买价。耗用所属辅助生产单位所生产的材料、构件，应以辅助生产单位的实际成本作为材料的买价。如果辅助生产单位平时按计划（预算）价格结转自制材料、构件成本，则应于月末算得实际成本后，再将实际成本与计划价格成本的差异进行结转。

计入工程和产品成本的材料费，必须按照材料实际成本计算，这是没有疑问的。但是这并不是说在材料的日常核算工作中，也一定要按实际成本计价。由于外购和自制的材料的实际成本，可能每批不同，如果材料日常核算也按照实际成本计价，那就需要逐批计算材料收发的单价，工作量很大。同时，就计划的考核和分析来说，按实际成本计算也不便于分析材料成本的价格差异和用量差异。因此，实际工作中对于材料收发业务较多的大中型企业的材料的日常核算，可以按照计划价格（一般即地区材料预算价格）计价，于月末再计算计划价格成本和实际成本的价格差异，将计划价格成本调整为实际成本。

按计划价格组织材料收发的日常核算工作，有如下几方面的优点：

第一，可以大大简化材料日常核算工作。因为同一材料，不论每批购入价格是否变动,只按一个单价,因而在材料明细分类核算中,平时只要登记数量即可,同时也免去在每次购入材料时都要逐批计算单价的手续。在计算耗用材料的实际成本时,只要计算一下这个时期内购入材料的实际成本,将它与计划价格成本比较,算出各类材料的成本差异率,乘以耗用材料的计划价格成本,计算出耗用材料分摊的成本差异,就可算出耗用材料的实际成本。

第二,采购材料的实际成本和计划价格成本比较,可以确定价格方面的差异,反映材料采购业务的成果,考核供应部门的工作质量,如是否通过合理组织材料运输、就地取材、就近采购等措施来降低材料采购成本。

第三,耗用材料按计划价格计价,可以在和预算成本的对比中剔除价格差异因素,确定材料成本中的用量差异,考核各个施工生产单位对于耗用材料的节约和浪费情况。

为了考核各个施工单位施工活动的经济效益,使其成本不受材料价格因素的影响,各个施工单位的工程成本中的材料费,也可按照计划价格进行核算,材料成本差异可由公司或工程处集中核算。材料成本差异不论由施工单位核算,还是由公司或工程处集中核算,都要按月对工程成本中的材料计划价格成本进行调整。也只有这样,才能正确计算各项工程的实际成本,反映整个企业施工活动的经济效益。

第三节 材料采购的核算

一、材料采购的手续和凭证

材料的采购业务由供应部门负责。供应部门根据施工、生产单位按照工程项目、施工进度和材料消耗定额提出的需要量,结合材料的储备定额和库存情况,按期编制材料供应计划和用款计划,作为采购材料的依据。为了保证材料的及时供应,明确购销双方的经济责任,还应与供应单位签订供销合同。会计部门要协助供应部门正确执行供应计划、用款计划和供销合同。

企业对于采购的材料,要根据供应单位的发票、运输机构的提货单、银行的结算凭证和运费账单等,办理材料验收入库和货款结算两方面的手续。

企业收到银行结算凭证和供应、运输机构的发票、账单、提货单等有关购料凭证时,要由供应部门检查凭证所列的材料名称、规格、数量、单价和发货日期等是否与供应合同相符。在采用委托收款和托收承付结算方式时,要在托收承付结算凭证上,签注有关承付意见。对于货款计算错误、材料品种规格不合要求等的料款,应在承付期限内填写部分拒付或全部拒付的理由,由会计部门向银行提出办理拒付手续。如核对无误同意承付,应将银行结算凭证、发票、账单等交会计部门办理料款结算手续。同时,供应部门还要填一式多份的"收料单",将一份连同提货单通知运输部门办理提货手续,两份通知仓库部门准备验收材料,仓库部门收料并在收料单填明实收数量后,将其中一份送交会计部门。收料单的格式如图表 4-2 所示。

图表 4-2

收 料 单

2006 年 6 月 2 日

供应单位:甲钢厂　　　　　　　　　　　　　　　收料仓库:1 库
发票号数:6080　　　运输单位:乙运输公司　　短缺损坏清单号数:
发票金额:6 300 元　　提货单号数:6035　　　数量质量不符通知单号数:

材料编号	材料名称、型号、规格	计量单位	数量		计划价格		备注
			应收	实收	单价	总额	
110106	圆钢 Ø6	吨	6	6	1 060	6 360	

如果发票、账单和银行结算凭证未到而提货单先到时,供应部门照常填制"收料单",根据合同价格或计划价格填列暂估金额,并

通知运输部门和仓库办理收料手续,同时要催促供应单位尽快将发票、账单补来。

提货人员在提取材料时,如发现由于运输机构责任发生件数短缺、重量不足或破坏毁损时,要填制"短缺损坏清单",由运输机构签证后,连同材料一起送交仓库。

对于质量、数量与供应单位发票不符的材料,要由仓库填制"数量质量不符通知单",通知供应部门。供应部门应当根据运输机构签证的"短缺损坏清单"和仓库送来的"数量质量不符通知单"填制"赔偿请求单",向运输机构和供应单位要求赔偿。

对于须经分次运交验收的大堆材料,如石子、黄砂、石灰、砖、瓦等,可在每次运到由仓库人员验收时,先在"验收记录"登记收入数量,待全部运到验收完毕后,再根据"验收记录"在"收料单"登记实收数量。

二、材料采购的总分类核算

材料采购的核算,就是企业生产储备的供应过程的核算,为了考核材料供应计划的执行情况,确定采购材料的实际成本,并计算采购材料实际成本和计划价格成本的差异,在总分类核算上,要设置"物资采购"和"材料成本差异"两个科目。

"物资采购"科目用以反映和考核材料采购资金支出情况,计算企业外购材料实际成本,考核采购业务的经营成果。该科目的借方登记企业所有外购并已验收入库的材料实际成本,包括买价、运杂费和采购保管费,借方发生额表明企业本期发生的采购资金支出;贷方登记外购并已验收入库材料的计划价格成本。借方和贷方的差额,就是购入材料实际成本与计划价格成本差异。如果借方大,表明材料采购成本超支;如果贷方大,表明材料采购成本节约。月末时,材料采购成本的超支或节约额应转入"材料成本差异"科目的借方或贷方。

"材料成本差异"科目用以核算企业材料实际成本与计划价格

成本的价格差异。科目的借方登记材料实际成本大于计划价格成本的超支额。贷方登记材料实际成本小于计划价格成本的节约额。发出材料所应负担的成本差异,应从本科目的贷方转入各有关生产费用科目,超支额用蓝字结转,节约额用红字结转。从各材料科目转出发出材料的计划价格成本加或减材料成本差异后,就调整为实际成本。本科目的月末余额,为库存材料的成本差异。各材料科目月末余额加或减本科目的月末成本差异,就为库存材料的实际成本。因此,"材料成本差异"科目是为调整各材料科目所列的计划价格成本而设置的科目。

企业购入材料时,如果采用商业汇票结算方式,要在开出承兑商业汇票时,根据商业汇票和发票账单,作如下分录入账:

借:物资采购　　　　　　　　　　　　　136 000
　贷:应付票据　　　　　　　　　　　　　136 000

如果采用委托收款和托收承付结算方式,要在收到材料、承付料款时,根据结算凭证和发票账单金额记入"物资采购"科目的借方和"银行存款"科目的贷方。

如果采用其他结算方式或用现金购入零星材料时,应将结算凭证或发票账单金额记入"物资采购"科目的借方和"银行存款"、"应付账款"、"现金"等科目的贷方。对于从发包单位或总包单位收入抵作备料款的材料,亦应视同采购材料,按照合同规定价格将料款记入"物资采购"科目的借方和"预收账款"科目的贷方。

在取得"收料单"时,要按计划价格成本记入"原材料"等有关材料科目的借方和"物资采购"科目的贷方:

借:原材料　　　　　　　　　　　　　　140 000
　贷:物资采购　　　　　　　　　　　　　140 000

对于单独支付的运杂费,要根据运输机构运费账单等,记入

"物资采购"科目借方和"银行存款"、"现金"等科目的贷方：

借：物资采购　　　　　　　　　　　　　　6 160
　　贷：银行存款等　　　　　　　　　　　　　6 160

在总公司没有设置地区建筑材料供应机构，而由施工企业自行采购材料时，往往需要设置一定规模的材料供应部门和仓库，这样，所发生的材料采购保管费数额较大。在这种情况下，可设置"采购保管费"科目，并开设多栏式采购保管费明细分类账，按采购保管人员工资、职工福利费、办公费、差旅交通费、折旧费、修理费、低值易耗品摊销、物料消耗、劳动保护费、财产保险费、合同公证签证费、检验试验费(减检验试验收入)、材料整理及零星运费、材料盘亏及毁损、其他费用等明细项目进行明细分类核算。企业发生上列各项材料采购保管费时，应自"原材料"、"应付工资"或"应付职工薪酬——应付工资"、"应付福利费"或"应付职工薪酬——应付福利费"、"备用金"、"银行存款"、"现金"、"低值易耗品——低值易耗品摊销"等科目的贷方转入"采购保管费"科目的借方。月终再将应归本月采购材料负担的采购保管费自"采购保管费"科目的贷方转入"物资采购"科目的借方。

为了使年度内各月使用各种材料的采购成本分摊的采购保管费比较均衡，也可根据年度内预计的采购材料的计划价格成本总额(或买价和运杂费的总额)和材料采购保管费计算的预定分配率来计算应计入各该月份(或各批)采购材料成本的采购保管费。

$$\text{采购保管费预定分配率} = \frac{\text{预计全年材料采购保管费总额}}{\text{预计全年采购材料的计划价格成本总额(或买价和运杂费总额)}} \times 100\%$$

$$\text{某月(或某批)采购材料应分配的采购保管费} = \text{该月(或该批)采购材料的计划价格成本(或买价和运杂费)} \times \text{采购保管费预定分配率}$$

如某施工企业预计全年发生的材料采购保管费为 488 000 元,预计全年采购材料的计划价格成本为 24 400 000 元,则该年度:

$$采购保管费预定分配率 = \frac{488\ 000}{24\ 400\ 000} \times 100\% = 2\%$$

如某月采购主要材料的计划价格成本为 140 000 元,则应分配主要材料的采购保管费为 2 800 元(140 000×2%),应将它自"采购保管费"科目的贷方转入"物资采购"科目的借方,作如下分录入账:

借:物资采购　　　　　　　　　　　　　2 800
　贷:采购保管费　　　　　　　　　　　　2 800

如果材料日常收发是按计划价格计算的,材料采购保管费就可不必对各批采购材料进行分配,只要在月终一次计入各类物资采购明细分类账的合计栏内,用以计算各类材料实际成本合计即可。

"采购保管费"科目的月末余额,表示实际发生采购保管费与分配采购保管费的差额,在编制资产负债表时,要将它并入"待摊费用"或"预提费用"项目反映。当实际发生数大于分配数,"采购保管费"科目结有借方余额时,要将未分配数并在"待摊费用"项目反映;实际发生数小于分配数,"采购保管费"科目结有贷方余额时,要将多分配数并在"预提费用"项目反映。但在年度终了时,应将"采购保管费"科目的余额全部转入"物资采购"科目。

在总公司设有地区建筑材料供应机构,施工用主要材料大都由材料供应机构送到施工现场的施工企业,它所发生的材料采购保管费不多。为了简化核算手续,可考虑将发生的材料采购保管费记入"管理费用"科目的借方,在管理费用中开支。

月末应根据"物资采购明细分类账"将本月购入材料实际成本

与计划价格成本的差异,自"物资采购"科目转入"材料成本差异"科目。

当采购材料的实际成本高于计划价格成本,"物资采购"科目结有借方余额时,应作如下分录:

　　借:材料成本差异　　　　　　　　　　　　4 960
　　　贷:物资采购　　　　　　　　　　　　　　　　　4 960

当采购材料的实际成本低于计划价格成本,"物资采购"科目结有贷方余额时,应作如下分录:

　　借:物资采购　　　　　　　　　　　　　　×××
　　　贷:材料成本差异　　　　　　　　　　　　　　×××

以上说明的是物资采购总分类核算的一般情况。在实际工作中,还会发生发票账单尚未收到的暂估入账材料和在途材料。

对于已验收入库但供应单位发票账单尚未收到的材料,要先按照计划价格或合同价格暂估入账,记入"应付账款"科目(也可记入"暂估应付账款"科目)的贷方和"物资采购"科目的借方。待发票账单到达付款时,再以红字将前记暂估数冲销,另按发票账单价格记入"物资采购"科目的借方和"银行存款"科目的贷方。

如某施工企业向华东木材公司购入原木 5 立方米,材料已验收入库,但发票尚未到达,无法支付料款。在暂按计划价格每立方米料 600 元入账时,应作如下分录:

　　借:物资采购　　　　　　　　　　　　　　3 000
　　　贷:应付账款或暂估应付账款　　　　　　　　3 000

发票账单收到,将前记暂估入账数冲销时:

　　借:物资采购　　　　　　　　　　　　　　3 000
　　　贷:应付账款或暂估应付账款　　　　　　　　3 000

按发票账单价款 3 200 元结算时：

　　借：物资采购　　　　　　　　　　　　　　3 200
　　　贷：银行存款　　　　　　　　　　　　　　　3 200

　　为了简化核算，减少平时转账手续，对于材料入库在先、付款在后的采购业务，在月份内可暂不入账，等发票账单到达后再入账。到月终发票账单仍未到达时，才按合同价格或计划价格暂估入账，并在下月初用红字将暂估入账数冲销，等收到发票账单时，再按实际付款数入账。

　　如果发票账单和结算凭证已经收到，并已支付或承付，但材料尚未到达，这是"在途材料"。这些在途材料也应在"物资采购"科目核算，即按实际采购成本记入该科目的借方；材料运到验收入库时，再按计划价格自该科目的贷方转入有关材料科目的借方。月份终了时，"物资采购"科目反映的在途材料，有如下两种处理方法：

　　1. 设置"在途材料"科目。月末将在途材料从"物资采购"科目的贷方转出，记入"在途材料"科目的借方，并在下月初用红字加以冲销。

　　2. 不设置"在途材料"科目。将在途材料反映在"物资采购"科目。月末"物资采购"科目的借方余额即为在途材料。

　　不论用哪种方法处理，在编制会计报表时，月末"在途材料"都应在"存货"项目反映。

　　对于因材料短缺、损坏和质量不合规定等原因向供应单位、运输机构请求赔偿的金额，应根据"赔偿请求单"记入"应付账款"、"其他应付款"科目的借方和"物资采购"科目的贷方，作如下分录入账：

　　借：应付账款　　　　　　　　　　　　　　×××
　　　　其他应付款　　　　　　　　　　　　　　×××
　　　贷：物资采购　　　　　　　　　　　　　　　×××

三、材料采购的明细分类核算

为了确定各类材料的实际成本,并计算各类材料实际成本与计划价格成本的差异,要设置"物资采购明细分类账"和"材料成本差异明细分类账",对材料采购业务进行明细分类核算。

"物资采购"和"材料成本差异"科目的明细分类核算,可以按材料科目或材料类别进行,也可按全部材料合并进行。按材料类别进行明细分类核算,可使工程成本中材料费的计算比较正确,但要相应多设物资采购和材料成本差异明细分类账户,增加核算工作量。如果将全部材料合并一起来核算,虽可简化核算工作,但因有些材料的采购成本可能节约,有些材料的采购成本可能超支,势必影响工程成本计算的正确性。因此,在决定物资采购明细分类核算的材料类别时,既要考虑到工程成本计算上的正确性,又要考虑核算时人力上的可能性。"物资采购明细分类账"和"材料成本差异明细分类账"(按材料二级科目分别设置)的格式如图表 4-3 和图表4-4所示。

"物资采购明细分类账"的采购记录根据供应单位发票账单记入,承付记录根据托收凭证记入;借方登记购入材料的实际成本,包括买价、运杂费和采购保管费;贷方登记购入材料的计划价格成本,根据收料单记入。对于因数量不足、质量不符而要求供应单位或运输机构赔偿的损失,根据"赔偿请求单"在借方用红字登记。对于发票账单未到暂估入账材料,要先根据暂估金额记入借方。在收到发票账单,开出、承兑商业汇票或支付时,再将暂估登记的借方金额用红字冲销,另按发票账单金额重新登记。冲销暂估数所根据的收料单号数,要在备注栏内注明。月份终了,应分别结出除"在途材料"外的借方栏和贷方栏的金额合计,并计算两栏合计的差额,即材料成本差异,然后将材料成本差异转入"材料成本差异明细分类账"的"本月收入"的"借方成本差异"(当本月购入材料实际成本大于计划价格成本,采购成本超支时)或"贷方成本

图表 4-3 物资采购明细分类账

材料科目：原材料——主要材料　　材料类别：

2006年		供应单位名称	材料名称规格	采购记录				承付记录					借方（实际成本）				贷方（计划价格成本）				备注
				发票账单号数	计量单位	发票数量		承付日期	托收凭证号数	承付金额	拒付金额		买价	运杂费	采购保管费	合计	日期	收料单号数	实收数量	金额	
月	日																				
6	2	甲钢厂	圆钢Ø6	6080	吨	6		6月3日	00615	6 400			6 300	100		6 400	6月2日	601	6	6 360	
6	2	乙钢厂	螺纹钢Ø8	0618	吨	10		6月5日	00620	12 400			12 000	400		12 400	6月4日	605	10	12 200	
6	30	结转采购保管费						（以					下	从	略）						
															2 800	2 800					
		本月合计											136 000	6 160	2 800	144 960				140 000	
6	30	结转材料成本差异																			4 960	
		月末在途材料（结转下月）																				
6	30	本月发生额合计															144 960				144 960	

图表4-4

材料成本差异明细分类账

材料科目：原材料——主要材料

2006年		摘要	本 月 收 入			本 月 发 出 耗 用			月 末 结 存			成本差异分摊率（%）
月	日		计划价格成本	借方成本差异（超支）	贷方成本差异（节约）	计划价格成本	借方成本差异（超支）	贷方成本差异（节约）	计划价格成本	借方成本差异（超支）	贷方成本差异（节约）	
6	30	承前页										
	30	收入外购材料	140 000	4 960					144 000	800		2
	30	收入自制材料	8 000	80					292 000	5 840		
	30	发出耗用材料				152 000	3 040		140 000	2 800		

· 100 ·

差异"(当本月购入材料实际成本小于计划价格成本,采购成本节约时)栏,将计划价格成本转入"计划价格成本"栏。为便于计算下月采购材料的成本差异,对于月末"在途材料",应将它转登下月账页。

"材料成本差异明细分类账"根据"物资采购明细分类账"、"发出和耗用材料汇总表"(见图表 4-18)进行登记。对于自制材料和清理固定资产、临时设施所得的残料,还要根据"材料交库单"(见图表 4-5)在本月收入栏登记自制材料和残料的计划价格成本和成本差异。设例中,该月收入自制材料的计划价格成本为 8 000元,实际成本为 8 080 元,借方成本差异为 80 元(8 080－8 000)。在登记"物资采购明细分类账"结转的本月收入材料的计划价格成本和成本差异,以及自制材料等的计划价格成本和成本差异后,即可与月初(即上月末)结存材料的计划价格成本和成本差异一起,计算各类材料的成本差异分摊率:

$$\text{材料成本差异分摊率} = \frac{\text{月初结存材料成本差异} + \text{本月收入材料成本差异}}{\text{月初结存材料计划价格成本} + \text{本月收入材料计划价格成本}} \times 100\%$$

$$= \frac{800 + (4\ 960 + 80)}{144\ 000 + (140\ 000 + 8\ 000)} \times 100\%$$

$$= \frac{5\ 840}{292\ 000} \times 100\% = 2\%$$

根据材料成本差异分摊率,就可计算本月发出和耗用材料的成本差异,并算得月末结存材料的计划价格成本和成本差异。

第四节 材料收发的核算

一、材料收发的手续和凭证

施工企业除向供应单位购入材料外,往往还有由发包单位、总包单位和各施工、辅助生产单位交来的材料。

企业收自发包单位或总包单位的材料,应同外购材料一样,填制"收料单",但须在"收料单"上注明"发包单位材料"或"总包单位材料"字样。

企业仓库对于本企业辅助生产单位或施工现场交来的自制材料、清理固定资产和临时设施所得的残料等,要根据辅助生产单位或施工单位填制的"材料交库单"进行验收。"材料交库单"至少一式三份。一份在收料仓库签收后退回交料单位,一份留存收料仓库视同"收料单"处理,一份在交库后送会计部门。为了便于计算自制材料的成本差异,月末应在自制材料交库单备注栏内补充记录自制交库材料的实际成本。材料交库单的格式如图表4-5所示。

图表4-5

材料交库单

交料单位:锯木间　　2006年6月30日　　第　号
交料原因:加工完成　　　　　　　　　　收料仓库:1库

材料编号	材料名称规格	计量单位	数量		计划价格成本		备注
			交库	实收	单价	总额	
130507	企口板	立方米	20	20	400	8 000	实际成本 8 080

各单位在领用材料时,要填制"领料单",经单位主管批准后向仓库领用。"领料单"至少一式三份,一份在仓库发料后填列实发数量,由发料人和领料人分别签章后留存仓库,一份由领料单位留存,一份交会计部门。领料单的格式如图表4-6所示。

图表4-6

领　料　单

2006年6月4日

领料单位:　　　　　　　　　　　　　　第6021号
用途或工程编号名称:103厂房建筑工程　　发料仓库:1库

材料编号	材料名称规格	计量单位	数量		计划价格成本		备注
			交库	实收	单价	总额	
110106	圆钢 Ø6	吨	4	4	1 060	4 240	

为了考核班组的材料消耗情况,促使节约使用材料,保证降低成本计划的完成,对于各施工班组领用的材料,应有一定的限额。在每一分部工程开工以前,应由施工员根据工程任务单中所列工程内容数量,按照材料消耗定额计算出完成这一任务所需要的各种材料数量,填制"定额领料单"。"定额领料单"应一式两份,一份交用料班组作为领料的限额凭证,一份交仓库材料员作为发料的限额凭证,发料后应在单上填实发数并盖章。超过定额领料或由于工程返工而补领材料时,必须按照规定办理追加手续。已经结算的定额领料单,原由用料班组保管的一份应转交会计部门作为计算工程用料成本的依据。"定额领料单"的格式如图表 4-7 所示。

对于领用大堆材料如砂、石、砖、瓦等,原则上也要按照上述领料手续办理。但在实际工作中,同一大堆材料,常有几个单位工程共同耗用,而且领用次数较多,很难在领用时逐一点数。因此,往往采用"算两头、轧中间"的办法来定期计算其实际用量。即对进场的大堆材料进行点数后,日常领用时不必逐笔办理领料手续。每月终了时,先根据当月完成工程量和单位工程量材料消耗定额,计算各工程本月定额耗用量;再通过实地盘点求得本月实际耗用量,并计算定额耗用量和实际耗用量的差异数量、差异分配率;然后求得各工程实际耗用大堆材料数量和计划价格成本。

本月定额耗用量 $=\Sigma$(本月完成工程量$\times$材料消耗定额)

本月实际耗用量 $=$ 月初结存数量 $+$ 本月收入数量 $-$ 月末盘存数量

差异数量 $=$ 本月实际耗用量 $-$ 本月定额耗用量

$$差异分配率 = \frac{差异数量}{本月定额耗用量} \times 100\%$$

$$某项工程实际耗用量 = 该项工程本月定额耗用量 \times (1 \pm 差异分配率)$$

$$某项工程耗用大堆材料计划价格成本 = 该项工程实际耗用量 \times 计划单价$$

图表 4-7

定额领料单

工人班组：王林泥工组
工程任务单编号：511
2006年5月
第 508 号
工程编号名称：104 办公楼建筑工程　　工程内容数量：砖基础 100 立方米

材料编号	材料名称规格	计量单位	单位消耗定额	计划用量	追加数量		领料记录						退料数量	实际耗用量	计划价格		节约(-)超支(+)
					月	日	数量	月	日	数量	月	日			单价	金额	
140205	统一砖	千块	0.518	51.8	5	2	30	5	5	21			1	50	100	5 000	-180
171102	防水浆	千克	0.02	2	5	2	1	5	5	1				2	2	4	—
140104	400号水泥	千克	80	8 000	5	2	4 000	5	5	4 000			400	7 600	0.10	760	-40
140503	中粗砂	立方米	0.25	25	5	2	12	5	5	12				24	44	1 056	-44

施工员：　　　　　　　　仓库材料员：　　　　　　领料：

2006年4月30日填发　　　　2006年5月11日结算

现举例说明计算方法如下:

1. 先根据各工程的完成工程量和单位工程量材料消耗定额,计算各工程的定额耗用量。

石子定额耗用量可按完成混凝土工程量和每立方米混凝土石子消耗定额计算(如图表 4-8 所示)。

图表 4-8

工 程 项 目	完成混凝土工程量 (立方米)	消 耗 定 额 (吨/立方米)	定额耗用量 (吨)
103 厂房建筑工程	140	1.4	196
104 办公楼建筑工程	60	1.4	84
合 计	200	1.4	280

2. 通过盘点月末现场存料,计算本月各项工程实际耗用量。设例中,假定石子上月盘存数为 74 吨,本月收入 260 吨,月末盘存还有 40 吨。

本月石子实际耗用量为:

$$74+260-40=294(吨)$$

3. 计算定额耗用量和实际耗用量的差异数量和差异分配率。如发现差异数量较大时,要查明原因。

石子差异数量为:

$$294-280=14(吨)$$

石子差异分配率为:

$$\frac{14}{280}\times 100\%=5\%$$

4. 根据各工程定额耗用量和差异分配率求出实际耗用量。

103 厂房建筑工程的石子实际耗用量为:

$$196\times(1+5\%)=205.8(吨)$$

104 办公楼建筑工程的石子实际耗用量为:

$$84\times(1+5\%)=88.2(吨)$$

5. 根据各项工程实际耗用量和材料计划单价计算各项工程耗用材料的计划价格成本。

设例中,假定石子每吨计划价格为 30 元,则:

103 厂房建筑工程耗用石子的计划价格成本为:

$$205.8 \times 30 = 6\ 174(元)$$

104 办公楼建筑工程耗用石子的计划价格成本为:

$$88.2 \times 30 = 2\ 646(元)$$

6. 计算各项工程耗用大堆材料的计划价格成本合计。

某项工程耗用大堆材料的计划价格成本合计 = 该项工程耗用各种大堆材料的计划价格成本之和

设例中,假定 103、104 工程所耗用黄砂的计划价格成本分别为 3 198.72 元与 1 370.88 元,则:

103 厂房建筑工程耗用黄砂、石子大堆材料的计划价格成本合计为:

$$3\ 198.72 + 6\ 174.00 = 9\ 372.72(元)$$

104 办公楼建筑工程耗用黄砂、石子大堆材料的计划价格成本合计为:

$$1\ 370.88 + 2\ 646.00 = 4\ 016.88(元)$$

根据上面的计算,就可编制"大堆材料耗用单"(如图表 4-9 所示)。

在实际工作中,大堆材料也可在季度终了或工程竣工(工期较短的工程)时进行盘点。在这种情况下,月末先按定额耗用量入账,于季末或工程竣工盘点大堆材料求得实际耗用量和差异数量后,再调整各月按定额耗用量入账的数额。

对于一些在施工生产中经常需用、领发次数很多、数量零星、价值不大的材料,如螺丝、螺帽、垫圈等,也可在平时不填领料单,而由领料人在领料登记簿记录领用数量,签章证明办理领料手续,于月终由施工班组或生产车间按用途汇总填制领料单,以简化凭证填制和汇总的手续。

图表 4-9

大堆材料耗用单
2006 年 6 月 30 日

材料名称规格	计量单位	期初结存数量	本期收入数量	期末盘存数量	本期耗用数量	本期定额用量	差异数量	差异分配率	备注
石子(5-25)	吨	74	260	40	294	280	14	5%	
中粗砂	吨	40	130.8	28	142.8	140	2.8	2%	

材料名称规格	石子(5-25)				中粗砂				计划价格
计划单价	30元/吨				32元/吨				成本合计
工程编号名称	定额耗用量	差异分配量	用量小计	计划价格成本	定额耗用量	差异分配量	用量小计	计划价格成本	
103厂房建筑工程	196	9.8	205.8	6174	98	1.96	99.96	3198.72	9372.72
104办公楼建筑工程	84	4.2	83.2	2646	42	0.84	42.84	1370.88	4016.88
合计	280	14	294.0	8820	140	2.80	142.80	4569.60	13389.60

各施工、生产单位领用的材料,如有多余时,要填制"退料单",及时办理退库手续。月份终了时,对下月需要继续使用的已领未用材料,要由各施工队(组)按照各项工程的用料分别盘点后,填制"已领未用材料清单"送会计部门,以便在本月发出材料成本中减去,正确计算各项工程的实际用料成本。"退料单"和"已领未用材料清单"的格式如图表4-10和图表4-11所示。

图表4-10

退 料 单

退料原因: 2006年6月15日
原领用途或工程编号名称:105宿舍建筑工程 收料仓库:2库

材料编号	材料名称规格	计量单位	数量		计划价格成本		备 注
			交库	实收	单价	总额	
140104	400号水泥	吨	2	2	100	200	

图表4-11

已领未用材料清单

施工单位: 2006年6月30日
用途或工程编号名称:103厂房建筑工程 第18号

材料编号	材料名称规格	计量单位	已领未用材料数量	计划价格		备 注
				单价	总额	
140104	400号水泥	吨	20	100	2 000	

二、仓库中材料收发的明细分类核算

企业所有材料的收入、发出数量的核算工作,均由仓库部门负责。仓库对于材料收入、发出和结存数量的核算,是在"材料卡片"中进行的。对于经管的每一种材料,均应分别规格,开设"材料卡片"。"材料卡片"除了登记材料的收、发、结存数量外,还可在结存数量栏的右边加设"结存金额"栏,以便在月末反映各种结存材料的计划价格成本。"材料卡片"的格式如图表4-12所示。

图表 4-12

材 料 卡 片

材料编号：110106　　　　计量单位：吨　　　　　　卡片号数：
名称规格：圆钢 Ø6　　　　计划单价：1 060　　　　　材料仓库：1 库
储备定额：最高 25 吨　最低 8 吨　　　　　　　　　　存放地点：

2006 年		凭证号数	摘　要	收入数量	发出数量	结　存		核对
月	日					数量	金　额	
6	1					20	21 200	
	2	收 601		6		26		
	4	领 6021			4	22		

仓库人员对于各种已经办理材料收发手续的收料、发料凭证，都要逐一序时在"材料卡片"的收入数量和发出数量栏进行登记，并在登记收发数量后填入结存数量。

经登记材料卡片后的收料、发料凭证及其所附原始凭证，一般由仓库人员负责保管，并按期（5 天、10 天、15 天）或在月末填制"材料凭证交接单"，向会计部门办理凭证交接手续。"材料凭证交接单"的格式如图表 4-13 所示。

图表 4-13

材料凭证交接单

2006 年 6 月 1 日至 15 日止　　　　　　　第 11 号

材料仓库：1 库　　　　　　　　　　　　交接日期：6 月 16 日

材料科目类别	收料凭证		发料凭证		退料凭证	
	张　数	金　　额	张　数	金　　额	张　数	金　　额
主要材料	16	62 800	46	105 200	1	200
合　　计						

在"材料凭证交接单"中，退料凭证是指前面所说的"退料单"。因为在计算仓库发出材料金额时，应将退料凭证中退料金额，在发料凭证的发料总额中减去，所以应将退料凭证另设一栏列示。

三、会计部门材料收发的明细分类核算

除仓库部门在"材料卡片"进行材料收发数量核算外,会计部门还要按照材料计划价格进行金额核算。因此,会计部门对于仓库交来的材料收发凭证,都要审核凭证中的记录是否完备,然后进行下列标价工作:

1. 根据材料目录在每一收发凭证中填入计划单价。

2. 根据每张收、发料凭证所列的数量和单价计算其金额,并填入"金额"栏内。

3. 分别计算每一类别材料收发凭证的金额合计,并填入"材料凭证交接单"的"金额"栏。

由于材料日常收发按照计划价格核算,材料的数量和金额之间有一定比例关系,根据仓库"材料卡片"的数量就可计算金额。这样,会计部门可以取消按材料品名进行数量、金额核算的材料明细分类账,而代之以按材料类别登记和金额核算的"材料收、发、结存分类汇总表",并通过"材料收、发、结存分类汇总表"中各类材料的月末金额与仓库部门按"材料卡片"结存金额算出的各类材料月末余额相互核对,来检查双方的核算是否正确。

"材料收、发、结存分类汇总表"是用以反映一个月内各仓库经管的各类材料的收、发、结存金额,按仓库别根据仓库部门交来的"材料凭证交接单"编制。它的格式如图表 4-14 所示。

图表 4-14

材料收、发、结存分类汇总表

材料仓库:1 库 　　　　　　　2006 年 6 月

材料凭证交接单号数	本月收入			材料凭证交接单号数	本月发出		
	主要材料				主要材料		
11	62 800			11	105 000		
12	85 200			12	49 000		
本月收入合计	148 000			本月发出合计	154 000		
月初结存	144 000			月末结存	138 000		

"材料收、发、结存分类汇总表"本月发出各栏,根据"材料凭证交接单"的"发料凭证金额"栏数字减"退料凭证金额"栏数字后填列。"月末结存"数根据"本月收入合计"加"月初结存"减"本月发出合计"后填列。

为了使"材料收、发、结存分类汇总表"与仓库"材料卡片"的记录相互核对,月末应在"材料卡片"中填列结存金额,并按材料类别加总,算得各类材料的月末余额,记入"材料余额表"。

"材料余额表"是用以反映各个仓库经管的各类材料的月末结存金额。它的格式如图表4-15所示。

图表4-15

材 料 余 额 表

材料仓库:1库　　　　　　　　2006年

材料类别	1月末余额	2月末余额	3月末余额	4月末余额	5月末余额	6月末余额	……
主要材料		(从	略)		144 000	138 000	

"材料余额表"内各类材料的月末金额,要和"材料收、发、结存分类汇总表"内各类材料的月末结存数进行核对,如有不符,应从下列方面加以检查并作更正:

第一,检查收、发料凭证中所列各种材料的金额的计算是否正确。

第二,检查"材料凭证交接单"中所列各类材料的金额的计算是否正确。

第三,根据本月份收发凭证中的收、发数量,检查"材料卡片"中的月末结存数量、金额的计算和"材料余额表"中各类材料的月末余额的计算是否正确。

根据上面说明,可知材料收发按计划价格计价时的明细分类核算一般是通过"材料卡片"、"材料余额表"和"材料收、发、结存分类汇总表"进行。它们之间的相互关系如图表4-16所示。

图表4-16

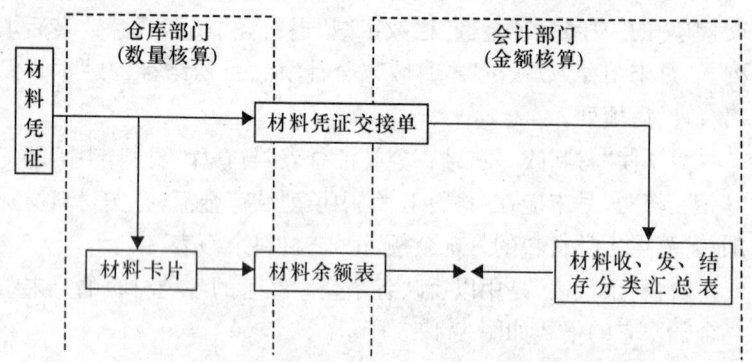

必须指出,由于企业管理体制、材料供应体制、材料供应组织机构等的不同,各施工企业对材料收发按计划价格计价时的明细分类核算的程序和方法是不完全相同的。上面所讲的只是一种方法,叫做"材料余额核算法"。在实际工作中,可根据企业材料供应的特点具体设计。

为了便于了解上述材料明细分类核算的程序,现再举一例(本例中的数字与本章中其他数字无关),如图表4-17所示。

四、材料收发的总分类核算

在材料收发按计划价格计价时,材料收发的总分类核算平时也按计划价格进行,以便核对材料科目和明细科目的记录。

企业在收入外购材料时,要根据"收料单"将所收材料的计划价格成本自"物资采购"科目的贷方转入"原材料"、"周转材料"等科目的借方:

借:原材料等　　　　　　　　　　　140 000
　　贷:物资采购　　　　　　　　　　　　140 000

同时要在月末将"物资采购"科目反映的实际成本与计划价格成本的差异,转入"材料成本差异"科目:

借:材料成本差异　　　　　　　　　4 960
　　贷:物资采购　　　　　　　　　　　　4 960

收入辅助生产车间自制材料时,要根据"材料交库单",按计划价格成本自"生产成本——辅助生产成本"科目的贷方转入"原材料"等科目的借方:

借:原材料 8 000
贷:生产成本——辅助生产成本 8 000

同时在算得自制材料实际成本 8 080 元后,将自制材料实际成本与计划价格成本的差异 80 元(8 080－8 000)转入"材料成本差异"科目:

借:材料成本差异 80
贷:生产成本——辅助生产成本 80

各施工、生产单位领用的材料,要根据"领料单"、"定额领料单"、"大堆材料耗用单"等,按计划价格成本分别自"原材料"等科目的贷方转入"生产成本——工程施工成本"或"工程施工"、"生产成本——辅助生产成本"、"生产成本——机械作业成本"或"机械作业"、"管理费用"等科目的借方:

借:生产成本——工程施工成本或工程施工 114 000
　　生产成本——辅助生产成本 34 000
贷:原材料 148 000

各施工、生产单位退回仓库的多领材料,要根据"退料单"用红字作如上相同分录冲减,或从当月领用材料总额中直接冲减,即在"发出和耗用材料汇总表"(如图表 4-18 所示)的"本月发出材料"中减去,不在总分类核算上反映。

对于月末施工现场存料,要根据"已领未用材料清单",按计划价格成本用红字作分录冲减:

借:生产成本——工程施工成本或工程施工 2 000
贷:原材料 2 000

图表 4-17

材料明细分类

材料采购明细分类账

主要材料

2006年		发票号数	材料名称规格	计量单位	发票数量	收料单号数	实收数量	借方金额(实际成本)	贷方金额(计划成本)	备注
月	日									
8	5		甲	吨	40	601	40	190	200	
8	14		乙	吨	50	602	50	480	500	
8	20		甲	吨	20	603	20	90	100	
8	30							760	800	−40

收料、领料、退料等收发料凭证

2006年8月

月	日	凭证名称	号数	用途	材料名称	数量(吨)	计划单价	计划价格成本
8	5	收料单	601		甲	40	5	200
8	14	收料单	602		乙	50	10	500
8	20	收料单	603		甲	20	5	100
8	8	领料单	261	101工程领用	甲	30	5	150
8	18	领料单	262	101工程领用	乙	45	10	450
8	22	领料单	263	101工程领用	甲	36	5	180
8	30	退料单	106	101工程退料	甲	6	5	30
8	30	101工程已领未用材料清单			乙	5	10	50

材料卡片

甲材料　　计划单价5元/吨

2006年		凭证号数	收入数量	发出数量	结存	
月	日				数量	金额
8	1				20	100
8	5	601	40		60	
8	8	261		30	30	
8	20	603	20		50	
8	22	263		36	14	
8	30	106		6	20	100

材料卡片

乙材料　　计划单价10元/吨

2006年		凭证号数	收入数量	发出数量	结存	
月	日				数量	金额
8	1				20	200
8	14	602	50		70	
8	18	262		45	25	250

核算程序图

材料成本差异明细分类账

主要材料

2006年		本月收入		本月发出耗用		月末结存		成本差异
月	日	计划价格成本	成本差异	计划价格成本	成本差异	计划价格成本	成本差异	分摊率
7	31					300	−15	
8	31	800	−40			1 100	−55	−5%
8	31			700	−35	400	−20	

材料凭证交接单

2006年8月1~15日　　　　　　　　　　　　　　　　　11号

材料类别	收料凭证		发料凭证		退料凭证	
	张数	金额	张数	金额	张数	金额
主要材料	2	700	1	150		

2006年8月16~31日　　　　　　　　　　　　　　　　12号

| 主要材料 | 1 | 100 | 2 | 630 | 1 | 30 |

材料收、发、结存分类汇总表　　2006年8月

材料凭证交接单号数	本月收入主要材料	材料凭证交接单号数	本月发出主要材料
11	700	11	150
12	100	12	600(630−30)
本月收入合计	800	本月发出合计	750
月初结存	300	月末结存	350

发出和耗用材料汇总表

贷方材料科目：主要材料　　　　　　　　　　　　2006年8月

对方科目	本月发出材料计划价格成本	加：月初现场存料	减：月末现场存料	本月耗用材料计划价格成本	材料成本差异−5%	本月耗用材料实际成本
借：工程施工　101工程	750		50	700	−35	665

材料余额表　　　　　　　　　　　　　　　　　2000年

材料类别	1月末余额	……	7月末余额	8月末余额
主要材料			300	350

于下月初再用蓝字作如上相同分录入账。为了简化凭证填制登记手续,对月末现场存料也可考虑从当月领用材料总额中冲减,在总分类核算上不加反映。

按照计划价格成本列账的材料,对发出耗用部分,应分摊成本差异,将计划价格成本调整为实际成本,即要将"材料成本差异"科目中属于耗用材料的成本差异,转入各生产费用科目。当材料实际成本高于计划价格成本,"材料成本差异"科目结有借方余额时,应作如下分录:

借:生产成本——工程施工成本或工程施工　　　2 240
　　生产成本——辅助生产成本　　　　　　　　680
　　贷:材料成本差异　　　　　　　　　　　　　　2 920

如材料实际成本低于计划价格成本,"材料成本差异"科目结有贷方余额时,用红字作如上相同分录入账。

企业如将某些不需用材料出售时,应由供应部门根据通知填制加盖销售材料戳记的"领料单"(或"销售材料发料单"),向仓库办理领料手续,但必须防止借口处理呆滞材料搞廉价变卖等违纪活动。

向其他企业销售材料时,要根据盖有"销售材料"戳记的"领料单",将其计划价格成本记入有关材料科目的贷方和"其他业务支出"科目的借方:

借:其他业务支出——材料销售支出　　　　　6 000
　　贷:原材料　　　　　　　　　　　　　　　　　6 000

同时根据"发票"将销售材料的价款收入记入"其他业务收入"科目的贷方和"应收账款"科目的借方。

月末算出材料成本差异分摊率后,要将属于销售材料的成本差异自"材料成本差异"科目转入"其他业务支出"科目:

借:其他业务支出——材料销售支出　　　　　120
　　贷:材料成本差异　　　　　　　　　　　　　　120

在实际工作中,对于发出和耗用材料的计划价格成本和分摊的材料价差,可通过"发出和耗用材料汇总表"(如图表 4-18 所示)进行汇总和计算。

图表 4-18

发出和耗用材料汇总表

2006 年 6 月

贷方材料科目:原材料——主要材料

借方科目	本月发出材料计划价格成本	加:月初现场存料计划价格成本	减:月末现场存料计划价格成本	本月耗用(发出)材料	
				计划价格成本	成本差异(+2%)
生产成本——工程施工成本或工程施工	114 000		2 000	112 000	2 240
生产成本——辅助生产成本	34 000			34 000	680
其他业务支出	6 000			6 000	120
合　　计	154 000		2 000	152 000	3 040

"发出和耗用材料汇总表"的"本月发出材料计划价格成本"栏各数,根据经标价后的发料凭证按用途类别分析加总,减去退料凭证中退料数后填列。"月初现场存料计划价格成本"栏根据上月月末"已领未用材料清单"填列。"月末现场存料计划价格成本"栏根据本月月末"已领未用材料清单"填列。"本月耗用材料计划价格成本"栏各数,根据本月发出材料,加月初现场存料,减月末现场存料的计划价格成本求得。"本月耗用材料成本差异"栏各数,根据耗用材料计划价格成本乘成本差异分摊率求得。如果材料成本差异按材料类别计算,则按材料类别分别计算其成本差异,然后加总求得本月耗用材料成本差异。

根据"发出和耗用材料汇总表",就可将上述各个会计分录合并为如下两个会计分录:

借：生产成本——工程施工成本或工程施工	112 000
生产成本——辅助生产成本	34 000
其他业务支出——材料销售支出	6 000
贷：原材料	152 000
借：生产成本——工程施工成本或工程施工	2 240
生产成本——辅助生产成本	680
其他业务支出——材料销售支出	120
贷：材料成本差异	3 040

经分摊的材料成本差异，同时应在"材料成本差异明细分类账"的"本月发出耗用"栏进行登记，并结出月末结存材料的计划价格成本和成本差异。月末结存材料的成本差异，在编制会计报表时，应并入"存货"项目列示。

五、材料收发按实际成本计价时的明细分类核算

施工企业对于日常收发的材料，一般都按计划价格计价。如果企业规模不大，施工需用材料大都由总公司材料供应机构送到施工现场，材料收发不很频繁，也可采用实际成本计价。

材料日常收发按实际成本计价时，材料的明细分类核算要同时设置"材料卡片"和"材料明细分类账"。材料卡片由仓库登记，只进行数量核算。材料明细分类账由会计部门登记，同时进行数量和金额的核算。采用这种方法，账卡的资料能相互核对，有一定的制约作用，但核算工作有重复。为了避免重复记账，可以采用"账卡合一"的做法，即取消材料卡片，只设置一本既有数量又有金额的材料明细分类账放在仓库，由仓库人员登记，会计人员定期稽核；或由仓库人员登记数量，会计人员登记金额。它既是反映材料实物收发结存数量的明细记录，又是反映材料资金增减占用的明细记录，能同时为物资管理和资金管理提供资料。在实行流动资金分口分级管理、储备资金定额下库、由管料的人来管材料资金的情况下，更宜于采用这种做法。

为了归类反映各类材料资金的增减变动,分析考核各类材料资金的占用情况,并便于核对账簿记录,还应按照材料类别,把同类材料的账页装订成一本材料明细分类账,并在每本账的前面开设"汇总账页",根据材料收发凭证,按期(5天、10天或15天)汇总登记各类材料收、发、结存的金额。材料明细分类账的"汇总账页"的格式如图表4-19所示。

图表4-19

材料明细分类账汇总账页

材料科目:原材料——主要材料

材料类别:小五金　　　　　　　　　　　　资金定额:10 000元

2006年		收　入		发　出		结存金额	核　对
月	起讫日期	凭证张数	金　额	凭证张数	金　额		
6	承前页 1~10	4	17 200	6	15 000	9 000 11 200	

仓库管理人员在材料入库或出库后,应及时根据收料凭证和发料凭证逐笔登记材料明细分类账,并计算结存数量,然后将收发凭证夹在登记的账页中。会计人员要定期(5天或10天)到仓库进行稽核和计价。对于收入的外购材料,要根据实际采购成本计价,其中:买价根据发票确定;运杂费根据运费账单等确定,能直接记入各种材料采购成本的就直接记入,不能直接记入的,按照有关材料的重量或买价的比例分摊记入各种材料的采购成本;采购保管费按照预定分配率分配计入各种材料的采购成本。

由于各种材料分批购进、分批领用,而每次购入材料的单位成本(通常叫单价)又往往不同,因而在每次领发材料时,就会发生按哪一种单价计价的问题。发出材料的实际成本,通常可采用"先进先出法"和"加权平均法"等计价方法。

"先进先出法"就是认为购进在先的材料应先予领用,并按最先购进的那批材料的单价计价。如果领用材料的数量超过首批购入数量时,即以第二批购入材料的单价作为以后领用材料的单价。若领用材料须包括几批购入的材料,应按各批购料的不同单价分别计价。如某施工企业仓库中的弹子门锁,它的月初结存、本月收入的数量、金额和本月发出的数量如下列所示:

　　6月1日　结存　300把　　每把10元　　计3 000元
　　　5日　发出　200把
　　　10日　收入　300把　　每把12元　　计3 600元
　　　15日　发出　300把
　　　20日　收入　200把　　每把11.5元　计2 300元
　　　23日　发出　250把
　　　30日　收入　200把　　每把12元　　计2 400元

根据上面的资料,我们采用"先进先出法"来算得本月内弹子门锁各批领用成本和月末存料成本,有关材料明细分类账如图表4-20所示。

图表4-20

材料明细分类账
（按先进先出法计价）

材料编号：160815　　　　　　　　　　　　　　　最高存量：400
材料类别：小五金
材料名称规格：257号弹子门锁　　计量单位：把　　最低存量：50

2006年		凭证号数	摘要	收入			发出			结存		
月	日			数量	单价	金额	数量	单价	金额	数量	单价	金额
6	1									300	10	3 000
	5	领603					200	10	2 000	100	10	1 000
	10	收615		300	12	3 600				400 < 100 / 300	10 / 12	4 600
	15	领658					300 < 100 / 200	10 / 12	3 400	100	12	
	20	收623		200	11.5	2 300				300 < 100 / 200	12 / 11.5	1 200 / 2 300
	23	领679					250 < 100 / 150	12 / 11.5	2 925	50	11.5	575
	30	收640		200	12	2 400				250 < 50 / 200	11.5 / 12	2 975

从所示材料明细分类账可知：

6月5日领用弹子门锁200把，按6月1日结存单价计价。

6月15日领用弹子门锁300把，因月初结存仅100把，故其余200把即以6月10日购进单价计价。

6月23日领用弹子门锁250把，100把可按6月10日购进单价计价，其余150把应按6月20日购进单价计价。

由上可知"先进先出法"的计价方法，只须查阅上次领用材料单价，再查阅此单价购进的材料是否尚有结存，便可确定此次所领材料应以何种单价计价。

"加权平均法"就是将一个月内采购某种材料的实际成本，加月初结存金额，再除以月份内购入材料的数量和月初结存数量，得出加权平均单价作为当月发出材料单价的一种计价方法。如上述弹子门锁6月份内的加权平均单价为：

$$\frac{3\,000+3\,600+2\,300+2\,400}{300+300+200+200}=\frac{11\,300}{1\,000}=11.3(元)$$

采用加权平均计价方法，可以不必像先进先出计价方法那样在月份购入不同单价的材料时要重算一次单价。但是，要到月末才能算出当月发料的金额，这就使料价计算工作不能在平时均衡地进行，从而影响成本计算和结账工作的及时性。因此，有的企业就按上月末加权平均单价（即本月初结存材料金额除以本月初结存数量）计算本月发料成本。如上述弹子门锁，在6月份就按月初结存材料单价10元计算当月发料的实际成本。按"加权平均法"计算材料单价时，常遇有五六位小数或循环小数的情况。如材料300件，材料总成本5 000元，平均单价为$\frac{5\,000}{300}=16.666\cdots(元)$。在此种情况下，对领用材料单价可仅算到元或分，即16元或16.66元为止，所余的数额任其保留在结存金额中，待下次购料或下月计算单价时再加入计算，直到最后一次发料时将余数全部加入。

六、材料收发按实际成本计价时的总分类核算

材料日常收发按实际成本计价时,在总分类核算上可以不必设置"物资采购"和"材料成本差异"科目。购入材料的实际成本,直接在材料科目进行核算。企业对于收入外购材料、自制材料和清理固定资产、临时设施所得废料等都可直接将其实际成本记入"原材料"科目的借方和"银行存款"、"应付账款"、"生产成本——辅助生产成本"、"在建专项工程"等科目的贷方。

如某施工企业购入主要材料一批,根据供应单位发票账单,实际买价和运杂费共计 12 000 元时,应作如下分录:

借:原材料——主要材料	12 000
贷:应付账款	12 000

按预定分配率 2% 分配该批主要材料应负担的采购保管费 240 元(12 000×2%)时,应作如下分录:

借:原材料——主要材料	240
贷:采购保管费	240

各施工生产单位领用材料、对外销售材料时,都可将其实际成本直接贷记"原材料"科目,借记"生产成本——工程施工成本"或"工程施工"、"生产成本——辅助生产成本"、"生产成本——机械作业成本"或"机械作业"、"生产成本——工程施工成本——间接费用"或"工程施工——间接费用"、"其他业务支出"等科目。

如各施工单位为各工程领用主要材料 8 500 元,辅助生产车间为加工铁件领用主要材料 2 000 元,应作如下分录:

借:生产成本——工程施工成本或工程施工	8 500
生产成本——辅助生产成本	2 000
贷:原材料——主要材料	10 500

对于料款已经支付或承付,但材料尚未运到的在途材料,应设

置"在途材料"科目,记入"在途材料"科目的借方;于材料到达验收入库时,再自"在途材料"科目的贷方转入"原材料"等科目的借方。

如上述施工企业外购一批主要材料,已经支付料款 2 500 元,但该材料尚未到达,应作如下分录:

借:在途材料	2 500
贷:银行存款	2 500

上项主要材料到达时,再作如下分录:

借:原材料——主要材料	2 500
贷:在途材料	2 500

对于材料已经收到,但供应单位账单发票尚未收到的材料,应先按计划价格借记"原材料"等科目,贷记"应付账款"科目,待账单发票到达时,再以红字作如上相同分录将前记暂估数冲销,另按账单发票价款记入"原材料——主要材料"科目的借方和"银行存款"等科目的贷方。

如收到主要材料一批,账单发票未到,先按计划价格 1 500 元暂估入账,应作如下分录:

借:原材料——主要材料	1 500
贷:应付账款	1 500

上项主要材料账单发票到达,将前记暂估入账数用红字冲销,并按发票账单价款 1 600 元支付,作如下分录:

借:原材料——主要材料	[1 500]
贷:应付账款	[1 500]
借:原材料——主要材料	1 600
贷:银行存款	1 600

第五节　材料委托加工的核算

企业购入的材料，有时需要经过加工后才能使用。委托其他企业加工的材料，叫做委托加工材料。

企业委托其他企业加工材料时，一般应由供应部门和加工企业签订加工合同，并将合同副本交会计部门，据以考核合同的执行情况。对于委托外企业加工的材料，虽仍属企业所有，但不存于本企业仓库，所以不能在各材料科目进行核算。为了反映委托外企业加工材料的成本以及有关加工、运输费用，要设置"委托加工物资"科目，并按加工合同设置明细分类账，以便核算各批加工材料的实际成本，并及时进行清理结算。

由于委托外企业加工的材料，可能在当月加工完成入库，在材料日常收发按计划价格计价时，就必须在月末计算各类材料成本差异以前，确定发给外企业加工材料的实际成本，而这在实际上是难以做到的。因此，对发出加工的材料，在材料日常收发按计划价格计价时，一般都按计划价格成本计算，并不分摊材料成本差异。如要分摊成本差异，可按上月材料成本差异分摊率计算。

企业在将材料发给外企业加工时，要由供应部门根据加工合同填制"委托加工发料单"通知仓库发料。"委托加工发料单"一般填制一式五份。一份由仓库发料后留存，据以登记"材料卡片"或"材料明细分类账"；一份连同加工材料交加工企业；一份交还供应部门，据以考核加工合同执行情况；两份送交会计部门。"委托加工发料单"的格式如图表 4-21 所示。

"委托加工发料单"中发出材料的成本，在材料日常收发按实际成本计价时，应填列实际成本。在材料日常收发按计划价格计价时，填列计划价格成本。

图表 4-21

委托加工发料单

加工企业：江南门窗加工厂　2006 年 6 月 10 日　　　　　发料仓库：1 库

合同编号	加工后材料名称规格	计量单位	数量	加工要求	交货日期
61045	单扇门	平方米	200		1995 年 7 月 10 日

材料编号	材料名称规格	计量单位	数量	材料成本 单价	材料成本 金额	加工费	运输费	实际成本合计
						（后三栏仅在代替"委托加工物资明细分类账"联时有）		
130101	原木	立方米	10	300	3 000	2 000	200	5 200

会计部门收到两份"委托加工发料单"后，应以一份印有"加工费"、"运输费"和"实际成本合计"三栏的"委托加工发料单"代替委托加工物资明细分类账；另一份作为发料凭证，据以记入"委托加工物资"科目的借方和有关材料科目的贷方。

如某施工企业发出原木 10 立方米，委托江南门窗加工厂加工单扇门 200 平方米。原木每立方米单价为 300 元。则在发出 10 立方米原木委托加工时，应作如下分录：

 借：委托加工物资　　　　　　　　　　　　　　3 000
  贷：原材料——主要材料　　　　　　　　　　3 000

对于支付的加工费和运输费，要根据受托加工企业和运输机构的账单，记入"委托加工物资"科目的借方和"银行存款"等科目的贷方。

根据江南门窗加工厂账单，从银行存款支付加工费 2 000 元，运输费 200 元时，应作如下分录：

 借：委托加工物资　　　　　　　　　　　　　　2 200
  贷：银行存款　　　　　　　　　　　　　　　2 200

企业收到加工完成材料时，要由收料仓库验收后填制盖有"外部加工"戳记的"收料单",会计部门根据"收料单"在代替委托加工材料明细分类账的"委托加工发料单"中结算该批加工材料的实际成本(包括发出加工材料的成本、加工费和运输费)。在材料日常收发按计划价格计价时,应将加工完成材料的计划价格成本和计划价格成本与实际成本的成本差异,分别自"委托加工物资"科目转入有关材料科目和"材料成本差异"科目,即将加工完成材料的计划价格成本自"委托加工物资"科目的贷方转入有关材料科目的借方;加工完成材料的实际成本大于计划价格成本的成本差异,自"委托加工物资"科目的贷方转入"材料成本差异"科目的借方;加工完成材料的实际成本小于计划价格成本,则用红字将成本差异记入"委托加工物资"科目的贷方和"材料成本差异"科目的借方。

如上述单扇门200平方米加工完成并验收入库,单扇门每平方米计划单价为25元,则应作如下分录:

借:原材料——结构件(25×200)　　　　　　　　　　5 000
　　贷:委托加工物资　　　　　　　　　　　　　　　　5 000
借:材料成本差异(3 000+2 200-5 000)　　　　　　　200
　　贷:委托加工物资　　　　　　　　　　　　　　　　200

在材料日常收发按实际成本计价时,应将加工完成材料的实际成本从"委托加工物资"科目的贷方转入有关材料科目的借方。上例中,应作如下分录:

借:原材料——结构件　　　　　　　　　　　　　　　5 200
　　贷:委托加工物资　　　　　　　　　　　　　　　　5 200

如有剩余材料退回时,应将退回材料的计划价格成本,自"委托加工物资"科目的贷方转入"原材料——主要材料"科目的借方。

"委托加工物资"科目的借方余额,表示存放加工企业还在加工过程中的材料的成本和运输费。在编制会计报表时,应将它列入"存货"项目,以反映委托加工材料资金的实际占用额。

第六节 周转材料的核算

施工企业在施工过程中,除使用上面所说各种一次性消耗材料外,还使用哪些在施工中不断周转仍保持其原有物质形态的材料,即通常所说的"工具性材料、材料型工具"。这些材料,一般可分为如下四类:

1. 模板。指浇制混凝土用的钢、木或钢木组合的模型板,以及配合模板使用的支撑材料和滑模材料。

2. 挡板。指土方工程施工用的挡土板以及支撑材料。

3. 架料。指搭脚手架用的竹、木杆和跳板,以及钢管脚手。

4. 其他。如塔吊使用的轻轨、枕木等。

由于上列材料与一次性消耗材料不同,在核算上将它们归并在"周转材料"科目之中,并对其损耗价值采用分次摊销计入工程成本的方法。

由于周转材料在施工中能反复使用,它的价值是逐渐转移于工程成本中的,因此在核算上既要反映它的原值,又要反映它的损耗价值。根据这个要求,对周转材料应在"周转材料"科目下分别设置"在用周转材料"和"周转材料摊销"两个二级科目,用以反映在用周转材料的原值和损耗价值。

企业所属各施工单位领用周转材料时,要填制"领料单"。会计部门根据"领料单",自"库存材料"科目的贷方转入"周转材料"科目的借方。如果周转材料在购入时即与主要材料分开核算,则在"周转材料"科目下还要增设"在库周转材料"二级科目,用以核算在库周转材料的原值。周转材料在使用过程中损耗的价值,要记入"周转材料——周转材料摊销"科目的贷方和"生产成本——工程施工成本"或"工程施工"科目的借方,并记入各工程成本的

"材料费"项目。施工单位对领用的周转材料,要加强实物管理并合理使用。

周转材料损耗价值的摊销,可以采用如下三种方法:

定额摊销法。指根据每月实际完成的建筑安装工程量和规定的周转材料消耗定额计算各月摊销额的摊销方法。

$$\begin{matrix}\text{周转材料}\\ \text{每\quad 月}\\ \text{摊销额}\end{matrix}=\begin{matrix}\text{该月完成}\\ \text{的建筑安}\\ \text{装工程量}\end{matrix}\times\begin{matrix}\text{单位工程量}\\ \text{周转材料}\\ \text{消耗定额}\end{matrix}$$

分期摊销法。指根据周转材料预计使用期限,计算其每期摊销额的摊销方法。

$$\frac{\text{周转材料}}{\text{每月摊销额}}=\frac{\text{周转材料原值}\times(1-\text{残值占原值的百分比})}{\text{预计使用月数}}$$

分次摊销法。指根据周转材料预计使用的次数,计算其每次摊销额的摊销方法。

$$\frac{\text{周转材料每使}}{\text{用一次摊销额}}=\frac{\text{周转材料原值}\times(1-\text{残值占原值的百分比})}{\text{预计使用次数}}$$

在实际核算工作中,对于木模的摊销额,通常根据完成立模数量(平方米)和每平方米立模平均损耗的模板来计算。竹脚手的摊销额,通常根据搭建面积(平方米)和每平方米搭建面积平均损耗的竹脚手来计算。

每平方米立模平均损耗木模和每平方米搭建面积平均损耗竹脚手的计算公式如下:

$$\begin{matrix}\text{每平方米}\\ \text{立模平均}\\ \text{损耗木模}\end{matrix}=\frac{\begin{matrix}\text{每平方米立模需}\\ \text{要木材(立方米)}\end{matrix}\times\begin{matrix}\text{每立方米}\\ \text{木材价格}\end{matrix}-\text{残值}}{\text{预计周转次数}}$$

$$\begin{matrix}\text{每平方米搭}\\ \text{建面积平均}\\ \text{损耗竹脚手}\end{matrix}=\frac{\begin{matrix}\text{每平方米搭建面}\\ \text{积需要毛竹根数}\end{matrix}\times\begin{matrix}\text{每根毛}\\ \text{竹价格}\end{matrix}-\text{残值}}{\text{预计周转次数}}$$

在计算每平方米搭建面积需要毛竹根数时,对横楞、顶撑、底笆等可利用旧毛竹。

对于木模的摊销,有的企业往往采用按预算定额中每立方米混凝土工程消耗定额先行摊销,然后于年终或工程竣工时按实际损耗数调整的方法。这种摊销方法虽然简便,但往往与实际木模消耗情况严重脱节。这是因为有的混凝土工程(如基础、地坪工程)数量很大,使用的木模相对来说却很少;而有的混凝土工程(如雨篷工程)数量很小,而使用的木模却很多。为了使木模摊销额接近实际消耗情况,对雨篷等工程在核算时不宜采用这种摊销方法。

为了简化核算手续,在周转材料日常收发按计划价格计价时,对周转材料的成本差异,可按各月周转材料摊销额合计及当月材料成本差异分摊率来计算。各月分摊的周转材料成本差异,应记入"生产成本——工程施工成本"或"工程施工"科目的借方和"材料成本差异"科目的贷方。如果实际成本小于计划价格成本,用红字记入"生产成本——工程施工成本"或"工程施工"科目的借方和"材料成本差异"科目的贷方。

每月终了,会计部门应根据施工部门通知的实际完成工程量,编制"周转材料摊销额计算表"(如图表4-22所示),计算各项工程成本应分摊的周转材料摊销额。

图表4-22

周转材料摊销额计算表

2006年6月

周转材料名称	木 模		竹 脚 手		补摊摊销额或冲销额合计		分摊成本差异(+2%)	摊销额总计
摊 销 率	5.00元/平方米		0.8元/平方米					
工程编号名称	立模数量(平方米)	摊销额(元)	搭建面积(平方米)	摊销额(元)				
103厂房建筑工程	120	600			100	700	14	714
104办公楼建筑工程			1 500	1 200		1 200	24	1 224
合　　计	120	600	1 500	1 200	100	1 900	38	1 938

"周转材料摊销额计算表"中各工程的摊销额总计数,要分别记入"工程施工成本明细分类账"的"材料费"项目。

现举例说明在用周转材料的核算方法:

如某施工企业所属施工单位在2006年5月共领用模板10立方米,每立方米模板计划价格为308元。在5、6月份完成立模数量分别为300平方米、120平方米,每平方米立模的模板摊销率为5元。6月末工程竣工盘点现场还有可供使用模板4.4立方米,估计尚值880元。则:

5月份领用模板的计划价格成本为:

$$308\times 10=3\,080(元)$$

5月份模板摊销额为:

$$5\times 300=1\,500(元)$$

6月份模板摊销额为:

$$5\times 120=600(元)$$

5、6月份模板实际损耗额为:

$$3\,080-880=2\,200(元)$$

6月份应补提摊销额为:

$$2\,200-(1\,500+600)=100(元)$$

在5月份领用模板时,要作如下分录入账:

借:周转材料——在用周转材料　　　　　3 080
　　贷:周转材料——在库周转材料　　　　　3 080

将5、6月份模板摊销额计入工程成本时:

借:生产成本——工程施工成本或工程施工　1 500
　　贷:周转材料——周转材料摊销　　　　　1 500

借：生产成本——工程施工成本或工程施工　　　　　700
　　贷：周转材料——周转材料摊销(600+100)　　　　　700

5、6月份分摊周转材料成本差异时(摊销率为+2%)：

借：生产成本——工程施工成本或工程施工　　　　　30
　　贷：材料成本差异(1 500×2%)　　　　　　　　　30

借：生产成本——工程施工成本或工程施工　　　　　14
　　贷：材料成本差异(700×2%)　　　　　　　　　　14

6月末将模板摊销额注销时：

借：周转材料——周转材料摊销　　　　　　　　2 200
　　贷：周转材料——在用周转材料　　　　　　　2 200

如果一个施工现场只有一个单位工程，施工期限又不长，也可在工程竣工盘点现场存料算得实际损耗额后，再将摊销额一次进行转账，以简化核算手续。

至于列入周转材料的各种定型模板(如大模板)的损耗价值的摊销，可先确定模板周转次数，算出每套模板每周转一次的摊销额，然后按照各项工程周转次数和每次摊销额，计算各项工程的摊销额，直接计入有关工程成本。

$$\text{每套模板周转一次摊销额} = \frac{\text{每套模板造价} - \text{残值}}{\text{预计周转次数}}$$

也可先按下列公式计算每平方米建筑面积平均损耗的模板，然后按照各项工程完成的建筑面积计算各该工程的摊销额。

$$\begin{matrix}\text{每平方米建筑面}\\ \text{积损耗的模板}\\ \text{(即模板摊销额)}\end{matrix} = \frac{\text{每套模板造价} - \text{残值}}{\text{预计周} \times \text{每套模板一次能}\\ \text{转次数} \quad \text{施工的建筑面积}}$$

如某施工企业有一套大模板，它的造价为164 000元，每次能施工400平方米建筑面积，预计能周转使用80次，不能使用后的残值为4 000元，则这套大模板的每平方米建筑面积平均损耗额为：

$$\frac{164\,000-4\,000}{80\times400}=5(元/平方米)$$

假定该企业某月份使用这套大模板完成建筑面积 1 600 平方米,则应摊销大模板费用为：

$$5\times1\,600=8\,000(元)$$

对于列作周转材料的钢管脚手和木脚手板,可先预计使用月数,计算每吨钢管脚手和每立方米木脚手板的月摊销额,如钢管脚手的各种钢管、钢扣件和木脚手板的预计使用月数,每吨钢管、钢扣件、每立方米木脚手板的价格和残值占原值的百分比列示如图表 4-23。

图表 4-23

周转材料名称	单位	单价	预计使用月数	残值占原值的百分比
钢管	吨	2 000 元	96	4
钢扣件	吨	2 500 元	48	4
木脚手板	立方米	400 元	48	4

则：

$$每吨钢管月摊销额=\frac{2\,000\times(1-4\%)}{96}=20(元)$$

$$每吨钢扣件月摊销额=\frac{2\,500\times(1-4\%)}{48}=50(元)$$

$$每立方米木脚手板月摊销额=\frac{400\times(1-4\%)}{48}=8(元)$$

假如某施工企业所属施工单位在 2006 年 7 月份某项工程共使用各种钢管 15 吨,各种钢扣件 1.4 吨,木脚手板 4 立方米,则 7 月份该项工程应摊销的钢管、钢脚手和木脚手板的摊销额为：

钢管摊销额	15×20＝300(元)
钢扣件摊销额	1.4×50＝70(元)
木脚手板摊销额	4×8＝32(元)
合　　计	402(元)

在现行会计制度中,周转材料还包括一些易腐、易糟或使用一次后一般即不再使用的材料,如安全网等,规定在领用时一次记入有关受益对象的成本,直接从"周转材料——在库周转材料"科目贷方转入"生产成本——工程施工成本"或"工程施工"、"生产成本——机械作业成本"或"机械作业"等科目的借方。不过对于这些材料,也可考虑将它归为"原材料——其他材料",而不列作周转材料。这样,一方面使周转材料名副其实,均属可以多次周转使用的材料;另一方面也可使周转材料的核算规范化。

第七节　低值易耗品的核算

在劳动资料中,除了列作固定资产核算的以外,还有一部分使用时期较短、价值较小的工器具以及施工管理中使用的物品。这些物品,通常可分为如下三类：

1. 工器具。指施工生产中使用的各种工具、器具、仪器等。

2. 管理用具。指管理服务用的各种办公用品、家具用品、消防器具等。

3. 劳保用品。指在施工生产中保护职工劳动安全的工作服、安全帽、雨衣、胶鞋以及安全带等。

上列各种物品与其他劳动资料一样,能使用于若干施工生产周期,在使用中仍保持着自己的物质形态,并不把其本身的物质加到工程或产品的物质里去,而仅随着使用时间或工作强度逐渐转移其价值。但是,由于这些物品使用时间较短或价值较小,经常需要添置更新,故在劳动资料中把这些物品和固定资产划分开来,叫做"低值易耗品",并将其视同劳动对象,把它归于材料类中,在"低值易耗品"科目进行核算。凡是使用期限不满一年的劳动资料和生产经营用设备,以及单位价值在 2 000 元以下,或使用期限不超过两年的非生产经营用设备,都划归为低值易耗品。

对于低值易耗品与固定资产的划分,虽已有如上的规定,但由于价格的变动或规格上稍有不同,若同属一种物品,单位价值可能在规定限额之下,也可能在规定限额之上,如将它们分别列为低值易耗品和固定资产,就会增加管理上和核算上的困难。为了解决这个问题,最好事前根据各种劳动资料的性质、价值和使用期限,分别编制"低值易耗品目录"和"固定资产目录"。凡列入"低值易耗品目录"的劳动资料,不论其价值是否稍高于限额或使用期限是否超出一或两年,都作为低值易耗品处理。

由于低值易耗品可以使用较长的时期,它被领用时,通常不能从账面立即予以转销。所以对于领用的低值易耗品,仍要加以记录,以便按其损耗程度,逐渐摊销其价值。为了核算上的需要,在"低值易耗品"科目下应设置"在库低值易耗品"、"在用低值易耗品"和"低值易耗品摊销"三个二级科目,用以分别核算在库中、在用中低值易耗品和在用低值易耗品摊销额,以便对低值易耗品的使用及其摊销情况进行考核。

为了简化核算手续,对于那些价值甚小或易破碎的低值易耗品,也可采用一次摊销报耗的办法,即在领用时,将其全部价值自"低值易耗品——在库低值易耗品"科目销账,并不在"低值易耗品——在用低值易耗品"科目反映。因此,企业在编制"低值易耗品目录"时,还要划分"一次报耗"和"分次摊销"的界限,在目录中注明哪些低值易耗品采用一次报销,哪些低值易耗品采用分次摊销。

企业对于仓库中所有的低值易耗品,都要设置"低值易耗品卡片"。对于分次摊销的低值易耗品,最好在卡片中分别设置"在库"、"在用"和"合计"三栏。并在"在库"、"在用"栏下,各分设"增加"、"减少"和"结存"三小栏用以分别反映在库和在用低值易耗品的增、减、结存情况。分次摊销的"低值易耗品卡片"的格式如图表4-24所示。

图表 4-24

低值易耗品卡片

材料编号:

名称规格: 最高储备量:

计量单位: 计划单价: 最低储备量:

年		凭证号数	摘要	在 库				在 用				合 计		核对
月	日			增加	减少	结 存		增加	减少	结 存		数量	金额	
						数量	金额			数量	金额			

凡购入新的低值易耗品,均应根据"收料单"记入"低值易耗品卡片"的"在库增加"栏。低值易耗品的发出,应区别"耗用"和"借用"。对于那些价小易耗、一次报耗的低值易耗品,在领用时应填制"低值易耗品领用单",据以记入"低值易耗品卡片"的"在库减少"栏。对于那些价高耐用、分次摊销的低值易耗品,在领时应填制"低值易耗品借用单"。"借用单"上的低值易耗品,要将它由"在库"二级科目转入"在用"二级科目,记入"低值易耗品卡片"的"在库减少"栏和"在用增加"栏。借用低值易耗品报废时,要填制"低值易耗品报废单",并在单中注明残值,据以记入"低值易耗品卡片"的"在用减少"栏。"低值易耗品卡片"的"在库结存数",应同库存的新的低值易耗品数相符。"低值易耗品卡片"的"在用结存数",应同库存的旧的低值易耗品和班组领用数之和相等。"低值易耗品卡片"的"在用结存金额"之和,应和"低值易耗品——在用低值易耗品"二级科目余额核对相符。

施工企业一次报耗的低值易耗品,在领用时,即可根据"低值易耗品领用单"将其全部价值一次转入有关生产费用科目。对机械施工单位领用一次报耗工具用具等,应记入"生产成本——机械作业成本"或"机械作业"科目;对施工单位领用一次报耗工具用具,应记入"生产成本——工程施工成本"或"工程施工"科目的其他直接费;对施工单位领用一次报耗劳保用品,应记入"生产成本——工程施工成本"科目的间接费用;对企业管理部门领用一次报耗低值易耗品,应记入"管理费用"科目,作如下分录入账:

借:生产成本——机械作业成本或机械作业　　×××
　　生产成本——工程施工成本或工程施工(其他直接费)
　　　　　　　　　　　　　　　　　　　　　　×××
　　生产成本——工程施工成本或工程施工(间接费用)
　　　　　　　　　　　　　　　　　　　　　　×××
　　管理费用　　　　　　　　　　　　　　　　×××
　贷:低值易耗品——在库低值易耗品　　　　　×××

对于分次摊销的低值易耗品,在领用时,即应将它从"低值易耗品"的"在库低值易耗品"二级科目转入"在用低值易耗品"二级科目,并对在用低值易耗品按月进行摊销。

在用低值易耗品的摊销方法,通常可以采用如下三种:

1. 净值摊销法。指根据各使用部门本月结存的在用低值易耗品的净值和规定的月摊销率(一般可定为10%),计算各使用部门应负担的摊销额的摊销方法。

$$\text{某部门低值易耗品的月摊销额} = \text{该部门在用低值易耗品净值} \times \text{月摊销率}$$

$$\text{该部门在用低值易耗品净值} = \text{该部门在用低值易耗品计划价格成本(或实际成本)} - \text{已摊销额}$$

如某个施工企业的某部门在用低值易耗品的计划价格成本为8 000元,已摊销额为3 000元,月摊销率为10%,则:

该部门在用低值易耗品净值＝8 000－3 000＝5 000(元)

该部门低值易耗品的月摊销额＝5 000×10％＝500(元)

在采用净值摊销方法时,要为各个部门的在用低值易耗品设置明细分类账,反映各个部门在用低值易耗品增加、减少、结存的计划价格成本(或实际成本)和已摊销额。

2. 比例摊销法。指按照各类低值易耗品的特点,结合历史计算资料,确定月摊销率,以月摊销率乘各部门各类在用低值易耗品的计划价格成本(或实际成本)来计算使用部门应负担的摊销额的摊销方法。

$$\text{某部门某类低值易耗品的月摊销额} = \text{该部门该类在用低值易耗品计划价格成本(或实际成本)} \times \text{该类低值易耗品月摊销率}$$

$$\text{某类低值易耗品月摊销率} = \frac{1}{\text{该类低值易耗品使用月数}} \times 100\%$$

如某施工企业规定某类工具的使用月数为20个月,而某月份内某部门在用工具的计划价格成本为10 000元,则:

$$\text{该类工具的月摊销率} = \frac{1}{20} \times 100\% = 5\%$$

该部门在用工具的月摊销额＝10 000×5％＝500(元)

在采用比例摊销方法时,要为各类不同摊销率的在用低值易耗品设置明细分类账,反映各个部门各类在用低值易耗品增加、减少、结存的计划价格成本(或实际成本)和已摊销额。

3. 五五摊销法。也叫"五成摊销法",指在领用时先摊销其计划价格成本(或实际成本)的50％,报废时再摊销其余的50％(扣除收回的残料价值)的摊销方法。

如果某月一次大量领用低值易耗品(因为新增大批职工,领用大量工器具和劳保用品),按照上述方法摊销使领用月份成本过高时,可将领用月份发生的摊销额,转作待摊费用,分次摊入工程和产品成本。

低值易耗品的日常收发和核算,可按实际成本进行,也可按计划价格进行。在按计划价格进行时,要按月分摊计划价格成本与实际成本的差异。低值易耗品的成本差异,可按各月低值易耗品摊销额和当月成本差异分摊率计算,也可按各月报废低值易耗品的计划价格成本和当月成本差异分摊率计算。设例按各月报废低值易耗品的计划价格成本进行分摊。各月分摊的低值易耗品的成本差异,应记入"生产成本——机械作业成本"或"机械作业"、"生产成本——工程施工成本"或"工程施工"、"管理费用"等科目的借方和"材料成本差异"的贷方(如实际成本小于计划价格成本时,应用红字)。

施工企业在采用"五五摊销法"摊销在用低值易耗品损耗价值时,通常应根据"低值易耗品借用单"和"低值易耗品报废单",编制如图表4-25所示的"低值易耗品摊销额计算表"。

图表4-25

低值易耗品摊销额计算表

2006年6月

借 方 科 目	本月借用		本 月 报 废				本 月 摊销额合 计	分摊成本差异(+2%)	本 月 摊销额总 计
	计划价格成本	摊销额	计划价格成本	减:已摊销额	减:残值	摊销额			
生产成本——机械作业成本或机械作业	1 200	600	1 600	800	100	700	1 300	32	1 332
生产成本——工程施工成本或工程施工(其他直接费)	1 600	800	1 800	900	200	700	1 500	36	1 536
生产成本——工程施工成本或工程施工(间接费用)	2 480	1 240	1 600	800	40	760	2 000	32	2 032
合 计	5 280	2 640	5 000	2 500	340	2 160	4 800	100	4 900

根据表中有关资料,即可作如下分录入账。

将本月借用低值易耗品从"在库低值易耗品"转入"在用低值

易耗品"二级科目时：

借：低值易耗品——在用低值易耗品　　　　　　　5 280
　　贷：低值易耗品——在库低值易耗品　　　　　　　　5 280

将本月借用低值易耗品计划价格成本的50%转作本月生产费用时：

借：生产成本——机械作业成本或机械作业　　　　　600
　　生产成本——工程施工成本——其他直接费
　　或工程施工——其他直接费　　　　　　　　　　800
　　生产成本——工程施工成本——间接费用
　　或工程施工——间接费用　　　　　　　　　　1 240
　　贷：低值易耗品——低值易耗品摊销　　　　　　　2 640

将本月报废低值易耗品的计划价格成本的50%(5 000元×50%＝2 500元)减残值(340元)转作生产费用时：

借：生产成本——机械作业成本或机械作业　　　　　700
　　生产成本——工程施工成本——其他直接费
　　或工程施工——其他直接费　　　　　　　　　　700
　　生产成本——工程施工成本——间接费用
　　或工程施工——间接费用　　　　　　　　　　　760
　　贷：低值易耗品——低值易耗品摊销　　　　　　　2 160

将本月报废低值易耗品作价入库时：

借：原材料——其他材料　　　　　　　　　　　　　340
　　贷：低值易耗品——在用低值易耗品　　　　　　　　340

注销"低值易耗品——低值易耗品摊销"科目中属于报废低值易耗品的摊销额4 660元(5 000－340)时：

借：低值易耗品——低值易耗品摊销　　　　　　　4 660
　　贷：低值易耗品——在用低值易耗品　　　　　　　4 660

将本月报废低值易耗品的成本差异(5 000×2%＝100)转作

生产费用时：

  借：生产成本——机械作业成本或机械作业 32
    生产成本——工程施工成本——其他直接费
    或工程施工——其他直接费 36
    生产成本——工程施工成本——间接费用
    或工程施工——间接费用 32
  贷：材料成本差异 100

  对于在用的低值易耗品，不论采用分次摊销法，还是采用一次报耗法，都应加强实物管理，防止丢失。为了考核使用中低值易耗品的节约情况，对各个部门、班组或个人，都应分别设置"低值易耗品领用折"，以记录低值易耗品的领用、交回和报废情况。

第八节　材料盘点盈亏和跌价准备提取的核算

一、材料盘点盈亏的核算

  为了保证材料的完整，做到账实相符，施工企业必须建立材料清查盘点制度。由于建筑安装材料种类繁多，收发频繁，并分散在各个仓库、现场存储，有些材料计量不准、自然损耗、收发时点错数量，以及人为短缺等原因，都会使账面材料结存数量和实存数量不符。因此，必须通过清查盘点进行检查核实。材料清查盘点制度不仅可以保证账实相符，给会计提供正确可靠的资料，同时还有下列几方面的作用：

  第一，可以促使企业摸清家底，积极处理积压材料，加速流动资金周转。

  第二，可以发现材料短缺和损坏情况，揭发违法乱纪行为，以便追究责任。

  第三，可以发现材料供应和仓库管理等方面存在的问题，促使企业改革不合理的规章制度,改善经营管理,加强经济核算。

材料的清查盘点,在平时应当轮流进行。每年在编制年度财务决算以前,还要进行一次全面清查盘点,使年度会计报表的数字正确可靠。材料清查盘点人员发现实存材料数量和"材料卡片"结存数量不符时,要查明原因,分清责任,并填制"材料盘点盈亏报告单",经清查领导小组审查、鉴定,提出处理意见后,按规定报有关部门审批。"材料盘点盈亏报告单"的格式如图表4-26所示。

图表4-26

材料盘点盈亏报告单

材料仓库: 　　　　　　　2006年12月20日

材料二级科目	材料编号	材料名称规格	计量单位	数量		计划单价	盘盈		盘亏		盈亏原因	分摊材料成本差异(%)
				账存	实存		数量	金额	数量	金额		
主要材料	140104	400号水泥	吨	200	198	100	(以下从略)		2	200		+2
合　计										1 400		

材料盘点的盈亏,可以分为两大类。一类是经查明属于材料明细账卡记录的错误,如收发数量登记错误,金额计算错误,明细账卡加减计算错误,登记时搞错材料规格,造成一种规格多、一种规格少等等。对这些差错,可由材料核算人员开列清单,注明原因,经会计部门复核后,按规定的改正错误的方法进行更正。另一类是真正的材料盘点盈亏,当然,也可能包括未经查明属于明细账卡登记的错误。对于真正的材料盘点盈亏,应按规定程序报批。

材料清查过程中的盘亏,在未经批准以前,应先根据"材料盘点盈亏报告单",登记有关材料明细账卡,并从有关材料科目的贷方转到"待处理财产损溢——待处理流动资产损溢"科目的借方:

借：待处理财产损溢——待处理流动资产损溢　　　　1 400
　　贷：原材料　　　　　　　　　　　　　　　　　　　1 400

对于材料盘亏，一般都按实际成本计算。在材料收发按计划价格计价时，除按计划价格成本记入有关材料科目的贷方外，还要自"材料成本差异"科目将属于盘亏材料的成本差异，转入"待处理财产损溢——待处理流动资产损溢"科目的借方（如材料实际成本小于计划价格成本时用红字）：

借：待处理财产损溢——待处理流动资产损溢　　　　　28
　　贷：材料成本差异　　　　　　　　　　　　　　　　　28

经有关部门批准后，再根据"材料盘点盈亏报告单"，分别不同情况进行账务处理。

凡能以正当理由说明的材料短缺，如定额内自然损耗等，可计入材料成本，记入"采购保管费"科目的借方：

借：采购保管费　　　　　　　　　　　　　　　　　　408
　　贷：待处理财产损溢——待处理流动资产损溢　　　　 408

由于材料保管人员等过失造成的材料短缺，如能确定过失人员应负经济责任的，对赔偿款应记入"其他应收款"科目的借方；不能确定过失人的，经有关部门批准以后，将它记入"管理费用"的借方：

借：其他应收款　　　　　　　　　　　　　　　　　　200
　　管理费用　　　　　　　　　　　　　　　　　　　　820
　　贷：待处理财产损溢——待处理流动资产损溢　　　1 020

凡由于人力不可抗拒的自然灾害等原因造成的材料短缺，按规定手续报经有关部门批准后，应将扣除保险公司赔款后的净损失，记入"营业外支出——非常损失"科目的借方：

借：营业外支出——非常损失　　　　　　　　　　　×××
　　贷：待处理财产损溢——待处理流动资产损溢　　　×××

对于材料盘盈,在发生时,应按计划价格成本记入"原材料"科目的借方和"待处理财产损溢——待处理流动资产损溢"科目的贷方:

借:原材料　　　　　　　　　　　　　　　×××
　贷:待处理财产损溢——待处理流动资产损溢　×××

按规定报经批准后,将盘盈材料自"待处理财产损溢——待处理流动资产损溢"科目转入"管理费用"科目的贷方:

借:待处理财产盘盈——待处理流动资产盘盈　×××
　贷:管理费用　　　　　　　　　　　　　　×××

二、材料跌价准备提取的核算

为了较真实地反映企业材料等存货的可变现净值,避免虚列资产价值,出现虚盈实亏,按照现行企业会计制度的规定,企业在对材料等存货进行全面清查时,如发现有遭受毁损、全部或部分陈旧过时或销售价格低于成本等原因,使材料等存货成本不能收回的部分,应当提取存货跌价准备。材料等存货跌价准备,一般应按单个材料、产品的成本高于其可变现净值的差额提取。可变现净值是指企业在正常施工生产经营过程中,以估计售价减去材料销售所需税费后的余值。在实际工作中,对材料跌价准备,可在"材料盘点盈亏报告单"中增加"可变现单价"和"应提取跌价准备"两栏,将应提取跌价准备的材料亦在该单中填列。应提取跌价准备的计算,可按下列公式进行:

$$\begin{matrix}\text{应提取材料}\\\text{跌价准备}\end{matrix} = \begin{matrix}\text{材料实}\\\text{存数量}\end{matrix} \times \left[\begin{matrix}\text{材料计}\\\text{划单价}\end{matrix} \times \left(1 \pm \begin{matrix}\text{差　异}\\\text{分摊率}\end{matrix}\right) - \begin{matrix}\text{材料可变}\\\text{现单价}\end{matrix}\right]$$

在提取材料等存货跌价准备的企业,应设置"存货跌价准备"科目。"存货跌价准备"科目是材料等存货科目的备抵科目,用以核算企业提取的存货跌价准备,期末对本期计算出材料等存货可变现净值低于成本的差额,应记入"管理费用——计提存货跌价准备"或"资产减值损失"科目(采用企业会计制度的施工企业用"管理费用——计提存货跌价准备"科目,采用企业会计准则的施工企业用"资产减值损失"科目,以下同)的借方和"存货跌价准备"科目的贷方:

借:管理费用——计提的存货跌价准备
　　或资产减值损失　　　　　　　　　×××
　　贷:存货跌价准备　　　　　　　　　×××

企业在清查材料等存货时,如发现有已霉烂变质,或已过期且无转让价值,或在施工生产中已不再需要、且已无使用价值和转让价值的,应按存货的账面价值(即减去已提跌价准备后的存货价值)记入"管理费用——计提的存货跌价准备"或"资产减值损失"科目的借方,按已提的存货跌价准备记入"存货跌价准备"科目的借方,按存货的账面原值记入"原材料"、"库存商品"等科目的贷方:

借:管理费用——计提的存货跌价准备
　　或资产减值损失　　　　　　　　　×××
　　存货跌价准备　　　　　　　　　　×××
　　贷:原材料　　　　　　　　　　　　×××
　　　　库存商品　　　　　　　　　　　×××

"存货跌价准备"科目的贷方余额,反映企业已提取的材料等存货可变现净值低于成本的跌价准备,在编制资产负债表时,应将它从"存货"项目中减去。

复 习 题

1. 施工企业的材料包括哪些?为什么把周转材料、工具用具和劳保用品也列作施工企业的材料?它们与固定资产有哪些不同?施工企业材料核算的主要内容包括哪些?

2. 施工企业材料的实际成本是由哪些费用组成的?

3. 施工企业材料的日常收发为什么往往按计划价格计价？按计划价格组织材料日常收发的核算工作有哪些优点？

4. 为什么要设置"物资采购"科目？它的作用是什么？在途材料在物资采购明细分类账户中是怎样加以核算的？

5. 对于发票账单尚未收到的材料，应否入账？为什么？如果入账，应该怎样入账？当发票账单到达时又应怎样处理？

6. 施工企业的材料主要从哪些方面收入？又向哪些方面发出？在收发材料时，要采用哪些材料收发凭证？应该怎样组织这些凭证的传递？

7. 什么叫做"材料成本差异"？它是根据哪些明细记录算得的？什么叫做"材料成本差异分摊率"？它是怎样进行计算的？对耗用材料的成本差异是怎样进行调整的？

8. 什么叫做"大堆材料"？各工程耗用的大堆材料的实际成本是怎样加以计算的？

9. 在材料日常收发按计划价格计价时的材料明细分类核算一般是由哪些凭证账表组成的？它们之间的相互关系怎样？如果发现核算中有错误，应从哪些方面加以检查？

10. 材料日常收发按实际成本计价时，在所用凭证、会计科目的凭证传递程序等方面与按计划价格计价时有哪些不同？

11. 材料日常收发在按实际成本计价时，为什么会发生发出材料的计价问题？发出材料的计价方法通常有哪几种？你认为哪种方法比较合理？为什么？

12. 什么叫做委托加工物资？委托加工物资的实际成本是怎样确定的？在核算上又是怎样加以处理的？

13. 什么叫做周转材料？它与一般材料和固定资产比较起来，有哪些异同之处？在一般施工企业里，对木模、竹脚手、定型模板、钢脚手等的摊销额是怎样加以计算的？

14. 施工企业的低值易耗品包括哪些？它在核算上有哪些特

点?为什么在核算和管理上要将它分为"一次报耗"和"分次摊销"?对于分次摊销的在用低值易耗品,通常采用哪几种摊销方法?怎样进行摊销和转账?

15. 为什么要对材料进行清查盘点?材料盘盈、盘亏各应怎样加以处理?

16. 施工企业在哪些情况下应提取材料等存货的跌价准备?为什么要加以提取?它是怎样加以计算和核算的?

习 题

习 题 一

(一) **目的** 练习物资采购的核算。

(二) **资料** 某施工企业各项主要材料在 2006 年度的计划单价及 9 月初的结存数量如下表所示。

项 目	计量单位	单 价(元)	9月初结存数量
钢 筋	吨	1 200	30
木 材	立方米	300	30
水 泥	吨	120	100
黄 砂	吨	36	150
石 子	吨	40	300
统一砖	千块	100	60

9 月初各项主要材料的实际成本为 81 608 元。

在 9 月份内,共发生了下列有关主要材料的采购业务:

1. 9 月 4 日,收到钢筋 10 吨,每吨发票价格 1 160 元,运杂费共 600 元,均用结算户存款支付。

2. 9 月 6 日,收到水泥 20 吨,每吨发票价格 100 元,料款暂欠,运杂费 360 元,用结算户存款支付。

3. 9月8日,收到木材10立方米,每立方米发票价格280元,运杂费共240元,均用结算户存款支付。

4. 9月10日,收到黄砂100吨,每吨发票价格28元,料款暂欠,运杂费760元,用结算户存款支付。

5. 9月12日,收到石子150吨,每吨发票价格32元,运杂费共1060元,均用结算户存款支付。

6. 9月15日,上列各项暂欠料款,均用结算户存款支付。

7. 9月21日,收到水泥30吨,发票账单未到,先按计划价格暂估入账。

8. 9月22日,收到钢筋10吨,每吨发票价格1170元,运杂费共640元,均用结算户存款支付。

9. 9月25日,21日收到30吨水泥的发票已到,发票价格3000元,运杂费640元,均用结算户存款支付。

10. 9月29日,收到某木材公司发出10立方米木材,计3100元(包括运杂费300元)的发票和结算凭证,已用结算户存款支付,但材料尚未到达。

11. 9月30日,材料采购保管费按采购材料计划价格成本的2%摊入材料采购成本。

(三) 要求

1. 为各项经济业务作成会计分录。

2. 将上列各项材料采购业务记入"物资采购明细分类账"。

3. 在"材料成本差异明细分类账"登记8月末和9月份收入材料的计划价格成本和材料成本差异,并计算9月份材料成本差异分摊率。

习 题 二

(一) 目的 练习按计划价格计算时材料日常收发的核算。

(二) 资料 [习题一]中的施工企业在2006年的9月份内,

发生了下列材料发出业务：

1. 9月1日，施工单位为201工程领用钢筋5吨，为202工程领用钢筋3吨。

2. 9月3日，施工单位为201工程领用木材4立方米，为203工程领用木材2立方米。

3. 9月7日，施工单位为201工程领用水泥9吨，为202工程领用水泥9吨，为203工程领用水泥4吨。

4. 9月9日，供应部门领用木材10立方米，委托某门窗加工厂加工门窗。

5. 9月12日，施工单位为201工程领用统一砖10千块，为202工程领用统一砖5千块，为203工程领用统一砖5千块。

6. 9月14日，辅助生产单位领用加工铁件用钢筋2吨。

7. 9月17日，施工单位为201工程领用钢筋3吨，为202工程领用钢筋4吨，为203工程领用钢筋5吨。

8. 9月21日，施工单位为202工程领用木材4立方米，为203工程领用木材2立方米。

9. 9月24日，施工单位为201工程领用水泥6吨，为202工程领用水泥9吨，为203工程领用水泥8吨。

10. 9月29日，施工单位退回为201工程领用的钢筋1吨。

11. 9月30日，盘点现场，计有下列已领未用材料：

202工程：统一砖2千块　木材0.5立方米

203工程：统一砖1千块　钢筋1吨

12. 9月30日，盘点现场结存材料：计有黄砂145吨，石子240吨。

9月份计为201工程搅拌混凝土50立方米，为202工程搅拌混凝土60立方米，为203工程搅拌混凝土40立方米。每立方米混凝土的黄砂消耗定额0.7吨，石子消耗定额为1.4吨。

(三) **要求**　根据上列资料和习题一资料：

1. 编制9月份上半月和下半月的"材料凭证交接单"。
2. 编制9月份"材料收、发、结存分类汇总表"。
3. 编制9月份"大堆材料耗用单"。
4. 编制9月份"发出和耗用材料汇总表"(表中分工程列出)。
5. 根据"发出和耗用材料汇总表",为本月发出和耗用材料作成会计分录。
6. 将本月有关物资采购收发会计分录登记"物资采购"、"材料成本差异"、"主要材料"总分类账户(采用"T"式),并结出月末余额。
7. 将本月分摊的材料成本差异在习题一"材料成本差异明细分类账"进行登记,并结出月末结存材料的计划价格成本和成本差异。

习 题 三

(一) **目的** 练习按实际成本计价时材料日常收发的核算。

(二) **资料** 某施工企业对材料日常收发按实际成本计价。2006年10月份400号水泥的月初结余和收入数量、单价,以及发出数量如下:

1. 10月1日,存料200吨,每吨80元。
2. 10月3日,发出100吨。
3. 10月5日,收入200吨,每吨92元。
4. 10月5日,发出100吨。
5. 10月10日,发出100吨。
6. 10月15日,收入300吨,每吨104元。
7. 10月20日,发出200吨。
8. 10月24日,收入200吨,每吨108元。
9. 10月26日,发出300吨。
10. 10月29日,收入200吨,每吨116元。

11. 10月30日,发出150吨。

(三) 要求

1. 设计一种材料明细分类账,账中除设日期、凭证栏外,分设收入、发出、结存三部分,并在每部分下分设数量、单价、金额等栏。

2. 用先进先出法,将上列资料记入"材料明细分类账",并在登记每笔收发业务后即结算余额。

3. 用加权平均法,将上列资料记入"材料明细分类账",并在登记每笔收发业务后即结算余额。

习 题 四

(一) 目的 练习委托外部加工材料的核算。

(二) 资料 某施工企业在2006年10、11月份内,共发生了下列有关委托外部加工材料的经济业务:

1. 10月9日,发出下列材料,委托某铁工厂加工一批铁件:

　　钢板 2.5吨 每吨计划价格1 160元
　　圆钢 1.2吨 每吨计划价格1 040元

2. 10月10日,用结算户存款支付上项材料运输费300元。

3. 11月6日,收到某铁工厂加工铁件账单,共计加工费1 700元,用结算户存款支付。

4. 11月8日,用结算户存款支付铁件运输费280元。

5. 11月9日,铁件验收入库,共3.6吨,每吨计划价格为1 800元。

(三) 要求

1. 计算委托加工铁件的实际成本、计划价格成本和材料成本差异。

2. 为各项经济业务作成会计分录。

习 题 五

(一) 目的 练习周转材料的核算。

(二) **资料** 某施工企业在 2006 年 11、12 月份,共发生了下列有关周转材料领用、摊销的经济业务:

1. 11 月 2 日,施工单位领取作为木模用的木材 15 立方米,每立方米计划价格为 400 元。

2. 11 月 4 日,竹工组领取毛竹 600 根,作为搭竹脚手用。毛竹每根计划价格为 7.2 元。

3. 根据测算,每平方米立模需用木材 0.1 立方米,可以周转使用 5 次,残值约为木材原值的 10%。每平方米搭建面积需用毛竹 1 根,可以周转使用 8 次,考虑到旧毛竹用于顶撑、底笆,不计残值。

4. 11、12 月份内,施工单位和竹工组为各工程完成木模立模数量及竹脚手搭建面积如下表所示:

	木模立模数量(平方米)		竹脚手搭建面积(平方米)	
	11 月份	12 月份	11 月份	12 月份
301 工程	80		200	
302 工程	60	40	100	300
303 工程		70		

5. 12 月 1 日,领用钢管脚手一批,计钢管 2.5 吨,钢扣件 0.4 吨,供 303 工程之用。钢管每吨计划价格 2 000 元,预计可用 80 个月,残值占原值的 6%。钢扣件每吨计划价格 2 400 元,预计可用 40 个月,残值占原值的 5%。

6. 12 月 31 日,盘点施工现场木模,还有可用木模 12 立方米,估计尚值 4 020 元。

7. 木模、竹脚手的成本差异分摊率为 2%。

(三) **要求**

1. 计算每平方米立模的木模摊销额。
2. 计算每平方米搭建面积的竹脚手摊销额。

3. 计算每吨钢管、钢扣件的月摊销额。

4. 计算2006年11、12月各项工程的周转材料摊销额。

5. 为各项有关周转材料领用、摊销和摊销额注销等经济业务作成会计分录(假定各项周转材料购入时即与主要材料分开核算,记入"周转材料——在库周转材料"科目)。

习 题 六

(一) **目的** 练习低值易耗品的核算。

(二) **资料** 某施工企业低值易耗品日常收发按计划价格计价,采用"五五摊销法"。在2006年11月初,计有在库低值易耗品7 200元,在用低值易耗品未摊销价值13 600元,低值易耗品成本差异有借差400元。

在11月份内,共发生了下列有关低值易耗品收入、领用、摊销和报废的经济业务:

1. 11月2日,外购低值易耗品一批,发票价6 800元,运输费用500元,均用结算户存款支付。该批低值易耗品的计划价格成本为7 200元。

2. 11月6日,收入由辅助生产单位自制工具一批,实际成本为2 100元,计划价格成本为2 000元。

3. 11月10日,机械施工单位领用一次报耗工具一批,计划价格成本为1 200元,领用分次摊销工具一批,计划价格成本为4 000元。

4. 11月12日,劳动保护部门领用一次报耗劳保用品一批,计划价格成本为1 600元。

5. 11月20日,施工单位管理部门领用一次报耗用具一批,计划价格成本为1 000元,领用分次摊销用具一批,计划价格成本为2 000元。

6. 11月24日,机械施工单位报废在用工具一批,计划价格成本为3 000元,残值40元作为其他材料入库。

7. 11月30日,施工单位管理部门报废在用用具一批,计划价格成本为2 000元,残值20元作为其他材料入库。

(三) 要求

1. 计算11月份低值易耗品成本差异分摊率。
2. 编制11月份"低值易耗品摊销额计算表"。
3. 为各项经济业务作成会计分录。

第五章 固定资产和无形资产的核算

第一节 固定资产核算的意义和内容

固定资产是为生产产品、提供劳务、出租或经营管理而持有的、使用年限超过一年、单位价值较高的有形资产,包括企业的主要劳动资料和非生产经营用的房屋、设备等。

劳动资料是劳动者用来改变或影响劳动对象的一切物质资料。狭义地说,劳动资料是指那些处于劳动者和劳动对象之间,把劳动者的动作传导到劳动对象上去的传导物,如施工机械、生产设备、生产工具等。广义地说,劳动资料还包括在施工过程中必须具备的、除劳动对象以外的其他物质资料,如房屋、建筑物、运输设备等。因为没有它们,施工过程就不能进行,或者不能在正常的情况下进行。

但是,可以作为施工企业固定资产的劳动资料,必须是为有关建筑安装工程施工而购建的,并不包括为建设单位建造的房屋、建筑物和安装的机器设备。因为这些房屋、建筑物和机器设备是施工企业的成品和待安装的设备。由此可见,一种物质资料是否属于施工企业的固定资产,不取决于它的物理属性,而取决于它在施工过程中所起的作用。

劳动资料和劳动对象不同,前者在施工过程中能长期发挥其效能,可以使用于多次施工过程,它在施工过程中长久地保持着自己的物质形态,并不把其本身的物质加到工程的物质里去,而仅随着使用时间和工作强度,逐渐地将它的价值转移到工程的成本中。后者只能在一次施工过程中使用,在施工过程中大都变更或消失其原有的物质形态,或将其本身的物质加到工程的物质里去,因而一次转移其价值于工程的成本中。前者与后者的这种区别,在将使用时期较长的劳动资料与劳动对象比较时,是十分明显的。有些工具用具虽然也属劳动资料,但或因使用时期不长,或价值较小,或因极易在施工过程中损坏,在计划和核算上为了方便起见,并不将它们列作固定资产,而将它们列作低值易耗品和周转材料(属流动资产)。因而在实际核算工作中,只有同时具备如下两个条件的主要劳动资料,才列作固定资产:

1. 使用期限在一年以上。
2. 单位价值在规定限额(按企业规模大小分别规定)以上。

由上可知,凡是使用期限在1年以上、单位价值在规定限额以上的劳动资料,都将它们列作固定资产。

施工企业的固定资产,除企业的主要劳动资料外,还包括使用年限在两年以上、单位价值在2 000元以上,但不属于劳动资料范围的一些非生产经营用房屋设备,如职工宿舍、招待所、幼儿园、托儿所、俱乐部等单位使用的房屋、设备等。它们和劳动资料相似,具有在长期使用过程中仍保持其原有物质形态的特点,所以也将它们列作固定资产。

施工企业的固定资产,是发展建筑生产事业的物质技术基础。管好用好固定资产,是施工企业顺利地进行施工和不断地提高劳动生产率的重要条件。随着装配化、机械化施工程度的不断提高,施工企业的固定资产越来越多,固定资金在企业经营资金中所占的比重也日益增大,因此,各个施工企业,都要重视固定资产的管理工作,确保固定资产的完整及其充分利用。

固定资产核算是固定资产管理的重要环节。认真做好固定资产核算工作，可以保护固定资产的完整并促使固定资产的充分利用，这对发展建筑生产事业、巩固社会主义经济基础都有着重要的意义。施工企业固定资产的核算，主要包括以下几个方面：

第一，正确及时地反映固定资产存在的情况和增减变动，考核固定资产的保管和利用情况。

第二，正确计算固定资产的损耗价值，将它计入工程和产品成本并按期计提折旧，保证固定资产简单再生产所需的资金。

第三，正确及时地反映固定资产的修理费用，将它合理地计入工程和产品成本，考核固定资产修理计划和修理费用预算的执行情况。

第四，定期对固定资产的现有数量和使用情况进行清查盘点，查明盘点盈亏的原因，并按照规定作出处理，防止损坏或盗窃，确保固定资产完整无缺，做到账、卡、物相符。

第二节　固定资产的分类和计价

一、固定资产的分类

固定资产按其使用情况，分为在用的、租出的、未使用的、不需用的四类。这种分类方法能及时反映固定资产的使用情况，可促使未使用的固定资产尽快加以利用、不需用的固定资产及时调拨处理，有利于挖掘固定资产的潜力，做到物尽其用。

固定资产按其用途，分为生产经营用和非生产经营用两类。所谓生产经营用的固定资产，就是指直接或间接参加施工或施工经营管理过程的固定资产。所谓非生产经营用的固定资产，就是指企业施工和施工经营管理活动以外所需用的固定资产。这种分类方法，可以反映出企业生产用和非生产用固定资产的比重，标志企业的施工能力和职工生活条件的改善情况。

施工企业的固定资产可分为如下几类:

1. 生产经营用固定资产。

(1) 房屋。指施工、生产单位和行政管理部门所使用的房屋,并包括与房屋不可分割的各种附属设备,如电灯、电话、水管、电梯、暖气设备、通风设备、卫生设备等。作为固定资产管理的可以搬迁移动的钢、木架活动房屋,如果为数不多,可包括在本类核算,如果为数较多,也可单独设置"活动房屋"类进行核算。生产和非生产共同使用的房屋,可按其主要用途列为生产用固定资产或非生产用固定资产。

(2) 建筑物。指除房屋以外的各种建筑物,如水塔、蓄水池、储油罐、企业的道路、铁路、停车场、围墙等。

(3) 施工机械。指为进行建筑安装工程施工所用的各种机械,如起重机械、挖掘机械、土方铲运机械、凿岩机械、基础及凿井机械、钢筋混凝土机械、筑路机械、焊接机械等,包括随机的附属设备以及装置在机械上的发动机、联动机。

(4) 运输设备。指用以运载物资的各种运输工具,包括铁路运输用的机车、棚车,公路运输用的载重汽车、自卸汽车、散装水泥车、架线车、油槽车、平板拖车组、拖拉机、兽力车及骡马,水上运输用的汽轮、拖轮、潜水工作船、驳船等。

(5) 生产设备。指生产、维修、动力、传导等设备,如金属切削机床、铸锻热处理设备、维修专用机床和设备、动力设备、传导设备等,包括机器设备的机座以及与机器设备连成一体而不具有独立用途的附属设备。

(6) 仪器及试验设备。指对材料、工艺、产品进行研究试验用的各种仪器设备,如计量用的精密天平、测绘用的经纬仪、水准仪,探伤用的探伤机,分析测定用的渗透仪、显微镜、温度测定仪以及材料试验用的各种试验机、白金坩埚、高压釜等。

(7) 其他生产经营用固定资产。指不属于以上各类的其他生产用固定资产,包括计量用具(如地磅等)、消防用具(如消防车等)、办公用具(如计算机、复印机、电视机、文字处理机、保险柜等)以及行政管理用的汽车、电话总机等。

2. 非生产经营用固定资产,包括职工宿舍、招待所、学校、幼儿园、托儿所、俱乐部、食堂、医院等单位所使用的房屋、设备等。

3. 租出固定资产。指出租给外单位使用的多余、闲置的固定资产。

4. 未使用固定资产。指尚未使用的新增固定资产,有偿调入尚待安装的固定资产,交给基建部门进行改建扩建的固定资产,以及按照规定程序报经批准停用的固定资产。由于季节性施工生产、大修理等原因而停用的固定资产和在施工现场或车间替换使用的机器设备,都应作为在用固定资产。

5. 不需用固定资产。指本企业不需用的固定资产,以及按照规定封存的固定资产。

6. 土地。指过去按照规定已经估价单独入账的土地。因征用土地而支付的土地征用及迁移补偿费等支出,按照原有建设单位会计制度的规定,应计入与土地有关的房屋、建筑物的价值内,不单独作为土地价值入账。不过这样核算,在以往这项支出不大,每亩只有几百元、几千元的情况下,是影响不大的。但在近十年内,随着城镇生产建设事业的发展和土地的有偿使用,征用、批租土地的支出逐渐增加,有的每亩要达十几万元、几十万元,再加上土地开发费就更大了。如果再将这些支出计入房屋、建筑物的价值,就很不合理。因为这些支出均属与土地有关的支出,它的价值与其他固定资产不同,不会随着使用而逐渐损耗减少其价值。在多数情况下,还会随着地区经济的发展,不断增加其价值,因而它不需要计提折旧。所以,从理论上来说,对土地征用费、开发费等支出,应单独列出,不宜再将它计入房屋、建筑物的价值之内。又根据城镇土地所有权属于国家,企业只有使用权,企业因征用或批租土地而发生的支出,应作为"土地使用权"列作无形资产(见本章第八节)。

7. 融资租入固定资产。指施工企业采取融资租赁方式租入的施工机械、运输设备、生产设备等固定资产(见本章第七节)。

对采用企业会计准则的施工企业,在其固定资产科目的核算内容中,还包括为保证工程施工和管理的正常进行而建造的各种临时性生产、生活设施。因此,还应包括临时设施(见第十一章第六、第七节)。

二、固定资产的计价

施工企业的固定资产,应按正确的标准计价,以便正确地计提固定资产折旧和反映企业的技术装备水平。固定资产的计价标准有:原值、重置完全价值、净值和可变现价值。

固定资产的原值,也叫原始价值,是指企业为取得某项固定资产时所花的支出总额:

1. 购入的固定资产,为实际支付的全部价款,包括买价或售出单位原价(扣除原安装费用),支付的包装费、运输费、安装调试费以及缴纳的税金。

2. 自行建造的固定资产,为建造过程中实际发生的全部支出。

3. 投资者投入的固定资产,为投资各方确认的价值。

4. 改建、扩建的固定资产,为原固定资产账面原值,减去改建、扩建过程中发生的变价收入,加上由于改建、扩建而增加的支出。

5. 接受捐赠的固定资产,捐赠方提供了有关凭据的,按凭据上标明的金额加上应支付的相关税费入账,没有提供有关凭据的,按同类或类似固定资产的市场价格估计的金额加上应支付的相关税费,或按捐赠固定资产的预计未来现金流量的现值入账。

6. 经批准无偿调入的固定资产,按调出单位的账面原价加上发生的运输费、安装费等相关费用入账。

固定资产按照原值入账,其价值可由取得各该固定资产时的实际支出数确定,这在核算上比较简便。在生产资料价值变动不大时,固定资产的原值也能反映企业的技术装备水平,并便于计算折旧。因此,在日常核算中,都以原值作为固定资产计价的标准。但是由于技术进步和劳动生产率的不断提高,或通货膨胀、物价上涨,固定资产的再生产价值会不断降低或不断提高,从而也会引起它的价格的变动。因此,以原值入账,就会使得在不同时期购建的同一固定资产有不同的价值。故当固定资产的价值和价格变动较大时,在理论上应按重置完全价值,即按在当时情况下重新购建这项固定资产的全部支出入账。但是,由于固定资产重估价要花费很大的人力、物力和时间,不易经常进行。因此,在实际上很少采用。只有当固定资产价值变动甚大或无原值可以查考时,才根据财务制度的规定按重置完全价值计价入账。

为了保证会计资料的一致性,避免各企业对固定资产的任意计价而影响工程和产品成本中折旧费的正确计算,除发生下列各种情况外,在账表中不得任意变动固定资产原登记的价值:(1)根据有关规定,对固定资产重新估价;(2)扩建厂房或改进结构,增加补充设备或改良装置;(3)将固定资产的一部分拆除;(4)根据实际价值调整原来的暂估价值;(5)进行资产管理、企业购并、分产、改组;(6)更正错误的记账价值。

固定资产的净值,也叫折余价值,是固定资产原值或重置完全价值减去已提折旧后的余额。固定资产净值,可以反映企业当前实际占用在固定资产上的资金,通过净值与原值、重置完全价值的对比,还可一般地了解固定资产的新旧程度。

固定资产的可变现价值即固定资产可收回金额。它是固定资产净值减去减值准备后的净额,能反映哪些市价持续下跌或技术陈旧等固定资产的可变现净额(见本章第四节)。

第三节　固定资产收入的核算

一、固定资产收入的明细分类核算

企业对于收入的固定资产,要认真办理交接手续,并取得有关原始凭证。对从建设单位收入的固定资产,应根据建设单位编制的"交付使用财产明细表",办理验收交接手续。对自行购建的固定资产,在完工交付使用时,应填制固定资产交接凭证,在企业内部办理交接手续。对从其他单位调入的固定资产,应根据调出单位经有关部门批准的调拨单,办理验收交接手续。

为了明确财产交接的经济责任,加强固定资产管理的责任,企业对于收入的固定资产,必须按照规定的程序,严格执行凭证审核和财产验收的手续。交接凭证必须取得交接双方的签证。

为了反映各项固定资产的增减变动情况,企业对于收入的固定资产,要逐项开设"固定资产卡片",并在按固定资产类别登记的"固定资产登记簿"中进行登记。

"固定资产卡片"是按登记对象进行固定资产明细分类核算的账簿。固定资产的登记对象,通常是指具有一定用途的独立物体或连同为完成该项资产一定职能所必不可少的基座和附属设备等的综合体,如房屋建筑物应以每一幢房屋或独立建筑物连同附属设备作为一个登记对象;施工机械应以每一独立的施工机械连同附属设备、发动机、联动机作为一个登记对象;运输设备应以每一独立的运输设备(如一辆卡车、一匹马、一辆马车)作为一个登记对象;生产设备应以每一独立机器连同基座、附属设备、工具、仪器作为一个登记对象;仪器及试验设备应以每一独立的仪器或设备连同为便于操纵控制而配备的各种附具作为一个登记对象;计算机应与所附带软件作为一登记对象;其他生产用固定资产应以每一单项固定资产如每件管理用具、每辆消防车作为一个登记对象。为了便于管理和核算，企业应对每一固定资产登记对象加以编号，并在实物上将编定的号码标明，以便查找核对，避免乱账、错账。

在"固定资产卡片"中，应记录有关固定资产的各项明细资料，如固定资产编号、名称、规格、技术特征、附属物、使用单位、所在地点、建造年份、开始使用日期、中间停用日期、原值和预计使用年限、折旧率、进行大修理次数和日期、转移出售情况、报废清理情况等。

"固定资产卡片"通常应一式三份，一份由固定资产使用单位保管，一份由财产管理部门保管，一份由会计部门保管。为了归类反映和便于查找，"固定资产卡片"一般应存放在卡片箱内，先按房屋、建筑物、施工机械、运输设备、生产设备、仪器及试验设备、其他固定资产等类排列；在每一大类下，再按使用单位分组排列。遇有内部调动，应随时登记有关卡片，并相应转移它的存放位置，以便及时了解固定资产的存在和变动情况。会计部门保管的卡片，还应定期与财产管理部门保管的卡片进行核对。

通过"固定资产卡片"，可以了解每项固定资产的变动情况。但是由于卡片的数量较多，不便据以了解各类固定资产的变动情况，所以还须设置"固定资产登记簿"进行核算。"固定资产登记簿"是按固定资产类别开设账页，用金额综合反映各类固定资产增、减、结存情况的账簿。为了解各施工单位固定资产的变动情况和各类固定资产折旧的变动情况，在登记簿中除按使用、保管单位分栏登记原值外，还可设置折旧专栏，以便计算和反映各类固定资产的折旧。"固定资产登记簿"的格式如图表 5-1 所示。

每个年度开始时，应先登记各类固定资产在各施工单位的年初余额和已提折旧总额。然后按月根据有关固定资产交接、转移、清理等凭证汇总登记它们的增加数和减少数，并算出月末余额。

图表 5-1

固定资产登记簿

固定资产类别：

年	原 值									折 旧		
	增 加 数			减 少 数			结 余 数			提存数	冲减数	累计数
月份	第一施工队	第二施工队	合计	第一施工队	第二施工队	合计	第一施工队	第二施工队	合计			
年初数												
1月份												
2月份												
⋮												
12月份												
全年合计												

为了保证会计记录的正确性，做到账账相符，"固定资产卡片"、"固定资产登记簿"和总分类账中"固定资产"科目的余额，应定期进行核对。

二、固定资产收入的总分类核算

因为固定资产在使用过程中始终保持它原有的物质形态，它的价值是逐渐转入工程和产品成本中，所以在固定资产核算上也必须适应这个特点。一方面要反映它的原值（或重置完全价值，下同）；另一方面要反映它的损耗价值。根据这一要求，必须分别设置"固定资产"和"累计折旧"两个科目。在"固定资产"科目的借方，反映按原值计算的固定资产的增加，贷方反映按原值计算的固定资产的减少，借方余额反映现有固定资产的原值。固定资产的损耗价值即计提的折旧，不直接记入"固定资产"科目的贷方，冲减固定资产原值，而是单独登记在"累计折旧"的贷方。因此，"累计折旧"科目实质上是"固定资产"科目的调整科目。"固定资产"科目借方余额减去"累计折旧"科目贷方余额的差额，即为固定资产净值。

企业购入不需要安装的固定资产,如运输设备、施工机械等,应在购入后按实际支付的全部价款记入"固定资产"科目的借方和"银行存款"等科目的贷方:

借:固定资产 ×××
　　贷:银行存款 ×××

企业购入需要安装的固定资产和自行建造的固定资产,应先将其发生的全部支出,在"在建专项工程"科目的借方进行核算,于安装完毕和建造完成交付使用时,再将其实际发生的全部支出,包括需要安装设备购置费,自"在建专项工程"科目的贷方转入"固定资产"科目的借方(详见第十一章第六节):

借:固定资产 ×××
　　贷:在建专项工程 ×××

投资者投入的固定资产,按投资各方确认的价值,记入"固定资产"科目的借方和"实收资本"或"股本"科目的贷方:

借:固定资产 ×××
　　贷:实收资本或股本 ×××

企业经有关部门批准无偿调入的固定资产,按调出单位的账面原值加上发生的包装费、运输费、安装费等相关费用,作为调入固定资产的入账价值,记入"固定资产"科目的借方,按固定资产原账面净值和累计折旧,记入"资本公积"和"累计折旧"科目的贷方,按所发生的相关费用,记入"银行存款"等科目的贷方。

借:固定资产 ×××
　　贷:资本公积 ×××
　　　　累计折旧 ×××
　　　　银行存款 ×××

企业接受捐赠的固定资产,按确定的入账价值,记入"固定资产"科目的借方,按未来应交所得税,记入"递延税款"科目的贷方,按确定的入账价值减去未来应交所得税后的金额,记入"资本公积——接受捐赠非现金资产准备"科目的贷方,按发生的相关费用,记入"银行存款"等科目的贷方:

借:固定资产　　　　　　　　　　　　×××
　贷:递延税款　　　　　　　　　　　　×××
　　　资本公积——接受捐赠非现金资产准备　×××
　　　银行存款　　　　　　　　　　　　×××

至于对融资租入固定资产、盘盈固定资产、接受债务人以非现金资产抵偿方式取得固定资产、以非货币性资产换入固定资产,以及外商投资施工企业接受捐赠固定资产等的核算,将在以下有关章节加以说明。

第四节　固定资产折旧和减值准备提取的核算

一、正确计算固定资产折旧的意义

施工企业的固定资产,由于使用和自然力的侵蚀等因素,会逐渐发生损耗而减少其价值。这部分损耗价值,应算作固定资产使用期间的费用,将它计入有关的工程和产品成本。这种由于固定资产损耗而逐渐转移到工程和产品成本中去的价值,叫做"折旧"。

正确计算固定资产折旧,是正确计算工程和产品成本、保证固定资产简单再生产的前提。它对企业经济核算和国民经济的计划安排都有着重要的意义。

首先,正确计算固定资产折旧,是正确计算工程和产品成本、评价企业经济效益的必要条件。作为工程和产品成本组成要素的折旧费,它的计算正确与否,不但会影响工程和产品成本的正确性,而且会影响企业盈利核算的正确性。在折旧费提取偏低的情况下,会使工程和产品成本虚降,夸大企业盈利水平,造成"虚盈实亏";在折旧费提取偏高的情况下,会人为地提高工程和产品成本,减少企业的盈利。这两种情况,都不利于正确评价企业经济活动的经济效益,从而削弱企业的经济核算。

其次,正确计算折旧,是保证固定资产简单再生产的前提。固定资产损耗价值的补偿是恢复其实物形态的前提。正确计提折旧,为固定资产的更新提供了资金来源,如果提取的折旧低于固定资产的实际损耗程度,就不能积存起足够的资金来保证固定资产简单再生产的正常进行。

再次,正确计算固定资产折旧,是正确计算工程预算成本和正确评价新技术经济效益的一个重要依据。如果折旧费偏高,会提高工程预算成本和工程造价,增加固定资产投资支出,也可能把采用某项新技术本来有利于节约劳动耗费的客观事实,歪曲反映为不利于降低工程和产品成本;如果折旧费偏低,又可能夸大尚未成熟的新技术的经济效益。这些都不利于投资计划的安排和新技术的发展。

二、固定资产的有形损耗和无形损耗

施工企业在计算固定资产折旧时,要同时考虑有形损耗和无形损耗。固定资产的有形损耗,从其产生的原因来看,有如下两种:一种是由于生产使用而发生的损耗,简称使用损耗,如机械由于使用磨损而逐渐丧失其使用价值。使用损耗的大小,取决于固定资产的质料、用途和使用条件,如工作班数的多少、负荷程度是否正常、工人的技术熟练程度、维护保养修理状况等。另一种是由于自然力的侵蚀而引起的损耗,简称自然损耗,如机械氧化生锈,房屋建筑物因风吹、日晒、雨淋的侵蚀而逐渐破旧等。自然损耗的大小,取决于固定资产本身的结构、抗蚀性以及维护和修理状况。

引起固定资产有形损耗的两种原因都会导致固定资产的物理性能和生产效能的衰退,使固定资产经过或长或短时间逐渐地丧失其使用价值和价值。因此,在计算固定资产折旧的时候,要全面地考虑这两种有形损耗。施工企业由于长年在露天施工,它的机械设备等比较容易受到自然力侵蚀的影响,在计算固定资产折旧时,更要考虑自然损耗的因素。

在计算固定资产折旧时,除了考虑有形损耗外,还要考虑无形损耗。马克思在研究固定资产的损耗时曾指出:"机器除了有形损耗以外,还有所谓无形损耗。只要同样结构的机器能够更便宜地再生产出来,或者出现更好的机器同原有的机器相竞争,原有机器的交换价值就会受到损失。在这两种情况下,即使原有的机器还十分年轻和富有生命力,它的价值也不再由实际物化在其中的劳动时间来决定,而由它本身的再生产或更好的机器的再生产的必要劳动时间来决定了。因此,它或多或少地贬值了。"又说:"劳动资料大部分都因为产业进步而不断革新……特别是在发生决定性变革的时候,又迫使旧的劳动资料在它们的自然寿命完结之前,用新的劳动资料来替换。"

在社会主义条件下,由于技术进步和用新的效能更高的机械设备代替旧的机械设备,也存在着固定资产的无形损耗。就其产生的原因来说,除了上述两种无形损耗外,在现代生产技术进步条件下,还可能由于新材料、新构件代替旧材料、旧构件而引起机械设备的提前报废,新工艺代替旧工艺而引起旧工艺机械设备的提前报废等而发生的无形损耗。固定资产的各种无形损耗,就其引起的经济后果来说,可归纳为如下两类:第一类无形损耗表现为机械设备的贬值,但不影响其生产能力和使用年限;第二类无形损耗除了引起原有机械设备的贬值外,还要引起使用年限缩短、提前报废而发生固定资产剩余部分价值的损失。由于这两类无形损耗有不同的经济后果,它们的补偿问题就不能用同一方法来解决。

机械设备因技术进步、劳动生产率提高而发生的贬值,对施工企业和整个社会,都不构成任何损失。因为在新制造的机械设备的结构和效能如旧的情况下,原有机械设备除了账面价值降低外,它的生产能力不受任何影响,仍然可以在其物理性能许可的限度内继续使用。

机械设备因提前报废、使用年限缩短而丧失的剩余部分价值的损失,则与上面所说的贬值的损失完全不同。这里我们遇到的是机械设备生产能力和社会物质财富绝对额的减少。它不仅是账面上的损失,而且是一种物质上的损失。这种损失,与社会生产过程直接有关,是技术进步条件下社会生产的必要耗费的组成部分。固然,提前报废的那一部分机械设备,就其使用价值来看,不再参加生产过程,但是,在它不能转给其他技术水平较低的企业继续使用,只能当作废料来处理时,它的剩余部分价值仍是社会必要耗费的组成部分,应与有形损耗的价值一起,转到工程成本中去。

因此,机械设备由于技术进步而提前报废的损失,在实际使用时期应通过提高折旧率,用提取足额的折旧来补偿。我们在确定机械设备折旧时,不仅要考虑固定资产物理性能上的耐用年限,而且要考虑到它在经济上的可用年限。要根据国民经济固定资产投资计划、技术政策、科学技术发展情况以及施工工艺、建筑生产发展情况,估计各种机械设备因技术进步而提前更新的可能性,在机械设备更新以前,将其价值全部计入有关的工程和产品成本,从提取的折旧中收回。如某项施工机械的价值为 30 000 元,根据它的物理性能可以使用 15 年,估计它用到 10 年后将被效率更高的新机械所代替。在这种情况下,它的使用年限应考虑按经济上可用 10 年来计算,作为机械损耗价值计入工程成本折旧费而提取的折旧额,每年应该是3 000元(30 000÷10),而不是2 000元(30 000÷15)。这样提取折旧,就能保证该项固定资产简单再生产的顺利进行。

应该承认,在实际工作中要对各种机械设备在开始使用时就很准确地规定经济上的可用年限,是有困难的,而且按固定资产物理性能计算的耐用年限也带有不少假定性。但是,我们不应以此反对计提固定资产折旧应考虑经济上的可用年限,反对将第二类无形损耗计入工程和产品成本。只要我们正视固定资产第二类无形损耗存在的现实,就可根据国民经济长远规划和技术发展的情况等,较正确地估计各种固定资产在经济上的可用年限,使提取的折旧能够保证固定资产简单再生产的顺利进行。

三、年限平均折旧法

由于固定资产的使用年限总在一年以上,且在使用期内不变更其物质形态,在固定资产未废弃以前,转作工程和产品成本的损耗价值就不易作精确的计算。因此,固定资产的损耗价值,一般依其折旧年限平均计入各个期间的工程和产品成本中。每年的折旧额,是由固定资产原值除以折旧年限算得。这种将固定资产价值按其折旧年限平均计入各个期间工程和产品成本的方法,叫做"年限平均折旧法"或"使用年限折旧法"、"直线法"。

固定资产在报废时会有残值,例如房屋在报废时,尚有一定价值的残砖剩木;机械设备在报废时,也有一定价值的废铜烂铁;另外,在拆除固定资产和处理这些废料时,还要发生一些清理费用,有的可能还要发生大笔弃置费,这些费用也是企业使用有关固定资产所必须负担的。因此,在计算固定资产折旧时,除了预计固定资产的折旧年限外,还须预计残料价值和清理弃置费用,即先从固定资产的原值中减去预计残值,加上预计清理弃置费用,再除以预计折旧年限来计算折旧。固定资产年折旧额的计算公式如下:

$$年折旧额 = \frac{固定资产原值 - 预计残值 + 预计清理弃置费用}{预计折旧年限}$$

在日常核算中,固定资产的折旧额是按固定资产的折旧率来计算的。固定资产折旧率是折旧额占固定资产原值的百分比。固定资产折旧率通常按年计算。在按月计算折旧额时,可将年折旧率除以12,折合为月折旧率,再与固定资产原值相乘计算。固定资产折旧率的计算公式如下:

$$年折旧率 = \frac{年折旧率}{固定资产原值} \times 100\%$$

在实际工作中,固定资产的年折旧率常按如下公式计算:

$$年折旧率 = \frac{1 - 预计净残值率}{预计折旧年限}$$

式中预计净残值率是指固定资产预计残值减去预计清理弃置费用后的净残值占固定资产原值的百分比。它是按如下公式计算的:

$$预计净残值率 = \frac{预计残值 - 预计清理弃置费用}{固定资产原值} \times 100\%$$

固定资产净残值率一般按固定资产原值的3%~5%确定。

现举例说明固定资产折旧额的计算方法如下:

如有一台施工机械,它的原值为20 000元,预计可用10年,预计净残值率为4%(按报废清理时还有残值1 200元,应付清理费用400元算得),则该施工机械:

$$年折旧率 = \frac{1 - 4\%}{10} = 9.6\%$$

年折旧额 = 20 000 × 9.6% = 1 920(元)

$$月折旧率 = \frac{9.6\%}{12} = 8‰$$

月折旧额 = 20 000 × 8‰ = 160(元)

上述折旧率是就某项固定资产单独计算的,叫做"个别折旧率"。除了按个别折旧率计算固定资产折旧额外,还有采用分类折旧率来计算折旧额的。分类折旧率是指按固定资产类别分别计算的平均折旧率。它的计算公式如下:

$$\text{分类折旧率} = \frac{\text{该类应计折旧的各项固定资产根据各该个别折旧率计算出来的折旧额的总和}}{\text{该类应计折旧的各项固定资产原值的总和}} \times 100\%$$

如某施工企业有运输设备 6 辆,各辆运输设备的原值、预计净残值率、年折旧率、年折旧额分别预计或计算如图表 5-2 所示。

图表 5-2

运 输 设 备	原 值(元)	预计净残值率	年折旧率	年折旧额(元)
15 吨载重汽车	116 000	4%	12%	13 920
8 吨载重汽车	67 000	4%	12%	8 040
4 吨载重汽车	72 900	4%	12%	8 748
7 吨自卸汽车 2 辆	191 000	2%	14%	26 740
3.5 吨自卸汽车	53 100	2%	14%	7 434
合　　计	500 000			64 882

则　　运输设备年折旧率 $= \frac{64\,882}{500\,000} \times 100\% = 12.98\%$

在实际工作中,分类折旧率通常根据历史资料求得。

按分类折旧率来计算折旧额,手续虽较简便,但过于笼统,不利于加强固定资产的管理。因为同属房屋,砖木结构房屋和钢筋混凝土结构房屋的耐用年限也有很大的差别。因此,实行分类折旧会在若干年后使有的固定资产虚假地表现为"超龄使用"(即已超过预计折旧年限仍能继续使用),而有的固定资产则虚假地表现为"提前报废"(即未到预计折旧年限就不能使用),这就使折旧的提取失去了正确核算固定资产损耗的作用,也失去了考核和反映固定资产管理状况的作用。因此,原则上必须根据个别折旧率来计算固定资产的折旧额。如果采用分类折旧率,也要把折旧年限大致相同的固定资产归为同一类才较妥当。

企业对于固定资产折旧的计算,要按月进行。月份内增加和减少的固定资产理应按照实用天数计算折旧,但是这样计算手续甚繁,事实上很难照办。为了简化核算手续,折旧计算可以根据月初的固定资产价值计算,月份内增加的固定资产,当月可以不提折旧;月份内停止使用的固定资产,当月仍要计提折旧。这样,企业每个月计算应提折旧额时,就可用上月的折旧额为基础,加上上月增加的固定资产的折旧额,减去上月减少的固定资产的折旧额后求得。在采用分类折旧率计算折旧的企业,可按各类固定资产的月初价值来计算。

根据上面说明,我们就可在如图表 5-3 所示的"固定资产折旧计算表"中对固定资产折旧额进行计算。

图表 5-3

固定资产折旧计算表

施工单位　　　　　　　　　　2006 年 6 月

固定资产类别	月折旧率	上月计提		上月增加		上月减少		本月计提	
		原值	折旧额	原值	折旧额	原值	折旧额	原值	折旧额
房屋	(采用	240 000	600					240 000	600
建筑物	分类折	120 000	300					12 000	300
施工机械	旧率时填列)	560 000	3 360	60 000	360	20 000	120	600 000	3 600
		(以		下		从		略)	
合　计		1 140 000	5 760	100 000	560	60 000	320	1 180 000	6 000

图表 5-3 中"上月计提"栏的原值和折旧额,可根据上月份的计算表填列。"上月增加"和"上月减少"栏的原值和折旧额,可根据有关"固定资产登记卡片"的记录汇总后填列。但在"上月增加"栏的原值中,应包括由停用转入使用的固定资产的原

值。"上月减少"栏的原值中,应包括由使用转入停用的固定资产的原值。

每月应提折旧的固定资产,包括企业所有生产用和非生产用的固定资产。除土地不提折旧外,不需用、未使用的固定资产一般应计提折旧,对计提的折旧,应计入当期的管理费用。但对季节性停用(如雨季、冬季停用)、大修理停用的固定资产。计提的折旧,仍应计入使用时的"生产成本——工程施工成本——间接费用"或"工程施工——间接费用"等科目。

四、台班折旧法

按照"年限平均折旧法"计算折旧,对那些在年度内经常用的固定资产来说,是非常适用的。这种方法计算简便,而且,由于折旧是按固定资产的折旧年限平均提取的,每年每月提取的折旧额相同,这就可使单位工程成本负担的折旧费的大小,同固定资产的利用情况密切联系起来。机械设备的利用率高,完成工程多,单位工程成本分摊的折旧费就少,就可降低工程成本,这有利于促使企业关心固定资产的利用状况,加强企业经济核算。但是,对某些流动性较大、不经常使用的大型施工机械,如果也按这种方式计提折旧,则会在机械工作台班较多的月份使工程成本负担的折旧费较少;反之,在机械工作台班较少的月份,工程成本负担的折旧费较多,这就使工程成本的负担很不合理。为使这些机械的使用特点与折旧方法相适应,需要采用"台班折旧法"来计算折旧。

在采用台班折旧法计算固定资产折旧时,又有如下两种方法:

第一种方法是根据机械设备原值、预计净残值率和预计折旧年限内工作台班数,计算每一台班折旧定额,然后根据台班折旧定额和实际工作台班计提折旧。机械设备折旧年限内台班折旧定额的计算公式如下:

$$台班折旧定额 = \frac{机械设备原值 \times (1 - 预计净残值率)}{预计折旧年限内工作台班}$$

月折旧额 = 月工作台班 × 台班折旧定额

如有 120 吨米塔吊一台,它的原值为 600 000 元,预计净残值率为 5%,估计折旧年限内工作 2 000 台班,某月实际工作 5 个台班。则:

$$台班折旧定额 = \frac{600\,000 \times (1 - 5\%)}{2\,000} = 285(元)$$

月折旧额 = 285 × 5 = 1 425(元)

在预计折旧年限内工作台班比较接近实际的情况下,采用这种方法是没有问题的。但是这种方法估计台班的期限较长,往往难以符合实际情况,使预计的工作台班往往偏多;而且这些机械设备的台班折旧费较高,施工单位在可以用其他机械设备代替时,就不愿加以利用。这样就会使提取的折旧不能保证固定资产的简单再生产。因此,一般只宜对少数在特殊工程中使用的施工机械采用这种折旧方法。

第二种方法是在确定固定资产折旧年限和年折旧额的前提下,按年度施工任务确定当年机械设备的工作台班的计划数,算出该年度内每一台班应提取的折旧定额,年中按折旧定额预提折旧,年末按年度实际折旧额加以调整。年度台班折旧定额的计算公式如下:

$$年度台班折旧定额 = \frac{\frac{机械设备原值 \times (1 - 预计净残值率)}{预计折旧年限}}{年度计划工作台数}$$

如上述 120 吨米塔吊,预计使用年限为 15 年,2006 年施工计划安排工作 100 台班,则:

$$2006\ 年度台班折旧定额 = \frac{\frac{600\,000 \times (1 - 5\%)}{15}}{100}$$

$$=\frac{38\,000}{100}=380(元)$$

如果 2006 年度施工计划安排 200 台班,则:

$$2006 年度台班折旧定额=\frac{38\,000}{200}=190(元)$$

按照这种方法计提台班折旧,不但能使提取的折旧保证固定资产简单再生产的进行(因为预计折旧年限总比预计整个折旧年限内工作台班比较容易接近实际),而且能使工程成本负担的折旧费与机械设备的利用情况联系起来,即年度内机械设备利用台班越多,每个台班的折旧费越少,有利于促使企业充分利用机械设备,加强企业经济核算。

对于汽车等运输设备,可采用"年限平均折旧法"按月计提折旧,也可采用"行驶里程折旧法",按行驶里程计提折旧。即根据汽车原值、预计净残值率和估计折旧年限内行驶里程,计算每公里折旧定额,然后根据行驶里程和每公里折旧定额计提折旧。

五、双倍余额递减折旧法

除了以上所说两种折旧方法外,施工企业对技术进步较快或使用寿命受工作环境影响较大的施工机械和运输设备,经有关部门批准后,还可采用双倍余额递减折旧法和年数总和折旧法来计算固定资产的折旧。

双倍余额递减折旧法是根据固定资产净值(原值减累计折旧)乘以折旧率来计算折旧额的折旧计算方法。随着固定资产净值的逐年减少,各年计提的折旧额也逐年递减。采用双倍余额递减折旧法计算固定资产折旧时的折旧率和折旧额,按照下列公式计算:

$$年折旧率=\frac{2}{折旧年限}\times100\%$$

$$月折旧率=年折旧率\div12$$

月折旧额＝固定资产净值×月折旧率

又按现行财务制度的规定,采用双倍余额递减折旧法计算折旧的固定资产,应在其固定资产折旧年限到期前两年内,将固定资产净值扣除预计净残值后的净额平均摊销。

如一台施工机械的原值为 100 000 元,预计使用 7 年,还有残值 5 000 元。则:

$$年折旧率＝\frac{2}{7}\times 100\%＝28.57\%$$

$$月折旧率＝28.57\%\div 12＝2.38\%$$

按 2.38% 月折旧率计算,前 5 年各月的折旧额为:

第一年第一月　　　100 000×2.38%＝2 380(元)
第一年第二月　　　(100 000－2 380)×2.38%
　　　　　　　　　＝97 620 元×2.38%＝2 323.36(元)
第一年第三月　　　(97 620－2 323.36)×2.38%
　　　　　　　　　＝95 296.64×2.38%＝2 268.06(元)

第一年第四月至第五年第十二月计算从略。

第六、第七年各月的折旧额为:

$$\frac{第六年初固定资产净值－预计净残值}{2\times 12}$$

$$＝\frac{23\ 647.92－5\ 000}{24}＝777(元)$$

六、年数总和折旧法

年数总和折旧法也叫年限合计法。它是以固定资产折旧年限的各年可使用年限相加之和为分母,以各年可使用年限为分子来计算各年折旧额的折旧计算方法。采用年数总和折旧法计算固定资产折旧时的折旧率和折旧额,按照下列公式计算:

$$年折旧率＝\frac{折旧年限－已使用年限}{折旧年限\times (折旧年限＋1)\div 2}\times 100\%$$

$$月折旧率＝年折旧率\div 12$$

月折旧额＝(固定资产原值－预计净残值)×月折旧率

如某项施工机械原值为 205 000 元,预计使用 8 年后尚有净残值 5 000 元。则：

第一年：年折旧率 $=\dfrac{8-0}{8\times(8+1)\div 2}\times 100\%$

$=\dfrac{8}{36}\times 100\%=22.22\%$

月折旧率＝22.22%÷12＝1.85%

月折旧额＝(205 000－5 000)×1.85%＝3 700(元)

第二年：年折旧率 $=\dfrac{8-1}{8\times(8+1)\div 2}\times 100\%$

$=\dfrac{7}{36}\times 100\%=19.44\%$

月折旧率＝19.44%÷12＝1.62%

月折旧额＝(205 000－5 000)×1.62%＝3 240(元)

其他各年从略。

双倍余额递减折旧法和年限总和折旧法都属递减折旧法。主张采用这两种折旧方法,主要是考虑到固定资产在使用过程中,一方面它的修理费用要逐年增加；另一方面它的效率或收益能力要逐年下降,因此固定资产在早期所提的折旧额应大于后期所提的折旧额。

固定资产的折旧年限和折旧方法,一经确定,不得随意变更。施工企业如需要变更,应在会计报表附注中予以说明。

七、固定资产折旧的核算

固定资产折旧的过程,是固定资产损耗价值在施工生产过程中转化为生产费用、成为工程或产品价值的过程。因此,企业计提的折旧,在总分类核算上应将它记入有关成本费用科目的借方和"累计折旧"科目的贷方。

如某施工企业某月应提固定资产折旧 8 000 元,此项折旧的分配情况如图表 5-4 所示。

图表 5-4

固定资产折旧分配表

2006 年 6 月　　　　　　　　　　　　　　单位：元

固定资产类别	月折旧额	按使用对象分配				
		采购保管费	生产成本——机械作业成本或机械作业	生产成本——辅助生产成本	生产成本——工程施工成本——间接费用或工程施工——间接费用	管理费用
房屋	600	150			200	250
建筑物	300				100	200
施工机械	3 600		3 600			
运输设备	1 200		1 200			
生产设备	1 000			1 000		
仪器及试验设备	300				200	100
其他生产经营用固定资产	1 000	100			300	600
合　计	8 000	250	4 800	1 000	800	1 150

根据图表 5-5 所示的折旧分配表，即可将计提折旧作如下分录入账：

借：采购保管费　　　　　　　　　　　　　　　　250
　　生产成本——机械作业成本或机械作业　　　4 800
　　生产成本——辅助生产成本　　　　　　　　1 000
　　生产成本——工程施工成本——间接费用
　　　或工程施工——间接费用　　　　　　　　　800
　　管理费用　　　　　　　　　　　　　　　　1 150
　　贷：累计折旧　　　　　　　　　　　　　　8 000

折旧的明细分类核算，可在"固定资产卡片"中进行。因为"累计折旧"科目本来就是固定资产科目的抵销科目，所以完全可以结合在一起。对按"年限平均折旧法"计提折旧的固定资产，除按规定不提折旧者外，其他使用时间均应按月计提折旧。因此，在卡片中不必逐月作提存的记录，只要在停用时注明停用月份，就可在卡片中根据使用月数和月折旧率算得已提折旧。对按"台班折旧法"、"行驶里程折旧法"等计提折旧的固定资产,则应在卡片中按月记录已提折旧。

固定资产的折旧年限是事先预计的,不可能和实际的使用年限完全一致。这样,在实际工作中常会发生固定资产尚未使用到预计使用年限而提前报废,或已经使用到预计使用年限尚能超龄使用的情况。对于提前报废的固定资产在报废时应否补提折旧,超龄使用的固定资产应否继续计提折旧的问题,有如下两种做法。

一种做法是:超龄使用固定资产由于已提足折旧,不应再计提折旧。提前报废的固定资产,与企业使用、维护有关,为了促使企业对固定资产的维护保养更加关心,在提前报废时,应将因未提足折旧而发生的净损失计入营业外支出。

另一种做法是:提前报废的固定资产可以不再补提折旧,而超龄使用的固定资产,则应继续计提折旧。它的理由是:(1)各种固定资产的预计使用年限偏长与偏短可以相互抵销。对于因预计使用年限过长而提前报废的固定资产,可以不再补提折旧;对于因预计使用年限偏短而超龄使用的固定资产,则应继续计提折旧。这样以余补缺,在总体上不会发生显著的偏差,还可简化核算的手续。(2)超龄固定资产的继续使用,表明它的价值仍然继续转移到工程和产品成本中去,如果不提折旧,会使该期工程和产品成本偏低,从而失去成本的可比性。

按照现行财务制度的规定,提足折旧的超龄使用固定资产不再计提折旧;提前报废的固定资产,其净损失计入企业营业外支出,也不补提折旧。

八、固定资产减值准备提取的核算

为了较真实地反映企业固定资产的可收回金额,避免虚增资产价值,如实反映企业财务状况,按照现行企业会计制度的规定,企业应定期或在年终,对各项固定资产进行逐项检查,如发现有由于市场价格持续下跌、或技术陈旧、长期闲置等原因导致其可收回金额低于账面净值时,应将可收回金额低于其账面净值的部分,计提减值准备,并设置"固定资产减值准备"科目进行核算。固定资产减值准备应按单项资产计提,提取时,记入"营业外支出——计提的固定资产减值准备"或"资产减值损失"科目(采用企业会计制度的施工企业,用"营业外支出——计提的固定资产减值准备"科目。采用企业会计准则的施工企业用"资产减值损失"科目。以下同)的借方和"固定资产减值准备"科目的贷方。

如某施工企业有一台挖土机,账面原值200 000元,已提累计折旧120 000元,经检查该台挖土机的性能已经陈旧,预计可收回金额仅为30 000元,则对可收回金额低于其净值80 000元(200 000-120 000)的50 000元(80 000-30 000)提取减值准备时,应作如下分录入账:

借:营业外支出——计提的固定资产减值准备
　　或资产减值损失　　　　　　　　　　　　50 000
　贷:固定资产减值准备　　　　　　　　　　　50 000

企业在对固定资产检查时,如发现某项固定资产有:(1)长期闲置不用、在可预见的未来不会再使用,且已无转让价值;(2)由于技术进步等原因,已不可使用;(3)虽尚可使用,但使用后会严重影响工程、产品的质量以及其他实质上已经不能再给企业带来经济利益等,应按该项固定资产的净值全额提取减值准备,然后等待清理,或立即加以报废清理。已按净值全额提取减值准备的固定资产,不再计提折旧。

固定资产减值损失确认以后,减值资产的折旧应当在未来期间作相应的调整,以使该资产在剩余使用寿命期内,分摊调整后的资产账面价值。

"固定资产减值准备"科目的贷方余额,反映企业已提取的固定资产减值准备。在编制资产负债表时,作为固定资产净值的减项列示。各项固定资产提取的减值准备,应在固定资产明细账卡中注明。

第五节 固定资产修理的核算

一、固定资产经常修理的核算

固定资产的修理,可以分为经常修理和大修理两种。

经常修理也叫中小修理,是指局部性的经常修理工作。它的特点是工作量不大,所花费用较少,所需时间不长,如对房屋墙壁的粉刷,机械设备个别损坏零件的更换以及个别部件的调整等。根据经常修理的这些特点,在财务上都将该费用的实际发生数计入当期工程和产品成本。

固定资产的经常修理,一般由使用单位自行进行或由企业所属实行内部核算的机修厂(车间)进行。

固定资产经常修理由使用的施工、辅助生产单位自行进行时,所发生的修理费用,应直接记入"生产成本——机械作业成本"或"机械作业"、"生产成本——辅助生产成本"和"管理费用"等科目的借方。

如机械施工单位为施工机械的经常修理领用机械配件1 250元,发生工资费用100元,应作如下分录入账:

```
借:生产成本——机械作业成本或机械作业      1 350
    贷:原材料——机械配件                   1 250
        应付工资或应付职工薪酬——应付工资      100
```

当固定资产由企业所属实行内部核算的机修厂(车间)进行修理时,应将发生的修理费用先在"生产成本——辅助生产成本"科目汇总,然后按其委托单位和部门,将它结转到"生产成本——机械作业成本"或"机械作业"和"管理费用"等科目。

如机械施工单位将一台需要修理的机械交企业所属机修厂修理,机修厂领用机械配件1 400元,应付工资200元时,应作如下分录：

　　借：生产成本——辅助生产成本　　　　　　　　1 600
　　　　贷：原材料——机械配件　　　　　　　　　　1 400
　　　　　　应付工资或应付职工薪酬——应付工资　　 200

修理完工结转修理费用时：

　　借：生产成本——机械作业成本或机械作业　　　　1 600
　　　　贷：生产成本——辅助生产成本　　　　　　　1 600

　　固定资产经常修理如果委托其他企业或所属内部独立核算的机修厂进行，应根据对方提出的修理费用结算账单，记入"生产成本——辅助生产成本"或"机械作业"、"生产成本——辅助生产成本"、"管理费用"等科目的借方和"银行存款"、"内部往来"等科目的贷方。所属内部独立核算的机修厂所发生的各项修理费用，应通过"生产成本——工业生产成本"等科目进行核算（见第七章）。

　　如将一辆管理部门用小客车委托所属内部独立核算的汽车修理厂进行中修，根据汽车修理厂提出的账单，共应支付修理费用4 000元，应作如下分录：

　　借：管理费用　　　　　　　　　　　　　　　　　4 000
　　　　贷：内部往来　　　　　　　　　　　　　　　4 000

　　如果企业固定资产的经常修理工作是在各个月份均衡进行的，那么按照上述核算方法，将各月发生的修理费用一次计入当月工程和产品成本是合理的。如果经常修理集中在施工闲季或冬季进行，仍采用上述方法将发生的修理费用一次记入当期工程和产品成本，就会出现工程和产品成本负担不合理的现象。因此，可考虑将发生的经常修理费用，先记入"待摊费用"科目，然后分次摊入工程和产品成本。

　　如某机械施工单位于一月份施工闲季在机修车间集中进行施工机械的经常修理工作。根据机修车间的修理成本资料，共发生修理费用14 400元。由于一次支出数额较大,决定先转入"待摊费用"科目,然后分6个月摊销。则在结转修理费用时,应作如下分录:

  借:待摊费用   14 400
   贷:生产成本——辅助生产成本   14 400

按月摊销待摊修理费用2 400元(14 400÷6)时:

  借:生产成本——机械作业成本或机械作业 2 400
   贷:待摊费用   2 400

二、固定资产大修理的核算

  固定资产大修理是对固定资产进行的全面的修理工作。它的间隔期较大,工作量较大,费用支出较长。如对机械设备进行全部拆卸,更换和修复磨损的主要部件、配件;对房屋建筑物主要结构的修理,比较全面的粉刷、油漆,或就原有规模、原有地点、原有结构尽可能利用原有材料进行翻修,并同时进行增加隔墙、增开门窗、改善地面等工程。

  固定资产的大修理支出,由于数额较大,如果将它记入当期的工程、产品成本和管理费用,势必影响成本的正确性。因此在核算上,可将它先记入"长期待摊费用"科目核算,然后平均摊入大修理间隔期内的工程、产品成本和管理费用。大修理工程由企业所属内部核算机修厂和施工单位进行的,其发生的材料、工资等修理费用,一般应在"在建专项工程"科目先行汇总(详见第十一章第六节),于大修理工程完工验收后,再由"在建专项工程"科目的贷方转入"长期待摊费用"科目的借方。

  对委托其他企业和企业所属独立核算单位进行大修理的,一般可将结算的大修理工程价款直接记入"长期待摊费用"科目的借方。

  记入"长期待摊费用"科目的大修理支出,应按如下公式计算

每月分摊的大修理支出,将它计入大修理间隔期内的有关工程、产品成本和管理费用:

$$每月分摊大修理支出 = \frac{大修理支出总额}{大修理间隔期(月)}$$

如将一台塔式起重机委托上海机修厂进行大修,根据上海机修厂提出的账单,共应支付大修理支出 36 000 元。则在修理完工付款时,应作如下分录入账:

借:长期待摊费用　　　　　　　　　　　　　　36 000
　贷:银行存款　　　　　　　　　　　　　　　　36 000

如上述塔式起重机大修理间隔期为 3 年,则应在 36 个月内加以分摊,各月应摊大修理支出 1 000 元(36 000÷36)。在分摊时,应作如下分录入账:

借:生产成本——机械作业成本或机械作业　　　1 000
　贷:长期待摊费用　　　　　　　　　　　　　　1 000

固定资产大修理的支出,除了采用待摊办法外,也可采用预提办法,即在固定资产投入使用时,就根据大修理间隔期和预计大修理支出总额,按照下列公式计算每月应预提大修理支出,将它记入大修理间隔期内有关工程、产品成本和管理费用:

$$每月预提大修理支出 = \frac{预计大修理支出总额}{大修理间隔期(月)}$$

实际发生的大修理支出,应先冲减预提费用,实际支出大于预提费用的差额,计入有关成本、费用;小于预提费用的差额,冲减有关成本、费用。

如某台挖掘机的大修理间隔期为 4 年,4 年后的大修理支出预计为 48 000 元,则:如对大修理支出采用预提办法,在该台挖掘机投入使用时,就应按月预提大修理支出 1 000 元(48 000÷48),在预提时,应作如下分录入账:

借：生产成本——机械作业成本或机械作业　　　　1 000
　　贷：预提费用　　　　　　　　　　　　　　　　1 000

4年后将该台挖掘机委托某机修厂进行大修,在修理完工支付大修理工程款49 000元时,应作如下分录,先冲减预提费用48 000元(1 000×12×4),并将大修理支出大于预提费用的差额1 000元(49 000－48 000)记入有关工程成本：

借：预提费用　　　　　　　　　　　　　　　　　48 000
　　生产成本——机械作业成本或机械作业　　　　1 000
　　贷：银行存款　　　　　　　　　　　　　　　49 000

第六节　固定资产清理、出售和盘点盈亏的核算

一、固定资产清理的核算

固定资产由于使用磨损,遭受非常事故而降低或丧失生产能力,以及过时陈旧、继续使用在经济上不合算等原因,不能或不宜继续使用时,要及时办理报废手续进行清理。为了反映和考核固定资产的清理过程,要做好固定资产的清理核算工作。

固定资产在清理以前,通常应由使用或保管该项固定资产的部门填制"固定资产报废单",详细说明固定资产的技术状况和清理原因。按规定批准后的"固定资产报废单",应送交会计部门一份,作为固定资产清理核算的依据。

在固定资产清理时,一方面由于固定资产退出企业要引起固定资产的变动；另一方面要发生各项清理弃置费用和取得变价收入。所谓清理弃置费用,就是固定资产在清理弃置过程中支付的各项费用,如房屋、机械的拆除、拆卸费用,残料的整理、搬运、弃置费等。所谓变价收入,就是残余材料的出售或作价收入。变价收入减清理弃置费用和固定资产净值后的余额,叫做固定资产

清理净收益。如清理弃置费用和固定资产净值大于变价收入,叫做固定资产清理净损失。此项固定资产清理净收益或净损失,应作为营业外收入或营业外支出处理。

为了反映和考核各项报废固定资产的清理情况,会计部门在收到经有关部门批准的"固定资产报废单"时,即应将有关的"固定资产卡片"从卡片箱中抽出,并根据卡片记录计算该项固定资产已提折旧额,在卡片上注明报废清理日期和报废单号数等,然后将卡片与报废单一起另行保管。同时,在总分类核算上要将清理固定资产的原值和已提折旧及减值准备分别在"固定资产"和"累计折旧"、"固定资产减值准备"科目注销,将原值记入"固定资产"科目的贷方,已提折旧及减值准备记入"累计折旧"、"固定资产减值准备"科目的借方,将净值减去减值准备后的余值记入"固定资产清理"科目的借方。"固定资产清理"科目是用以核算固定资产清理净收益或净损失的科目,除了在借方登记固定资产余值外,还应在借方登记清理费用,贷方登记变价收入。如由于过失人损坏或人力不可抗拒自然灾害破坏而清理的固定资产,还应将过失人或保险公司的赔偿款记入"固定资产清理"科目的贷方。固定资产清理后,如固定资产变价收入加上赔偿款大于清理费用和固定资产余值,有净收益,应将净收益自"固定资产清理"科目的借方转入"营业外收入——处置固定资产净收益"科目的贷方。如固定资产余值和清理费用大于变价收入和赔偿款,是净损失,应将净损失自"固定资产清理"科目的贷方转入"营业外支出——处置固定资产净损失"或"非常损失"科目的借方。

现举例说明固定资产清理的核算方法如下:

如某施工企业有混凝土搅拌机一台,价值 10 000 元,已提折旧 9 000 元,因不能继续使用予以报废。在清理过程中,发生清理人工费 100 元,残值作价 500 元入库。则在开始清理固定资产,注销固定资产原值、已提折旧,并将净值转入"固定资产清理"科目时,应作如下分录入账：

借：固定资产清理(10 000－9 000)	1 000
累计折旧	9 000
贷：固定资产	10 000

发生清理费用时：

借：固定资产清理	100
贷：应付工资或应付职工薪酬——应付工资	100

残料作价入库时：

借：原材料——其他材料	500
贷：固定资产清理	500

混凝土搅拌机清理结束,将清理净损失 600 元(1 000＋100－500)自"固定资产清理"科目的贷方转入"营业外支出——处置固定资产净损失"科目的借方时：

借：营业外支出——处置固定资产净损失	600
贷：固定资产清理	600

固定资产清理结束后,应在被清理固定资产的卡片内注明变价收入、清理费用和注销日期,将卡片注销,并连同报废单一并归档保存。此外,还应将本月内清理固定资产的原价和累计折旧,按照固定资产类别和使用单位汇总,记入固定资产登记簿的原值减少数栏和折旧额减少数栏。

二、固定资产出售的核算

由于生产技术进步、承担工程性质改变或者贪大求全盲目购置等原因,会使部分固定资产处于闲置无用的状态。对于这些闲置无用的固定资产,企业应及时加以出售,以便发挥这些固定资产的生产能力,做到物尽其用。

出售固定资产应先由财产管理部门填制"固定资产出售单",

在出售单内详细注明出售固定资产名称、型号、数量、原值、已提折旧、附属设备、出售原因等,送经企业主管或有关部门批准后,据以办理财产出售手续。

为了明确财产交接的经济责任,加强财产管理的责任制度,对于出售的固定资产,必须按照规定的程序,严格执行凭证审核和财产交接手续。会计部门在审核出售单时,要检查固定资产的原值和已提折旧及减值准备是否符合实际,出售单上有关部门的签证是否完备,有无借出售之名搞变相馈赠之实等违法乱纪行为。

固定资产的出售要按质论价。在出售以前,要依靠技术人员和工人确认出售固定资产的新旧程度和完好状况,并与购买单位商议价款。

会计部门在接到经有关部门批准并办理财产交接的出售单后,即应将出售固定资产的卡片从卡片箱中取出,并在卡片中注明出售日期、出售单号数、原值、已提折旧、售价以及注销日期,然后将卡片与出售单一起,另行归档保管。同时,在总分类核算上,要将出售固定资产的原值和已提折旧及减值准备分别在"固定资产"和"累计折旧"、"固定资产减值准备"科目注销,将出售固定资产的净值减去减值准备后的余值转入"固定资产清理"科目的贷方。出售固定资产取得的价款收入以及发生的相关税费及拆除弃置等清理费用,亦应通过"固定资产清理"科目加以核算,将它记入"固定资产清理"科目的贷方和借方。出售固定资产价款收入大于余值和相关税费及清理费用的净收益,应将它自"固定资产清理"科目的借方转入"营业外收入——处置固定资产净收益"科目的贷方。出售固定资产价款收入小于余值和相关税费及清理费用的净损失,应将它自"固定资产清理"科目的贷方转入"营业外支出——处置固定资产净损失"科目的借方。

如某施工企业经批准将一台原值 36 000 元、已提折旧 20 000

元的挖土机出售,经商定作价 20 000 元。在根据"固定资产出售单"注销出售挖土机的原值、已提折旧将净值 16 000 元(36 000－20 000)转入"固定资产清理"科目时,应作如下分录:

　　借:固定资产清理　　　　　　　　　　　　　　16 000
　　　　累计折旧　　　　　　　　　　　　　　　　20 000
　　　　贷:固定资产　　　　　　　　　　　　　　36 000

收入出售固定资产的价款时,应记入"固定资产清理"科目的贷方:

　　借:银行存款　　　　　　　　　　　　　　　　20 000
　　　　贷:固定资产清理　　　　　　　　　　　　20 000

如果出售需要拆除的机械设备,发生的相关税费及拆除费用应记入"固定资产清理"科目的借方:

　　借:固定资产清理　　　　　　　　　　　　　　×××
　　　　贷:银行存款等　　　　　　　　　　　　　×××

出售固定资产价款收入大于固定资产净值和相关税费及拆除清理费用的净收益 4 000 元(20 000－16 000－0),应作为营业外收入处理,将它自"固定资产清理"科目的借方转入"营业外收入——处置固定资产净收益"科目的贷方:

　　借:固定资产清理　　　　　　　　　　　　　　4 000
　　　　贷:营业外收入——处置固定资产净收益　　4 000

固定资产除了出售外,也可能在企业所属各个施工单位之间进行内部调拨,以适应各个施工单位施工任务变动的需要。为了反映考核固定资产的这种变动,保证固定资产的安全完整,并正确计算各施工单位的折旧,必须组织好固定资产内部调拨的核算。

固定资产在企业内部各个施工单位之间的调拨,应由有关单位提出申请,经财产管理部门和企业主管批准后,填制"固定资产内部调拨单",通知调入、调出单位办理手续。"固定资产内部调拨单"通常一式三份,在办好调拨手续后,由调入、调出单位双方在单上签证,除双方各留一份外,另一份送会计部门,作为核算的依据。

固定资产在企业所属内部核算单位之间的调拨,并不增加或减少企业的固定资产,因此在总分类核算中可不作反映。但是必须在"固定资产卡片"和"固定资产登记簿"中进行登记。因为"固定资产卡片"和"固定资产登记簿"是按施工单位分别存放和分栏登记的。由于内部调拨和固定资产存放地点的改变,固定资产卡片必须从卡片箱中取出并相应转移它的存放位置。同时,在"固定资产登记簿"中,要在调入单位增加数栏反映调入固定资产的原值,调出单位减少数栏反映调出固定资产的原值,以便及时反映固定资产的存在变动情况。

三、固定资产盘点盈亏的核算

为了保证固定资产的完整无缺,做到账实相符,必须健全固定资产清查盘点制度,定期对固定资产进行清查盘点。固定资产清查盘点制度除了保证账实相符、为会计提供可靠的资料外,还具有下列重要意义:首先,可以了解固定资产的利用情况,查明那些长期不使用的机械设备,进一步挖掘机械设备的生产潜力;其次,可以发现丢失、毁损的固定资产,从而查明原因,堵塞漏洞,揭发破坏盗窃行为;此外,还可查明账外固定资产,发现固定资产管理中存在的问题,促使企业建立和健全各种必要规章制度,改善固定资产管理,加强企业经济核算。

固定资产的清查盘点,每年至少一次。清查盘点工作尽可能和机械设备的大检查结合起来进行。

固定资产在清查开始以前,会计部门要做好盘点的准备工作,其中最主要的就是要把固定资产的总分类核算和明细分类核算的资料核对相符。核对程序一般是：(1) 把总分类核算中"固定资产"科目的月末余额，与"固定资产登记簿"中各类固定资产月末余额之和核对相符；(2) 把"固定资产登记簿"中各类固定资产的月末余额，与各该类"固定资产卡片"的原值的总数核对相符，然后通过清查盘点，逐一核对固定资产卡片，查清固定资产的实际存在情况。对盘盈、盘亏或毁损的固定资产，必须认真分析，查明原因，按照规定报经企业主管或上级审核批准后办理转账手续，并采取积极措施，改善固定资产管理制度。

清查时，除了盘点数量外，还要检查使用情况和完好情况。如果发现使用不当、保管不妥、维护保养不善、修理不及时，以及带病运转和停机待修、不配套、不适用、不需用的固定资产，应及时报告领导并提出建议，以便采取措施，及时加以改进和处理。

对于清查盘点过程中发现的账外固定资产，即固定资产盘盈，应进行鉴定，对确属企业所有的未入账的自制机械设备等，应填制"固定资产盘盈单"，在单中注明固定资产的名称、型号、技术特征、重置完全价值、应计折旧和尚可使用年限等，然后根据盘盈单填制固定资产交接凭证，经签证后交会计部门，作为开设固定资产卡片、进行总分类核算的依据。在此之后，即按重置完全价值记入"固定资产"科目的借方，按估计已提折旧记入"累计折旧"科目的贷方，按净值（重置完全价值减估计已提折旧）记入"待处理财产损溢——待处理固定资产损溢"科目的贷方。经批准后，再将其净值自"待处理财产损溢——待处理固定资产损溢"科目的借方转入"营业外收入——固定资产盘盈"科目的贷方。

如某施工企业在财产清查盘点中发现账外起重机一台，经查明属企业自制而未入账的资产，现按重置完全价值作价为 40 000 元，已用 2 年，估计尚可使用 8 年，应计累计折旧为 8 000 元（假定不考虑残值和清理费用），应作如下分录入账：

借:固定资产	40 000
贷:累计折旧	8 000
待处理财产损溢——待处理固定资产损溢	32 000

按规定程序批准后转账时,应作如下分录:

借:待处理财产损溢——待处理固定资产损溢	32 000
贷:营业外收入——固定资产盘盈	32 000

对于清查盘点过程中查明丢失和毁损的固定资产,即固定资产盘亏和毁损,必须查明原因,加以处理,并填制"固定资产盘亏和毁损报告单"。在报告单内列明固定资产编号、名称、型号、数量、原值、已提折旧及减值准备、短缺毁损原因等,按照规定程序上报。在批准处理以前,应将"固定资产卡片"从原来的归类中抽出,另行保管,同时将短缺毁损固定资产的账面原值、已提折旧及减值准备和余值,分别记入"固定资产"科目的贷方和"累计折旧"、"固定资产减值准备"、"待处理财产损溢——待处理固定资产损溢"科目的借方。待批准后,再将短缺毁损固定资产的账面净值自"待处理财产损溢——待处理固定资产损溢"科目的贷方转入"营业外支出——固定资产盘亏"科目的借方,并将"固定资产卡片"注销,连同"固定资产盘亏和毁损报告单"一并归档保管。

如某施工企业在财产清查盘点中发现短缺探伤机一台,原值10 000元,已提折旧6 000元。则在注销探伤机原值和已提折旧并将账面净值转入"待处理财产损溢——待处理固定资产损溢"科目时,应作如下分录入账:

借:待处理财产损溢——待处理固定资产损溢	4 000
累计折旧	6 000
贷:固定资产	10 000

按规定程序报经有关部门批准转销时,应作如下分录:

借：营业外支出——固定资产盘亏   4 000
　　贷：待处理财产损溢——待处理固定资产损溢   4 000

如果查明短缺的探伤机系属破坏或盗窃,在处理时应提出赔偿的要求。如上述短缺探伤机经确定由××赔偿时,应作如下分录入账：

借：其他应收款   4 000
　　贷：待处理财产损溢——待处理固定资产损溢   4 000

至于清查中发现的毁损固定资产,应按报废和清理情况进行核算。

第七节　租赁固定资产的核算

随着建设事业的迅速发展,高层建筑和新结构、新施工工艺不断出现,施工中需要的大型、新型机械设备越来越多。在施工企业自有资金不足的情况下,对有些机械设备往往采用经营租赁和融资租赁的方式,向机械设备租赁公司等单位租用,以满足施工生产的需要。由于经营租赁和融资租赁具有不同的特征,所以在会计核算上也有所区别。

一、经营租赁固定资产的核算

经营租赁也叫传统租赁,是指由出租方根据承租方的需要,与承租方订立租赁合同,在合同期内将机械设备有偿转让给承租方,承租方在取得机械设备使用权的时间内,按合同规定向出租方支付租赁费的一种租赁业务。这种租赁的机械设备租赁期一般较短,在租赁期满后,将租赁资产退还给出租方。机械设备在租赁期间内所发生的修理费、保险费以及其他有关费用,均由出租方承担。因此在租赁费中,除了包括租赁设备购置成本、利息外,还包括租赁设备的修理费、保险费、业务管理费等。

在会计核算上,由于租赁机械设备的所有权属于出租方,因此租入机械设备后,不必记入企业的固定资产科目,只要将租入机械设备的名称、型号、规格、数量、租赁费及其支付时间等记入"租入固定资产备查簿"。在租赁期内,按合同规定支付的租赁费,根据受益期长短,直接记入当月生产成本,或通过待摊、预提的办法分月摊提计入生产成本。

如某施工企业根据工程施工需要,向当地机械设备租赁公司租入两台大型吊车,合同规定租赁期为 3 个月,每月租赁费为 5 000 元,租赁费在租入月份一次支付。则在支付租入大型吊车租赁费 15 000 元时,应作如下分录:

  借:待摊费用   15 000
   贷:银行存款   15 000

将一次支付租赁费按月摊入工程成本时,应作如下分录:

  借:生产成本——机械作业成本或机械作业 5 000
   贷:待摊费用   5 000

在租赁期满,将大型吊车退还给机械设备租赁公司时,应在"租入固定资产备查簿"加以注销。

对租入的房屋,如经出租方同意,对其进行技术改良工程时,可考虑将其改良工程支出记入"长期待摊费用——租入固定资产改良支出"科目的借方。租入固定资产改良支出应在租赁期限与租赁资产尚可使用年限两者孰短的期限内平均摊销。按月分摊时,应将摊销额自"长期待摊费用"科目的贷方转入有关生产费用科目的借方。

二、融资租赁固定资产的核算

融资租赁是指由出租方融通资金为承租方提供所需机械设备,具有融资、融物双重职能的租赁业务。它主要涉及出租方、承租方和供货方三方当事人,并由两个或两个以上合同所构成。出租方根据承租方的要求和选择,与供货方订立购买合同支付货款;与承租方订立租赁合同,将购买的设备出租给承租方使用。在租赁期内,由承租方按合同规定,分期向出租方支付租赁款。租赁设备的所有权属于出租方,承租方在租赁期内对该设备享有使用权。租赁期满时,设备可由承租方按合同规定留用、留购、续租或退回出租方。

(一)融资租赁业务的特征

融资租赁业务与经营租赁业务比较,具有如下特点:

1. 具有融资、融物双重职能。融资租赁既为企业融资,又为企业购买机械设备,并将所购设备租给企业使用,出租方通过分期收取的租赁款,以补偿其购买设备的成本、融资利息、手续费和取得一定的利润。它兼有两种职能,既融资又融物。

2. 涉及三方当事人的关系,包括两个或两个以上的合同。在经营租赁中,只有出租方与承租方订立一个租赁合同,涉及出租方与承租方的两方关系。而在融资租赁中,要涉及三方关系,至少订立两个合同:一个是出租方与承租方之间订立一个租赁合同;另一个是由出租方与供货方订立一个购货合同。这两个合同是相互联系、同时订立的。在两个合同的条款中,都需明确规定相互间的关系、权利和义务,如在租赁合同中,要规定承租方负责验收设备,出租方不负所购设备质量、数量不符的责任,但出租方授权承租方负责向供货方交涉索赔。在购货合同中,则规定所购设备系出租给承租方使用,授权承租方验收设备和索赔。租赁合同一经订立,双方就有义务遵守,任何一方不得随意撤销。为了保护各方利益,承租方不能因为市场利率降低而在租期未到前提前终止合同,也不能因为有了新型高效率设备而撤销合同;同样,出租方也不能因为市场利率提高或设备涨价而要求提高租赁款。

3. 承租方对设备和供货商有选择的权利。从购买设备的选择权来说,经营租赁设备是由出租方事先购买后向承租方出租的,因此一般都是通用设备。而融资租赁所租设备是出租方根据承租方的设备清单和选定的厂家购买,承租方参加谈判,设备按承租方所指定的地点由供货方直接运交承租方,并由承租方对设备的质量、规格、技术性能、数量等方面进行验收。出租方凭承租方的验收合格通知书向供货方支付货款。因此,融资租赁设备的选择权在承租方。

4. 租赁期满,承租方对设备的处置,可在合同中规定归承租方留购、续租或退回出租方。在国外,承租方要将设备留归自己所有,必须以约定价格或名义价格购买。所谓名义价格,就是以一元或若干元的很小价格由承租方买下,实质上是为了完成法律手续,将出租方对设备所有权转让给承租方。

(二)融资租赁固定资产租赁款的计算

出租方将租赁设备出租给承租方,其目的在于从收取的租赁款中扣除租赁设备购置价款、利息和有关费用外,还能获得一定的利润。但租赁款的构成因素,随租赁方式、租赁条件的不同而有所不同。在经营租赁条件下,由于租赁期间设备的修理费、保险费、业务管理费等一般均由出租方负担,因此租赁款中要包括租赁设备购置成本、利息、修理费、保险费、业务管理费和一定的利润。在融资租赁的条件下,租赁设备的修理费、保险费等均由承租人负担,因此融资租赁设备的租赁款,只包括租赁设备的购置价款、利息、手续费和一定的利润。计算融资租赁设备的租赁款,首先要确定租赁利率,租赁利率也叫内含利率,即包括手续费和一定利润在内的利率。租赁利率的确定,要考虑多方面因素,其中主要是租赁合同签订时出租方在金融市场上所能筹措到的资金成本,即金融市场利率加有关筹措费用如担保费、法律费用等。利率有固定和浮动两种。用固定利率计算的租赁款在整个租赁期间不变;以浮动利率计算的租赁款,每期的租赁款按每期期初利率的变化而变化。一般来讲,融资租赁大都采用固定利率。因为就承租方来讲,固定租赁利率有利于较正确地预计生产成本,而且无利率变动的风险。租赁利率中除了考虑资金的筹措成本外,还要考虑出租方的手续费和一定的利润。出租方为谋求较大的利润,往往采用较高的租赁利率。但租赁利率的高低,如同其他价格一样,要受租赁市场或者说价值规律的支配。因为承租方为求得有利的租赁条件,减少租赁款的支出,必然要进行选择。在存在竞争的租赁市场中,由于承租方在融资租赁时对租赁条件的选择,必然使租赁利率限制在一定的范围之内。

融资租赁设备的租赁款的计算,可根据融资租赁设备价款(包括买价、运输费、途中保险费及安装调试费)和租赁利率、租赁期限、租赁款支付方式,按照如下公式进行:

$$每次支付租赁款 = 租赁设备价款 \times \frac{i(1+i)^n}{(1+i)^n-1}$$

式中 i 为租赁利率

n 为租赁款支付次数

$\frac{i(1+i)^n}{(1+i)^n-1}$ 为资金回收系数,可通过资金回收系数表查得

如某施工企业向机械设备租赁公司融资租赁大型起重机一台,该台起重机购置成本为 480 000 元,租赁利率为年利率 10%,每年年底支付一次,租赁期为 5 年,则:

$$每次支付租赁款 = 480\,000 \times \frac{0.10 \times (1+0.10)^5}{(1+0.10)^5-1}$$
$$= 480\,000 \times 0.2638 = 126\,624(元)$$

又如租赁款按月支付,则要将年利率换算成月利率,并将租赁款支付次数按 60 次计算,然后按照上列公式计算每次支付租赁款。

为了说明各次租赁款偿还租赁设备价款及利息(包括手续费和一定利润在内)的情况,现将它列表如图表 5-5 所示。

图表 5-5

单位:元

年份	每次支付租赁款	支付利息	偿还租赁设备价款	租赁设备价款余额
0				480 000
1	126 624	48 000	78 624	401 376
2	126 624	40 138	86 486	314 890
3	126 624	31 489	95 135	219 755
4	126 624	21 976	104 648	115 107
5	126 624	11 517①	115 107	0
合计	633 120	153 120	480 000	

① 调整计算误差 6 元。

(三) 融资租赁固定资产的核算

按照企业会计制度的规定,企业融资租赁资产占企业资产总额的比例不大(等于或小于 30%)时,在租赁开始日可按最低租赁付款额的现值记录租入资产和长期应付款。在一般情况下,出租方对融资出租的资产,要求承租方在租赁期内支付的租赁款的现值相当于融资租赁资产的价款。因此,在会计上就可按融资租赁资产的价款记录租入资产和长期应付款。将它记入"固定资产——融资租入固定资产"科目的借方和"长期应付款——应付融资租赁款"科目的贷方。如以上述融资租入大型起重机来说,应作如下分录入账:

借:固定资产——融资租入固定资产　　　　480 000
　　贷:长期应付款——应付融资租赁款　　　　　480 000

按规定对融资租入固定资产计提折旧时,应按受益对象将其记入施工、生产成本和管理费用的借方。设例中,假定这台大型起重机的折旧年限为 5 年,不考虑预计残值和清理费用,则每月应提折旧 8 000 元(480 000÷5×12):

借：生产成本——机械作业成本或机械作业　　　　8 000
　　贷：累计折旧　　　　　　　　　　　　　　　　8 000

根据合同规定，按期支付租赁款时，应将属于支付租赁设备款的部分记入"长期应付款——应付融资租赁款"科目的借方，属于支付利息及手续费的部分记入"财务费用"科目的借方。设例中，在第一年末支付租赁款时，应作如下分录入账：

借：长期应付款应付融资租赁款　　　　　　　78 624
　　财务费用　　　　　　　　　　　　　　　　48 000
　　贷：银行存款　　　　　　　　　　　　　　126 624

融资租入的固定资产，租赁期满，租赁费付清后，按合同规定将其所有权归承租企业所有时，应将其原值自"固定资产"科目所属"融资租入固定资产"二级科目的贷方转入"施工机械"二级科目的借方。作如下分录入账：

借：固定资产——施工机械　　　　　　　　　480 000
　　贷：固定资产——融资租入固定资产　　　　480 000

必须指出，上面所述有关融资租入固定资产的财务会计处理，如从法学角度来说，是有待研究的。因为融资租入的固定资产，承租企业只有在租赁期间内的占有和使用的权利，没有所有权，属于租赁权范畴。从这个角度来说，施工企业对融资租入的固定资产，应记入"无形资产"科目的借方（见本章第八节），而不应记入"固定资产"科目的借方。

不论如何进行核算，施工企业采用融资租赁办法租入固定资产，均可在企业自有资金不足的情况下，先不付或先付很少的钱，就能及时引进施工生产所需的机械设备，减少企业筹措资金和购置机械设备的中间环节，达到加速技术改造步伐，提高企业经济效益的目的。

第八节 无形资产的核算

一、无形资产的特征和内容

无形资产是指企业为生产经营而持有的、没有实物形态的非货币性长期资产。它以某种特殊权利、技术、知识、素质、信誉等价值形态存在于企业并对企业长期发挥作用。无形资产按其能否辨认，分为可辨认无形资产和不可辨认无形资产。可辨认无形资产包括专利权、非专利技术、商标权、租赁权、土地使用权等。不可辨认无形资产是商誉。但在企业会计准则应用指南中，把商誉从无形资产中单独列作总分类核算的会计科目，用以核算非同一控制下企业合并中确认的商誉价值（详见第十二章第三节）。

无形资产也叫无形的固定资产，它与有形的固定资产有着许多共同的属性：

1. 它们都是具有一年以上使用期的非货币性资产，它们的价值转移都不是一次性的，而是逐步通过产品价值的补偿加以回收。

2. 它们都是为企业的生产经营服务，在有效的经济寿命期内由企业所控制和利用，为企业带来经济效益。它们都具有价值和使用价值，都可用以投资和转让。

3. 它们大都要随着技术进步和产品更新换代等而发生无形损耗。

但是，无形资产又与有形的固定资产不同，具有如下的特征：

1. 无形资产没有独立实体，它要依赖实体而存在。例如，某些制造新产品的专利要通过配方、工艺和生产线来体现或实现；土地使用权要依赖土地而存在；商誉内含于企业整体生产要素的组合之中，等等。因此，无形资产的使用价值是间接的，要依赖于一定物质条件才能实现。没有依托的实体，无形资产便成为空中楼阁。

2. 无形资产的价格,具有高度的不确定性。企业的无形资产,有些是经政府有关部门批准授予的或决定的,如专利权、土地使用权、商标权等;有些是企业生产经营的结果,如商誉、专有技术等。这些无形资产是由所有权人所独占使用,并借助于法律或人为地防止非所有权人取得和使用,显然具有垄断的性质。这种垄断性使有些无形资产的价格是由所有权人在没有竞争对手的情况下决定的,往往背离其价值。同时,无形资产的有效期要受技术进步和市场的不确定性的影响,使其有效期及有效期内的经济利益很难准确确定,这就使得无形资产的价格具有高度的不确定性。

施工企业的无形资产,主要有专利权、非专利技术、租赁权、商标权、商誉和土地使用权等。

1. 专利权。指国家专利权机关根据发明人的申请,经审查认为其发明创造符合法律规定,授予发明人于一定期限内制造或专卖其发明创造成果的一种特有权利。任何单位或个人,未经专利权人许可,均不得制造或出卖其专利。专利权可以转让所有权或使用权。专利权作为技术成果,既有价值,又有使用价值,根据价值和使用价值确定其价格。

2. 非专利技术。指不为外界所知的技术知识,如独特的设计、造型、配方、制造工艺等工艺诀窍、技术秘密等。它不必在专利机关登记注册,依靠保密手段进行垄断,因此不受法律保护。它没有有效期,只要不泄露,即可有效地使用并可有偿转让。

3. 租赁权。指承租人在给予出租人一定报酬的条件下,占有和使用租赁财产的权利。这种财产使用权,在双方约定的期限内有效。

4. 商标权。指用各种文字或图案标注在商品或商品包装上的标记。商标应向商标机关申请注册,以取得专用权。商标权具有垄断性和时间性,但期满后可申请延续使用,因此也可说是无限期的。商标权在一定程度上起到维护企业使用商标的作用,能给企业带来经济利益。商标可作为商品转让。

5. 商誉。指企业在其有形资产上能获得高于正常投资收益率能力所形成的价值。它是由于企业所处地理位置优越，或施工生产经营出色、商品质量优异、技术先进、生产效率高，或历史悠久、信誉卓著等综合因素，使施工生产经营特别兴旺，与同行业其他企业比较，可获得超额利润而形成的价值。但用以核算非同一控制下企业合并中确认的商誉价值，应将它另行设置"商誉"科目核算。

6. 土地使用权。土地使用权是根据国家规定，企业批租或转让土地，一次支付土地出让金或转让金后，向土地管理部门登记而获得使用土地的权利。但在企业为赚取租金或资本增值而获得的土地使用权，应将其列作投资性地产。土地使用权可在土地批租期限内转让或投资。

二、无形资产取得的核算

企业无形资产的取得，主要有如下渠道：从外部购入、投资者投入、企业自行开发、接受捐赠人捐赠。企业在确认无形资产时，一般应具备以下两个条件：（1）该无形资产产生的经济利益很可能流入企业。即企业拥有无形资产的法定产权或企业已与他人签订了协议，使得企业的相关权利受到法律的保护，并对无形资产在预计使用年限内产生的经济利益的各种因素能作出合理的估计。（2）该无形资产的成本能够可靠地计量。对于不能计量其成本的无形资产，在企业存续期内，不得加以确认。例如某个企业，由于它的生产经营管理水平高，能够获得高于同行业其他企业的资金利润率，即这个企业已拥有商誉，但由于难以计量其成本，在企业经营期间不进行重组、合并、改组时，就不能将其所拥有的商誉计量入账。

企业取得的无形资产，应按实际成本计量，在"无形资产"科目进行核算。

企业外购的无形资产,其成本包括购买价款、相关税费以及直接用于使该项资产达到预定用途所发生的其他支出,一般按其实际发生额,记入"无形资产"科目的借方和"银行存款"等科目的贷方:

借:无形资产　　　　　　　　　　　　　×××
　贷:银行存款　　　　　　　　　　　　×××

企业对投资者投入的无形资产,按投资合同或协议约定的价值作为成本,记入"无形资产"科目的借方和"实收资本"或"股本"科目的贷方:

借:无形资产　　　　　　　　　　　　　×××
　贷:实收资本或股本　　　　　　　　　×××

企业接受捐赠的无形资产,对捐赠方提供有关凭据的,按凭据上标明的金额加上应支付的相关税费,作为实际成本记入"无形资产"科目的借方;对捐赠方没有提供有关凭据的,按市场价格或同类类似无形资产的市场价格加上应支付的相关税费,作为实际成本,记入"无形资产"科目的借方,按未来应交的所得税,记入"递延税款"科目的贷方,按确定的入账价值减去未来应交所得税后的金额,记入"资本公积"科目的贷方,按实际支付的相关费用,记入"银行存款"科目的贷方:

借:无形资产　　　　　　　　　　　　　×××
　贷:递延税款　　　　　　　　　　　　×××
　　资本公积　　　　　　　　　　　　×××
　　银行存款　　　　　　　　　　　　×××

企业自行开发的无形资产主要指专利技术,其成本包括无形资产开发项目在开发阶段发生的各项开发支出和开发完成后注册登记发生的支出。

无形资产的开发,一般要经过研究阶段和开发阶段。

研究阶段是指为获得并理解新的科学或技术知识而进行的独创性的有计划调查研究阶段。在这个阶段,要收集有关资料,对拟开发项目进行初步技术经济论证,确定是否有开发价值,是否要正式立项。在调查研究过程发生的人员工资、资料费、调查研究等支出,在发生时将它作为一般性技术开发费,记入"研发支出——费用化支出"科目的借方和"应付职工薪酬——应付工资"、"银行存款"等科目的贷方:

  借:研发支出——费用化支出   ×××
   贷:应付工资或应付职工薪酬——应付工资   ×××
    银行存款   ×××

研发支出中费用化支出,应在月末将它转入"管理费用"科目的借方。

开发阶段是指将研究阶段成果或其他知识应用于某项计划或设计,以生产出新的具有实质性改进的工艺、材料、产品等的阶段。无形资产开发项目在这个阶段发生的支出,按照现行无形资产会计准则的规定,如同时满足下列条件,可确认为无形资产的成本:(1)完成该无形资产以使其能够使用或出售,在技术上具有可行性。(2)具有完成该无形资产并使用或出售的意图。(3)无形资产产生的经济利益,包括能够证明运用该无形资产生产的产品存在市场或无形资产自身存在市场。无形资产将在内部使用的,应当证明其有用性。(4)有足够的技术、财务资源和其他资源支持,以完成该无形资产的开发,并有能力使用或出售该无形资产。(5)归属于该无形资产开发阶段的支出能够可靠地计量。无形资产开发项目在满足上列各项要求条件下,其在开发过程中发生各项支出,包括设计费、试验费、仪器设备购置费、制作费以及与项目开发有关的其他经费等,可在发生时将它记入"研发支出——资本化支出"科目的借方和"银行存款"、"应付职工薪酬——应付工资"等科目的贷方:

借：研发支出——资本化支出　　　　　　　×××
　　贷：银行存款　　　　　　　　　　　　×××
　　　　应付工资或应付职工薪酬——应付工资　×××

无形资产开发完成，如要申请专利权，还要发生注册费、聘请律师等支出，应与在"研发支出——资本化支出"科目登记的开发开支一起，记入"无形资产"科目的借方和"研发支出——资本化出"、"银行存款"等科目的贷方：

借：无形资产　　　　　　　　　　　　×××
　　贷：研发支出——资本化支出　　　　×××
　　　　银行存款　　　　　　　　　　　×××

至于接受的债务人以非现金资产抵偿债务方式取得的无形资产的核算，以非货币性交易换入、换出无形资产以及外商投资施工企业、接受捐赠无形资产的核算，将在以后有关章节加以说明。

三、无形资产摊销的核算

企业的无形资产，大都有一定的有效年限。因为无形资产价值所代表的权利或特权，大都会最终消失，对使用寿命期有限的无形资产，在其取得后的持续时期内，应将它的价值分期摊销，计入管理费用。如预计摊销年限超过了相关合同规定的受益年限或法律规定的有效年限，该无形资产的摊销年限应按如下原则确定：

1. 合同规定受益年限但法律没有规定有效年限的，摊销年限不应超过合同规定的受益年限。

2. 合同没有规定受益年限但法律规定有效年限的，摊销年限不应超过法律规定的有效年限。

3. 合同规定了受益年限，法律也规定了有效年限的，摊销年限不应超过受益年限和有效年限两者之中较短者。

如果合同没有规定受益年限，法律也没有规定有效年限的，应按其能为企业带来经济利益的年限作为摊销年限。但对土地使用权，一般应按土地批租年限摊销，因为它不会随着使用而减少其价值。又如有第三方承诺无形资产使用寿命结束购买该无形资产的,年摊销额应按无形资产账面价值扣除第三方购买价后除以预计使用年限计算。

无形资产摊销一般采用年限平均法,摊销时,应将摊销额记入"管理费用——无形资产摊销"科目的借方和"无形资产"或"累计摊销"①科目(采用企业会计准则的施工企业用"累计摊销"科目)的贷方,作如下分录入账:

  借:管理费用——无形资产摊销   ×××
   贷:无形资产或累计摊销   ×××

无形资产应按类分项进行明细分类核算。采用企业会计制度的施工企业,无形资产原值减去无形资产的账面余值,即为无形资产的累计摊销额。为了提供无形资产已计提摊销额等有关数据,在无形资产明细分类账中,应注明各项无形资产的原值。

四、无形资产减值准备计提的核算

为了较真实地反映无形资产的可收回金额,避免虚增资产价值,按照现行企业会计制度的规定,企业应定期或在年终,检查各项无形资产预计给企业带来未来经济利益的能力。当某项无形资产已被其他新技术等所替代,使其为企业创造经济利益的能力受到重大不利影响;或某项无形资产的市价在当期大幅下跌、在剩余摊销年限内不会恢复,以及其他足以证明某项无形资产实质上已经发生了减值时,均应对预计可收回金额低于其账面余值的部分,计提减值准备,并设置"无形资产减值准备"科目进行核算。无形资产减值准备应按单项资产计提,计提时,应记入"营业外支出——计提的无形资产减值准备"或"资产减值损失"科目(采用企业会计制度的施工企业用"营业外支出——计提的无形资产减值

---

  ① 累计摊销是采用企业会计准则施工企业用以核算对使用寿命期有限的无形资产计提累计摊销的科目。

准备"科目,采用企业会计准则的施工企业用"资产减值损失"科目,以下同)的借方和"无形资产减值准备"科目的贷方,作如下分录入账:

借:营业外支出——计提的无形资产减值准备
　　或资产减值损失　　　　　　　　×××
　贷:无形资产减值准备　　　　　　　　×××

"无形资产减值准备"科目的贷方余额,反映企业已提取的无形资产减值准备。各项无形资产预计可收回金额低于其账面余值(或减去累计摊销后的账面余值)而计提的减值准备,应在无形资产明细账中加以注明。

五、无形资产转让、出租和转销的核算

企业的无形资产,可用以转让,也可用以出租。企业出售无形资产时,应按实际取得的转让收入,记入"银行存款"等科目的借方;按该项无形资产已计提的减值准备,记入"无形资产减值准备"科目的借方;按无形资产的账面余值,记入"无形资产"科目的贷方;按支付的相关税费,记入"银行存款"、"应交税金"等科目的贷方;按其差额,记入"营业外收入——转让无形资产收益"科目的贷方或"营业外支出——转让无形资产损失"科目的借方。如无形资产转让收入大于其账面余值减去减值准备加上相关税费获得出售收益时,应记入"营业外收入——转让无形资产收益"科目的贷方;反之,如无形资产转让收入小于其账面余值减去减值准备加上相关税费发生出售损失时,应记入"营业外支出——转让无形资产损失"科目的借方。

如某施工企业在对外转让一项专利权时,经双方确认的转让价格为 120 000 元,价款已收入并已存入银行。该项专利权的账面余值为 150 000 元,已计提减值准备 60 000 元,应交纳相关税金为 10 000 元。则该项专利权的收益为 20 000 元[120 000－(150 000－60 000＋10 000)],应作如下分录入账:

借：银行存款	120 000	
无形资产减值准备	60 000	
贷：无形资产		150 000
应交税金		10 000
营业外收益——转让无形资产收益		20 000

采用企业会计准则的施工企业，应持转让无形资产的原值记入"无形资产"科目的贷方，累计摊销记入"累计摊销"科目的借方。

企业出租无形资产时，其租金收入，应作为营业收入，记入"其他业务收入——出租无形资产收入"科目的贷方。由于企业仍拥有其产权，应继续作为无形资产进行核算，只将履行合同所发生的费用（如派出技术服务人员的工资等）及按有效使用期限摊销的无形资产价值，作为出租无形资产的成本，记入"其他业务支出——出租无形资产支出"科目的借方，作如下分录入账：

借：银行存款	×××	
贷：其他业务收入——出租无形资产收入		×××
借：其他业务支出——出租无形资产支出	×××	
贷：应付工资或应付职工薪酬——应付工资		×××
无形资产（摊销额）或累计摊销		×××

企业拥有的无形资产，经检查发现某项无形资产已被其他新技术等所替代，或已超过法律保护期限不再受法律所保护，预期不能给企业带来经济利益时，应将该项无形资产的账面余值或减去累计摊销后账面余值和减去计提减值准备后的剩余价值予以转销，将它转入当期管理费用，作如下分录入账：

借：管理费用	×××	
累计摊销	×××	
无形资产减值准备	×××	
贷：无形资产		×××

第九节 长期待摊费用的核算

长期待摊费用又称递延资产,是指企业已经支出,不能全部计入当年损益,需在一年以上分期摊销的各项费用,包括固定资产大修理支出、租入固定资产改良支出、开办费、不能由股票溢价和发行股票冻结期间利息收入抵销的股票发行费用等。由于这些费用不同于列作流动资产需在一年或一年以内摊销的待摊费用,在会计上将它另行设置"长期待摊费用"科目进行核算,发生时将它记入"长期待摊费用"科目的借方。

固定资产大修理支出采用摊销方法核算的,实际发生的大修理支出,应在大修理间隔期内平均摊销。如两次大修理的间隔期为3年,就应在36个月内平均摊销。以经营租赁方式租入固定资产改良支出,应在租赁期限与租赁资产尚可使用年限两者孰短的期限内平均摊销。在摊销固定资产大修理支出和租入固定资产改良支出时,应按受益对象分期摊入施工生产成本和管理费用,作如下分录入账:

借:生产成本——机械作业成本或机械作业　　×××
　　生产成本——辅助生产成本　　×××
　　生产成本——工业生产成本　　×××
　　管理费用　　×××
　贷:长期待摊费用　　×××

企业在筹建期间内发生的开办费,包括人员工资、办公费、培训费、差旅费、印刷费、注册登记费,以及不计入固定资产价值的借款利息等,在发生时,应先记入"长期待摊费用"科目的借方,至于分期摊销还是一次转销,则有较大的分歧。根据原《企业财务通则》规定:开办费自投产营业之日起,按照不短于五年的期限分期摊销。《企业会计制度》规定:在企业开始生产经营当月起一次计入开始生产经营当月的损益。将开办费一次计入开始生产经营的当月损益,虽符合会计谨慎性原则,但如开办费金额较大,易使开业当月就发生亏损,在核算上有失公允。不论分期摊销还是一次转销,均应将开办费自"长期待摊费用"科目的贷方转入"管理费用"科目的借方,作如下分录入账:

  借:管理费用   ×××
    贷:长期待摊费用   ×××

  股份有限公司委托其他单位发行股票支付的手续费或佣金等相关费用,减去股票发行冻结期间的利息收入后的余额,从发行股票的溢价中不够抵销的,或者无溢价的,若金额较大,按照《企业会计制度》的规定,应先记入"长期待摊费用"科目,在不超过两年的期限内平均摊销,计入管理费用;若金额较小,可直接计入当月管理费用。

  "长期待摊费用"科目期末借方余额,反映企业尚未摊销的各项长期待摊费用的摊余价值。在会计报表附注中,应按费用项目披露其摊余价值、摊销期限和摊销方式等。

复 习 题

  1. 什么是固定资产?它和劳动资料有什么区别?固定资产核算的内容包括哪些?

  2. 施工企业的固定资产分为哪几类?你认为怎样分类才能符合管理上的要求?

  3. 固定资产的核算为什么一般都以原值为准?固定资产的原值是怎样计算的?在哪些情况下,固定资产才能按照重置完全价值入账?为什么?

  4. 固定资产为什么要计算折旧?正确计算折旧有哪些重要意义?计算折旧时要考虑哪些因素?要不要考虑无形损耗?如要

考虑,怎样加以考虑?

5. 试解释下列名词,并说明它们之间的相互关系:
(1) 固定资产损耗   (2) 固定资产自然损耗
(3) 固定资产使用损耗   (4) 固定资产有形损耗
(5) 固定资产无形损耗   (6) 固定资产折旧额
(7) 固定资产折旧率   (8) 固定资产减值准备

6. 施工企业常用的折旧方法有哪几种?它们是怎样计算折旧额的?为什么有些机械设备不宜采用"年限平均折旧法",而采用"台班折旧法"?

7. 为什么要将固定资产的修理划分为经常修理和大修理?固定资产的经常修理费用和大修理支出在核算上有哪些不同?

8. 清理固定资产时,在总分类核算和明细分类核算上各应作怎样的处理?

9. 为什么必须清查盘点固定资产?固定资产在清查盘点过程中发现的盈亏在总分类核算和明细分类核算上应怎样加以处理?

10. 什么叫做融资租入固定资产?它与经营租赁方式租入的固定资产有什么不同?试就固定资产的管理、租赁费的内容和核算方法以及租赁期满后的处理等方面分别加以说明。

11. 什么叫做无形资产?它与固定资产有哪些异同之处?无形资产的入账价值是怎样加以确定的?又怎样确定它的摊销年限?

12. 什么叫做长期待摊费用?施工企业目前有哪些长期待摊费用?它们的摊销年限是怎样加以确定的?

习 题

习 题 一

(一) 目的 练习固定资产折旧的核算。

(二) 资料

1. 某施工单位在 2006 年 9 月初各类固定资产的原值和 9 月份计提的折旧如下表所示：

项　　目	原　　值	计 提 折 旧
房屋	600 000	1 200
建筑物	200 000	400
施工机械	2 000 000	12 000
运输设备	800 000	4 800
生产设备	400 000	1 600
仪器及试验设备	300 000	1 400
其他生产经营用固定资产	200 000	1 200
不需用固定资产	100 000	
合　　计	4 600 000	22 600

2. 9 月 5 日，验收自行建造的职工食堂一幢，建设工程成本 85 000 元，估计可用 32 年，预计净残值率为 4%。

3. 9 月 8 日，用银行存款购入 3.5 吨自卸汽车一辆，并投入使用。该辆自卸汽车购价为 35 000 元，估计可用 10 年，预计净残值率为 4%。

4. 9 月 20 日，将一台施工中使用的 12 吨压路机停用，准备出售。这台压路机原值 75 000 元，估计使用年限为 16 年，预计净残值率为 4%。

(三) 要求

1. 计算增加和停用的固定资产的月折旧率和月折旧额。

2. 作有关固定资产增加业务的会计分录。

3. 计算 10 月份各类固定资产的折旧额，并编制"固定资产折旧计算表"。

4. 为计提折旧作成会计分录。施工机械和运输设备的折旧记入"机械作业"科目,生产设备的折旧记入"辅助生产"科目,其他各类固定资产的折旧记入"管理费用"科目。

习 题 二

(一) **目的** 练习固定资产清理和盘点盈亏的核算。

(二) **资料** 某施工企业在2006年12月份内,在清查盘点固定资产时,发现了下列未入账固定资产和短缺、毁损固定资产,并经有关部门批准,作如下处理:

1. 将一台自制未入账的5吨卷扬机重估入账。该台卷扬机的重置完全价值15 000元,经查明已用2年,估计尚可使用8年,预计净残值率为4%。

2. 短缺0.2立方米砂浆搅拌机一台,原值6 000元,已提折旧3 000元,报经有关部门同意转销。

3. 毁损5吨汽车式起重机一台,原值50 000元,已提折旧36 000元,经清查小组查明,这台起重机的毁损系由司机王某操作事故造成的。经有关部门批准,责令王某赔偿3 600元(从今后3年工资中分月扣回)。由于该台起重机很难修复,决定进行报废清理。

4. 在清理上项起重机过程中,发生拆卸人工费100元,拆下零配件作价200元交库,残余废铁轮胎出售,收入价款600元存入银行结算户。

(三) **要求** 根据上列资料,为有关固定资产清理和盘点盈亏业务作会计分录。

习 题 三

(一) **目的** 练习融资租入固定资产的核算。
(二) **资料**

1. 某施工单位在2006年初向华东设备租赁公司以融资租赁

方式租入挖土机一台。购置成本为 360 000 元,租赁利率为年利率 12%,租赁期为 5 年。

2. 租赁费在 5 年内按季支付。

3. 该台挖土机估计能用 5 年,预计净残值率为 5%。

(三) 要求 根据上列资料,计算各次支付租赁费并为下列有关业务作成会计分录:

1. 挖土机调试完毕交付使用。

2. 按月计提折旧。

3. 按季支付租赁费 $\left(\dfrac{0.03\times(1+0.03)^{20}}{(1+0.03)^{20}-1}\right.$ 的资金回收系数为 $\left.0.0672\right)$。

4. 租赁期满,按合同规定将这台挖土机转为企业所有。

第六章 工程成本和工程价款结算的核算

第一节 工程成本核算的意义

工程成本核算是施工企业成本管理的一个极其重要的环节。认真做好成本核算工作,对于加强成本管理,促进增产节约,发展企业生产都有着重要的意义。

第一,通过工程成本核算,将各项生产费用按照它的用途和一定程序,直接计入或分配计入各项工程,正确算出各项工程的实际成本,将它与工程预算进行比较,可以检查工程预算的执行情况。

第二,通过工程成本核算,可以及时反映施工过程中人力、物力、财力的耗费,检查人工费、材料费、机械使用费、其他直接费用的耗用情况和间接费用定额的执行情况,挖掘降低工程成本的潜力,节约活劳动和物化劳动。

第三,通过工程成本核算,可以计算施工企业各个施工单位的经济效益和各项承包工程合同的盈亏,分清各个单位的成本责任,在企业内部实行经济责任制,并便于学先进、找差距,开展社会主义竞赛。

第四,通过工程成本核算,可以为各种不同类型的工程积累经济技术资料,为修订预算定额、施工定额提供依据。

为了搞好施工企业的工程成本核算,必须从管理要求出发,贯彻"算管结合、算为管用"的原则。管理企业离不开成本计算,但成本计算不是目的,而是管好企业的一个经济手段。离开管理去讲成本计算,成本计算也就失去它应有的意义。

建筑安装工程成本核算是管理施工企业的一个重要工具。计算工程成本绝不是对企业生产耗费进行消极的记录和计算,而是对生产耗费的积极管理。这就要求我们在生产费用发生以前,根据有关规定,做好事前的审核工作,认真审核企业各项生产费用的支出是否合理合法,是否符合多好快省的要求。

为了搞好施工企业管理,发挥工程成本核算的作用,工程成本的计算必须正确及时。计算不正确,就不能据以考核分析各项消耗定额的执行情况,就不能保证企业再生产资金的合理补偿。计算不及时,就不能及时反映施工活动的经济效益,不能及时发现施工和管理中存在的问题。由于建筑安装工程生产属于单件生产,采用定单成本计算法,以及同一工地上各个工程耗用大堆材料而难以严格划分计算等原因,对大堆材料、周转材料等往往就要采用一定标准分配计入各项工程成本,这就使各项工程的成本带有一定的假定性。因此,对待工程成本计算的正确性,也必须从管理的要求出发,看它提供的成本资料能不能及时满足企业管理的需要。在计算工程成本时,必须防止简单化。如对施工期较长的建筑群工地,不能将工地上各项工程合并作为一个成本计算对象,而必须以单位工程或开竣工时期相近的各项单位工程作为一个成本计算对象。否则,就会形成"一锅煮",不能满足成本管理的要求。当然,也要防止为算而算,脱离管理要求的倾向。繁琐的计算,不仅会使会计人员陷于埋头计算,不能深入工地,深入班组,掌握施工生产动态,而且会影响工程成本计算的及时性,使提供的核算资料不能及时反映施工管理中存在的矛盾,不能为施工管理服务。因此工程成本的计算,必须从管理要求出发,在满足管理需要的前提下,分别主次,按照主要从细、次要从简、细而有用、简而有理的原则,采取既合理又简便的方法,正确及时地计算企业生产耗费,计算工程成本,发挥工程成本计算在施工企业管理中的作用。

第二节 正确组织工程成本核算的要求

为了更好地调动企业各级单位和广大群众当家理财的积极性,正确及时地组织建筑安装工程的成本计算,充分发挥工程成本核算的作用,施工企业一般要按照以下基本要求组织工程成本的核算。

一、适应施工管理组织体制,实行统一领导、分级核算

在实行公司、工程处(分公司、工区)、施工队(项目经理部)三级管理制的企业,一般可把工程成本计算工作划归工程处,实行公司汇总企业的生产成本,工程处计算工程施工成本,施工队计算本队发生的工料等直接费。具体地说,公司汇总企业的生产成本,指导所属单位建立和健全成本管理制度,汇总成本报表,全面进行生产成本的分析;工程处计算工程施工成本,编制施工成本报表,进行工程成本分析;施工队计算工料等直接费,签发工程任务单和定额领料单,开展班组经济核算,办理设计变更、材料代用等技术经济签证手续,分析工料成本超降的原因。对于那些远离工程处或编制较大的施工队,以及实行项目经理负责的项目经理部,也可扩大核算范围,计算工程成本。

在实行公司、施工队两级管理制的企业,一般可在施工队计算工程施工成本,公司汇总企业的生产成本。如果公司所属各个施工队专业化程度较高,并在同一地区施工,一个工程中的各项工作大都是由几个施工队完成的,为了简化中间划账的结算手续,也可仅计算本队各项工程发生的工料等直接费,在公司综合计算工程成本。

不论由哪一级来计算工程成本,各级会计人员都要关心并协助工人搞好班组经济核算,记录好工、料耗用量,分析节约或超支的原因,使成本工作有扎实的群众基础。

二、根据核算工程合同损益和施工管理要求,划分成本计算对象

在社会主义市场经济条件下,施工企业的工程任务,是在建筑市场参加工程投标中标以后与发包单位签订承包工程合同获得的。为了正确核算各个工程合同的损益,工程成本计算应考虑工程合同核算的要求,以工程合同中的工程为计算的对象。但是一个工程合同,往往不仅只建造一个单项工程,如一幢房屋、一条道路、一座桥梁、一个水坝,有时还建造包括在设计、技术、功能、最终用途等方面密切相关的数个单项工程构成的建设项目,如承建一座包括锅炉房、发电室、冷却塔等几个单项工程构成的发电厂,只有这些单项工程相继全部建成投入使用,发电厂才能正常运转和发电,将这些单项工程包括在一个工程合同中,对于保证建设项目按期完工投产、考核工程质量和综合经济效益是非常必要的。

但是对施工企业来说,如果将发电厂的各个单项工程合并为一个成本计算对象,就不能及时反映和考核工料消耗和施工成本超降的情况,不利于加强施工管理。所以在工程成本核算上,还必须考虑施工管理的要求,来确定工程成本计算的对象。

根据工程合同损益核算和施工管理的要求,工程成本计算的对象,一般应是具有工程预算书的独立建筑物或安装工程的单项工程或单位工程。单项工程或单位工程是编制工程预算和与发包单位签订单项合同和结算工程价款的对象。按照单项工程或单位工程来组织工程成本计算,可以:(1)较及时地反映各个单项工程或单位工程成本在施工过程中的节约或超支,评价施工方案的经济效益,有助于施工单位在施工中加强经营管理;(2)使施工单位对所承担的施工工程做到盈亏有数,而且可以与工程预算比较,考核工程预算的执行情况,以便找差距、挖潜力,寻求进一步降低工程成本的途径;(3)通过单项工程或单位工程竣工成本计算,对单位面积成本等进行分析,为降低工程造价提供参考资料。

对将几个单项工程合并于一个合同签订的,如建设工期较短的小型建设项目,也可合并作为一个成本计算对象。

为了简化工程成本的计算手续,对包括在一个工程合同、在同一工地施工、结构类型相同的建筑群,可按开竣工时期,将各个单项工程或单位工程划分为几个成本计算对象,把开竣工时期相近的几个单项工程或单位工程,合并作为一个成本计算对象,将它们的成本合并加以计算,然后按照各个单项工程或单位工程预算造价的比例,算得各该单项工程或单位工程的实际成本(详见本章第八节)。

将一个工地上建筑群划分为几个成本计算对象进行计算时,对室外工程,如道路、下水道等工程,要作为一个成本计算对象,另行单独计算,对于大型临时设施,也要与其他工程划分,单独计算成本。

成本计算对象确定以后,企业各有关部门都要共同遵守。所有成本计算的凭证和原始记录,都须按照统一规定的成本计算对象填写清楚。各项费用开支,都要切实按用途和成本计算对象来划分,以便正确计算各项工程成本。

三、划清各项费用开支界限,严格遵守成本开支范围

施工企业发生的费用是多种多样的,并非所有支出都可计入工程、产品成本,如固定资产新建扩建支出、固定资产更新改造支出、集体福利设施支出等,因与工程、产品的施工生产没有直接的联系,都不能计入工程、产品成本。国家根据成本的客观经济内容以及企业实行经济核算制和加强成本管理的客观要求,对哪些费

用应列入成本开支,哪些费用不允许列入成本开支,都作了统一的规定。因此,严格遵守成本开支范围,是一项重要的财经纪律,也是正确计算工程成本的最起码的要求。

严格遵守国家规定的成本开支范围,是企业加强成本管理,促使成本降低的重要一环。国家统一规定的成本开支范围,为企业控制成本费用开支提供了制度依据。企业执行成本开支范围规定的过程,实际上就是企业对成本开支进行控制的过程。一个企业杜绝了乱挤成本的现象,制止了不合理的费用开支,就能直接收到降低成本的良好效果;反之,企业任意违反国家规定,乱挤成本,必然会提高工程成本,降低企业盈利水平。按照统一规定的成本开支范围进行成本计算,既能保证工程成本的正确性,又能保证工程成本的可比性。我们知道,加强企业成本计算,不仅在于记录和计算企业生产耗费的多少,更重要的是通过工程成本的计算和对比分析,找出差距,暴露薄弱环节,以便及时采取措施,进一步挖掘企业内部潜力,克服工作中的缺点,不断降低工程成本。企业的成本计算,既要讲求正确性,又要注意可比性,而以国家统一规定的成本开支范围为计算成本的依据,就能使不同企业的工程成本的内容具有可比的基础,保证工程成本计算的正确性和可比性。

为了划清各项费用开支的界限,严格遵守成本开支范围,施工企业在计算工程成本时,要正确划分:

1. 成本开支同专项工程支出的界限。

2. 成本开支同期间费用的界限。按照现行制度规定,只有直接费用和间接费用才可计入工程施工成本,而企业管理费用和财务费用只能作为期间费用计入当期损益。

3. 成本开支与营业外支出的界限。

对于列入工程成本开支范围的生产费用,在成本计算时还要正确划分:

1. 各个月份的费用界限。
2. 各个成本计算对象间的费用界限。
3. 各个成本项目间的费用界限。

四、加强基础工作，保证成本计算资料的质量

为了保证成本计算的数字真实可靠，要做好各项与成本计算密切相关的基础工作，使施工过程中的劳动消耗和施工活动的经济效益，及时、正确地反映出来。在这些基础工作中，除了制定符合企业实际情况的各项施工定额外，还包括材料物资的计量、验收、领退、保管制度和各项消耗的原始记录。

定额是用数量来控制企业施工经营活动的手段。施工定额是在一定的施工技术和施工组织条件下，企业在人力、物力、财力的利用和消耗方面应当遵守和达到的标准。它和据以计算工程造价的预算定额不同。预算定额是建筑生产部门的平均定额，而施工定额是企业定额。因此，施工定额是编制企业计划的依据，也是进行成本控制和分析的依据。正确制订施工定额，对于推动企业厉行节约、提高经济效益、降低工程成本具有重要的意义。

施工企业的施工定额，主要有劳动定额、材料消耗定额、机械设备利用定额、工具消耗定额、费用定额等。劳动定额据以签发"工程任务单"，考核班组工效；材料消耗定额据以签发"领料单"，考核班组材料消耗；机械设备利用定额和工具消耗定额，据以考核机械设备效率和工具节约情况；费用定额据以控制费用开支。各项施工定额既要积极先进，又要切合实际。在制订定额时，要充分发动群众，并且注意结合本企业的施工条件和施工组织管理水平。

企业对于资金的收支、物资的进出，都应同有关部门密切配合，严格凭证手续，健全管理制度，克服收支不清、手续不全的现象。工程施工所需的材料，从采购到领用，都要有计量、验收、领退手续。如果材料进场不验收,供应单位账单上列多少就算多少,不仅不利于企业的经济核算,而且还会给贪污盗窃分子以可乘之机。企业内部各单位、各部门领用材料时,都要办理必要的手续,严格审批制度。现场进料的数量,要与工程用料预算相适应,防止多进材料,以免往返运输。各施工班组耗用的材料,要按施工定额发给,防止造成浪费。用剩的材料,要办理退库或转移手续。月末现场已领未用材料,要进行盘点。库存材料,要定期进行清查,做到账物相符,防止差错和变质。对于大堆材料,如砖、瓦、砂、石等,也应采取一些简便易行的计量方法,定期进行盘点。

原始记录是企业经济业务实际发生或完成情况的书面证明,是明确经济责任并据以记账的依据。如果原始记录不可靠,工程成本计算就不会正确。为此,我们必须根据部门分工,建立和健全原始记录的填制、审核和交接等责任制度,使每项原始记录都有人负责。对施工经营管理过程中发生的各项经济业务,如对材料的验收、领退、转移和盘点,工时的消耗,机械设备的利用,费用的开支,月末已完工程的盘点等,都要正确及时地做好原始记录,以便正确计算材料消耗,合理分配工资和其他施工费用,做到物资进出有手续,工时消耗有数据,工完料清出成本。

第三节 材料费和人工费的核算

一、材料费的计算

工程成本中的"材料费"项目,包括在施工过程中耗用、构成工程实体或有助于工程形成的各种主要材料、结构件的实际成本以及周转材料的摊销及租赁费用。在工程成本计算中,主要材料、结构件的耗用数,通常可于月终根据"领料单"、"定额领料单"、"大堆材料耗用单"、"退料单"、"已领未用材料清单"等,分主要材料、结构件,按各个成本计算对象,分别汇总编制"耗用材料分配表",汇总计算各个成本计算对象耗用材料的计划价格成本和分摊的材料成本差异,据以记入各项工程成本的"材料费"项目。

对于几种主要材料,如钢材、木材、水泥、砖、瓦、砂、石、石灰、沥青、油毡等,最好在"耗用材料分配表"的背面按成本计算对象分别汇总它们的耗用数量,以便与按预算定额或施工定额计算的耗用量对比,分析各项工程成本中材料费超降的原因。

耗用材料分配表的格式如图表 6-1 所示。

图表 6-1

耗用材料分配表

材料科目:主要材料　　　　2006 年 6 月　　　　　　单位:元

工程编号名称	本月领用材料计划价格成本	加:月初现场存料计划价格成本	减:月末现场存料计划价格成本	本月耗用材料计划价格成本	材料成本差异(+2%)	本月耗用材料实际成本
103 厂房建筑工程	46 000		2 000	44 000	880	44 880
104 办公楼建筑工程	40 000			40 000	800	40 800
105 宿舍建筑工程	18 000			18 000	360	18 360
201 厂房水电安装工程	10 000			10 000	200	10 200
合　计	114 000		2 000	112 000	2 240	114 240

(图表 6-1 的背面)

工程编号名称	钢材(吨)	木材(立方米)	水泥(吨)	砖(千块)	瓦(千张)	砂(吨)	石(吨)	石灰(吨)	沥青(吨)	油毡(卷)
103 厂房建筑工程										
104 办公楼建筑工程										
105 宿舍建筑工程										
201 厂房水电安装工程										
合　计										

周转材料的摊销额可根据"周转材料摊销额计算表"记入各项工程成本的"材料费"项目。周转材料租赁费可根据租赁费用账单,记入各项工程成本的"材料费"项目。

二、人工费的计算

工程成本中的"人工费"项目,包括直接从事建筑安装工程施工工人及现场从事运料、配料等辅助工人的工资和职工福利费。

在工程成本计算中,计时工人的工资,可根据"工时汇总表"中各项工程耗用的作业工时总数和各该施工单位的平均工资率计算。所谓施工单位平均工资率,就是以月份内各该施工单位建筑安装工人(包括辅助工人)作业工时总和,除建筑安装工人(包括辅助工人)的工资总额和职工福利费所得的商数。它的计算公式如下:

$$\text{某施工单位平均工资率(元/时)} = \frac{\text{月份内该施工单位建筑安装工人工资总额(元)} + \text{月份内该施工单位建筑安装工人职工福利费(元)}}{\text{月份内该施工单位建筑安装工人作业工时总和(时)}}$$

用施工单位平均工资率乘各项工程耗用的工时,就可算得各该工程在某月份内应分配的人工费。

$$\text{某项工程应分配的人工费} = \text{该项工程耗用工时} \times \text{施工单位平均工资率}$$

如某施工单位在2006年6月份建筑安装工人的工资总额为40 240元,职工福利费为5 320元,建筑安装工人作业工时总和为22 780时,则:

$$\text{该施工单位的平均工资率} = \frac{40\ 240 + 5\ 320}{22\ 780} = 2.00(\text{元/时})$$

根据求得的平均工资率和建筑安装工人"工时汇总表"中各项工程耗用的作业工时数,即可在如图表6-2所示的"人工费分配表"中计算各项工程的人工费,据以记入各项工程成本的"人工费"项目。在"人工费分配表"的背面,也可按成本计算对象分别汇总各工种工人的作业工时数,以便与按预算定额或施工定额计算的工时数对比,分析各项工程成本中人工费超降的原因。

图表 6-2

人工费分配表

平均工资率：2.00元/时　　2006年6月

工程编号名称	工 时 数	人工费（元）
103 厂房建筑工程	10 500	21 000
104 办公楼建筑工程	6 200	12 400
105 宿舍建筑工程	4 080	8 160
201 厂房水电安装工程	2 000	4 000
合　　计	22 780	45 560

（图表 6-2 的背面）

工程编号名称	泥　工	木　工	钢筋工
103 厂房建筑工程			
104 办公楼建筑工程			
105 宿舍建筑工程			
201 厂房水电安装工程			
合　　计			

对计件工人的计件工资，可直接根据"工程任务单"中工资额汇总计入各项工程成本，其他津贴和职工福利费等，可按占计件工资总额的百分比，计算计入各项工程成本的人工费。

第四节　机械使用费的核算

一、机械使用费的组成和核算

工程成本中的"机械使用费"，是指施工企业在机械化施工中使用施工机械而发生的各项费用。随着工程机械化施工程度的不断提高，机械使用费在工程成本中的比重也日益增长。因此，加强施工机械的管理和核算,对于提高施工机械的利用率,加速施工进度,节约劳动力和降低工程成本都有着重要的意义。

合理组织机械施工,对充分利用机械设备、确保工程工期、降低机械使用费起着很大的作用。

目前,对施工企业的施工机械,一般采用以下两种管理方法:

1. 一般中小型机械如小型挖土机、机动翻斗车、混凝土搅拌机、砂浆搅拌机等,由土建施工单位使用并负责管理。

2. 大型机械和数量不多的特殊机械设备如大型挖土机、推土机、压路机、大型吊车、升板滑模设备等,由机械施工单位负责管理,根据各土建施工单位施工的需要,由机械施工单位进行施工,或将机械租给土建施工单位,向土建施工单位结算机械台班费或机械租赁费。

为了便于与预算数对比分析,机械使用费的内容要和机械台班费定额中规定的内容相同,一般包括:

1. 人工费。指机上操作人员的工资和职工福利费。

2. 燃料、动力费。指施工机械耗用的燃料、动力费。

3. 材料费。指施工机械耗用的润滑材料和擦拭材料等。

4. 折旧修理费。指对施工机械计提的折旧费、大修理费用摊销和发生的经常修理费,以及租赁施工机械的租赁费。

5. 替换工具、部件费。指施工机械上使用的传动皮带、轮胎、胶皮管、钢丝绳、变压器、开关、电线、电缆等替换工具和部件的摊销和维修费。

6. 运输装卸费。指将施工机械运到施工现场、远离施工现场(若运往其他现场,运出费用由其他施工现场的工程成本负担)和在施工现场范围内转移的运输、安装、拆卸及试车等费用。对小型施工机械,其运输费一般都包括在机械台班费定额内。如果数额不大,可直接记入"生产成本——机械作业成本"或"机械作业"科目,列作当月工程成本。如果数额较大,可先记入"待摊费用"科目,然后按照在现场内施工期限分次从"待摊费用"科目转入"生产成本——机械作业成本"或"机械作业"科目,摊入各月工程成本。对大型施工机械的运输费(即大型机械场外运输费),由于数额较大,可先记入"待摊费用"科目,在收到发包单位机械场外运输费用时,再自"待摊费用"科目一次转入"生产成本——机械作业成本"或"机械作业"科目;如场外运输费由一个核算对象负担时,则应一次转入"生产成本——工程施工成本"或"工程施工"科目。

7. 辅助设施费。指为使用施工机械而建造、铺设的基础、底座、工作台、行走轨道等费用。施工机械的辅助设施费,如果数额较大,也应先记入"待摊费用"或"长期待摊费用"科目,然后按照在现场内施工的期限,分次从"待摊费用"或"长期待摊费用"科目转入"生产成本——机械作业成本"或"机械作业"科目,摊入各月工程成本。

8. 养路费、牌照税。指为施工运输机械(如铲车等)交纳的养路费和牌照税。

9. 间接费用。指机械施工单位组织机械施工、保管机械发生的费用和停机棚的折旧、维修费等。如果是内部独立核算单位,应设置间接费用明细分类账,进行明细分类核算。

至于施工机械所加工的各种材料,如搅拌混凝土时所用的水泥、砂、石等,应记入工程成本的"材料费"项目,为施工机械担任运料、配料和搬运成品的工人的工资,应记入工程成本的"人工费"项目。

机械使用费的总分类核算,在"生产成本——机械作业成本"或"机械作业"科目内进行。企业发生的各项机械使用费,都要自"原材料"、"低值易耗品——低值易耗品摊销"、"材料成本差异"、"生产成本——辅助生产成本"、"待摊费用"、"银行存款"、"应付工资"或"应付职工薪酬——应付工资"、"应付福利费"或"应付职工薪酬——应付福利费"、"累计折旧"、"长期待摊费用"等科目的贷

方转入"生产成本——机械作业"或"机械作业"科目的借方,作如下分录入账:

借:生产成本——机械作业成本或机械作业　　15 200
　　贷:原材料　　　　　　　　　　　　　　　1 000
　　　　低值易耗品——低值易耗品摊销　　　　1 300
　　　　材料成本差异　　　　　　　　　　　　　42
　　　　生产成本——辅助生产成本　　　　　　1 200
　　　　待摊费用　　　　　　　　　　　　　　600
　　　　银行存款　　　　　　　　　　　　　1 098
　　　　应付工资或应付职工薪酬——应付工资　4 000
　　　　应付福利费或应付职工薪酬——应付福利费　560
　　　　累计折旧　　　　　　　　　　　　　3 600
　　　　长期待摊费用　　　　　　　　　　　1 800

机械使用费的明细分类核算,对大型施工机械,可按每台机械分别进行;对中型施工机械,一般可按机械类别进行;对没有专人使用的小型施工机械,如打夯机、卷扬机、砂浆机、钢筋木工机械等,可合并进行,并仅计算它们的折旧、修理费。

"机械作业明细分类账"的格式如图表 6-3 所示。

对于只有一个成本计算对象的施工现场上的各种施工机械,也可按施工现场设置"机械作业明细分类账",记录该现场上各种施工机械的使用费,于月终将发生的使用费记入该现场工程成本的"机械使用费"项目。

二、机械使用费的分配

机械使用费的分配,一般都以施工机械的工作台时(台班)或完成工程量为标准。各施工机械对各个成本计算对象施工的工作时台时(台班)或完成工程量,可以根据各种机械的使用记录,在"机械使用月报"中加以汇总。"机械使用月报"的格式如图表6-4所示。

图表6-3

机械作业明细分类账

机械类别或名称：中型机械　　型号：　　合数：

2006年		凭证号数	摘要	借方金额	贷方金额	借或贷	余额	明细科目借方发生额								
月	日							人工费	燃料动力费	材料费	折旧修理费	替换工具部件费	运输装卸费	辅助设施费	养路费牌照税	间接费用
6	5		支付机械进场运费	798									798			
	30		分摊辅助设施费	600										600		
	30		计提固定资产折旧	3 600							3 600					
	30		摊销大修理支出	1 800							1 800					
	30		耗用机械配件	500							500					
	30		分摊维修费用	1 200							1 200					
	30		摊销低值易耗品	1 332								1 332				
	30		耗用燃料	510					510							
	30		支付电费	300					300							
	30		分配操作人员工资	4 000				4 000								
	30		分配操作人员福利费	560				560								
			本月合计	15 200		借	15 200	4 560	810		7 100	1 332	798	600		

图表6-4

机械使用月报

2006年6月

机械类别或名称	台数	工作台时						停工台时		
		103厂房建筑工程	104办公楼建筑工程	105宿舍建筑工程	201厂房水电安装工程	……	小计	修理	气候影响	待工
0.3立方米履带挖土机	2	240		50			290	24	32	54
0.4立方米混凝土搅拌机	4	140	100	60			300			

根据"机械作业明细分类账"记录的机械使用费合计数和"机械使用月报"中各个成本计算对象的工作台时(台班)或完成工程量,就可通过下列公式,将机械使用费进行分配。

$$\begin{matrix} \text{某项工程} \\ \text{应 分 配 的} \\ \text{机械使用费} \end{matrix} = \begin{matrix} \text{该项工程使用机械} \\ \text{的工作台时(台班)} \\ \text{或 完 成 工 程 量} \end{matrix} \times \frac{\text{机械使用费合计}}{\begin{matrix}\text{机械工作台时(台班)}\\\text{或完成工程量合计}\end{matrix}}$$

为了简化计算手续,对于各种中型施工机械的机械使用费的明细分类核算,也可不分机械类别进行。在这种情况下,对于各个成本计算对象应分配的机械使用费,可在月终先根据"机械使用月报"中各种机械的工作台时(或台班或完成工程量,下同)合计和各该机械台时费计划数(或台班费计划数或单位工程量机械使用费计划数,下同),算出当月按台时费计划数计算的机械使用费合计,再计算实际发生的机械使用费占按台时费计划数计算的机械使用费计划数合计的百分比,然后将各个成本计算对象按台时费计划数计算的机械使用费计划数,按算得的百分比加以调整:

$$\begin{matrix}\text{按台时费计划}\\\text{数计算的机械}\\\text{使用费合计}\end{matrix} = \Sigma \begin{pmatrix}\text{机械工} & \text{该机械}\\\text{作台时} \times \text{台时费}\\\text{合 计} & \text{计划数}\end{pmatrix}$$

$$\text{某项工程应分配的机械使用费} = \Sigma \left(\text{该项工程使用机械的工作台时计划数} \times \text{机械台时费} \right) \times \frac{\text{实际发生的机械使用费}}{\text{按台时费计划数计算的机械使用费合计}}$$

现举例说明分配计算方法如下：

1. 先确定各种施工机械每个台时费计划数。施工机械台时费计划数的计算，可参照以往核算资料确定，也可根据施工机械原值、折旧率、大修理费用、随机操作人员工资、估计年工作台时等资料加以计算。以 0.3 立方米履带挖土机为例：

随机操作人员工资（1 人×人年工资 4 200 元）	4 200 元
随机操作人员福利费	588 元
动力用电费（年工作 220 台班×台班电费 8 元）	1 760 元
折旧费（机械原值 50 000 元×年折旧率 7.2%）	3 600 元
大修理费	1 800 元
经常修理费	1 800 元
运输装卸费（12 次×每次 200 元）	2 400 元
替换工具、部件费及其他	1 452 元
年度机械使用费计划数合计	17 600 元
每个台班费计划数为：	$\frac{17\ 600}{220} = 80$ 元
每个台时费计划数为：	$\frac{80}{8} = 10$ 元

上列动力用电费，若和其他施工用电费划分不开，可并入其他直接费项目计算，在计算机械台时费计划数时，就不再计算。

2. 求出各种施工机械按台时费计划数计算的机械使用费合计，即：

$$\Sigma(\text{机械工作台时合计} \times \text{该机械台时费计划数})$$

设例中：

0.3 立方米履带挖土机

　　　　290 台时×台时费计划数 10.00 元　　　　2 900 元

　　0.4 立方米混凝土搅拌机

　　　　300 台时×台时费计划数 3.20 元　　　　960 元

　　其他施工机械　　　　　　　　　　　　　　12 140 元

　　按台时费计划数计算的机械使用费合计　　　16 000 元

3. 根据"机械作业明细分类账"汇总计算实际发生的机械使用费。设例为 15 200 元。

4. 计算机械使用费实际数占按台时费计划数计算的百分比。

$$\frac{实际发生的机械使用费}{\sum(机械工作台时合计 \times 该机械台时费计划数)} \times 100\%$$

$$= \frac{15\ 200}{16\ 000} \times 100\% = 95\%$$

5. 将各成本计算对象按台时费计划数计算的机械使用费,按算得的百分比加以调整。

$$某项工程应分配的机械使用费 = \sum \begin{pmatrix} 该项工程 \\ 使用机械 \\ 的工作台时 \end{pmatrix} \times \begin{pmatrix} 机械 \\ 台时费 \\ 计划数 \end{pmatrix} \times \begin{pmatrix} 机械使用费实际数 \\ 占按台时费计划数 \\ 计算的百分比 \end{pmatrix}$$

如 103 厂房建筑工程按各机械工作台时和按台时费计划数计算的机械使用费合计数为 6 000 元。则:

　　应分配的机械使用费为:　　　　6 000×95%＝5 700(元)

根据上面计算,就可编制如图表 6-5 所示的"机械使用费分配表"。

根据图表 6-5 中机械使用费分配数,就可将各个成本计算对象分配的机械使用费记入各项工程成本的"机械使用费"项目,并在总分类核算中作如下分录入账:

图表6-5

机械使用费分配表

2006年6月

实际发生机械使用费 15 200 元

机械类别或名称	0.3立方米履带挖土机		0.4立方米混凝土搅拌机		(其他从略)		按合时费计划数计算的机械使用费	实际数占按合时费计划数计算的百分比 95%
工作合时合计	290台时		300台时					
合时费计划数	10元/台时		3.20元/台时					
工程编号名称	工作合时	金额	工作台时	金额	工作台时	金额		机械使用费分配数
103 厂房建筑工程	240	2 400	140	448			6 000	5 700
104 办公楼建筑工程			100	320			5 200	4 940
105 宿舍建筑工程	50	500	60	192			2 800	2 660
201 厂房水电安装工程							2 000	1 900
合　　计	290	2 900	300	960			16 000	15 200

借:生产成本——工程施工成本或工程施工　　　15 200
　　贷:生产成本——机械作业成本或机械作业　　　15 200

在实际工作中,对于各项工程的机械使用费,在平时也可先按台时费计划数计算的机械使用费入账,于季末或年末再按实际发生的机械使用费加以调整。这样做,既可简化核算手续,又可均衡各月工程成本负担的机械使用费,使工程成本不受转移工地、季节施工等客观条件变化的影响。在此情况下,施工机械发生的场外运输费和辅助设施费,也可不必先记入"待摊费用"科目,而直接记入"生产成本——机械作业成本"或"机械作业"科目。当然,这必须有比较切合实际的机械台时费计划数。

对于小型施工机械,一般没有专人使用,也没有使用记录,当然也不可能按使用台时进行分配。小型施工机械的折旧、修理费,可于月末按各个成本计算对象的工料费(或工作量或人工费)的比例,分配记入各项工程成本的"机械使用费"项目。

三、机械施工单位对机械使用费的核算

机械施工单位的机械使用费,除了包括机上操作人员工资、燃料和动力费、材料费、机械折旧、修理费、替换工具和部件费、运输装卸费、辅助设施费和养路费、牌照税外,还包括为组织机械施工和保管机械而发生的各项间接费用。

机械施工单位如果作为施工企业的一个内部核算单位,当它为各土建施工单位施工时,应按实际发生的机械使用费(包括间接费,下同)向土建施工单位进行结算。否则,土建施工单位就算不出各项工程在本企业内发生的实际成本。

为了使土建施工单位及时结算工程成本并简化核算手续,机械施工单位为土建施工单位施工的机械使用费,也可按机械台时费计划数(或台班费计划数或单位工程量机械使用费计划数,下同)计算的机械使用费先行结算,于季末、年末再将按台时费计划数计算的结算数,按实际发生的机械使用费加以调整。机械施工

单位应转给土建施工单位的机械使用费和季末、年末对土建施工单位调整的机械使用费的计算公式如下:

$$\begin{matrix}\text{应转给某土建}\\\text{施工单位的}\\\text{机械使用费}\end{matrix} = \begin{matrix}\text{对该土建施工单位}\\\text{按台时费计划数}\\\text{结算的机械使用费}\end{matrix} \times \frac{\text{实际发生的机械使用费}}{\begin{matrix}\text{对各土建施工单位按台时费计}\\\text{划数结算的机械使用费合计数}\end{matrix}}$$

$$\begin{matrix}\text{季末、年末对某}\\\text{土建施工单位调}\\\text{整的机械使用费}\end{matrix} = \begin{matrix}\text{应转给某土建}\\\text{施工单位的}\\\text{机械使用费}\end{matrix} - \begin{matrix}\text{已结算的按台时}\\\text{费计划数计算的}\\\text{机械使用费}\end{matrix}$$

机械施工单位如果是施工企业的内部独立核算单位,当它为各土建施工单位施工时,应按规定的台班费和间接费定额结算,土建施工单位直接记入"生产成本——工程施工成本"或"工程施工"科目。

第五节 其他直接费的核算

一、其他直接费的组成和核算

工程成本项目中的其他直接费,是指为完成工程项目施工、发生于施工前和施工过程中但不能计入材料费、人工费、机械使用费项目的其他生产费用。它主要包括:

1. 环境保护费。指施工现场为达到环保部门要求所发生的各项费用。

2. 安全施工费。指施工现场达到安全施工所发生的各项费用。

3. 临时设施费。指为工程施工所必须搭设的生产生活用的临时宿舍、文化福利及公用设施、仓库、办公室、加工厂,以及规定范围内道路、水、电、管线等临时设施的搭设、维修、拆除费或摊销费。

4. 施工排水、降水费。指为确保工程在正常条件下施工,采取各种排水、降水措施所发生的各种费用。

5. 施工过程中耗用的水、电、风、汽费。

6. 冬雨季施工费,指为保证工程质量,采取保温、防雨措施而增加的材料、人工和各项设施的费用。

7. 夜间施工增加费,指组织夜间连续施工而发生的照明设施摊销费和夜餐补助费等。

8. 因场地狭小等原因而发生的材料两次搬运费。

9. 土方运输费。

10. 生产工具、仪器使用费,指施工生产所需的不属于固定资产的生产工具、仪器仪表等的购置、摊销和维修费。

11. 检验试验费。指对建筑材料、构件和建筑安装物进行一般鉴定、检查所发生的费用。

此外,铁路、公路、通信、输电、长距离输送管道等工程在原始森林、高原、沙漠等特殊地区施工的,还包括特殊地区施工增加费。

各施工单位在现场耗用的水、电、风、汽和运输等作业,如由企业所属辅助生产单位自己供应,应通过"生产成本——辅助生产成本"科目核算,将发生的费用先记入"生产成本——辅助生产成本"科目的借方(如由企业内部独立核算运输队进行运输作业,应通过"生产成本——机械作业成本"或"机械作业"科目核算),然后根据各个成本计算对象耗用的数量,按照上节所述机械使用费的分配方法,对各个成本计算对象进行分配,将分配数记入"生产成本——工程施工成本"或"工程施工"科目的借方和各项工程成本的"其他直接费"项目:

借:生产成本——工程施工成本或工程施工　　×××
　　贷:生产成本——辅助生产成本　　　　　　×××

各施工单位在现场耗用的水、电、风、汽和运输等作业,如由其他企业或企业所属内部独立核算单位供应,可按实际结算数记入"生产成本——工程施工成本"或"工程施工"科目的借方和有关工程成本的"其他直接费"项目：

借：生产成本——工程施工成本或工程施工　　　×××
　　贷：银行存款或内部往来　　　　　　　　　　×××

对于不能直接记入各个成本计算对象的水、电、风、汽等费用，可在月终根据各个成本计算对象的实际用量、定额用量等，编制"水、电、风、汽、运输费用分配表"，将各项费用分配于各个成本计算对象。

"水、电、风、汽、运输费用分配表"的格式如图表6-6所示。

图表6-6

水、电、风、汽、运输费用分配表

2006年6月

费用名称	电	费	（其他从略）			
费用总额	204元					
耗用量	2 000度					合　计
单位成本	0.102元/度					
工程编号名称	耗用量	分配金额	耗用量	分配金额	耗用量	分配金额
103 厂房建筑工程	800	81.60				1 420
104 办公楼建筑工程	600	61.20				1 060
105 宿舍建筑工程	400	40.80				980
201 厂房水电安装工程	200	20.40				500
合　计	2 000	204.00				3 960

根据"水、电、风、汽、运输费用分配表"，就可将各个成本计算对象分配的水、电、风、汽、运输费用记入各项工程成本的"其他直接费"项目。

对于在施工现场发生的环境保护费、安全施工费、临时设施费、施工排水降水费、冬雨季施工费、夜间施工增加费、生产工具仪器使用费、检验试验费，凡能直接记入各个成本计算对象的，应直接记入;不能直接记入各个成本计算对象的,应先汇总登记,然后按照一定标准(如人工费、材料费和机械使用费)将它分配记入各个成本计算对象。

二、运输作业成本的计算

施工企业所属的运输队,主要为施工单位等提供运输作业,将土方、材料、构件、机具等运到指定地点。运输作业的计量单位,一般是吨公里或台班,每一吨公里或台班的费用支出,就是它的单位成本。在以吨公里为运输作业计量单位的运输队,一般只要为运输作业设置一张"机械作业成本明细分类账",按成本项目(一般可分设人工费、燃料动力费、材料费、折旧修理费、替换工具部件费、其他直接费、间接费用等项目)分栏登记发生的生产费用,以完成的吨公里除当月发生的生产费用,求得每一吨公里运输成本。

$$吨公里运输成本 = \frac{本月发生生产费用}{本月运输吨公里}$$

在以台班为运输作业计量单位的运输队,若没有进行单车核算的,一般要为车辆的不同类型(如4吨载重汽车、8吨载重汽车、15吨载重汽车、3.5吨自卸汽车、7吨自卸汽车等)分别设置机械作业成本明细分类账。因为车辆的类型不同,台班的收费和成本也不一样,所以应分别计算。以各类车辆完成的台班数除车辆发生的生产费用,求得该类车辆的台班运输成本。

$$台班运输成本 = \frac{本月发生生产费用}{本月运输台班}$$

如某施工企业所属内部独立核算运输队有8吨载重汽车10辆,7吨自卸汽车8辆。8吨载重汽车按吨公里为运输计量单位,7吨自卸汽车以台班为运输计量单位。在8月份内,8吨载重汽车、7吨自卸汽车和车辆管理部门共发生了如图表6-7所示的各项生产费用。

图表 6-7

单位：元

费 用 项 目	8 吨载重汽车	7 吨自卸汽车	间接费用
生产工人工资	5 400	2 800	
分配工人福利费	756	392	
油料	7 920	5 209	
其他材料	200	150	
车辆折旧	4 200	1 800	
摊销车辆大修支出	3 360	1 440	
经常修理费	4 240	2 160	
摊销轮胎及工具费	4 200	1 800	
养路费、牌照税、检验费	5 324	3 649	
间接费用			8 250

根据图表 6-7 的情况，应为 8 吨载重汽车和 7 吨自卸汽车分别开设机械作业成本明细分类账和间接费用明细分类账，先行汇总记录发生的间接费用，然后按照一定的标准，分配计入 8 吨载重汽车和 7 吨自卸汽车的运输成本。设例中，假定以直接费为分配间接费用的标准。在 8 月份内，8 吨载重汽车发生的直接费为 35 600 元，7 吨自卸汽车发生的直接费为 19 400 元，所以：

$$\text{8 吨载重汽车分配的间接费用} = 8\,250 \times \frac{35\,600}{35\,600 + 19\,400} = 5\,340(\text{元})$$

$$\text{7 吨自卸汽车分配的间接费用} = 8\,250 \times \frac{19\,400}{35\,600 + 19\,400} = 2\,910(\text{元})$$

如果 8 月份内 8 吨载重汽车共完成 163 760 吨公里的运输量，7 吨自卸汽车共完成 223 台班，则：

$$\text{8 吨载重汽车每吨公里运输成本} = \frac{35\,600 + 5\,340}{163\,760} = \frac{40\,940}{163\,760} = 0.25(\text{元/吨公里})$$

$$\text{7吨自卸汽车每台班运输成本} = \frac{19\,400 + 2\,910}{223} = \frac{22\,310}{223} = 100(元/台班)$$

设例中,经登记的 8 吨载重汽车的机械作业成本明细分类账如图表 6-8 所示。

图表 6-8

机械作业成本明细分类账

车辆类型:8 吨载重汽车　　　　　　　　　　　　　　　　　辆数:10

2006年		凭证号数	摘要	人工费	燃料动力费	材料费	折旧修理费	替换工具部件费	其他直接费	间接费用	合计
月	日										
8	20		支付养路费、牌照税						5 324		5 324
	31		分配工人工资	5 400							5 400
	31		分配工人福利费	756							756
	31		耗用油料		7 920						7 920
	31		耗用其他材料			200					200
	31		计提车辆折旧				4 200				4 200
	31		摊销大修理支出				3 360				3 360
	31		结转经常修理费				4 240				4 240
	31		摊销轮胎及工具费					4 200			4 200
	31		分配间接费用							5 340	5 340
8	31		本月总成本	6 156	7 920	200	11 800	4 200	5 324	5 340	40 940
			本月吨公里运输成本(运输量 163 760 吨公里)								0.25

至于各施工单位为施工现场达到环保安全施工等要求而发生的环境保护费、安全施工费、临时设施费等其他直接费,应将其发生额按各成本计算对象的材料费、人工费和机械使用费的比例,分配计入在该现场施工的各个成本计算对象。

第六节 间接费用的核算

一、间接费用的组成

建筑安装工程成本中除了各项直接费外,还包括企业所属各施工单位,如工程处、施工队、项目经理部为施工准备、组织和管理施工生产所发生的各项费用。这些费用不能确定其为某项工程所应负担,因而无法将它直接记入各个成本计算对象。为了简化核算手续,可将它先记入"生产成本——工程施工成本——间接费用"或"工程施工——间接费用"①科目,然后按照适当分配标准,将它记入各项工程成本。

为了编制施工单位间接费用预算,组织间接费用的明细分类核算,以便据以考核费用预算的执行结果,分析各项费用增减变动的原因,进一步节约费用开支,降低工程成本,间接费用应按有关规定分设如下明细项目:

1. 管理人员工资。指施工单位管理人员的工资、奖金和工资性津贴。

2. 职工福利费。指按照施工单位管理人员工资总额的14%提取的职工福利费。

3. 劳动保护费。指用于施工单位职工的劳动保护用品和技术安全设施的购置、摊销和修理费,供职工保健用的解毒剂、营养品、防暑饮料、洗涤肥皂等物品的购置费或补助费,以及工地上职工洗澡、饮水的燃料费等。

4. 办公费。指施工单位管理部门办公用的文具、纸张、账表、印刷、邮电、书报、会议、水电、烧水和集体取暖(包括现场临时宿舍

---

① 施工企业的间接费用,也可将企业会计制度或企业会计准则中的"制造费用"科目改为"间接费用"科目,在间接费用科目核算。

取暖)用煤等费用。

5. 差旅交通费。指施工单位职工因公出差期间的旅费、住勤补助费,市内交通费和误餐补助费,职工探亲路费,劳动力招募费,职工离退休、退职一次性路费,工伤人员就医路费,工地转移费,以及现场管理使用的交通工具的油料、燃料、养路费及牌照费等。

6. 折旧费。指施工单位施工管理和试验部门等使用属于固定资产的房屋、设备、仪器,以及不实行内部独立核算的辅助生产单位的厂房等的折旧费。

7. 修理费。指施工单位施工管理和试验部门等使用属于固定资产的房屋、设备、仪器,以及不实行内部独立核算的辅助生产单位的厂房等的经常修理费和大修理费。

8. 工具用具使用费。指施工单位施工管理和试验部门等使用不属于固定资产的工具、器具、家具和检验、试验、测绘、消防用具等的购置、摊销和维修费。

9. 保险费。指施工管理用财产、车辆保险费,以及海上、高空、井下作业等特殊工种安全保险费。

10. 工程保修费。指工程竣工交付使用后,在规定保修期以内的修理费用。应采用预提方式计入。

11. 其他费用。指上列各项费用以外的其他间接费用,如工程排污费等。

从间接费用明细项目中,可以看出它与材料费等变动费用不同。它属于相对固定的费用,其费用总额并不随着工程量的增减而成比例的增减。但就单位工程分摊的费用来说,则随着工程数量的变动成反比例的变动,即完成工程数量增加,单位工程分摊的费用随之减少;反之,完成工程数量减少,单位工程分摊的费用随之增加。因此,超额完成工程任务,也可降低工程成本。

施工单位间接费用的总分类核算,在"生产成本——工程施工成本——间接费用"或"工程施工——间接费用"科目进行,在发生时,都要自"原材料"、"低值易耗品——低值易耗品摊销"、"材料成本差异"、"应付工资"或"应付职工薪酬——应付工资"、"应付福利费"或"应付职工薪酬——应付福利费"、"银行存款"、"现金"、"累计折旧"、"长期待摊费用"、"预提费用"等科目的贷方转入"生产成本——工程施工成本——间接费用"或"工程施工——间接费用"科目的借方,作如下分录入账:

借:生产成本——工程施工成本——间接费用
　　或工程施工——间接费用　　　　　　　22 218
　贷:原材料　　　　　　　　　　　　　　　　500
　　低值易耗品——低值易耗品摊销　　　　　3 300
　　材料成本差异　　　　　　　　　　　　　　42
　　应付工资或应付职工薪酬——应付工资　　8 000
　　应付福利费或应付职工薪酬——应付福利费 1 120
　　银行存款　　　　　　　　　　　　　　　5 238
　　现金　　　　　　　　　　　　　　　　　258
　　累计折旧　　　　　　　　　　　　　　　1 750
　　长期待摊费用　　　　　　　　　　　　　510
　　预提费用　　　　　　　　　　　　　　　1 000

间接费用的明细分类核算,一般要按施工单位设置间接费用明细分类账,将发生的间接费用按明细项目分栏登记。间接费用明细分类账的格式如图表6-9所示。

二、间接费用的分配

每月终了,应对间接费用进行分配。因为间接费用是在企业下属的直接组织和管理施工生产活动的单位发生的费用,这些施工单位同时进行多项工程的施工,其发生的费用也应由这些工程共同负担,所以必须对间接费用进行分配。

间接费用的分配方法,主要有直接费比例法和人工费比例法。

图表6-9

间接费用明细分类账

2006年		凭证号数	摘要	借方金额	贷方金额	借或贷	金额	明细科目借方发生额							
月	日							管理人员工资	职工福利费	劳动保护费	办公费	差旅交通费	折旧费	修理费	工具用具使用费	其他费用
6	5		支付办公用品费	120								120				
	6		报销差旅费	180									180			
～	～	～	～	～	～	～	～	～	～	～	～	～	～	～	～	～
	30		管理人员工资	8 000				8 000								
	30		职工福利费	1 120					1 120							
	30		计提固定资产折旧	1 750										1 750		
	30		摊销大修理支出	510												510	
	30		摊销低值易耗品	3 300							2 200					1 100
	30		耗用其他材料	510								102	408			
			本月合计	22 218		借	22 218	8 000	1 120	3 740	2 372	1 080	1 750	920	1 100	2 136

· 244 ·

所谓直接费比例法,就是以各项工程(即成本计算对象)发生的直接费为基数分配间接费用的一种方法。其计算公式如下:

$$\text{间接费用分配率} = \frac{\text{本月实际发生的全部间接费用}}{\text{各项工程本月实际发生的直接费之和}} \times 100\%$$

$$\text{某项工程应分配的间接费用} = \text{该项工程本月实际发生的直接费} \times \text{间接费用分配率}$$

所谓人工费比例法,就是以各项工程发生的人工费为基数分配间接费用的一种方法。其计算公式如下:

$$\text{间接费用分配率} = \frac{\text{本月实际发生的全部间接费用}}{\text{各项工程本月实际发生的人工费之和}} \times 100\%$$

$$\text{某项工程应分配的间接费用} = \text{该项工程本月实际发生的人工费} \times \text{间接费用分配率}$$

上述分配方法,对只有建筑工程或只有安装工程的施工企业来说,是合理的。但对一个既有建筑工程又有安装工程的施工企业来说,就很不合理。因在工程成本中,建筑工程主要是材料费,安装工程主要是人工费,如按直接费比例分配间接费用,就会使安装工程分配的间接费用过少,如按人工费比例分配间接费用,又会使建筑工程分配的间接费用过少。在这种情况下,就可根据历史数据或过去预算定额,对建筑工程测算按直接费比例分配的间接费用定额,对安装工程测算按人工费比例分配的间接费用定额,然后按下列计算公式,将各月实际发生的间接费用,按各项工程间接费用定额计算的间接费用的比例进行分配:

$$\text{某项工程本月应分配的间接费用} = \text{本月实际发生的间接费用} \times \frac{\text{该项工程本月实际发生的直接费或人工费} \times \text{该项工程规定的间接费用定额}}{\sum\left(\text{各项工程本月实际发生的直接费或人工费} \times \text{各项工程规定的间接费用定额}\right)}$$

在实际核算工作中,对于间接费用的分配,往往先计算本月实际发生的间接费用与按间接费用定额计算的间接费用的百分比,再将各项建筑安装工程按定额计算的间接费用进行调整。即:

$$\begin{aligned}\text{某项工程本月应}\atop\text{分配的间接费用}=&{\text{该项工程本月实际发}\atop\text{生的直接费或人工费}}\times{\text{该项工程规定的}\atop\text{间 接 费 用 定 额}}\\&\times\frac{\text{本月实际发生的间接费用}}{\Sigma\left({\text{各项工程本月实际发}\atop\text{生的直接费或人工费}}\times{\text{各项工程规定的}\atop\text{间 接 费 用 定 额}}\right)}\end{aligned}$$

如某施工单位在 2006 年 6 月份,计发生应分配的间接费用 22 218 元,各项工程在 6 月份内发生的直接费、人工费和它们的间接费用定额如图表 6-10 所示。

图表 6-10

项　　目	分 配 标 准	间接费用定额
103 厂房建筑工程	直接费 136 000 元	6%
104 办公楼建筑工程	直接费 111 000 元	6%
105 宿舍建筑工程	直接费　55 000 元	6%
201 厂房水电安装工程	人工费　 3 040 元	100%

根据上列公式,即可为各项工程算得 6 月份应分配的间接费用:

103 厂房建筑工程

$$136\,000\times 6\% \times \frac{22\,218}{(136\,000\times 6\%+111\,000\times 6\%+55\,000\times 6\%+3\,040\times 100\%)}$$

$$=136\,000\times 6\% \times \frac{22\,218}{21\,160}=8\,568(元)$$

104 办公楼建筑工程 $\quad 111\,000\times 6\% \times \frac{22\,218}{21\,160}=6\,993(元)$

105 宿舍建筑工程 $\quad 55\,000\times 6\% \times \frac{22\,218}{21\,160}=3\,465(元)$

201 厂房水电安装工程 $\quad 3\,040\times 100\% \times \frac{22\,218}{21\,160}=3\,192(元)$

根据上面计算,就可编制如图表 6-11 所示的"间接费用分配表"。

图表 6-11

间接费用分配表

2006 年 6 月　　　　　　　　　　　　　　　单位：元

本月实际发生的间接费用 22 218 元		实际数占定额计算数的百分比	$\frac{22\ 218}{21\ 160} \times 100\% = 105\%$	
工程编号名称	直接费或人工费	定额(%)	按定额计算数	分配数
103 厂房建筑工程	136 000	6	8 160	8 568
104 办公楼建筑工程	111 000	6	6 660	6 993
105 宿舍建筑工程	55 000	6	3 300	3 465
201 厂房水电安装工程	3 040	100	3 040	3 192
合　　计			21 160	22 218

对于分配到各项工程的间接费，应自"生产成本——工程施工成本——间接费用"或"工程施工——间接费用"科目的贷方转入"生产成本——工程施工成本"或"工程施工"科目的借方。并记入各项工程施工成本明细分类账的"间接费用"项目。

借：生产成本——工程施工成本或工程施工　　　22 218
　　贷：生产成本——工程施工成本——间接费用
　　　　或工程施工——间接费用　　　　　　　　22 218

第七节　工程成本的明细分类核算

为了计算各项建筑安装工程的实际成本，会计部门在接到施工单位的"开工报告"后，就要根据上述有关成本计算对象的说明，为各该单项工程、单位工程或同类工程开设"工程施工成本明细分类账"(也叫"工程成本卡片")，用以记录各项工程的成本。同时，不论各该工程施工期限的长短，都须等到工程竣工，将各项发生或应摊费用全部记入后，工程施工成本明细分类账的记录方为完整。

为了反映和考核年度内各施工单位施工工程成本的超降情

况,并便于编制各施工单位的工程成本表,除了按成本计算对象设置"工程施工成本明细分类账"外,还要按施工单位设置"工程施工成本明细分类账",用以记录各该施工单位在年度内施工工程的成本。由于按施工单位设置"工程施工成本明细分类账"是为了反映年度内施工工程成本的超降情况,所以它按年开设账页。这是与按成本计算对象设置的"工程施工成本明细分类账"不同的地方。即前者按时间划分,后者按成本计算对象划分;前者用以编制"工程成本表",后者用以编制"单位工程竣工成本决算"。

"工程施工成本明细分类账"中各成本项目的实际成本栏,登记施工单位或该项工程各月发生的和分配的各项费用,这些费用根据上文所述"耗用材料分配表"、"周转材料摊销额计算表"、"人工费分配表"、"机械使用费分配表"、"水、电、风、汽、运输费用分配表"、"间接费用分配表"等所列数额记入。

按施工单位和按成本计算对象设置的"工程施工成本明细分类账"的格式,如图表 6-12 和图表 6-13 所示。

图表 6-12

工程施工成本明细分类账

施工单位:

2006年		凭证号数	摘 要	工程实际成本					
月	日			材料费	人工费	机械使用费	其他直接费	间接费用	合 计
5	31		1~5月累计			(从	略)		
6	30		耗用主要材料	114 240					114 240
	30		耗用结构件	138 350					138 350
	30		耗用其他材料	14 160					14 160
	30		摊销周转材料	7 130					7 130
	30		分配人工费		45 560				45 560
	30		分配机械使用费			15 200			15 200
	30		分配水、电、风、汽、运输费				3 960		3 960
	30		分配间接费用					22 218	22 218
6	30		本月合计	273 880	45 560	15 200	3 960	22 218	360 818

图表6-13

工程施工成本明细分类账

发包单位： 工程面积：1 530平方米 工程造价：1 192 500元
工程编号名称：104办公楼建筑工程 层 数：4 开工日期：2006年4月1日
工程结构：混合 楼 高：15米 竣工日期： 年 月 日

2006年		凭证号数	摘要	工程实际成本					
月	日			材料费	人工费	机械使用费	其他直接费	间接费用	合计
5	31			(从				略)	
6	30		耗用主要材料	40 800					40 800
	30		耗用结构件	46 560					46 560
	30		耗用其他材料	4 216					4 216
	30		摊销周转材料	1 224					1 224
	30		分配人工费		12 400				12 400
	30		分配机械使用费			4 940			4 940
	30		分配水、电、风、汽、运输费				1 060		1 060
	30		分配间接费用					6 993	6 993
6	30		本月合计	92 800	12 400	4 940	1 060	6 993	118 193

第八节 单位工程竣工成本决算

单位工程竣工时，要及时办理竣工成本决算。在正确计算竣工工程成本时，要检查发包单位供料、供水、供电和加工铁件等是否全部入账，现场剩余材料是否及时办理退料或转移手续，工程成本的记录是否完整正确，有无将属于专项工程的支出挤入工程成本等。

在检查工程预算造价是否完整时，要配合预算部门按实际完成工程量和有关记录，检查是否有预算漏项和计算错误。

在正确计算竣工工程的实际成本和预算造价的基础上，要及时办理单位工程竣工成本决算。因为单位工程是编制工程预算、结算工程价款的对象。为了反映工程预算的执行情况,分析工程成本的超降原因,并为同类型工程积累成本资料,就有必要在各个单位工程竣工时,对成本资料进行总结,以评价各个单位的施工管理水平,分析成本超降的主要原因,并根据施工管理中存在的问题,及时采取有效措施,加强管理,争取不断降低工程成本。为了做好竣工工程的成本决算,会计人员在施工过程中,要经常深入工地,协助工人班组搞好工料记录,积累成本分析资料,如材料消耗定额的执行情况,代用材料的使用情况,工时的节约或超支情况,降低成本措施的经济效益等。

单位工程"竣工成本决算"的格式如图表6-14所示。

图表6-14

竣工成本决算

建设单位:

工程编号名称:104办公楼建筑工程　　　　　建筑面积:1 530平方米

工程结构:混合　　　　　　　　　　　　　工程造价:1 192 500元

开工日期:2006年4月1日　　　　　　　　竣工日期:2006年11月25日

层数:4　　　　　　　楼高:15米　　　　　　　　单位:元

项　目	预算成本	实际成本	降低额	降低率(%)
材　料　费	720 000	676 800	43 200	6.00
人　工　费	112 500	110 240	2 260	2.00
机械使用费	54 000	51 300	2 700	5.00
其他直接费	13 500	12 860	640	4.74
直接费小计	900 000	851 200	48 800	5.42
间接费用	54 000	52 400	1 600	3.00
工程成本合计	954 000	903 600	50 400	5.28
补充资料:				
单位成本	623.35	590.59		

单位工程"竣工成本决算"的"预算成本"栏内各项目数字,可根据施工图预算分析填入。"实际成本"栏内各项目数字,根据"工程施工成本明细分类账"的记录填入。为了反映单位工程的全部成本,对于有分包单位参加施工的工程,还要在补充资料中反映分包工程成本,以便计算竣工工程的总成本和单位平方米造价。

对于将几个单位工程合并为一个成本计算对象的,可将几个单位工程合并办理成本决算,但必须按各个单位工程的预算造价的比例,计算各个单位工程的实际成本。

$$某项单位工程实际成本 = 某成本计算对象的实际总成本 \times \frac{该项单位工程预算造价}{某成本计算对象预算总造价}$$

如某施工单位承建某发包单位的托儿所、宿舍、食堂三个单位工程,由于结构相同,并在同一工地上同时施工,很难将各个单位工程用料分开,在成本计算时可以将它们合并为一个成本计算对象。竣工后结算其实际总成本为 570 000 元。三个单位工程的预算总造价为 840 000 元。其中,托儿所为 168 000 元,宿舍为 560 000 元,食堂为 112 000 元。则三个单位工程的实际成本为:

托儿所工程实际成本为:

$$570\,000 \times \frac{168\,000}{840\,000} = 114\,000(元)$$

宿舍工程实际成本为:

$$570\,000 \times \frac{560\,000}{840\,000} = 380\,000(元)$$

食堂工程实际成本为:

$$570\,000 \times \frac{112\,000}{840\,000} = 76\,000(元)$$

根据上文所述,现将工程施工成本计算的程序归纳并列示如图表 6-15 所示。

图表6-15

工程施工成本计算程序图

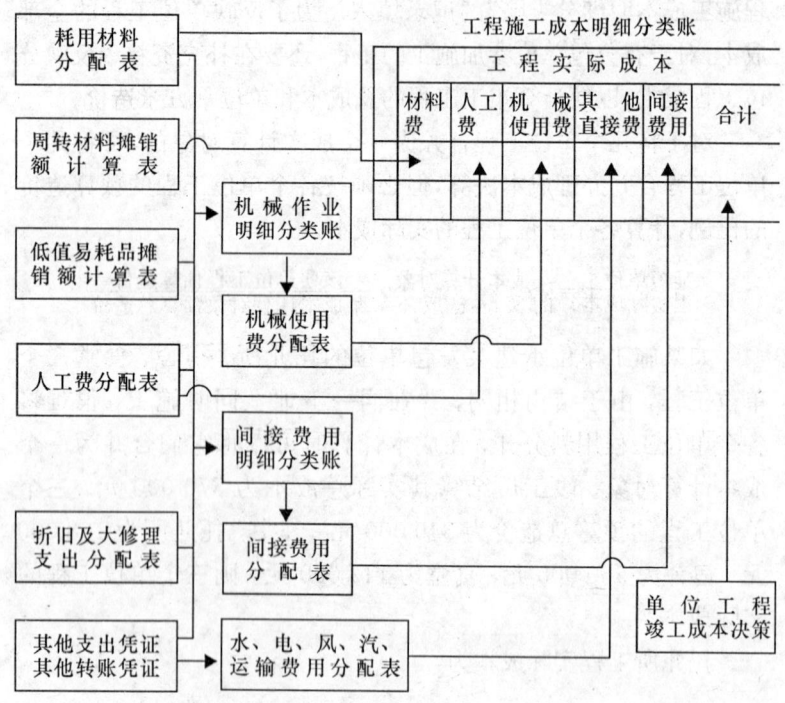

1. 根据"开工报告"确定成本计算对象,开设"工程施工成本明细分类账"。

2. 按成本计算对象和成本项目汇总计算分配材料、人工、折旧等费用。

3. 分配机械使用费、其他直接费和间接费用。

4. 计算各月施工工程成本。

5. 根据"竣工报告",在按成本计算对象设置的"工程施工成本明细分类账"中计算竣工工程的实际成本,编制单位工程竣工成本决算。

第九节 工程价款结算的核算

施工企业的工程价款结算,是指对承包工程合同价款进行约定和根据合同约定进行工程预收款、工程进度款和工程竣工价款的结算。为了保证工程价款结算活动遵循合法、平等、诚信的进行,建设部和财政部在2004年制定了《建设工程价款结算暂行办法》,对工程合同价款的约定与调整、工程价款的结算、工程价款结算争议处理等方面作了规定。

一、工程合同价款的约定与调整

为了保障施工企业在承包工程施工中的合法权益,在工程施工以前,必须与发包单位订立工程书面合同,约定工程价款。对投标工程的合同价款,应在规定时间内,依据投标文件、招标文件,与发包单位订立书面合同。对非投标工程的合同价款,应依据审定的工程预算书,与发包单位在合同中约定。

施工企业与发包单位在工程合同中,应对下列涉及工程价款结算的事项加以约定:(1)预收工程款的数额、预收时限及归还方式;(2)工程进度款的收取方式、数额及时限;(3)工程施工中发生变更时,工程价款的调整方法、索赔方式、时限要求及金额收取;(4)发生工程价款纠纷的解决方法;(5)约定承担风险的范围及幅度以及超出约定范围和幅度的调整办法;(6)工程竣工价款的结算与支付方式、数额及时限;(7)工程质量保证(保修)金的数额、预扣方式及时限;(8)安全措施和意外伤害保险费用;(9)工期及工期提前或延后的奖惩办法;(10)与履行合同、支付价款相关的担保事项。

施工企业与发包单位在签订合同时对于工程价款的约定,可选用下列一种约定方式:

1. 固定总价合同方式。指在工程合同中规定按约定不得调整的固定总价来计算工程价款。这种约定方式适用于规模不大、工期较短、合同总价较小的工程。

2. 固定单价合同方式。指在工程合同中规定以综合单价(完成工程清单中一个规定计量单位项目所需的人工费、材料费、机械使用费、措施费、规费、管理费和利润并考虑风险因素的工程单价),包含的风险范围和风险费用的计算方法来计算工程价款。在约定的风险范围内综合单价不再调整,风险范围以外的综合单价调整方法,在合同中约定。这种约定方式一般适用于规模较大、工期较长、大部分采用标准图纸、工期较长的工程。

3. 可调整价格合同方式。指在工程合同中规定采用可调价格,包括可调综合单价和措施费等来计算工程价款,双方在合同中约定综合单价和措施费用的调整方法。调整因素包括:(1)法规政策变更;(2)工程造价管理机构的价格调整;(3)经批准的设计变更;(4)发包单位更改经审定批准的施工组织设计造成的费用增加等。这种约定方式适用于规模大、工期长、采用新结构、新材料、新施工工艺、施工中不确定因素较多的工程。

施工企业在工程合同规定的调整因素发生后,应在规定时间内,将调整原因、金额以书面形式通知发包单位,发包单位确认调整金额后,应将其作为追加合同价款,与工程进度款同期进行结算。

二、工程价款的结算

(一) 工程预收款的结算

根据建筑安装工程建设周期长、造价高的特点,施工企业往往难以垫支施工期间所需的流动资金。因此,施工企业与发包单位签订工程合同时,可以约定预收一定数额的预收工程款。按照现行办法的规定,除不包料的承包工程外,其他工程都可按工程合同金额的10%~30%(即不低于10%,不高于30%)的额度内向发包单位预收工程款。对于重大工程项目,可按年度工程计划逐年预收。如某施工企业承包某项工程的合同金额为 1 000 000 元,与发包单位在合同中约定预收工程款按合同金额 25% 计算,则预收工程款为:

$$1\ 000\ 000 \times 25\% = 250\ 000(元)$$

此项预收工程款,在施工企业具备开工的条件下,就可在签订合同后的一个月内或不迟于约定的开工日期前的七天内向发包单位收取。

施工企业预收的工程款,在工程后期随着工程施工所需材料结构件等流动资金的减少,以抵充工程进度款形式陆续归还,到工程完工时全部归还。在实际工作中,如将预收工程款的额度定为合同金额的 25%,在累计已收工程进度款超过合同金额 50% 的月份起,就可将工程进度款的 50% 抵作预收工程款归还。这样,到工程完工,归还相当于合同金额 25%(50%×50%)的全部预收工程款。

(二) 工程进度款的结算

施工企业对工程进度款的结算,可采用以下两种方式:

1. 按月结算与收取方式。指实行按月收取进度款,竣工后清算的方式。合同工期在两个年度以上的工程,在年终进行工程盘点,办理年度结算。

2. 分段结算与收取方式。指当年开工、当年不能竣工的工程,按照工程形象进度,划分不同阶段收取工程进度款的方式。

施工企业在采用按月结算工程进度款方式时,要先由统计部门于月末实地丈量已完工程实物量,向发包单位提交已完工程量的报告。经发包单位核实已完工程并确认后,然后根据确认工程量和《建设工程工程量清单计价规范》中的综合单价计算应收工程进度款,并编制"已完工程价款结算账单"。

施工企业在采用分段结算工程进度款方式时,要在合同中规定工程部位完工的月份,先实地丈量已完工部位的工程实物量,向发包单位提交已完工程量的报告,经发包单位核实确认后,然后根据确认的工程量和综合单价计算应收工程进度款,并编制"已完工程价款结算账单"。

"已完工程价款结算账单"是办理已完工程进度款结算的依据。账单中除了列明应收已完工程进度款外,还应列明应扣预收工程款,并算出本月或本期实收工程进度款。"已完工程价款结算账单"的格式如图表6-16所示。

图表6-16

已完工程价款结算账单

发包单位名称:　　　　　2006年7月31日　　　　　　　单位:元

单项工程和单位工程名称	合同金额	本月(期)应收工程款	本月(期)应扣预收工程款	本月(期)实收工程款	累计已收工程款	尚未归还预收工程款	备注
105仓库建筑工程	600 000	600 000	300 000	300 000	420 000	90 000	

(三)工程竣工价款的结算

施工企业在按月结算、分段结算和竣工后一次结算的承包工程全部完工以后,要办理工程竣工价款结算。

工程竣工结算价款的内容,包括如下两个部分:

1. 合同中规定的初始工程价款,施工企业与发包单位双方在最初签订合同中约定的合同金额。

2. 因合同价款调整内容以及索赔、奖励等形成的结算价款。

因工程合同价款调整内容而形成的结算价款,主要有因发包单位要求变更设计、更改施工组织设计、工程造价管理机构调整价格等而形成的结算价款。如某项办公楼工程,原设计为钢窗,后发包单位要求改为铝合金窗,并同意增加合同价 20 万元,则这项更改设计增加的价款,就形成工程结算增加款。

索赔款是指因发包单位或第三方的原因造成、由施工企业向发包单位或第三方收取的用于补偿不包括在合同造价中的成本的款项,如某施工企业与电力公司签订一份工程造价 2 000 万元建造水电站的承包工程合同;规定建设期是 2005 年 3 月至 2008 年 8 月,发电机由发包单位采购,于 2007 年 8 月交付施工企业安装。该项合同在执行过程中,由于发包单位在 2008 年 1 月才将发电机运抵施工现场,延误了工期,经协商,发包单位同意支付延误工期款 80 万元,这 80 万元就是因发生索赔款而形成的工程结算收入。

奖励款是指工程达到或超过规定的标准时,发包单位同意支付给施工企业的额外款项。如某施工企业与城建公司签订一项合同造价为 3 000 万元工程承包合同,建设一条高速公路,合同规定建设期为 2006 年 1 月 4 日至 2008 年 6 月 30 日,在合同执行中于 2008 年 3 月工程已基本完工,工程质量符合设计要求,有望提前 3 个月通车,城建公司同意向施工企业支付提前竣工奖 35 万元。这 35 万元就是因发生奖励款而形成的工程结算价款。

根据有关工程竣工验收、交付生产的规定,竣工工程必须按设计规定的内容全部完成才能算竣工,办理竣工价款结算。但有时全部工程已基本完成,具备了使用条件,只因个别工程缺乏材料、设备,短期内不能解决而影响收尾工程的进行,这时可以在工程收尾以前就作为"竣工"处理。对个别由于特殊原因而不能及时施工的收尾工程,如同时具备:(1)经发包单位同意并已办理竣工决算;(2)施工单位已提出收尾工程清单,附有计算依据;(3)收尾工程费用不超过收尾工程预算;(4)经有关部门批准等四项条件,施工企业可将其费用预提计入工程成本,记入"生产成本——

工程施工成本"或"工程施工"科目的借方和"预提费用"科目的贷方。

根据工程价款结算办法,发包单位在确认竣工结算价款时,可向施工企业提出在竣工结算价款中保留5%左右的质量保证(保修)金,待工程交付使用一年质保期到期后清算。质保期内如有返修,发生费用在质量保证(保修)金内扣除。

三、工程价款结算的核算

施工企业与发包单位关于预收工程款、已完工程进度款和工程竣工价款结算的核算,应在"预收账款——预收工程款"、"应收账款——应收工程款"、"主营业务收入"等科目进行。

"预收账款——预收工程款"科目用以核算企业按照合同规定向发包单位预收工程款和预收工程款的扣还。科目的贷方登记预收的工程款,科目的借方登记与发包单位结算已完工程进度款时从"应收账款——应收工程款"中扣还的预收工程款。科目贷方余额反映已经预收但尚未从应收工程中扣还的工程款。本科目应按发包单位的户名和工程合同进行明细分类核算。

"应收账款——应收工程款"科目用以核算企业与发包单位办理工程价款结算时,按照工程合同规定向其收取的已完工程进度款和工程竣工价款。科目的借方登记根据"已完工程价款结算账单"等确认的工程价款,科目的贷方登记收到的工程款和根据合同规定扣还预收的工程款。科目的借方余额反映尚未收到的应收工程款。本科目应按发包单位的户名和工程合同进行明细分类核算。

"主营业务收入"科目用以核算企业承包工程实现的工程价款结算收入,包括已完工程价款收入、合同变更收入、索赔款和奖励款等形成的收入。施工企业的已完工程价款收入,应于其实现时及时入账:(1)实行竣工后一次结算工程价款的工程合同,应于合同完成、施工企业与发包单位进行工程合同价款结算时,确认为收入的实现。实现的收入额为承发包双方结算的合同金额。
(2) 实行按月结算、竣工后清算的工程合同,应按月确认合同价款收入的实现。即按月与发包单位进行已完工程价款结算时,确认为承包合同已完工部分的工程收入的实现、实现的收入额为各月结算的已完工程进度款。(3) 实行分段结算的工程合同,应按合同规定的工程形象进度,分次确认已完工部位工程收入的实现。即应于完成合同规定的工程形象进度或工程部位与发包单位进行工程价款结算时,确认为已完工程收入的实现、本期实现的收入额,为本期已结算的分段工程进度款。合同变更收入、索赔款和奖励款,应在发包单位签证后结算时,确认为工程结算收入的实现。施工企业实现的各项工程结算收入,应记入科目的贷方。期末,本科目的余额应转入"本年利润"科目。结转后,本科目应无余额。

现举例说明如下:

如某施工企业在 2006 年初与发包单位签订一份金额为 600 000 元的承包工程合同,约定在开工前可向发包单位预收 120 000 元的工程款,在已完工程进度款超过 360 000 元以后,用结算工程款的 50% 扣还。则在开工前向发包单位预收工程款时,应记入"银行存款"科目的借方和"预收账款——预收工程款"科目的贷方:

借:银行存款	120 000
贷:预收账款——预收工程款	120 000

7 月份根据提出"已完工程价款结算账单"结算工程进度款 60 000 元时,应记入"应收账款——应收工程款"科目的借方和"主营业务收入"科目的贷方:

借:应收账款——应收工程款	60 000
贷:主营业务收入	60 000

如在上月已完工程进度款累计已达 360 000 元,则在本月应从应收工程款中扣还预收工程款 30 000 元(60 000×50%),将它记入"预收账款——预收工程款"科目的借方和"应收账款——应收工程款"科目的贷方:

  借:预收账款——预收工程款　　　　　　　　30 000
   贷:应收账款——应收工程款　　　　　　　　　　30 000

收到发包单位的应收工程款 30 000 元(60 000－30 000)时,记入"银行存款"科目的借方和"应收账款——应收工程款"科目的贷方:

  借:银行存款　　　　　　　　　　　　　　　30 000
   贷:应收账款——应收工程款　　　　　　　　　　30 000

月末,应将本月已完工程的实际施工成本 40 000 元,记入"主营业务成本"科目的借方和"生产成本——工程施工成本"或"工程施工"科目的贷方:

  借:主营业务成本　　　　　　　　　　　　　40 000
   贷:生产成本——工程施工成本或工程施工　　　　40 000

同时,应将本月应交营业税 3 000 元(60 000×5%)、应交城市维护建设税 210 元(3 000×7%)和应交教育费附加 90 元(3 000×3%)记入"主营业务税金及附加"科目的借方,和"应交税金"、"其他应交款——应交教育费附加"科目的贷方:

  借:主营业务现金及附加　　　　　　　　　　3 300
   贷:应交税金(3 00+210)　　　　　　　　　　　3 210
    其他应交款——应交教育费附加　　　　　　　90

施工企业对年度内各月的利润,如采用"账结"的办法,应在月终将"主营业务收入"和"主营业务成本"、"主营业务税金及附加"科目的余额,分别转入"本年利润"科目的贷方和借方:

借:主营业务收入	60 000	
贷:本年利润		60 000
借:本年利润	43 300	
贷:主营业务成本		40 000
主营业务税金及附加		3 300

如对年度内各月的利润采用"表结"的办法(详见第八章第五节),应在年终将"主营业务收入"和"主营业务成本"、"主营业务税金及附加"科目的余额,分别转入"本年利润"科目的贷方和借方。结转后上列各科目期末应无余额。

四、与分包单位结算工程价款的核算

一个工程项目如果有两个以上施工企业同时交叉作业,根据国家对建设工程管理的要求,建设单位和施工企业要实行承发包责任制和总分包协作制。在这种情况下,要求一个施工企业作为总包单位向建设单位(发包单位)总承包,对建设单位负责,再由总包单位将专业工程分包给专业性施工企业施工,分包单位对总包单位负责。

在实行总分包的情况下,如果分包单位要求总包单位按照工程分包合同规定预付一定数额的工程款并按月结算工程进度款,应设置"预付账款——预付分包工程款"和"应付账款——应付分包工程款"科目。

"预付账款——预付分包工程款"科目用以核算企业按分包合同规定预付给分包单位的工程款和从应付分包单位工程进度款中扣回的预付工程款。科目的借方登记预付给分包单位的工程款,科目的贷方登记从工程进度款中扣回的预付工程款。科目借方余额反映尚未从工程进度款中扣回的预付工程款。本科目应按分包单位的户名和分包合同进行明细分类核算。

"应付账款——应付分包工程款"科目用以核算企业与分包单位办理工程价款结算时,按照合同规定应付给方包单位的工程进度款。科目的贷方登记根据经审核的分包单位提出的"已完工程价款结算账单"结算的应付已完工程进度款,科目的借方登记支付给分包单位的工程进度款和根据合同规定扣回的预付工程款。科目的贷方余额反映尚未支付的应付分包工程款。本科目应按分包单位的户名和分包合同进行明细分类核算。

如某施工企业根据分包合同规定向分包单位预付一定数额的工程款时,应记入"预付账款——预付分包工程款"科目的借方和"银行存款"科目的贷方:

借:预付账款——预付分包工程款　　　　　　×××
　　贷:银行存款　　　　　　　　　　　　　　×××

按月或按工程形象进度根据审核的分包单位提出的已完工程价款结算账单结算应付已完工程进度款时,应记入"生产成本——工程施工成本"或"工程施工"科目的借方和"应付账款——应付分包工程款"科目的贷方:

借:生产成本——工程施工成本或工程施工　　×××
　　贷:应付账款——应付分包工程款　　　　　×××

企业根据合同规定,从应付分包工程款中扣除预付分包工程款时,应记入"应付账款——应付分包工程款"科目的借方和"预付账款——预付分包工程款"科目的贷方:

借:应付账款——应付分包工程款　　　　　　×××
　　贷:预付账款——预付分包工程款　　　　　×××

从银行存款支付扣除预付分包工程款后的应付分包工程款时,应记入"应付账款——应付分包工程款"科目的借方和"银行存款"科目的贷方:

借:应付账款——应付分包工程款　　　　　　×××
　　贷:银行存款　　　　　　　　　　　　　　×××

五、关于企业会计准则中的"工程结算"科目①

在企业会计准则应用指南中,设有"工程结算"科目,用以核算企业根据建造合同约定向发包单位(业主)办理结算的累计金额。企业向发包单位办理工程价款结算时,按应结算的金额,记入"应收账款"等科目的借方和"工程结算"科目的贷方,合同完工时,应将"工程结算"科目余额与相关工程施工合同的"工程施工"科目对冲,记入"工程结算"科目的借方和"工程施工"科目的贷方。"工程结算"科目期末贷方余额,反映企业尚未完工建造合同已办理结算的累计金额。但是通过上述核算方法,是不能在"工程结算"科目期末贷方反映企业尚未完工建造合同已办理结算的累计余额的。因为施工企业向发包单位(业主)办理结算的工程价款,是包括营业税金及附加在内的工程造价(也叫做建筑产品价格),而工程施工科目核算的是不包括管理费用、财务费用等期间费用的施工成本。工程造价的形成除了包括施工成本外,还包括营业税金及附加、期间费用、所得税和利润。将已完工程的施工成本与已完工程的工程造价对冲后,在"工程结算"科目贷方反映的不是尚未完工建造合同已办理结算的累计余额。因此,该科目的设置是没有作用的。

要指出的是,施工企业的工程价款结算是非常复杂的,除了要根据已完工程量、工程综合单价和可调整的措施费等计算工程造价外,还要预防工程款的拖欠。长期以来,有的地方政府为了快速发展地区经济和拔高自己的政绩,往往在没有落实工程项目建设资金的情况下,就大兴土木,导致施工企业流动资金不足、陷入财务困境。为此,财政部和建设部规定了工程项目开工前预收工程款、施工中结算工程进度款、完工后办理竣工结算的工程价款结算办法。企业会计准则及其应用指南中没有根据上述工程价款结算办法规定的核算方法,在实际工作中,是无法采用的。

---

① 本小节供采用企业会计准则的施工企业核算用。

复 习 题

1. 搞好施工企业的工程成本核算有哪些重要意义？在工程成本计算工作中，为什么必须贯彻"算管结合，算为管用"的原则？

2. 在计算建筑安装工程成本时，为什么必须确定工程成本计算对象？怎样确定工程成本计算对象？

3. 什么叫做工程成本开支范围？为什么在计算工程成本时，必须遵守成本开支范围？

4. 要正确计算工程成本，为什么必须搞好定额管理，建立物资的领退验收、保管制度和各项消耗的原始记录？

5. 施工机械使用费的内容包括哪些？它们经过哪些程序计入各项工程成本？试分别就大、中、小型施工机械加以说明。

6. 其他直接费的内容包括哪些？它们是怎样分配计入各项工程成本的？

7. 间接费用的内容包括哪些？它们是怎样分配计入各项工程成本的？

8. 施工企业的生产费用是按什么程序进行汇总并分配计入各项工程成本的？在汇总分配各项生产费用时，通常采用哪些凭证？

9. 单项工程或单位工程竣工时，为什么必须及时办理竣工成本决算？在办理竣工成本决算时，要做好哪些准备工作？在将几个单项工程或单位工程合并为一个成本计算对象计算工程成本时，应怎样计算各个单项工程或单位工程的实际成本？

10. 建筑安装工程价款结算的方式，主要有哪几种？在采用按月结算和分段结算方式时，怎样结算已完工程进度款？

11. 施工企业的工程结算收入包括哪些？它们是怎样加以计算和确认的？

习　题

习　题　一

(一) 目的　练习施工机械使用费的核算。

(二) 资料

1. 某施工企业对施工机械使用费分别按大型施工机械、中型施工机械和小型施工机械进行明细分类核算。

大型施工机械——120吨米塔吊使用费按各项工程实际工作台时分配。

中型施工机械先按各种机械台时费计划数算出按台时费计划数计算的机械使用费合计,然后据实加以调整。各种机械的台时费计划数分别为:

　　　0.4立方米混凝土搅拌机　　　　　　4元
　　　0.5立方米履带挖土机　　　　　　　20元
　　　2～6吨塔吊　　　　　　　　　　　 12元

小型施工机械仅计算折旧费、大修理支出和经常修理费,按各项工程工料费的比例分配。

2. 2006年5月份内,共发生了下列有关施工机械使用费的经济业务:

(1) 用银行存款支付0.5立方米履带挖土机进场运输费500元。

(2) 根据其他材料的领料凭证,各种施工机械领用油料(按计划价格计算)如下:

　　　120吨米塔吊　　　　　　　　　　800元
　　　0.5立方米履带挖土机　　　　　　400元
　　　2～6吨塔吊　　　　　　　　　　800元

5月份其他材料成本差异分摊为+1%。

(3) 根据机械配件领料凭证,各种施工机械领用经常修理用机械配件实际成本如下:

120吨米塔吊	350元
0.4立方米混凝土搅拌机	92元
0.5立方米履带挖土机	174元
2～6吨塔吊	206元
小型施工机械	560元

(4) 用银行存款支付0.4立方米混凝土搅拌机动力用电费240元。

(5) 5月份摊销各种施工机械辅助设施费如下:

120吨米塔吊	1 000元
0.4立方米混凝土搅拌机	100元
2～6吨塔吊	390元

(6) 5月份应计折旧的施工机械的原值及其折旧率如下表所示:

机 械 名 称	原 值	月折旧率
0.4立方米混凝土搅拌机	60 000元	6‰
0.5立方米履带挖土机	160 000元	6‰
2～6吨塔吊	320 000元	6‰
小型施工机械	160 000元	6‰

120吨米塔吊按每台时50元计提折旧(5月份实际工作100台时)。

(7) 5月份应摊销的施工机械大修理支出如下表所示:

机 械 名 称	月摊销额
0.4立方米混凝土搅拌机	180元
0.5立方米履带挖土机	480元
2～6吨塔吊	960元
小型施工机械	480元

(8) 5月份各种施工机械操作人员的工资及应提职工福利费如下表所示：

机 械 名 称	工 资	应提福利费
120吨米塔吊	300元	42元
0.4立方米混凝土搅拌机	200元	28元
0.5立方米履带挖土机	200元	28元
2～6吨塔吊	500元	70元

(9) 5月份各种机械的工作台时如下表所示：

机 械 名 称	205工程	206工程	207工程	208工程
120吨米塔吊	60	40		
0.4立方米混凝土搅拌机	100	140	60	
0.5立方米履带挖土机			160	
2～6吨塔吊		100	120	80

(10) 5月份各项工程的工料费为：

205工程　　120 000元　　207工程　　30 000元
206工程　　102 000元　　208工程　　48 000元

(三) 要求

1. 将有关施工机械使用费分别记入120吨米塔吊、中型施工机械、小型施工机械的"机械作业明细分类账"。

2. 计算各项工程应分配的机械使用费，并编制5月份"机械使用费分配表"。

3. 为各项经济业务作成会计分录。

习 题 二

(一) 目的　练习间接费用的核算。

(二) 资料

1. 某施工单位在 2006 年 6 月份内,共发生了下列有关间接费用的经济业务:

(1) 施工单位管理用房屋建筑物的原值为 300 000 元,月折旧率为 2‰;施工单位管理用其他固定资产的原值为 100 000 元,月折旧率为 6‰。

(2) 应摊销固定资产大修理支出 600 元。

(3) 6 月份管理人员工资总额为 16 000 元。

(4) 管理人员应提职工福利费 2 240 元。

(5) 用银行存款支付差旅交通费 4 155 元,办公用文具纸张费 763 元。

(6) 领用其他材料(按计划价格计算)5 700 元,其中 5 000 元为交通车辆油料,700 元为办公用消耗材料。6 月份其他材料的成本差异分摊率为 +1%。

(7) 领用一次报耗的低值易耗品的实际成本如下:

工具用具　　　725 元

劳保用品　　　800 元

(8) 领用和报废分次摊销的低值易耗品的实际成本如下表所示(采用五五摊销法):

	领 用	报 废	残 值
工具用具	2 000 元	1 200 元	100 元
劳保用品	2 000 元	1 600 元	100 元

(9) 用银行存款支付防暑饮料 3 600 元。

(10) 临时设施原值为 50 000 元,预计净残值率为 4%,分 24 个月摊销。

2. 6 月份各项建筑工程的直接费和人工费如下:

201 建筑工程 直接费 250 000 元　　203 建筑工程 直接费 250 000 元
202 建筑工程 直接费 210 000 元　　301 安装工程 人工费　3 000 元

建筑工程间接费用定额为直接费的 6%。

安装工程间接费用定额为人工费的 100%。

(三) 要求

1. 将有关间接费用记入"间接费用明细分类账"。

2. 计算各项工程应分配的间接费用,并编制 6 月份"间接费用分配表"。

3. 为各项经济业务作成会计分录。

习 题 三

(一) 目的　练习工程成本的计算方法。

(二) 资料

1. 某施工单位于 2006 年 7 月继续对 105 宿舍建筑工程、106 机修车间建筑工程进行施工,并新开工 107 仓库建筑工程。截至 2006 年 6 月 30 日止,105、106 工程的累计实际成本和月末未完施工成本如下表所示:

单位:元

	材料费	人工费	机械使用费	其他直接费	间接费用	合　计
105 工程:						
累计实际成本	331 760	35 200	19 720	6 800	23 120	416 600
其中:月末未完施工成本	6 400	880	480	240	480	8 480
106 工程:						
累计实际成本	294 400	40 480	22 080	11 040	25 200	393 200
其中:月末未完施工成本	8 000	1 080	620	300	600	10 600

2. 7月份内,发生了下列有关经济业务:

(1) 根据主要材料领料凭证,各项工程领用主要材料的金额(按计划价格计算)如下:

    105 工程   20 000 元

    106 工程   19 000 元

    107 工程   13 500 元

月末盘点施工现场,107 工程有已领未用主要材料 1 000 元。

7 月份主要材料成本差异分摊率为+2%。

(2) 根据结构件领用凭证,各项工程耗用结构件实际成本如下:

    105 工程   8 674 元

    106 工程   27 772 元

    107 工程   13 128 元

(3) 7 月份各项工程木模立模和竹脚手搭建的面积如下表所示:

单位:平方米

	木模立模数量	竹脚手摊搭建面积
105 工程	50	
106 工程	200	200
107 工程	50	300

木模摊销率为每平方米立模 6 元。

竹脚手摊销率为每平方米搭建面积 1 元。

周转材料成本差异分摊率为+2%。

(4) 根据其他材料领料凭证,各项工程和各个部门领用其他材料的金额(按计划价格计算)如下:

工程施工：	105工程	1 000元
	106工程	1 000元
	107工程	500元
机械作业：	塔式起重机	800元
	挖土机	100元
间接费用：	交通车辆油料	400元
	烧水用煤	200元

7月份其他材料成本差异分摊率为＋2％。

(5) 根据机械配件领料凭证,各类施工机械领用机械配件实际成本如下：

塔式起重机	200元
挖土机	65元
其他机械	780元

(6) 根据"一次报耗低值易耗品领用单",领用低值易耗品实际成本如下：

机械作业：	塔式起重机	91元
	混凝土搅拌机	46元
	挖土机	79元
间接费用：	工具用具	100元
	劳保用品	160元

(7) 根据分次摊销"低值易耗品借用单"和"报废单",领用和报废低值易耗品的实际成本如下表所示(采用五五摊销法)：

	领 用	报 废
机械作业、塔式起重机	400元	
间接费用：工具用具	1 000元	
劳保用品	1 000元	680元

报废低值易耗品残值40元,估价入库。

(8) 7月份的应付工资,实发工资和应付福利费如下表所示：

单位:元

	应付工资总额	扣款额	实发工资	应付福利费
建筑安装工程施工工人	11 500	800	10 700	1 500
机械施工机上人员	500	30	470	70
其中:塔式起重机机上人员	300	30	270	42
混凝土搅拌机机上人员	100		100	14
挖土机机上人员	100		100	14
管理人员	3 000	100	2 900	420

(9) 7月份各项工程实际作业工时为6 500工时。

其中：　　105工程　　　2 800工时

　　　　　106工程　　　2 200工时

　　　　　107工程　　　1 500工时

(10) 7月份应计折旧固定资产的原值及其折旧率如下表所示：

	原　值	月折旧率
房屋、建筑物	240 000元	2‰
施工机械：		
塔式起重机	160 000元	6‰
混凝土搅拌机	60 000元	6‰
挖土机	60 000元	6‰
其他施工机械	180 000元	6‰
其他固定资产	20 000元	6‰

房屋、建筑物和其他固定资产折旧记入间接费用。

(11) 7月份应摊销固定资产大修理支出如下表所示：

	月摊销额
房屋、建筑物	240 元
施工机械:	
塔式起重机	480 元
混凝土搅拌机	180 元
挖土机	180 元
其他施工机械	540 元
其他固定资产	60 元

(12) 用银行存款支付塔式起重机进场运输费 511 元。

(13) 塔式起重机、混凝土搅拌机、挖土机的机械使用费按机械工作台时分配。7 月份上列各类机械对各项工程的实际工作台时如下表所示:

	塔式起重机	混凝土搅拌机	挖土机
105 工程	200	56	
106 工程	100	84	
107 工程			90

其他施工机械的机械使用费按各项工程工料费的比例分摊于各项工程成本。

(14) 用银行存款支付 7 月份水费 210 元,电费 1 120 元。各项工程及管理部门耗用水电量如下表所示:

	用水立方米	用电度数
105 工程	250	2 750
106 工程	300	1 200
107 工程	200	1 250
管理部门	300	400

(15) 用银行存款支付 107 工程土方运输费 1 210 元。

(16) 用银行存款支付差旅交通费 316 元，办公费 565 元，其他间接费用 267 元。

(17) 7 月份应摊销临时设施费 800 元。

(18) 间接费用按各项工程的直接费的比例分摊于各项工程成本。

3. 7 月末 105 工程竣工，汇总该项工程各月已完工程结算表中已完工程的预算成本为 474 880 元（包括 7 月份已完工程预算成本 43 400 元），其中材料费为 372 560 元，人工费为 42 400 元，机械使用费为 24 880 元，其他直接费为 8 160 元，间接费用为 26 880 元。

4. 7 月末盘点 106、107 工程的未完施工和已完工程预算成本如下表所示：

	未完施工	已完工程
106 工程	12 720 元	62 000 元
107 工程	9 540 元	27 000 元

5. 计算各项已完工程预算成本和实际成本，并将本月已完工程实际成本自"工程施工"科目转入"工程结算成本"科目。

（三）要求

1. 编制 7 月份材料、人工、折旧费用分配表和计算表：

(1) 耗用主要材料、结构件、其他材料、机械配件分配表。

(2) 周转材料摊销额和低值易耗品摊销额的计算表。

(3) 人工费分配表。

(4) 折旧费用分配表。

2. 根据上列生产费用分配表、计算表及其他有关凭证登记下列明细分类账：

(1) 塔式起重机、混凝土搅拌机、挖土机和其他施工机械的"机械作业明细分类账"。

(2)"间接费用明细分类账"。

3. 编制 7 月份"机械使用费分配表"。

4. 编制 7 月份"间接费用分配表"(建筑工程间接费用定额为直接费 6%)。

5. 根据各项费用分配表和计算表,登记 105、106 和 107 工程的"工程施工成本明细分类账"。

6. 将各项经济业务作成会计分录,并在每笔会计分录前注明经济业务的号数。

7. 编制 105 工程"竣工成本决算"。

习 题 四

(一) 目的 练习工程价款的结算和核算。

(二) 资料 某施工企业承包某项建筑工程,2006 年初承包工程合同金额为 2 000 000 元。经商定预收工程款额度为 25%,在累计已完工程价款达到 1 000 000 元以后,按已完工程价款的 50% 抵作预收工程款归还。工程价款采用按月结算方式。

在 2006 年度内,发生了下列有关工程价款的结算和核算业务:

1. 年初根据预收工程款额度,向发包单位预收工程款。

2. 到 6 月末,累计已完工程价值 1 000 000 元。

3. 7 月末,根据发包单位签证已完工程价款结算账单,应收已完工程款 260 000 元。

4. 从应收工程款中扣除应归还预收工程款。

5. 收到发包单位扣除预收工程款后的工程款。

6. 该项工程 7 月份已完工程实际成本经结算为 200 000 元。

7. 按规定应交营业税 7 800 元,城市维护建设税 546 元,教育费附加 234 元。

8. 结转该月该项工程的工程结算收入、工程结算成本、工程结算税金及附加。

(三) 要求

1. 计算预收工程款。
2. 计算开始归还预收工程款时的工程价值。
3. 计算7月份应归还预收工程款。
4. 计算7月份该项工程的工程结算利润。
5. 为各项经济业务作成会计分录。

第七章 附属工业生产和辅助生产的核算[①]

第一节 附属工业生产和辅助生产核算的意义和组织

一、附属工业生产和辅助生产核算的意义

施工企业除了在施工现场直接从事建筑安装工程施工的施工单位外,还有一些生产单位,从事工程施工所需材料、构件的生产和加工,施工机械设备的制造和修理,以及水、电、蒸汽等的供应,直接或间接为建筑安装工程施工服务。这些生产单位按其性质可以分为如下三类:

1. 从事工程施工所需材料、构件生产和加工的生产单位,如砖瓦厂、石灰窑、矿石采掘场、混凝土搅拌站、混凝土构件预制厂、木材加工厂(或车间)、金属结构加工厂(或车间)等。

2. 从事工程施工所需机械设备制造和修理的生产单位,如机修厂(或车间)。

3. 从事提供水、电、蒸汽的生产单位,如发电站、给水站、蒸汽站等。

这些生产单位,按其是否实行内部独立核算,可以分为如下两类:

一类是实行内部独立核算的生产单位,它拥有独立的资金,执

[①] 如果在教学计划中安排课时较少,本章可以不讲。

行企业下达的计划,单独编有成本报表,并计算盈亏。这类生产单位通常叫做"附属工业企业",并用"生产成本——工业生产成本"科目核算其所发生的生产费用。

另一类是不实行内部独立核算的生产单位,通常叫做"辅助生产单位",并用"生产成本——辅助生产成本"科目核算其所发生的生产费用。

为了提高劳动生产率,加快施工进度,除了提高机械化施工程度以外,还必须实行工厂化的施工方法,采用装配式构件,将各种构件在工厂(即附属工业企业、辅助生产单位)预制,现场安装。采用工厂化施工方法,一方面可以将大部分建筑生产过程在工厂内进行,因而不受或少受自然条件的影响;另一方面可以将现场的施工过程,逐渐变成构件的安装过程,为实现机械化施工创造有利条件。因此,各个施工企业有必要根据施工需要,设置一些附属工业企业和辅助生产单位,从事构件的生产。同时在人力物力许可的条件下,施工企业还可自己制造和革新部分机械设备,使施工机械成龙配套,并对机械设备及时进行修理。这对加速提高机械化施工程度有着重要的作用。随着装配程度和机械化施工程度的不断提高,施工企业的附属工业企业和辅助生产单位会越来越多,附属工业生产和辅助生产的核算也会越来越重要。

正确组织附属工业企业和辅助生产单位的生产费用核算和产品成本计算,对于搞好附属工业企业和辅助生产单位的管理,不断降低工程成本,有着重要的意义。

第一,通过附属工业生产和辅助生产的核算,可以正确及时地反映生产费用的发生情况,使员工对生产过程的各项耗费做到心中有数,便于控制生产费用,厉行节约。

第二,通过附属工业生产和辅助生产的核算,可以计算各种产品的总成本和单位成本,反映产品成本的超降情况,以便采取措施,进一步挖掘潜力,降低产品成本。

第三,通过附属工业生产和辅助生产的核算,可以反映在产品和产成品的增减变动和结存情况,加强在产品和产成品的管理。

第四,通过附属工业生产和辅助生产的核算,可以反映各个附属工业企业和辅助生产单位及其所属车间的生产活动的经济效益。

附属工业企业和辅助生产单位就其生产特点来说,虽然也和工业生产单位相同,但是由于它是施工企业的一个附属工业企业或者一个辅助生产单位,不是一个完全独立核算的工业企业,而且在一个附属工业企业或一个辅助生产单位中,往往同时生产不同类别的产品,如在一个机修厂中,既有机械设备、工具、机械配件的制造,又有机械设备的修理;既有钢木门窗、金属结构件的制作,又有铁件的加工。因此,在组织附属工业企业和辅助生产单位的生产费用和产品成本的计算时,必须根据附属工业企业和辅助生产单位的生产特点,采用既合理又简便的方法。

二、附属工业生产和辅助生产的特点

附属工业企业和辅助生产单位的生产,按其生产过程的特点,即产品工艺过程是否可以间断,分为简单生产和复杂生产。

简单生产也叫单步骤生产,是指产品生产过程不能或者不便于划分生产步骤的生产。这类生产的生产周期较短,一般都在一个车间或一个场地上进行,如电力、蒸汽、混凝土、砂浆等的生产都是如此。

复杂生产也叫多步骤生产,是指产品的生产过程可以划分为若干个生产步骤的生产。复杂生产的产品可分别在不同时期、不同地点进行,可以由一个车间来完成,也可由几个车间协作完成。复杂生产按其加工方式,又可分为连续式和装配式两种。

在连续式复杂生产中,原材料投入生产,要经过连续的生产步骤才能制成产成品,除最后一个步骤生产的产品是产成品外,其他步骤生产的都是半成品,也就是下一步骤的加工对象,如砖、瓦、钢筋混凝土构件的生产等。

在装配式复杂生产中,通常是将各种原材料平行地进行加工,制成零件或部件,然后将零件或部件装配成为产成品,如机械设备制造等。

附属工业生产和辅助生产按其生产组织,即其生产产品的多少、品种的稳定性和生产规模的不同,又可分为大量生产、成批生产和单件生产。

大量生产是指不断地重复生产相同产品的生产,如电力、蒸汽、混凝土、砂浆的生产等。

成批生产是按规定的产品批别和数量进行的生产,如混凝土构件、钢木门窗等生产。在成批生产的附属工业企业和辅助生产单位中,产品的品种较多,生产通常是按规定的数量,成批地重复进行。成批生产按照产品批量的大小,还可分为大批生产和小批生产。大批生产的性质接近于大量生产,小批生产的性质接近于单件生产。

单件生产是根据建筑施工的要求,进行个别产品的生产,如个别机械设备的制造和修理等。在单件生产的附属工业企业和辅助生产单位中,产品品种很多,同时很少重复生产。

附属工业生产和辅助生产的特点和成本管理的要求,决定产品的成本计算对象和成本计算方法。生产类型不同,管理要求不同,成本计算的对象和方法也不一样。

首先,生产组织不同,成本计算的对象也不一样。在大量生产下,由于产品生产连续不断地进行,大量生产着品种相同的产品,因而只要按照产品的品种计算产品成本。在大批生产下,产品批量较大,往往在几个月内不断地重复生产相同的产品,所以大批生产和大量生产一样,也只要求按照产品品种计算产品成本。在小批生产下,产品批量小,一批产品往往同时完工,因而有可能按照产品的批别归集生产费用,计算各批产品的成本;同时为了考核、分析各批产品成本的水平,在管理上也要求分批计算产品的成本。在单件生产下,生产按件(即定单)组织,因而就有可能和有必要按照产品别归集生产费用,按件(定单)计算产品成本。小批、单件生产的附属工业企业和辅助生产单位,如果生产的产品品种或批别很多,难以分别计算各种或各批产品成本,可以把耗用材料和加工过程基本相同的产品,归类计算它们的总成本,然后按照一定比例进行分配计算。从上可知,在大量、大批生产下,只要求按照产品的品种计算产品成本;在小批、单件生产下,则还要求按照产品的批别(定单)计算产品成本。如果产品品种繁多,难以按照产品批别(定单)计算成品成本,可按照产品的类别计算产品成本。

其次,生产过程不同,成本计算的对象也不一样。在简单生产下,由于生产过程不可能,或者不需要划分为几个生产步骤,因此只要求按照产品品种计算产品成本。在复杂生产下,由于生产过程是由几个可以间断的分散在不同地点进行的生产步骤所组成,为了加强各生产步骤的成本管理,往往不仅要求按照产品品种计算成本,而且还要求按照生产步骤计算产品成本,以便考核、分析各种产品及其各个生产步骤成本计划的完成。从上可知,简单生产只要求按照产品品种计算成本;复杂生产则往往要求按照生产步骤计算产品成本。当然,如果管理上不要求按生产步骤考核生产耗费、计算产品成本,也可只按产品品种、类别或批别计算成本。

这样,在附属工业企业和辅助生产单位的成本计算中,为适应各种类型生产的特点和管理的要求,就有四种不同的成本计算对象和以成本计算对象为主要标志的四种成本计算方法:(1)以产品品种为成本计算对象的品种成本计算法;(2)以产品批别(定单)为成本计算对象的分批(定单)成本计算法;(3)以产品类别为成本计算对象的分类成本计算法;(4)以产品生产步骤为成本计算对象的分步成本计算法。

在实际工作中,一个附属工业企业或辅助生产单位的各个车间,一个车间的各种产品,它们的生产特点和管理要求并不一定相同,因而在一个企业单位或一个车间中,就有可能同时应用几种不同的成本计算方法。即使是一种产品,在它的各个生产步骤、各种半成品和各个成本项目之间,生产特点或管理要求也不一定相同,因而往往需要把几种成本计算方法结合起来使用。

三、附属工业生产和辅助生产产品的成本项目

附属工业企业和辅助生产单位产品和作业的成本,也是由材料费、人工费、固定资产折旧费等生产费用组成。在计算产品的成本时,也要将生产费用按照经济用途分为成本项目。为了考核产品成本计划的执行情况,分析成本超降的原因,附属工业生产和辅助生产产品的成本项目,一般应分为如下各项:

1. 人工费。指直接从事产品生产和提供作业的生产工人的工资和职工福利费。

2. 材料费。指生产产品所耗用的构成产品实体的原材料和有助于产品形成的其他材料的成本,以及周转材料的摊销额。

3. 其他直接费。也叫车间费用或制造费用,指除车间直接发生的除人工费、材料费以外的其他费用,如机器设备折旧、修理费,燃料、动力费等。

4. 间接费用。指附属工业企业厂部为组织和管理产品生产所发生的各项管理费用,包括工作人员工资、职工福利费、办公费、差旅交通费、劳动保护费、物料消耗、办公用房屋设备折旧费和修理费等。

对分步骤连续生产并结转成本的附属工业企业和辅助生产单位,应另行设置"自制半成品"项目,用以计算前一生产步骤结转的半成品成本。对生产有不符合规定质量标准产品并核算废品损失的附属工业企业和辅助生产单位,应另行设置"废品损失"项目,用以计算生产过程中发生的不可修复的废品的成本和可修复废品的

修复费用。

四、附属工业生产和辅助生产的明细分类核算

附属工业生产和辅助生产的核算,除了设置"生产成本——工业生产成本"和"生产成本——辅助生产成本"科目,用以总括反映附属工业企业和辅助生产单位在一定时期发生的生产费用外,为了进一步了解生产费用发生的详细情况和计算产品成本,还必须设置有关生产费用的各种明细分类账,包括产品成本明细分类账、间接费用明细分类账、废品损失明细分类账等,用来反映生产费用的发生和分配的详细情况,并据以进行产品成本的计算。

(一)产品成本明细分类账

为了计算产品成本,并反映成本的构成情况,要设置产品成本明细分类账。它是按照产品的品种、类别、批别或加工步骤设置,并分别成本项目进行登记的。按成本项目登记,可以反映产品成本的构成,便于分析成本超降的原因,挖掘降低成本的潜力。

产品成本明细分类账的格式,要根据产品生产特点、成本计算要求和所采用的成本计算方法来确定。按产品品种设置的产品成本明细分类账的一般格式如图表7-1所示。

图表7-1

产品成本明细分类账

产品名称:甲

2006年		凭证号数	摘要	人工费	材料费	其他直接费	间接费用	成本合计
月	日							
7			月初在产品成本		(从		略)	
			本月生产费用合计	6 000	68 340	7 660	12 000	94 000
			产成品总成本	4 800	45 560	6 128	9 600	66 088
			产成品单位成本	12.00	113.90	15.32	24.00	165.22
			月末在产品成本	1 200	22 780	1 532	2 400	27 912

(二)间接费用明细分类账

间接费用是指附属工业企业为组织和管理产品生产所发生的各项管理费用。这些费用大都属于相对固定费用,它的费用总额不随着或几乎不随着产品数量的增减而增减。因此,要按年、月编制间接费用预算,对费用加以控制,并要组织间接费用的明细分类核算,以便反映和考核间接费用预算的执行情况。

间接费用明细分类账的格式可采用多栏式,按明细项目进行登记,它的格式与施工单位间接费用明细分类账基本相同。至于辅助生产单位发生的间接费用,一般可在施工单位间接费用明细分类账进行核算(见第六章第六节)。

在采用车间、厂部两级成本计算的附属工业企业里,产品成本明细分类账要按车间并按产品的品种、批别或类别来设置。车间只计算产品的车间成本,间接费用一般由厂部分配计入。

对于同时从事多种产品生产的车间,还可设置其他直接费明细分类账,先行汇总记录车间发生的其他直接费用,于月终再按一定标准将它分配记入有关产品成本。其他直接费明细分类账的格式,也可采用多栏式,按车间、按明细项目进行登记。

(三)废品损失明细分类账

废品是附属工业企业、辅助生产单位生产过程中产生的不符合规定质量标准、不能按原定用途使用或者需要加工修复后才能使用的那部分产品。

废品按其能否修复,可分为不可修复废品和可修复废品。前者指技术上不可修复,或者在技术上虽可修复,但所需修复费用在经济上不合算,因而不再修复的废品。后者指技术上可以修复,而所需修复费用在经济上是合算的废品。

对于因产生废品而发生的损失,包括不可修复废品损失(不可修复废品成本扣除废品残值后的损失净额)和可修复废品在返修过程中的修复费用,要设置明细分类账进行核算。废品损失明细分类账可按车间和产品品种、批别或类别设置。它的格式如图表7-2所示。

图表7-2
废品损失明细分类账

车间名称：

年		凭证号数	摘　　要	产品名称及废品损失金额				
月	日			×产品	×产品	×产品	×产品	×产品
			废品成本合计 减：废品残值					
			废品损失净值					

附属工业企业和辅助生产单位如有在产品和半成品，还应设置在产品、半成品卡片（也叫台账，它们的格式和材料卡片相同），用以记录各种在产品、半成品的移动增减情况和结存数量，以便及时反映在产品、半成品的动态，加强在产品、半成品的管理。每月终了，还应该将在产品、半成品卡片反映的结存数量，与实际盘存数量核对。如发现短缺，应查明原因，采取措施，改善管理。

施工企业所属的施工单位和附属工业企业，往往有一些从事机械设备修理、工具用具制造和技术革新的生产班组。这些生产班组，是施工单位和附属工业企业的辅助生产单位，有关业务也应在"生产成本——辅助生产成本"科目进行核算，并按成本计算对象，在"辅助生产明细分类账"（如图表7-3所示）中分栏登记发生的工料费用。

图表 7-3

辅助生产明细分类账

生产班组名称：

年		凭证号数	摘要	借方金额	贷方金额	借方余额	明细科目借方发生额				
月	日						塔吊大修	挖土机大修	机械经常修理		其他直接费

一般说来，施工单位和附属工业企业的机修班组对机械设备的经常修理可合并作为一个成本计算对象。如果有属于机械设备的大修理，则应将它们分别作为成本计算对象。机械设备的制造和改良装置以及工具用具的制造，应将机械设备和工具用具分别作为成本计算对象，以便在完工验收后，将它们的造价分别转作固定资产和材料的价值。机修技革班组工人到施工现场从事工程施工活动所发生的工料费用，应直接记入工程成本的材料费和人工费项目。至于在这些班组内发生的固定资产折旧修理费、工具用具使用费等，可在"辅助生产明细分类账"的"其他直接费"栏先行汇总登记，月末再按各个成本计算对象耗用的工时或工资的比例加以分配，并将分配数记入各种成本计算对象栏。对于施工单位发生的间接费用和附属工业企业发生的间接费用，一般可不加分配，全部由工程成本和产品成本负担，以简化核算手续。

第二节 生产费用计入产品成本的程序

附属工业企业和辅助生产单位发生的生产费用，按其计入产品成本的方式，可以分为直接费用和间接费用。直接费用是指可以并宜直接计入某一种、某一类、某一批产品成本的费用，如直接为生产某种产品而耗用的材料、生产工人工资等。间接费用是指不能或不宜直接计入而需按照一定标准分配计入各种、各类、各批产品成本的费用。一般地说,附属工业企业和辅助生产单位发生的生产费用,凡是可以并宜直接计入产品成本的,原则上应尽可能直接计入,以保证产品成本的正确性。

生产费用计入产品成本明细分类账和间接费用等明细分类账,应以原始凭证(如领料单等)为依据。但对那些原始凭证数量较多的同类经济业务,为了简化核算手续,应尽量将原始凭证汇总,编制各种费用分配表,如耗用材料分配表等,再据以登记产品成本明细分类账和间接费用等明细分类账。

在各种费用分配表内,要列明费用的用途(如产品的品种、类别、批别、加工步骤、成本项目或费用的明细项目)和金额等。对于只用于某一种产品的费用,可以根据有关原始凭证汇总后,按产品填列费用分配表。对于应由多种产品共同负担的费用,则应先按一定的标准分配,然后再填列费用分配表。根据原始凭证和各种费用分配表,即可登记产品成本明细分类账和间接费用等明细分类账。间接费用明细分类账归集的费用,属于综合费用,也要在月终编制间接费用分配表,按照一定标准进行分配,据以记入产品成本明细分类账。在分配各种费用时,分配标准应与费用的发生有密切的关系,既要力求成本的正确,又要考虑计算工作的简便。

一、耗用材料的分配

耗用材料的分配,就是定期将审核后的领料凭证、退料凭证,按材料用途归类,将耗用材料计入产品成本明细分类账和间接费用等明细分类账。

对于大堆材料,由于很难在领用时逐一点数计量,也要按照第四章第四节所说"算两头、轧中间"的办法,于月末计算其实际耗用量。

在计入产品成本的材料费中,直接用于生产某种、某批、某类产品的主要材料、机械配件、其他材料,应尽可能直接计入有关产品成本明细分类账的"材料费"、"其他直接费"等项目。如果领用的材料为几种、几批、几类产品共同耗用的,就要按照一定的标准在有关产品间分配,然后分别计入有关产品成本。耗用材料的分配标准,一般有定额耗用量、耗用材料的预算(计划)成本等。现以定额耗用量为分配标准,列示它的分配方法如下:

$$\text{某种产品材料定额耗用量} = \text{该种产品实际产量} \times \text{单位产品材料消耗定额}$$

$$\text{材料耗用量分配率} = \frac{\text{材料实际耗用量}}{\text{各种产品材料定额耗用量之和}}$$

$$\text{某种产品应分配材料耗用量} = \text{该种产品材料定额耗用量} \times \text{材料耗用量分配率}$$

$$\text{某种产品应分配材料费} = \text{该种产品应分配材料耗用量} \times \text{材料计划单价} \times \left(1 \pm \text{材料成本差异分摊率}\right)$$

如某附属工业企业在某月份内,共领用子种主要材料 9 600 千克,退回子种材料 100 千克,子种材料计划单价为 10 元,该月材料成本差异为借差 2%。在该月内,共生产甲种产品 600 件,乙种产品 500 件。甲种产品每件定额耗用量为 10 千克,乙种产品每件定额耗用量为 8 千克,则:

甲产品材料定额耗用量 = 600×10 = 6 000(千克)

乙产品材料定额耗用量 = 500×8 = 4 000(千克)

材料耗用量分配率 = $\frac{9\ 600 - 100}{6\ 000 + 4\ 000}$ = 0.95

甲产品分配材料耗用量 = 6 000×0.95 = 5 700(千克)

乙产品分配材料耗用量 = 4 000×0.95 = 3 800(千克)

合计　9 500 千克

甲产品分配材料费 = 5 700×10×(1+2%) = 58 140(元)

乙产品分配材料费 = 3 800×10×(1+2%) = 38 760(元)

合计　96 900 元

如上述附属工业企业生产的甲、乙两种产品,除共同耗用上述子种主要材料外,甲种产品还耗用丑种主要材料 10 200 元,乙种产品发生可修复废品一批,返修过程中耗用寅种主要材料510元,管理部门为维修房屋领用主要材料1 020元。根据上述资料,即可编制有如图表7-4所示的耗用材料分配表。

图表7-4

耗用材料分配表

材料科目:主要材料　　　　　　2006年6月

应借科目	应借明细分类账	项　　目	材料费
生产成本——工业生产成本	甲产品成本明细分类账	材　料	68 340
	乙产品成本明细分类账	材　料	38 760
	废品损失明细分类账	乙产品	510
	小　　　计		107 610
生产成本——工业生产成本——间接费用	间接费用明细分类账	物料消耗	1 020
合　　　计			108 630

根据耗用材料分配表,一方面登记各产品成本明细分类账和废品损失、间接费用明细分类账(产品成本和废品损失明细分类账的格式见本章第一节);另一方面作如下会计分录记入总分类账:

借:生产成本——工业生产成本　　　　　　107 610
　　生产成本——工业生产成本——间接费用　1 020
　贷:原材料——主要材料　　　　　　　　　108 630

二、人工费的分配

附属工业企业和辅助生产单位的工资和职工福利费,应按月编制人工费分配表,据以进行工资和职工福利费分配的总分类核算,并按其用途分配计入各种产品成本明细分类账和间接费用等明细分类账。

生产工人的工资和职工福利费,在计时工资制度下,一般根据各种产品的耗用工时进行分配,它的分配方法如下:

$$\frac{生产工人}{平均工资率} = \frac{生产工人工资总额+职工福利费总额}{生产工人工时总和}$$

$$\text{某种产品应分配的人工费} = \frac{\text{该种产品}}{\text{耗用工时数}} \times \frac{\text{生产工人}}{\text{平均工资率}}$$

如某附属工业企业某月份生产工人工资总额为 8 600 元,职工福利费总额为 1 005 元,甲种产品耗用 2 400 工时,乙种产品耗用 1 400 工时,修复乙种废品耗用 42 工时,则:

生产工人平均工资率 $= \dfrac{8\,600 + 1\,005}{2\,400 + 1\,400 + 42} = 2.50$(元/时)

甲产品分配人工费 $= 2\,400 \times 2.50 = 6\,000$(元)

乙产品分配人工费 $= 1\,400 \times 2.50 = 3\,500$(元)

废品损失(乙产品)分配人工费 $= 42 \times 2.50 = 105$(元)

在计件工资制度下,生产工人计件工资可根据产量凭证和计件单价,分别产品汇总后计入有关产品的成本,其他津贴、补贴等,可按占计件工资总额的百分比,计入有关产品成本。

对于技术、管理、服务人员的工资,应记入间接费用的"工作人员工资"项目。

如上述附属工业企业某月份技术、管理、服务人员的工资为 995 元,职工福利费为 135 元,即可编制有如图表 7-5 所示的人工费分配表。

图表 7-5

人工费分配表

2006 年 6 月

应借科目	应借明细分类账	工资	职工福利费	生产工时	平均工资率	人工费
生产成本——工业生产成本	甲产品成本明细分类账			2 400	2.50	6 000
	乙产品成本明细分类账			1 400	2.50	3 500
	废品损失明细分类账(乙产品)			42	2.50	105
	小　计	8 600	1 005			9 605
生产成本——工业生产成本——间接费用	生产管理费用明细分类账	995	135			1 130
合　　计		9 595	1 140			10 735

根据人工费分配表,一方面登记各产品成本明细分类账和废品损失、间接费用明细分类账;另一方面作如下会计分录记入总分类账:

借:生产成本——工业生产成本　　　　　　　　　　9 605
　　贷:应付工资或应付职工薪酬——应付工资　　　　8 600
　　　　应付福利费——或应付职工薪酬——应付福利费　1 005

借:生产成本——工业生产成本——间接费用　　　　1 130
　　贷:应付工资或应付职工薪酬——应付工资　　　　995
　　　　应付福利费或应付职工薪酬——应付福利费　　135

附属工业企业按职工工资总额 2%提取的工会经费,应记入"生产成本——工业生产成本——间接费用"科目的借方和"其他应付款——应付工会经费"科目的贷方:

借:生产成本——工业生产成本——间接费用　　　×××
　　贷:其他应付款——应付工会经费　　　　　　　×××

三、外购动力、折旧及其他费用的分配

附属工业企业和辅助生产单位外购的电力、蒸汽、煤气等动力,有的直接用于产品生产,有的用于照明、取暖等。在有计量仪表记录其耗用量时,应根据仪表所示耗用动力的数值和单价计算;在没有计量仪表的情况下,可按各种产品定额用量或生产工时的比例进行分配计算。用于生产产品的动力费,应记入"生产成本——工业生产成本"、"生产成本——辅助生产成本"科目的借方和有关产品成本明细分类账"其他直接费"项目。用于管理部门照明的电费等,应记入"生产成本——工业生产成本——间接费用"科目的借方和间接费用明细分类账的"办公费"项目。

附属工业企业和辅助生产单位使用的固定资产的折旧,应在

固定资产折旧计算表中进行计算。对于生产用固定资产的折旧，应记入"生产成本——工业生产成本"、"生产成本——辅助生产成本"科目的借方，并按生产工时的比例分配计入各种产品成本明细分类账的"其他直接费"项目，或者先在各生产车间的其他直接费明细分类账中进行汇总，然后分配计入各种产品的成本。对于附属工业企业管理用固定资产的折旧，应记入"生产成本——工业生产成本——间接费用"科目的借方和间接费用明细分类账的"其他直接费"项目。

附属工业企业和辅助生产单位发生的生产用固定资产修理费，应记入"生产成本——工业生产成本"、"生产成本——辅助生产成本"科目的借方和各种产品成本明细分类账的"其他直接费"项目，或先在各生产车间的其他直接费明细分类账中进行汇总，然后分配计入各种产品的成本。附属工业企业发生的管理用固定资产修理费，应记入"生产成本——工业生产成本——间接费用"科目的借方和间接费用明细分类账的"修理费"项目。

附属工业企业发生的邮电费、差旅费、文具印刷费等费用，应记入"生产成本——工业生产成本——间接费用"科目的借方和间接费用明细分类账的"办公费"项目。

四、间接费用的分配

"生产成本——工业生产成本——间接费用"科目归集的费用，在生产一种产品的附属工业企业，可直接计入这种产品的成本；在生产多种产品的企业，则要采用适当的分配方法，将它分配计入各种产品成本。

分配间接费用的方法，常用的有生产工人工时比例法、定额工时比例法、直接费用比例法、产品标准产量比例法等。

生产工人工时比例法是以各种产品的生产工人工作时数的比例作为标准来分配间接费用的方法。它的计算方法如下：

$$\text{某种产品应分配间接费用} = \frac{\text{间接费用总额}}{\text{各种产品生产工时总数}} \times \text{该种产品的生产工时数}$$

定额工时比例法是以各种产品的定额工时数的比例作为标准来分配间接费的方法。它的计算方法如下：

$$\text{某种产品应分配间接费用} = \frac{\text{间接费用总额}}{\text{各种产品定额工时总数}} \times \text{该种产品的定额工时数}$$

直接费用比例法是以各种产品的直接费（包括工资、材料费、其他直接费）的比例作为标准来分配间接费用的方法。它的计算方法如下：

$$\text{某种产品应分配间接费用} = \frac{\text{间接费用总额}}{\text{各种产品直接费用总额}} \times \text{该种产品的直接费用数}$$

产品标准产量比例法是以各种产品的标准产量的比例作为标准来分配间接费用的方法。它的计算方法如下：

$$\text{某种产品的标准产量} = \text{该种产品的实际产量} \times \text{换算为标准产品产量的比例（或系数）}$$

$$\text{某种产品应分配间接费用} = \frac{\text{间接费用总额}}{\text{各种产品标准产量之和}} \times \text{该种产品的标准产量}$$

现以生产工人工时比例法来说明间接费用的分配。例如上述某附属工业企业在某月份内发生的间接费用为 19 210 元，该月生产工人工时总数为 19 210 工时，其中甲种产品耗用 2 400 工时，乙种产品耗用 1 400 工时，修复乙种废品耗用 42 工时，则：

$$\text{甲产品分配间接费用} = \frac{19\,210}{2\,400 + 1\,400 + 42} \times 2\,400$$

$$= 5 \times 2\,400 = 12\,000（元）$$

乙产品分配间接费用 $= 5 \times 1\,400 = 7\,000$（元）

废品损失（乙产品）分配间接费用 $= 5 \times 42 = 210$（元）

根据上述资料，即可编制如图表 7-6 所示的间接费用分配表。

图表 7-6

间接费用分配表

2006 年 6 月

应借科目	应借明细分类账	项目	生产工时数	每工时分配数	金 额
生产成本 ——工业生 产成本	甲产品成本明细分类账	间接费用	2 400	5.00	12 000
	乙产品成本明细分类账	间接费用	1 400	5.00	7 000
	废品损失明细分类账	乙产品	42	5.00	210
合　　计					19 210

附属工业企业间接费用分配表中分配的间接费用,一方面应登记各有关产品成本明细分类账和废品损失明细分类账;另一方面应作如下分录记入总分类账:

借:生产成本——工业生产成本　　　　　　　19 210
　　贷:生产成本——工业生产成本——间接费用　19 210

附属工业企业和辅助生产单位如果设置其他直接费明细分类账先对其他直接费进行汇总,则要对其他直接费采用生产工人工时比例法、定额工时比例法等分配方法,将它分配记入各种产品成本明细分类账的"其他直接费"项目。

废品损失明细分类账归集的各种产品的废品损失,要在月末将它记入各种产品成本明细分类账的"废品损失"项目。

五、生产费用在完工产品和在产品之间的划分

附属工业企业和辅助生产单位发生的各项生产费用,经过上面所述方法分配以后,都已分别计入各种产品成本明细分类账。在没有在产品或在产品很少的情况下,如发电站、给水站、蒸汽站、混凝土搅拌站等,产品成本明细分类账所归集的生产费用,就是完工产品的实际总成本,以实际总成本除以产品产量,就可算出完工产品的实际单位成本,据以考核和分析这种产品的成本计划的完成情况。如果既有完工产品,又有在产品,还应将本月发生的生产

费用和月初在产品成本,在本月完工产品和月末在产品之间加以划分才能算出本月完工产品成本和月末在产品成本。它们之间的关系是:

$$\text{月初在产品成本} + \text{本月生产费用} = \text{本月完工产品成本} + \text{月末在产品成本}$$

要划分本月完工产品成本和月末在产品成本,首先要确定完工产品和月末在产品的数量。这里完工产品是指车间加工完成并已验收入库的自制半成品和最后完工的产成品。它的数量,可根据自制半成品和产成品交库单来计算。月末在产品是指在本月已经加工但尚未完工需要在下月继续加工的产品。凡设有在产品卡片记录的,可根据卡片记录确定月末在产品的数量;没有在产品卡片记录时,根据实地盘点来确定。

各种产品的成本(包括月初在产品成本和本月发生的生产费用)在完工产品和在产品之间划分的方法,主要有以下几种:

(一) 按约当产量比例计算

约当产量是指月末在产品的实际产量按其完工程度折算为完工产品的数量。按约当产量比例计算,就是将本月各种产品的成本,按其完工产品数量和在产品约当产量的比例进行划分。因为在产品耗用各种费用的程度不一,所以要分别成本项目计算在产品的约当产量。材料要按其投料程度计算约当产量;人工费和其他成本项目要按在产品的完工程度计算约当产量。如果材料是在生产开始时一次投入的,则在产品的材料成本和完工产品一样,不需要再计算在产品中材料项目的约当产量。按约当产量比例计算完工产品成本和在产品成本的计算方法如下:

$$\text{单位产品成本} = \frac{\text{月初在产品成本} + \text{本月发生生产费用}}{\text{完工产品产量} + \text{在产品约当产量}}$$

完工产品成本 = 完工产品产量 × 单位产品成本

月末在产品成本 = 月末在产品约当产量 × 单位产品成本

或 = 产品成本合计 − 完工产品成本

如某附属工业企业生产的甲种产品,本月完工400件,月末在产品200件,完工程度为50%,材料在生产开始时一次投入。甲种产品的月初在产品成本和本月发生的生产费用合计数如下:材料费68 340元,人工费6 000元,其他直接费7 660元,间接费用12 000元。因材料是在生产开始时一次投入的,所以月末在产品成本中材料费可按200件计算,不再计算约当产量;月末在产品成本中人工费和其他项目按完工程度50%计算,折合为约当产量100件(200×50%)。这样,就可如图表7-7所示,为甲种产品分别成本项目计算完工产品和在产品的成本。

图表 7-7

成本项目	月初在产品成本和本月生产费用	完工产品产量	月末在产品约当产量	单位产品成本	完工产品成本	月末在产品成本
	①	②	③	④=$\frac{①}{②+③}$	⑤=②×④	⑥=③×④
材料费	68 340	400	200	113.90	45 560	22 780
人工费	6 000	400	100	12.00	4 800	1 200
其他直接费	7 660	400	100	15.32	6 128	1 532
间接费用	12 000	400	100	24.00	9 600	2 400
合　　计	94 000	400	(200)(100)	165.22	66 088	27 912

对于废品损失,通常可只计入完工产品成本,月末在产品可不负担。这是因为废品损失主要是由本月份内企业生产工作中的过失所造成的。把它集中记入本月完工产品的成本,有利于引起企业领导和职工群众的注意,从而及时采取措施,改进生产管理。

(二) 在产品按定额成本计算

在各项消耗定额比较准确的情况下,月末在产品可以按照定额成本计算,并以产品成本减去按定额成本计算的月末在产品成本,计算完工产品成本。

如上述某附属工业企业 200 件甲种在产品的单位材料消耗定额为：子种材料 10 千克，每千克 10 元；丑种材料 4 千克，每千克 4 元。在产品在各个工序已完成定额工时共 480 小时，每小时人工费为 2.50 元；每小时其他费用为 1.60 元。则甲种产品月末在产品的定额成本可以计算如下：

定额材料成本　　　$200\times(10\times10+4\times4)=23\,200$（元）
定额人工成本　　　480×2.50　　　　　$=1\,200$（元）
定额其他费用成本　$2\,400\times1.60$ 元　　$=3\,840$（元）
定额成本合计　　　　　　　　　　　　　　$28\,240$ 元

完工产品成本 $=94\,000-28\,240=65\,760$（元）

完工产品单位成本 $=\dfrac{65\,760}{400}=164.40$（元）

（三）按定额耗用量比例计算

定额耗用量是指产品产量乘预算定额所求得的耗用量。按定额耗用量比例计算，就是将各种产品成本按完工产品和月末在产品的定额耗用量的比例，分别成本项目计算完工产品成本和月末在产品成本。完工产品和月末在产品的定额耗用量，要分别材料、人工和费用来确定。在实际计算时，材料的定额耗用量可按材料定额耗用量或材料的定额成本（当耗用多种材料时）计算。人工费、其他费用的定额耗用量可按定额工时计算。按定额耗用量比例计算完工产品成本和月末在产品成本的计算方法如下：

$$\text{单位定额耗用量分配数}=\dfrac{\text{月末在产品成本}+\text{本月发生生产费用}}{\text{完工产品定额耗用量}+\text{月末在产品定额耗用量}}$$

$$\text{完工产品成本}=\text{完工产品定额耗用量}\times\text{单位定额耗用量分配数}$$

$$\text{月末在产品成本}=\text{月末在产品定额耗用量}\times\text{单位定额耗用量分配数}$$

如上述某附属工业企业甲种产品月初在产品成本和本月发生生产费用为：材料费 68 340 元，人工费 6 000 元，其他费用 19 660

元。完工产品的定额材料成本为 46 400 元,定额工时为 2 000 元小时,月末在产品的定额材料成本为 23 200 元,定额工时为 500 小时。这样,就可如图表 7-8 所示,为甲种产品分别成本项目计算完工产品和月末在产品的成本。

图表 7-8

成本项目	月初在产品成本和本月生产费用 ①	定额用量		单位定额耗用量分配数 $④=\dfrac{①}{②+③}$	完工产品成本 ⑤=②×④	月末在产品成本 ⑥=③×④
		完工产品 ②	月末在产品 ③			
材料费	68 340	46 400	23 200	0.9819	45 560	22 780
人工费	6 000	2 000	500	2.4	4 800	1 200
其他费用	19 660	2 000	500	7.864	15 728	3 932
合　计	94 000	—	—	—	66 088	27 912

按定额耗用量比例计算完工产品和月末在产品成本的方法,不仅计算结果比较合理,而且还便于将实际成本与定额成本相比较,考核和分析定额的执行情况。

除了上述三种计算方法外,如果某种产品成本中的材料成本占很大的比重,月末在产品成本也可只计算材料成本,人工和其他费用均由完工产品负担。如各月的在产品数量变动不大,为了简化手续,可用年初的在产品成本作为各月月末在产品成本,也就是将各个月份归集于某种、某类产品的全部生产费用,作为本月完工产品的成本,但在年终,应根据实际盘点的在产品数量,重新计算在产品成本,以免在产品成本与实际出入过大,影响年度成本计算的正确性。

第三节　混凝土成本的计算

品种成本计算法是按照产品品种计算产品成本的一种方法。

它既不要求按照产品、批别计算成本,也不要求按照生产步骤计算成本。它适用于大量、大批的单步骤生产,如发电、给水、蒸汽、混凝土等生产。在大量、大批的多步骤生产中,如果生产规模小,管理上不要求按照分步骤计算成本,也可采用品种成本计算法。如小型混凝土构件的预制,虽是多步骤生产,也可采用品种成本计算法计算产品成本。

在采用品种成本计算法的企业单位或车间中,如果只生产一种产品,只要为这种产品开设一张产品成本明细分类账,发生的全部生产费用都可以直接计入这种产品成本。如果生产多种产品,则要按产品品种分别开设产品成本明细分类账,直接费用直接计入各种产品成本,间接费用采用适当的分配方法,计入各种产品成本。

月末计算成本时,如果没有在产品或者在产品数量很少,不需要计算月末在产品成本,各种产品成本明细分类账中按照成本项目归集的全部生产费用,就是各该产品的总成本,除以产量,就是各该产品的单位成本。如果有在产品,而且数量较多,要将产品成本明细分类账中归集的生产费用和月初在产品成本,在本月完工产品和月末在产品之间加以划分,计算产成品成本和月末在产品成本。

按照品种成本计算法计算产品成本,是成本管理对于成本计算最起码的要求,因而品种成本计算法是最基本的成本计算方法。上节所讲产品成本计算的一般程序,就是按照品种成本计算法的要求讲述的。现再以混凝土成本计算为例加以说明。

混凝土生产属于简单生产,它主要为施工单位提供混凝土。混凝土的计量单位是立方米,每一立方米混凝土的生产费用支出,就是它的单位成本。在生产各种标号混凝土的混凝土搅拌站,要为各种标号混凝土分别设置产品成本明细分类账,按成本项目分栏登记发生的生产费用,以完成的混凝土数量(立方米)除当月发生的生产费用，求得每一立方米混凝土的成本。

假定某施工企业所属混凝土搅拌站生产300号、400号两种混凝土。在某月份内，300号、400号混凝土和管理部门共发生了如图表7-9所示的各项生产费用。

图表7-9

	300号混凝土	400号混凝土	间接费用
水　　泥	120 000	108 000	
黄　　砂	63 000	40 000	
石　　子	114 000	74 000	
人 工 费	2 400	1 600	
其他直接费	4 200	2 800	
间接费用			6 000
合　　计	303 600	226 400	6 000

根据上述情况，应为300号混凝土和400号混凝土分别开设产品成本明细分类账。同时要开设间接费用明细分类账，先行汇总记录发生的间接费用，然后按照一定的分配标准，分配计入300号混凝土和400号混凝土的成本。设例中，假定以生产工人工时为分配间接费用的标准。在该月份内，300号混凝土耗用的生产工人工时为1 200工时，400号混凝土耗用的生产工人工时为800工时，则：

300号混凝土分配的间接费用为：

$$\frac{6\,000}{1\,200+800}\times 1\,200 = 3\,600(元)$$

400号混凝土分配的间接费用为：

$$\frac{6\,000}{1\,200+800}\times 800 = 2\,400(元)$$

如果该月份内 300 号混凝土共完成 3 000 立方米,400 号混凝土共完成 2 000 立方米,则:

300 号混凝土每立方米的成本为:

$$\frac{303\,600+3\,600}{3\,000}=\frac{307\,200}{3\,000}=102.40(元/立方米)$$

400 号混凝土每立方米的成本为:

$$\frac{226\,400+2\,400}{2\,000}=\frac{228\,800}{2\,000}=114.40(元/立方米)$$

第四节 机械设备制造和修理成本的计算

附属工业企业和辅助生产单位对于机械设备制造成本和修理成本的计算,一般采用分批(定单)成本计算法和分类成本计算法。

分批成本计算法是按照产品批别计算产品成本的一种方法。它适用于小批、单件生产,如机械设备制造和机械设备大修理等。

在小批、单件生产的生产单位中,产品的品种和每批产品的数量,往往根据需用单位的定单确定,因而按照产品批别计算产品成本,也是按照定单计算产品成本,所以分批成本计算法也叫定单成本计算法。在按照产品批别或定单组织生产时,生产计划部门要向车间签发生产通知单,并通知会计部门。在生产通知单中,要对该批生产任务进行编号,作为产品批号。会计部门根据产品批号开设产品成本明细分类账。产品成本明细分类账的开设和结账,应同生产通知单的签发和结束配合一致,以保证各批产品成本计算的正确性。

如果是单件生产,产品完工以前,产品成本明细分类账中记录的生产费用,都是在产品成本。产品完工时记录的生产费用,就是完工产品的成本。

如果是小批生产,由于产品批量小,批内产品一般都能同时完工,产品成本明细分类账中登记的生产费用,通常也不需要在完工产品和月末在产品之间进行划分。小批生产中各种产品如果分月完工,在完工产品的数量占该批数量的比重很小时,为了简化计算工作,可以先按计划单位成本计算完工产品的成本。该批产品的生产费用,扣除按计划单位成本计算的完工产品成本,其余即为在产品成本。待该批产品完工时,再计算该批产品的总成本和单位成本。如果完工产品数量占该批数量的比重较大,为了正确计算产品成本,应该采用适当的方法,计算完工产品成本和在产品成本。

附属工业企业和辅助生产单位为各施工生产单位制造的各种施工机械和生产设备,一般都是小批、单件生产,应采用分批(定单)成本计算法,按批、件作为一个成本对象,开设产品成本明细分类账。凡能直接计入某批、某件机械设备成本的生产费用,应直接计入该批、该件机械设备成本;凡不能直接记入而应由各批、各件机械设备成本共同负担的费用,应先记入间接费用明细分类账,然后于月终按照各批、各件机械设备耗用工时的比例,分配计入各批、各件机械设备成本。因此,机械设备制造成本计算的程序和建筑安装工程成本计算的程序是相同的。

施工机械、生产设备、运输设备等的修理,分为大修理和经常修理。

由于机械设备的大修理需用时间较长,耗用工料较多,一般都以所修的各种机械设备为成本计算对象,分别开设产品成本明细分类账,采用与制造机械设备相同的分批(定单)成本计算法。

机械设备的经常修理,由于修理次数频繁,工作量不大,如果也采用分批(定单)成本计算法,以所修的各种机械设备作为成本计算对象,分别记录承修各种机械设备的工时等,将不胜其烦,实际工作中也难以做到,为了简化成本计算工作,也可与金属结构厂的钢门、窗等一样,采用分类成本计算法。

采用分类成本计算法,要先按照产品所用材料和工艺过程的异同等因素,将产品分为几类,按照产品类别开设产品成本明细分类账,计算各类产品的成本。然后选择合理的分配标准,在每类产品的各种产品之间分配费用,计算类内各种产品的成本。如有在产品,还应先将月初在产品成本和本月发生的生产费用在完工产品和月末在产品之间划分,算得每类产品的完工产品成本和月末在产品成本。

在类内各种产品之间分配费用的标准,一般有产品的定额消耗量、计划成本及产品的重量、体积等。对于各种定型产品,为了简化分配工作,也可将分配标准折算成相对固定的系数,按照系数进行分配。确定系数时,要将某种产品定为标准产品,并把它的系数定为"1",用其他各种产品与标准产品相比,就可算出其他产品与标准产品的比例,即系数。在分类成本计算法中,按照系数分配类内各种产品成本的方法,也叫系数成本计算法。

假定某施工企业所属金属结构厂按生产钢窗、钢门、钢柱、钢吊车梁、钢屋架等分类计算成本,在某月份内,从钢窗成本明细分类账中算得本月完工各种钢窗的成本为 204 000 元,为了简化核算手续,对各种钢窗成本采用系数成本计算法,并根据各种钢窗的计划成本的比例来确定它们的分配系数。例如各种钢窗的分配系数和该月完成数量如图表 7-10 所示。

图表 7-10

	分配系数	完成数量(平方米)
工业固定钢窗	1	3 200
工业半悬钢窗	1.7	2 000
工业平开钢窗	2.2	1 500
工业组合钢窗	2.1	1 000

则该月钢窗每一分配系数成本为:

$$\frac{204\,000}{3\,200\times1+2\,000\times1.7+1\,500\times2.2+1\,000\times2.1}=17.00(元)$$

各种钢窗的总成本和单位成本如图表 7-11 所示。

图表 7-11

	总分配系数	每一分配系数成本	总成本(元)	单位成本(元)
工业固定钢窗	3 200×1=3 200	17.00	54 400	17.00
工业半悬钢窗	2 000×1.7=3 400	17.00	57 800	28.90
工业平开钢窗	1 500×2.2=3 300	17.00	56 100	37.40
工业组合钢窗	1 000×2.1=2 100	17.00	35 700	35.70

对于机械设备经常修理成本的计算,可以将所修的各种机械设备合并作为一个成本计算对象,开设一张产品成本明细分类账,记录发生的机械设备经常修理费。月度终了时,将本月实际发生的机械设备经常修理费,加月初在修机械设备经常修理成本,减月末在修机械设备经常修理成本,算出本月修理完工机械设备经常修理的实际成本,再按修理完工机械经常修理的计划成本的比例,或修理完工机械设备的实际成本占计划成本的百分比,算得各修理完工机械设备经常修理的实际成本。

为了简化计算手续,对月初、月末在修机械设备经常修理成本,一般可仅计算在修机械设备经常修理费用结算单中实际耗用材料的计划价格成本。

如某月份内实际发生机械设备经常修理费为 15 200 元,月初在修机械设备耗用材料计划价格成本为 3 200 元,月末在修机械设备耗用材料计划价格成本为 2 720 元,则该月修理完工机械设备经常修理的实际成本为:

$$15\,200+3\,200-2\,720=15\,680(元)$$

修理完工机械设备经常修理的计划成本,一般是以实际耗用材料计划价格成本加估计工缴费来计算。它的计算方法是:

1. 在承修机械设备经常修理费用的结算单中,根据领料单和退料单,登记领用和退库材料的计划价格成本,算出实际耗用材料的计划价格成本。

2. 根据生产部门估计的各工种工人修理用工,计算工缴费。工缴费是除材料费以外的各项生产费用(包括人工费、其他直接费和间接费用等)的取费,一般按工时计算。

如金工、白铁工每工时按 6.00 元,钳工每工时按 4.00 元,冷作工每工时按 4.80 元,电焊工每工时按 7.00 元,油漆工每工时按 3.60 元计算等。

3. 机械设备修理完工后,将领用材料的计划价格成本,减去退库材料的计划价格成本,算出耗用材料计划价格成本,再加上按估计修理工时计算的工缴费,算出各机械设备经常修理的计划成本。

如承修 0.3 立方米斗容量履带挖土机一台,在修理期间,共领用钢材 100 千克,每千克计划价格为 2.40 元,油漆 5 千克,每千克计划价格为 14.00 元。

根据生产部门估算,共需耗用修理工时如下:

金 工	17 工时	白铁工	8 工时
钳 工	142 工时	电焊工	12 小时
冷作工	20 工时	油漆工	25 工时

则修理这台挖土机的计划成本的计算方法如下:

耗用材料计划价格成本为:

钢材	100×2.40＝240(元)
油漆	5×14.00＝ 70(元)
小计	310 元

工缴费为：

	金　工	17×6.00＝102(元)
	钳　工	142×4.00＝568(元)
	冷作工	20×4.80＝ 96(元)
	白铁工	8×6.00＝ 48(元)
	电焊工	12×7.00＝ 84(元)
	油漆工	25×3.60＝ 90(元)
	小　计	988元

挖土机经常修理计划成本为：

$$310+988=1\,298(元)$$

将月份内修理完工机械设备经常修理的计划成本相加，即得月份内修理完工机械设备经常修理的计划成本合计。设例中，假定为 16 000 元，则修理完工机械设备经常修理的实际成本占计划成本的百分比为：

$$\frac{15\,680}{16\,000}\times 100\%=98\%$$

0.3 立方米斗容量履带挖土机经常修理的实际成本为：

$$1\,298\times 98\%=1\,272.04(元)$$

第五节　砖、瓦、采石成本的计算

砖、瓦、石子的生产，都属连续式复杂生产，如砖瓦厂生产砖、瓦所用的粘土，必须经过采掘、制坯、焙烧等生产步骤，然后成为砖、瓦。采石场经过剥离、采掘、筛分等生产步骤，然后成为施工所需的石子。由于这些生产单位的生产过程，都是由两个以上连续步骤组成，所以在计算成本时，大都采用分步成本计算法。

分步成本计算法是按照产品生产步骤计算产品成本的一种方法。在这些连续式复杂生产企业单位中，从材料投入生产到产成品完成，要经过一系列的连续生产步骤，除最后步骤生产出来的是产成品外，其他各个步骤生产完成的都是各种不同的半成品，这些半成品是下一步骤加工的对象。按照是否要计算各个步骤半成品的成本，分步成本计算法分为逐步结转和平行结转两种方式。如果既要计算完工产品成本，又要计算各个步骤半成品成本，就可采用逐步结转的分步成本计算法。

一、逐步结转分步成本计算法

在采用逐步结转的分步成本计算法计算各个步骤产品成本时，上一步骤所产生的半成品的成本，要随着半成品实物的转移从上一步骤产品成本明细分类账转入下一步骤相同产品成本明细分类账中，以便逐步计算半成品成本和最后一个步骤的产成品成本。这种结转成本的计算程序如图表 7-12 所示。

图表 7-12

逐步结转成本程序图

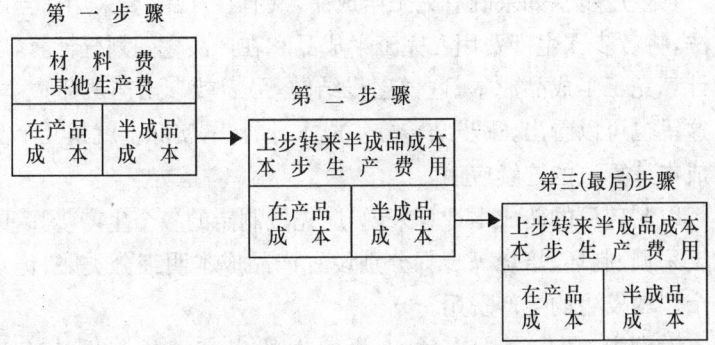

它的具体计算程序是：

1. 按生产步骤设置产品成本明细分类账。如果一个步骤生产多种产品，成本明细分类账要按该步骤的每种产品设置，用以记录各个生产步骤发生的生产费用。对于间接费用,要先在间接费用明细分类账中进行归集,然后按照一定的标准,分配记入各个生产步骤的产品成本。

2. 记录每个生产步骤生产的半成品、在产品和产成品的数量。在记录中通常应包括下列各项资料:(1)由上一步骤转入本步骤的半成品数量;(2)由本步骤转入下一步骤的半成品的数量,在最后步骤即为产成品数量;(3)留存本步骤的半成品数量;(4)废品数量;(5)在产品数量。

3. 按照生产步骤依次计算各个生产步骤半成品和在产品的成本,并将转入下一步骤的半成品成本作逐步的结转,直至最后生产步骤求得产成品成本。

各步骤耗用上一步骤半成品的成本,应根据耗用半成品数量乘以半成品的单位成本计算。如果月初有半成品,则由于各月生产半成品成本的不同,耗用半成品的单位成本也要同材料一样,采用先进先出法计算,也可先按计划单位成本计算,然后再调整成本差异。

各生产步骤如果既有完工半成品,又有在产品,要采用适当的方法,将各步骤生产费用在完工半成品和在产品之间划分计算,以便计算完工半成品成本,这样逐步结转,最后就算出产成品成本。从这里也可以看出,逐步结转分步成本计算法,实际上就是几个品种成本计算法的连续应用。

以制砖厂的砖成本计算来说,应先按制砖的各个生产步骤,即粘土采掘、制坯、焙烧等步骤分别设置产品成本明细分类账,记录各个步骤发生的生产费用。

设例中,假定某月各个步骤发生的生产费用如图表 7-13 所示。

该月份各生产步骤生产的半成品(产成品)和转入下步骤的半成品数量如图表 7-14 所示(假定无月初半成品和月末在产品)。

图表 7-13　　　　　　　　　　　　　　　　　　　　　　　　单位:元

项　目	粘土采掘	制　坯	焙　烧
材料费		1 200	300
燃料动力费			4 200
人工费	1 620	5 200	2 400
其他直接费	360	1 600	600
间接费用	1 620	5 200	2 400
合　计	3 600	13 200	9 900

图表 7-14

	粘土采掘	制　坯	焙　烧
生产半成品(产成品)	1 200 立方米	40 万块	30 万块
转入下步骤的半成品	800 立方米	30 万块	

根据上述资料,即可逐一计算各个生产步骤半成品和产成品的成本。

粘土采掘步骤共发生生产费用 3 600 元,开采粘土 1 200 立方米,每立方米粘土成本为 3.00 元(3 600 元÷1 200 立方米)。转入制坯步骤的粘土 800 立方米,它的成本为 2 400 元(3.00 元×800 立方米)。此项粘土成本,即为制坯步骤自制半成品项目的成本。

制坯步骤在月份内发生生产费用 13 200 元,加上粘土采掘步骤转入粘土成本 2 400 元,共 15 600 元,制成砖坯 40 万块,每万块砖坯的成本为 390 元(15 600 元÷40 立方米),转入焙烧步骤的砖坯 30 万块,它的成本为 11 700 元(390 元×30 立方米),应列入焙烧步骤的自制半成品项目。

焙烧步骤在月份内发生的生产费用为 9 900 元,加上制坯步骤转入砖坯成本 11 700 元,共 21 600 元,每万块砖成本 720 元(21 600 元÷30 立方米)。

为了便于读者了解起见,现将上面计算列示如图表 7-15 所示。

图表7-15

制砖厂成本计算表
×××年×月

项　目	粘土采掘			制坯			焙烧	
	数量(立方米)	总成本(元)	单位成本(元/立方米)	数量(万块)	总成本(元)	单位成本(元/万块)	数量(万块)	总成本(元)	单位成本(元/万块)
材料费					1 200	30		300	10
燃料动力费								4 200	140
自制半成品	1 200	1 620	1.35	(800立方米)	2 400	60	30	11 700	390
人工费					5 200	130		2 400	80
其他直接费		360	0.30		1 600	40		600	20
间接费用	1 200	1 620	1.35		5 200	130		2 400	80
本月半成品(产成品)	1 200	3 600	3.00	40	15 600	390	30	21 600	720
减:月末半成品	400	1 200		10	3 900				
转交下一步骤 半成品	800	2 400		30	11 700				

· 310 ·

如果在焙烧步骤烧成的砖有废品时,则应将废砖成本减去碎砖残值后的废品损失,由合格砖平均分摊。此项分摊的废品损失,可在"废品损失"项目加以反映。

如这个制砖厂该月在焙烧步骤产生碎砖1万块,此项碎砖经估价为140元,则正品砖每万块的实际成本就变成740元。它的计算方法如下:

1万块废砖的废品损失:

$$720 元 \times 1 万块 - 140 元 = 580 元$$

29万块合格砖的总成本:

$$720 元 \times 29 万块 + 580 元 = 21\,460 元$$

29万块合格砖的单位成本:

$$21\,460 元 \div 29 万块 = 740 元/万块$$

如果上述制砖厂同时生产各种不同规格的砖、瓦,则可在制坯、焙烧步骤为砖、瓦分别设置产品成本明细分类账,记录砖坯、瓦坯和烧砖、烧瓦发生的生产费用,以便分别计算砖坯、瓦坯的半成品成本和砖瓦的产成品成本。也可仍按制坯、焙烧步骤设置产品成本明细分类账,在计算制坯步骤各种砖坯、瓦坯的半成品成本和焙烧步骤各种砖、瓦的成本时,按照各种砖坯、瓦坯和砖、瓦在制坯、焙烧步骤的计划单位成本、数量,求出各自的计划成本所占的比例,加以分配计算。如上述制砖厂制坯步骤在月份内生产的砖坯、瓦坯的数量和单位计划成本为:

砖坯	20万块	万块计划成本	600元
		计划成本合计	12 000元
瓦坯	4万张	万张计划成本	1 000元
		计划成本合计	4 000元

这个制砖厂制坯步骤该月的生产费用总额为15 600元(包括粘土采掘步骤转入粘土成本),则砖坯、瓦坯的实际成本分别为:

砖坯的实际成本为:

$$15\,600\,元 \times \frac{12\,000\,元}{12\,000\,元 + 4\,000\,元} = 11\,700\,元$$

每万块砖坯成本为：

$$11\,700\,元 \div 20\,万块 = 585\,元$$

瓦坯的实际成本为：

$$15\,600\,元 \times \frac{4\,000\,元}{12\,000\,元 + 4\,000\,元} = 3\,900\,元$$

每万张瓦坯成本为：

$$3\,900\,元 \div 4(万张) = 975\,元$$

二、平行结转分步成本计算法

在连续式复杂生产企业中，如果各个步骤生产出来的半成品都为企业下一步骤继续加工，在成本管理上也不要求计算各个步骤的半成品成本，可采用平行结转分步成本计算法。

在采用平行结转分步成本计算法时，由于不要求计算各个生产步骤半成品成本，因而也不计算各步骤耗用上一步骤转入的半成品成本，只要计算本生产步骤发生的生产费用以及其中应计入产成品的成本，将各个生产步骤中应计入产成品的成本平行结转、汇总，就可算出该种产品的产成品成本。这种结转成本的计算程序，可列示如图表 7-16 所示。

图表 7-16

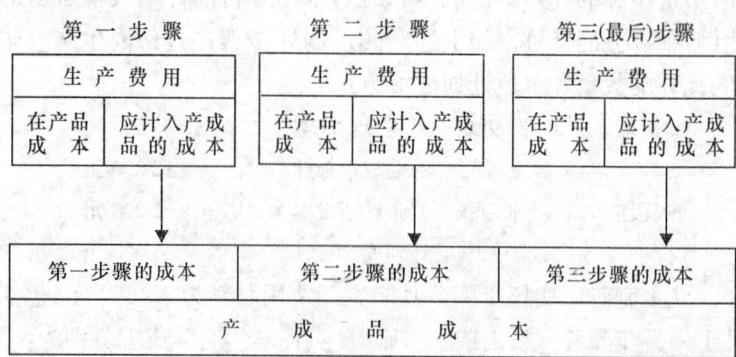

为了计算各个生产步骤中应计入产成品的成本，必须将各个

生产步骤本身发生的生产费用(不包括上一步骤半成品成本)划分为耗用于产成品的成本,以及耗用于尚未最后成为产成品的在产品成本。这里所说的在产品,是就全厂范围而言的广义在产品。它包括本步骤的在产品和本步骤已经完工但尚未成为最终产品的半成品(这些半成品可能留在半成品库中,也可能已被以下各步骤耗用但尚未加工成为产成品的半成品)。

各生产步骤生产费用在产成品和广义在产品之间的划分,可采用本章第二节中所说的按约当产量比例计算、按定额耗用量比例计算等方法,先计算单位半成品成本,然后再计算产成品中各该步骤的成本。按约当产量比例计算的方法如下:

$$\text{某步骤单位半成品成本} = \frac{\text{该步骤月初在产品成本} + \text{该步骤本月生产费用}}{\text{该步骤完工半成品数量} + \text{该步骤在产品约当产量}}$$

$$\text{产成品成本中该步骤的成本} = \text{产成品产量} \times \text{单位产成品耗用半成品数量} \times \text{该步骤单位半成品成本}$$

$$\text{月末在产品成本} = \text{该步骤月初在产品成本} + \text{该步骤本月生产费用} - \text{产成品成本中该步骤的成本}$$

仍以上述制砖厂为例:

$$\text{粘土采掘步骤单位半成品成本} = \frac{3\,600\,\text{元}}{1\,200\,\text{立方米}} = 3.00\,\text{元/立方米}$$

$$\text{砖成本中粘土采掘步骤的成本} = 30\,\text{万块} \times 20\,\text{立方米/万块}① \times 3.00\,\text{元/立方米}$$

$$= 1\,800\,\text{元}$$

粘土采掘步骤月末在产品成本 = 3 600 元 − 1 800 元 = 1 800 元

$$\text{制坯步骤单位半成品成本} = \frac{15\,600\,\text{元} - 2\,400\,\text{元}}{40\,\text{万块}} = \frac{13\,200\,\text{元}}{40\,\text{万块}}$$

$$= 330\,\text{元/万块}$$

$$\text{砖成本中制坯步骤的成本} = 30\,\text{万块} \times 1 \times 330\,\text{元/万块} = 9\,900\,\text{元}$$

---

① 每万块砖耗用粘土数量是根据制坯步骤耗用 800 立方米粘土,制成 40 万块砖坯算得。即:$\frac{800\,\text{立方米}}{40\,\text{万块}} = 20\,\text{立方米/万块}$。

制坯步骤月末在产品成本＝13 200元－9 900元＝3 300元

焙烧步骤单位产品成本＝$\frac{21\,600元－11\,700元}{30万块}$＝$\frac{9\,900元}{30万块}$

＝330元/万块

砖成本中焙烧步骤的成本＝30万块×330元/万块＝9 900元

30万块砖总成本＝1 800元＋9 900元＋9 900元＝21 600元

每万块砖成本＝$\frac{21\,600元}{30万块}$＝720元

从上可知,采用平行结转分步成本计算法结转成本,各生产步骤可以同时计算成本,平行汇总计入产成品成本,不必逐步结转,而且能直接提供按原始成本项目反映的产品成本资料,因而能够简化和加速成本计算工作。这是它较逐步结转分步成本计算法的优点。但是,它不能提供各个生产步骤半成品的成本资料,不能为各个生产步骤在产品、半成品的实物管理和资金管理提供资料。因此,在实际工作中究竟采用哪种分步成本计算法,必须根据各企业单位的具体情况和管理要求来确定。

第六节 钢筋混凝土构件成本的计算

附属工业企业和辅助生产单位生产的各种钢筋混凝土构件,都要经过钢筋成型、混凝土浇灌(包括安装模板、摆置骨架、混凝土搅拌、捣固、养护、拆模、起吊等工序)这两个生产步骤(与两个生产步骤相适应,一般都设钢筋、预制两个车间)。由于生产品种规格较多,很难采用分步成本计算法,按生产步骤、按各种构件设置成本明细分类账来计算它们的成本,而只能先按生产步骤、按构件类别设置产品成本明细分类账,算得各类构件的成本,然后按照各种构件的计划成本或预算成本的比例,分配计算各种构件的成本。

如果混凝土构件预制厂钢筋、预制两个车间生产的大型屋面板和多孔板规格较多,按各种规格列为成本计算对象分别计算,不但工作量较大,而且也很难将它们耗用的材料、人工等划分开来。因此,往往采用分步分类成本计算法,即分别钢筋、预制车间按大型屋面板、多孔板共设置四个产品成本明细分类账。由于要按构件类别计算成本,对于各个车间发生的动力、折旧、修理等生产费用,也要按车间先行计算或汇总,然后按照一定标准分配计入各类构件成本。对于这些费用,可以分别进行分配,也可合并设置一个其他直接费项目,并按车间设置其他直接费明细分类账,于月终按照各类构件耗用工时的比例,分配计入各类构件成本。至于混凝土构件预制厂的间接费用,也应先在间接费用明细分类账中汇总登记,再按各类构件耗用工时的比例,分配计入各类构件成本,然后按照下列程序,计算各种构件的成本。

1. 根据产品成本明细分类账,汇总各类构件在各车间发生的生产费用(包括发生的工料费和分配的其他直接费和间接费用)。设例中,该月各类构件在各车间发生的生产费用如图表7-17所示。

图表7-17　　　　　　　　　　　　　　　　　　　　　单位:元

	大型屋面板		多孔板	
	钢筋车间	预制车间	钢筋车间	预制车间
材料费	120 500	125 000	30 000	58 500
人工费	7 000	13 200	2 000	7 800
其他直接费	6 300	11 880	1 800	7 020
间接费用	11 200	21 120	3 200	12 480
合　　计	145 000	171 200	37 000	85 800

2. 计算各车间各类构件的在产品成本。考虑到各种构件的成本主要是材料费用,为了简化计算手续,可按照材料费计算。设

例中,钢筋车间各类构件月末在产品(即未成型钢筋)成本为:

  大型屋面板   4 800 元
  多孔板   3 600 元

  3. 以各类构件在钢筋车间发生的生产费用,加月初在产品成本,减月末在产品成本,求得本月成型钢筋的成本;然后加上预制车间的成本,求得本月完工各类构件的实际成本。设例中,钢筋车间大型屋面板的月初在产品成本为 3 600 元,多孔板的月初在产品成本为 2 400 元,各类完工构件的实际成本如图表 7-18 所示(假定预制车间没有月初、月末在产品)。

图表 7-18   单位:元

钢 筋 车 间	大型屋面板	多孔板
本月发生生产费用	145 000	37 000
加:月初在产品成本	3 600	2 400
减:月末在产品成本	4 800	3 600
成型钢筋成本	143 800	35 800
预制车间(浇灌)成本	171 200	85 800
完工构件实际成本	315 000	121 600

  4. 以各种构件的预算成本,分别乘各该构件的生产数量,求得各种构件的预算成本的总和。设例中,各种构件的生产数量及其预算成本如图表 7-19 所示。

图表 7-19

构件类别	规 格	单 位	生产数量	预算成本(元)	
				单 价	合 计
大型屋面板	YB-1	立方米	500	340	170 000
	YB-2	立方米	500	360	180 000
合 计					350 000
多孔板	YKB-1	立方米	100	220	22 000
	YKB-3	立方米	200	250	50 000
	YKB-7	立方米	200	280	56 000
合 计					128 000

5. 以各类构件的预算成本的总和,除本月完工各类构件的实际成本,求得各类构件实际成本占预算成本的百分比。设例中:

大型屋面板的实际成本占预算成本的百分比为:

$$\frac{315\,000}{350\,000} \times 100\% = 90\%$$

多孔板的实际成本占预算成本的百分比为:

$$\frac{121\,600}{128\,000} \times 100\% = 95\%$$

6. 以各类构件实际成本占预算成本的百分比乘该类各种构件的预算成本,求得各种构件的实际成本;再分别除以生产数量,即得各种构件的单位成本。设例中,各种构件的总成本和单位成本如图表 7-20 所示。

图表 7-20

构件类别	规格	预算成本(元)	实际成本占预算成本(%)	实际成本(元)	
				总成本	单位成本
大型屋面板	YB-1	170 000	90	153 000	306
	YB-2	180 000	90	162 000	324
多孔板	YKB-1	22 000	95	20 900	209
	YKB-3	50 000	95	47 500	237.5
	YKB-7	56 000	95	53 200	266

以上各种构件的单位成本是以立方米为计量单位,如果要求得各种构件每块的成本,则可以各种构件每块的体积,乘该构件每立方米成本求得。如 YB-1 大型屋面板每块体积为 0.4451 立方米,则每块 YB-1 大型屋面板成本为:

$$0.4451 \times 306 = 136.20 (元)$$

第七节 附属工业生产和辅助生产的总分类核算

一、附属工业生产的总分类核算

施工企业所属附属工业生产的总分类核算,在"生产成本——工业生产成本"科目中进行。凡因生产产品而发生的各项生产费用,都要自"原材料"、"低值易耗品——低值易耗品摊销"、"材料成本差异"、"应付工资"或"应付职工薪酬——应付工资"、"应付福利费"或"应付职工薪酬——应付福利费"、"应付账款"、"待摊费用"、"现金"、"银行存款"、"累计折旧"、"长期待摊费用"等科目的贷方转入"生产成本——工业生产成本"科目的借方,作如下分录入账:

借:生产成本——工业生产成本　　　　　　　391 000
　　贷:原材料　　　　　　　　　　　　　　336 600
　　　　低值易耗品——低值易耗品摊销　　　　3 600
　　　　材料成本差异　　　　　　　　　　　　400
　　　　应付工资或应付职工薪酬——应付工资　25 000
　　　　应付福利费或应付职工薪酬——应付福利费　3 500
　　　　现金　　　　　　　　　　　　　　　　500
　　　　银行存款　　　　　　　　　　　　　3 400
　　　　累计折旧　　　　　　　　　　　　　12 000
　　　　长期待摊费用　　　　　　　　　　　6 000

附属工业企业发生的间接费用,要先自"原材料"、"低值易耗品——低值易耗品摊销"、"材料成本差异"、"应付工资"或"应付职工薪酬——应付工资"、"应付福利费"或"应付职工薪酬——应付福利费"、"应付账款"、"现金"、"银行存款"、"累计折旧"、"长期待摊费用"等科目的贷方转入"生产成本——工业生产成本——间接费用"科目的借方：

借：生产成本——工业生产成本——间接费用		48 000
贷：原材料		6 200
低值易耗品——低值易耗品摊销		7 880
材料成本差异		200
应付工资或应付职工薪酬——应付工资		17 000
应付福利费——或应付职工薪酬——应付福利费		2 380
现金		340
银行存款		8 000
累计折旧		4 000
长期待摊费用		2 000

月终将间接费用分配记入产品成本时，再自"生产成本——工业生产成本——间接费用"科目的贷方转入"生产成本——工业生产成本"科目的借方：

借：生产成本——工业生产成本	48 000
贷：生产成本——工业生产成本——间接费用	48 000

附属工业企业加工完成并经验收入库或已堆放指定场地的产成品，要按产品实际成本自"生产成本——工业生产成本"科目的贷方转入"库存商品"科目的借方：

借：库存商品	439 000
贷：生产成本——工业生产成本	439 000

产成品销售时，应将产品的实际成本自："库存商品"科目的贷方转入"其他业务支出——产品销售成本"科目的借方；同时将产品销售收入记入"其他业务收入——产品销售收入"科目的贷方。附属工业企业加工完成直接发交委托单位的代制品或代修品，可由"生产成本——工业生产成本"科目的贷方直接转入"其他业务支出——产品销售成本"科目的借方；同时将产品销售收入记入

"其他业务收入——产品销售收入"科目的贷方(见第八章第二节)。

附属工业企业对销售产品如采用赊销、分期收款结算方式,并按合同约定收款日期确认销售收入实现时,可在产成品发出或办妥赊销、分期收款销售合同(手续)后,将赊销或分期收款的产成品实际成本,从"库存商品"科目的贷方转入"分期收款发出商品"科目的借方。按合同规定期限收取销售价款时,记入"银行存款"或"应收账款"科目的借方和"其他业务收入——产品销售收入"科目的贷方,并按当期收回的价款占应收款项总额的比例计算结转已销售实现的产成品的销售成本,将它记入"其他业务支出——产品销售成本"科目的借方和"分期收款发出商品"科目的贷方。

附属工业企业对验收入库或堆放指定场地的产成品,应设置产成品明细分类账(或"产成品卡片"),并在明细分类账(或卡片)的收入、发出和结存栏,各设数量、单价和金额三栏,用以进行数量和金额的核算,平时可只记收入和发出的数量,待月终算得入库产成品的实际成本后,再按照先进先出法、计算发出和结存产成品的实际成本。为了简化核算手续并均衡核算工作,对发出产成品的实际成本,也可按月初结存产成品的平均单位成本(即单价)计算。

二、辅助生产的总分类核算

施工企业辅助生产的总分类核算,在"生产成本——辅助生产成本"科目中进行。凡因生产产品或提供劳务而发生的各项费用,都要自"原材料"、"低值易耗品——低值易耗品摊销"、"材料成本差异"、"应付工资"或"应付职工薪酬——应付工资"、"应付福利费"或"应付职工薪酬——应付福利费"、"银行存款"、"累计折旧"、"长期待摊费用"等科目的贷方转入"生产成本——辅助生产成本"科目的借方:

借：生产成本——辅助生产成本　　　　　　　×××
　　贷：原材料　　　　　　　　　　　　　　×××
　　　　低值易耗品——低值易耗品摊销　　　×××
　　　　材料成本差异　　　　　　　　　　　×××
　　　　应付工资或应付职工薪酬——应付工资　×××
　　　　应付福利费——或应付职工薪酬——应付福利费　×××
　　　　银行存款　　　　　　　　　　　　　×××
　　　　累计折旧　　　　　　　　　　　　　×××
　　　　长期待摊费用　　　　　　　　　　　×××

由于辅助生产单位加工的产品和提供的劳务，大都供应企业内部，为了简化核算手续，一般可不分配施工生产单位的间接费用。

辅助生产单位加工完成并验收入库的成品，大都属于施工单位需要的材料，应按计划价格（预算价格）成本自"生产成本——辅助生产成本"科目的贷方转入"原材料"、"低值易耗品"等科目的借方：

借：原材料　　　　　　　　　　　　　　　×××
　　低值易耗品　　　　　　　　　　　　　×××
　　贷：生产成本——辅助生产成本　　　　×××

同时将入库成品实际成本与计划价格成本的差异，自"生产成本——辅助生产成本"科目转入"材料成本差异"科目。当实际成本大于计划价格成本时，要将成本差异自"生产成本——辅助生产成本"科目的贷方转入"材料成本差异"科目的借方：

借：材料成本差异　　　　　　　　　　　　×××
　　贷：生产成本——辅助生产成本　　　　×××

当实际成本小于计划价格成本时，要将成本差异用红字记入"生产成本——辅助生产成本"科目的贷方和"材料成本差异"科目的借方。

辅助生产单位对本企业内部各项工程施工、产品生产、机械作业、管理部门、专项工程提供的劳务，应按实际成本自"生产成本——辅助生产成本"科目的贷方转入"生产成本——工程施工成本"或"工程施工"、"生产成本——工业生产成本"、"生产成本——机械作业成本"或"机械作业"、"管理费用"、"在建专项工程"等科目的借方：

```
借：生产成本——工程施工成本或"工程施工"    ×××
    生产成本——工业生产成本                ×××
    生产成本——机械作业成本或机械作业      ×××
    管理费用                               ×××
    在建专项工程                           ×××
  贷：生产成本——辅助生产成本                ×××
```

为了及时计算工程、产品的成本，对辅助生产部门为企业内部提供的劳务，也可先按内部结算价格进行结转，于月终算出劳务的实际成本后，再按实际成本进行调整。

复 习 题

1. 施工企业的附属工业企业和辅助生产单位通常有哪些？它们在管理和核算上有哪些不同？

2. 搞好施工企业附属工业企业和辅助生产单位的生产核算和产品成本计算有哪些重要意义？

3. 为什么在组织生产核算和产品成本计算时，必须考虑生产单位生产过程和生产组织的特点？生产过程和生产组织的特点与产品成本的计算有哪些联系？

4. 附属工业企业和辅助生产单位发生的生产费用，一般是按怎样的程序计入产品成本的？在汇总分配各项生产费用时，通常采用哪些原始凭证？

5. 对于为几种、几类、几批产品共同耗用的材料,一般可采用哪些分配标准进行分配计算?

6. 附属工业企业发生的间接费用应怎样进行总分类核算和明细分类核算?采用哪些分配方法将它记入产品成本?

7. 什么叫做"在产品"?什么叫做"半成品"?什么叫做"广义在产品"?它们之间有什么联系?

8. 月末在产品的成本,一般可采用哪几种方法加以计算?它是怎样与完工产品成本加以划分的?

9. 为什么混凝土成本的计算宜于采用品种成本计算法?这种成本计算法有什么特点?

10. 为什么机械设备制造和大修理成本的计算,宜于采用分批(定单)成本计算法?为什么机械设备经常修理成本的计算,宜于采用分类成本计算法?这两种成本计算法在将生产费用计入产品成本的程序上有哪些不同?

11. 为什么砖、瓦、石子生产成本的计算,宜于采用分步成本计算法?逐步结转分步成本计算法和平行结转分步成本计算法在计算程序上有哪些不同?各适用于哪些情况?各有哪些优缺点?

12. 为什么钢筋混凝土构件成本的计算,宜于采用分步分类成本计算法?它是按照怎样的程序加以计算的?

习 题

习 题 一

(一) **目的** 练习混凝土成本的计算。

(二) **资料**

1. 某施工企业所属内部独立核算混凝土搅拌站于2006年8月共完成200号商品混凝土6 000立方米,300号商品混凝土

4 000立方米。

2. 8月份内,发生了下列经济业务:

(1) 为搅拌200号混凝土耗用400号水泥1 890吨,每吨120元;为搅拌300号混凝土耗用500号水泥1 380吨,每吨140元。

(2) 耗用黄砂4 900立方米,每立方米48元,按每立方米混凝土耗用0.49立方米进行分配。

(3) 耗用石子9 460立方米,每立方米44元。200号混凝土按每立方米耗用0.95立方米,300号混凝土按每立方米耗用0.94立方米进行分配。

(4) 8月份生产工人工资总额为6 000元,管理人员工资总额为2 000元。

8月份生产工人实际工作3 000工时,其中200号混凝土耗用1 800工时,300号混凝土耗用1 200工时。

(5) 8月份应提生产工人福利费为800元,管理人员福利费为280元。

(6) 用银行存款支付8月份电费2 200元,其中照明用电100元,动力用电2 100元。动力用电按混凝土耗用工时比例进行分配。

(7) 8月份应计折旧固定资产原值及其折旧率如下表所示:

	原值	月折旧率
生产用固定资产	840 000	5‰
管理用固定资产	400 000	2‰

生产用固定资产折旧按混凝土耗用工时比例进行分配。

(8) 8月份应摊销生产用固定资产大修理支出2 100元,管理用固定资产大修理支出300元。

(9) 用银行存款支付生产用固定资产经常修理费1 050元。

生产用固定资产大修理支出和经常修理费均按混凝土耗用工时比例进行分配。

(10) 用银行存款支付水电费680元,其中管理部门用水费40元,生产用水费640元。生产用水费按混凝土耗用工时比例分配。

(11) 领用一次损耗生产工具用具300元,分次摊销生产工具600元(采用五五摊销法)。

(12) 用银行存款支付办公用品费540元,差旅费500元。

(三) 要求

1. 计算8月份生产200号混凝土和300号混凝土耗用材料费、人工费和其他直接费,并记入200号混凝土和300号混凝土产品成本明细分类账。

2. 将有关间接费用记入"间接费用明细分类账",并按混凝土耗用工时比例,将间接费用记入200号混凝土和300号混凝土产品成本明细分类账。

3. 计算200号混凝土和300号混凝土的实际总成本和单位成本。

4. 为各项经济业务作成会计分录,并在每笔会计分录前注明经济业务的号数。

习 题 二

(一) 目的 练习机械设备制造和修理成本的计算。

(二) 资料 某施工企业所属内部独立核算机修厂在2006年8月份内,共制造和修理下列各种机械设备:

	单 号	机械设备名称
制 造	105	挖土机
大 修	203	塔吊
	204	机床

(续表)

	单 号	机械设备名称
经常修理	518	挖土机
	519	挖土机
	520	塔吊
	521	塔吊

上列制造和大修机械设备按单号设置产品成本明细分类账；经常修理机械设备合并作为一个成本计算对象设置成本明细分类账。

1. 月初在制、在修机械设备成本如下表所示：

单 号	材料费	人工费	其他直接费	间接费用	合 计
105	25 000	3 000	2 400	3 800	34 200
203	3 000	1 000	750	1 250	6 000
518	295				295
合 计	28 295	4 000	3 150	5 050	40 495

2. 在8月份内，共发生了下列各项生产费用：

	105	203	204	机械设备经常修理	其他直接费	间接费用	合 计
材料费	15 000	3 000	1 500	695			20 195
人工费	1 500	1 200	800	500			4 000
管理人员工资及职工福利费					400	1 380	1 780
动力费					400		400
折旧修理费					2 000	800	2 800
其他费用					400	2 620	3 020
合 计	16 500	4 200	2 300	1 195	3 200	4 800	32 195

3. 其他直接费和间接费用均按人工费的比例进行分配。

4. 机械设备经常修理费用结算单中实际耗用材料和估计工时及每工时工缴费如下表所示：

	518	519	520	521	每工时工缴费
耗用材料	296	249	250	195	
估计用工：					
金　　工	20	15	15	10	3.00
钳　　工	150	124	70	110	2.00
冷作工	25	20	50	40	2.40
白铁工	10	8	25	20	3.00
电焊工	15	10	25	20	3.60
油漆工	35	20	15	11	2.00

上列各项经常修理机械设备除521塔吊尚未完工外，其他均已修理完工交付施工单位。

5. 203大修塔吊修理完工交付施工单位。

(三) 要求

1. 计算各成本计算对象分配的其他直接费和间接费用。

2. 将月初在制、在修成本和8月份发生的材料、人工费和分配的其他直接费、间接费用记入产品成本明细分类账。

3. 计算修理完工518、519、520机械设备经常修理的实际成本，并附计算方法(月末在修经常修理机械的成本，只计算耗用材料费，不计算其他费用)。

4. 在"产品成本明细分类账"中结算修理完工和在制、在修机械设备的实际成本。

习 题 三

(一) **目的**　练习锯材成本的计算。

(二) 资料

1. 某施工企业所属内部核算锯木厂,在2006年8月份内,共发生了下列各项生产费用:

(1) 领用各种原木342.5立方米,每立方米计划价格为240元,原木的成本差异分摊率为+1%。

(2) 8月份生产工人工资总额为7 000元,管理人员工资总额为2 000元。

(3) 8月份提生产工人福利费980元,管理人员福利费280元。

(4) 用银行存款支付动力费1 320元,照明电费80元。

(5) 8月份应计折旧固定资产原值及其折旧率如下:
生产用固定资产原值200 000元,月折旧率5‰。
管理用固定资产原值100 000元,月折旧率2‰。

(6) 8月份应摊销生产用固定资产大修理支出500元,管理用固定资产大修理支出100元。

(7) 用银行存款支付生产用固定资产经常修理费610元。

(8) 领用一次损耗工具用具1 000元,分次摊销工具用具1 200元。报废分次摊销工具用具1 000元,残值作价100元入库(用五五摊销法摊销)。

(9) 用银行存款支付其他直接费1 040元,其他管理费2 268元。

2. 8月份内,共锯成下列锯材:
大方　50立方米　　中方　60立方米　　中板　100立方米

3. 各种锯材每立方米预算价格为:
大方　480元　　中方　400元　　中板　320元

(三) 要求

1. 登记产品成本明细分类账。

2. 计算各种锯材实际成本(按各种锯材预算成本的比例进行

分配计算)和单方成本,并附计算方法。

习 题 四

(一) 目的 练习木门窗成本的计算。

(二) 资料

1. 某施工企业所属内部核算木材加工厂,对木门窗成本采用分类成本计算法,2006 年 8 月份内,平开窗成本明细分类账中记录的月初在产品成本和本月发生生产费用如下表所示:

	月初在产品成本	本月生产费用
材料费	31 920 元	447 640 元
人工费	1 000 元	29 500 元
其他直接费	2 000 元	59 000 元
间接费用	2 000 元	59 000 元
合　计	36 920 元	595 140 元

2. 8 月份各种平开窗的月初在产品、本月完工产品和月末在产品的数量如下表所示:

	断面 50 平方厘米	断面 60 平方厘米
月初在产品		2 000 平方米
本月完工产品	10 000 平方米	20 000 平方米
月末在产品		1 000 平方米

3. 生产各种开平窗所用材料都在开工时一次投入,人工和其他费用在生产过程中逐渐发生。月初、月末在产品约当产量假定均为 50%。

4. 各种平开窗每平方米的材料预算成本和工时定额如下表所示:

	断面50平方厘米	断面60平方厘米
每平方米材料预算成本	15.20元	16.80元
每平方米工时定额	0.16工时	0.16工时

5. 其他直接费和间接费用均按各种平开窗的定额工时进行分配。

(三) 要求

1. 计算8月份完工各种平开窗的总成本和单位（每平方米）成本，并附计算方法。

2. 计算断面60平方厘米平开窗的月末在产品成本。

习 题 五

(一) 目的 练习钢筋混凝土构件成本的计算。

(二) 资料

1. 某施工企业所属内部独立核算混凝土构件预制厂设置钢筋、预制两个车间，专门生产吊车梁和大型屋面板（为了简化计算，假定只有一种规格），2006年8月份内，钢筋、预制车间完成产品和月初、月末在产品数量如下表所示：

	单 位	吊车梁	大型屋面板
钢筋车间			
本月完成	吨	40	44
月初在产品	吨	10	4
月末在产品	吨	20	0
预制车间			
本月完成	立方米	400	440

2. 钢筋车间各种构件的月初在产品成本如下表所示：

	吊车梁	大型屋面板
材料费	14 000元	4 800元
人工费	400元	120元
其他直接费	400元	120元
间接费用	600元	180元
合计	15 400元	5 220元

3. 8月份钢筋、预制车间各种构件发生的工料费和分配的车间费用和间接费用如下表所示：

	钢筋车间		预制车间	
	吊车梁	大型屋面板	吊车梁	大型屋面板
材料费	70 000元	48 000元	52 800元	55 440元
人工费	3 600元	2 400元	4 800元	7 040元
其他直接费	4 320元	2 880元	5 760元	8 448元
间接费用	4 680元	3 120元	6 240元	9 152元
合计	82 600元	56 400元	69 600元	80 080元

4. 钢筋车间生产各种构件用材料在开工时一次投入，人工和其他费用在加工过程中逐渐发生。月初、月末在产品的约当产量假定均为50%。

5. 钢筋车间成型钢筋全部用于预制车间浇灌混凝土构件。

(三) 要求

1. 计算8月末钢筋车间未成型吊车梁成本(分成本项目)，并附计算方法。

2. 用逐步结转分步成本计算法计算8月份完工吊车梁和大型屋面板的总成本和单位成本，并附计算方法。

3. 用平行结转分步成本计算法计算8月份完工吊车梁和大型屋面板的总成本和单位成本(分成本项目)，并附计算方法。

第八章 利润及其分配的核算

第一节 施工企业利润总额的组成

施工企业的利润总额,是企业在一定时期内施工生产经营活动的集中反映,是企业的经营成果。它由营业利润、投资净收益、补贴收入和营业外收支净额组成。按照下列公式计算:

$$利润总额 = 营业利润 + 投资净收益 + 补贴收入 + 营业外收入 - 营业外支出$$

营业利润根据主营业务利润、其他业务利润减管理费用和财务费用算得。其计算公式为:

$$营业利润 = 主营业务利润 + 其他业务利润 - 管理费用 - 财务费用$$

式中把管理费用和财务费用作为主营业务利润和其他业务利润的扣除项目,是由于不仅主营业务经营应负担管理费用和财务费用,其他业务经营也应负担管理费用和财务费用。

主营业务利润根据主营业务收入减去主营业务成本、主营业务税金及附加算得。其计算公式为:

$$主营业务利润 = 主营业务收入 - 主营业务成本 - 主营业务税金及附加$$

式中主营业务收入是指企业承包工程实现的工程价款收入,包括向发包单位收取的合同变更收入、索赔款和奖励款。

主营业务成本是指企业已办理工程价款结算的已完工工程实际成本。

主营业务税金及附加是指企业因从事工程施工经营活动取得工程价款收入按规定应交纳的营业税及根据营业税计算交纳的城市维护建设税和教育费附加等。

其他业务利润根据其他业务收入减去其他业务成本和经营税金及附加算得。其计算公式为：

$$\text{其他业务利润} = \text{其他业务收入} - \text{其他业务成本} - \text{经营税金及附加}$$

式中其他业务收入是指企业除主营业务收入以外的其他经营业务的收入，包括产品销售收入、机械作业收入、材料销售收入、出租无形资产收入、出租固定资产收入等。

其他业务成本是指企业除主营业务成本以外的其他经营业务的成本，包括产品销售成本、机械作业成本、材料销售成本、出租无形资产成本、出租固定资产成本等。

经营税金及附加是指企业为取得其他业务收入按规定应交纳的营业税、增值税及根据营业税、增值税计算交纳的城市维护建设税和教育费附加等。

采用企业会计准则施工企业的营业利润的组成，与采用上述企业会计制度的施工企业不完全相同，按照利润表的项目，应按下列公式计算：

$$\text{营业利润} = \text{营业收入} - \text{营业成本} - \text{营业税金及附加} - \text{管理费用} - \text{财务费用}$$
$$- \text{资产减值损失} + \text{公允价值变动收益} + \text{投资收益}$$

营业收入＝主营业务收入＋其他业务收入

营业成本＝主营业务成本＋其他业务成本

公允价值变动收益是指企业采用公允价值计量导致投资性房地产、交易性金融资产等增值而形成的收益（详见第十一章第一、第五节）。

第二节 其他业务利润的核算

一、其他业务收入的核算

施工企业除了工程施工主营业务以外,如果还有其他经营业务,如产品销售、机械作业、材料销售、出租无形资产、出租固定资产等,应将其收入在"其他业务收入"科目下分设"产品销售收入"、"机械作业收入"、"材料销售收入"、"出租无形资产收入"、"出租固定资产收入"等二级科目进行核算。

企业取得的其他业务收入,应于收入实现时及时入账。

产品销售收入,应在发出产品,同时收讫货款或取得索取货款的凭证时,确认为收入实现。

机械作业收入,应在提供机械、运输作业,同时收讫价款或取得索取价款的凭证时,确认为收入实现。

材料销售收入,应在发出材料,同时收讫料款或取得索取料款的凭证时,确认为收入实现。

出租无形资产、固定资产收入,应按企业与承租方签订的合同或协议规定的收款日期和金额,确认为租金收入实现。合同或协议规定的收款日期已到,承租方未付租金的,仍应视为租金收入实现。

施工企业实现的其他业务收入,应在收入实现时按实收或应收价款记入"银行存款"、"应收账款"等科目的借方和"其他业务收入"科目的贷方,作如下分录入账:

  借:银行存款   ×××
    应收账款   ×××
    贷:其他业务收入——产品销售收入   ×××
      其他业务收入——机械作业收入   ×××
      其他业务收入——材料销售收入   ×××
      其他业务收入——出租无形资产收入 ×××
      其他业务收入——出租固定资产收入 ×××

对于应交增值税的产品,由于增值税是价外税,不包括在产品的售价中。因此,应根据专用发票将产品的销售收入和应交纳的增值税分别记入"其他业务收入——产品销售收入"和"应交税金——应交增值税"科目的贷方,作如下分录入账:

借:银行存款　　　　　　　　　　　　　×××
　　应收账款　　　　　　　　　　　　　×××
　贷:其他业务收入——产品销售收入　　×××
　　　应交税金——应交增值税　　　　　×××

二、其他业务支出的核算

施工企业经营其他业务发生的成本、费用、经营税金及附加(包括营业税、城市维护建设税和教育费附加等),应在"其他业务支出"科目下分设"产品销售支出"、"机械作业支出"、"材料销售支出"、"出租无形资产支出"、"出租固定资产支出"等二级科目进行核算。

根据其他业务支出应与其相关业务收入配比的原则,企业在将各个月份实现其他业务收入入账时,应同时或在月末将其相关的其他业务成本、费用和经营税金及附加登记入账。

对于销售附属工业生产企业各种产品的产品成本,应由"库存商品"科目的贷方转入"其他业务支出——产品销售支出"科目的借方:

借:其他业务支出——产品销售支出　　×××
　贷:库存商品　　　　　　　　　　　　×××

对附属工业企业制造或修理完成、直接发交委托单位的代制品或代修品,可自"生产成本——工业生产成本"科目直接将其制造或修理成本转入"其他业务支出——产品销售支出"科目的借方。

对于为其他企业提供机械、运输作业所发生的各项费用,应先在"生产成本——机械作业成本"或"机械作业"科目进行核算。月终将它与应负担的营业税、城市维护建设税及教育费附加等,自"生产成本——机械作业成本"或"机械作业"、"应交税金"、"其他应交款——应交教育费附加"等科目的贷方转入"其他业务支出——机械作业支出"科目的借方:

借:其他业务支出——机械作业支出 ×××
　　贷:生产成本——机械作业成本 ×××
　　　　应交税金 ×××
　　　　其他应交款——应交教育费附加 ×××

对于对外销售材料的材料成本,应自"原材料"、"材料成本差异"等科目转入"其他业务支出——材料销售支出"科目的借方:

借:其他业务支出——材料销售支出 ×××
　　贷:原材料 ×××
　　　　材料成本差异 ×××

对出租无形资产而发生的费用,如派出技术服务人员的工资、差旅费及按有效使用期限摊销的无形资产价值,和应负担的营业税、城市维护建设税及教育费附加等,应自"应付工资"或"应付职工薪酬——应付工资"、"应付福利费"或"应付职工薪酬——应付福利费"、"银行存款"、"无形资产"或"累计摊销"、"应交税金"、"其他应交款——应交教育费附加"等科目的贷方转入"其他业务支出——出租无形资产支出"科目的借方:

借:其他业务支出——出租无形资产支出 ×××
　　贷:应付工资或应付职工薪酬——应付工资 ×××
　　　　应付福利费或应付职工薪酬——应付福利费 ×××
　　　　银行存款 ×××
　　　　无形资产或累计摊销 ×××
　　　　应交税金 ×××
　　　　其他应交款——应交教育费附加 ×××

对向其他单位出租固定资产而发生的成本如折旧费等以及应负担的营业税、城市维护建设税及教育费附加等,应自"累计折旧"、"应交税金"、"其他应交款——应交教育费附加"等科目的贷方转入"其他业务支出——出租固定资产支出"科目的借方:

借:其他业务支出——出租固定资产支出 ×××
 贷:累计折旧 ×××
  应交税金 ×××
  其他应交款——应交教育费附加 ×××

根据"其他业务收入"和"其他业务支出"科目的贷方和借方发生额,就可据以计算各个时期的其他业务利润。

第三节 管理费用、财务费用和资产减值损失的核算

一、管理费用的核算

施工企业的管理费用是指企业行政管理部门即公司总部为管理和组织经营活动所发生的各项费用。为了划清施工生产单位与企业行政管理部门的施工生产经营责任,管理费用不计入施工生产成本,而直接由企业当期利润补偿。目前施工企业管理费用的内容,除了过去所说因管理和组织经营活动所发生的各项费用外,还包括近年由政府和有关权力部门规定必须交纳的诸如工程排污、职工社会保险、意外伤害保险、工程定额测定等费用,也就是建设部在《建筑安装工程费用项目组成》中所说的"规费"。这些费用,也是施工企业从事施工经营必须交纳的,所以也应将它列作企业的管理费用。这样,施工企业的管理费用,就包括:

1. 工程排污费。指施工现场按规定交纳的工程排污费。
2. 社会保险费。指企业按规定标准为职工交纳的基本养老保险费、失业保险费、基本医疗保险费、生育保险费,以及按照建筑

法规定企业为从事危险作业的建筑安装施工人员支付的意外伤害保险费。

3. 住房公积金。指企业按规定标准为职工交纳的住房公积金。

4. 工程定额测定费。指按规定支付工程造价(定额)管理部门的定额测定费。

5. 行政管理人员工资。指企业行政管理部门即公司总部管理人员的工资、工资性津贴、补贴等,但不包括公司本部医务福利人员、脱产工会人员的工资。

6. 职工福利费。指按照行政管理人员工资总额的14%提取的职工福利费。

7. 折旧费。指企业行政管理部门使用属于固定资产的房屋、设备、仪器等的折旧费。

8. 修理费。指企业行政管理部门使用属于固定资产的房屋、设备、仪器等的经常修理费和大修理费。

9. 低值易耗品摊销。指企业行政管理部门使用不属于固定资产的设备、器具、家具等低值易耗品的摊销费。

10. 办公费。指企业行政管理部门办公用的文具、纸张、账表、印刷、邮电、书报、会议、水电、烧水和集体取暖用煤等费用。

11. 差旅交通费。指企业行政管理部门职工因公出差、调动工作(包括随行家属)的差旅费、住勤补助费、市内交通和误餐补助费、上下班交通补贴、职工探亲路费、劳动力招募费、职工离退休一次性路费,以及行政管理部门使用的交通工具的油料、燃料、养路费、牌照费等。

12. 工会经费。指按照企业全体职工工资总额的2%计提拨交给工会使用的经费。

13. 职工教育经费。指企业为职工学习先进技术和提高文化水平,按照企业职工工资总额的一定比率(一般为1.5%)计提的教育经费。

14. 劳动保险费。指企业支付离退休职工的退休金(包括按照规定交纳的离退休统筹基金)、医药费(包括企业支付离退休人员参加医疗保险的费用)、职工退职金、6个月以上病假人员工资、职工死亡丧葬补助费和抚恤费,按照规定支付给离休人员的各项经费。

15. 待业保险费。指企业按照国家规定交纳的待业保险基金。

16. 董事会费。指施工企业董事会、监事会及其成员为执行其职能而发生的各项费用,包括董事、监事津贴、差旅费、会议费等。

17. 咨询费。指企业向有关咨询机构进行科学技术、经营管理咨询时支付的费用,包括聘请经济技术顾问、法律顾问等支付的费用。

18. 审计费。指企业聘请中国注册会计师进行查账验资以及进行资产评估等发生的各项费用。

19. 诉讼费。指企业因起诉或者应诉而发生的各项费用。

20. 绿化费。指企业对本企业场地进行绿化而发生的零星绿化费用。

21. 税金。指企业按照规定支付的房产税、车船使用税、土地使用税、印花税等。

22. 土地使用费。指企业使用土地而支付的费用。

23. 技术转让费。指企业转让专利技术和非专利技术而支付的费用。

24. 技术开发费。指企业对没有立项从事一般研究开发新产品、新技术、新工艺所发生的新产品设计费、工艺规程制定费、设备调试费、原材料和半成品的试验费、技术图书资料费、研究人员的工资、研究设备的折旧、与新产品试制和技术研究有关的其他费、委托其他单位进行的科研费用以及试制失败损失。

25. 无形资产摊销费。指专利权、商标权、土地使用权等无形资产的摊销费。

26. 开办费。指企业分期摊销的开办费,或按企业会计制度规定在开始生产经营月份一次计入的开办费(详见第五章第九节)。

27. 业务招待费。指企业为业务经营的合理需要而支付的费用。按照现行财务制度的规定,在下列限额内据实列入管理费用:全年营业收入在1 500万元(不含1 500万元)以下的,不超过年营业收入的5‰;全年营业收入在1 500万～5 000万元的部分(不含1 500万元),不得超过营业收入的3‰;全年营业收入在5 000万元至1亿元(不含1亿元)的部分,不得超过营业收入的2‰;全年营业收入在1亿元以上的部分,不得超过营业收入的1‰。

28. 计提的坏账准备。指企业为各项应收款项提取的坏账准备(详见本节第三目,采用企业会计准则的施工企业列作资产减值损失)。

29. 计提的存货跌价准备。指企业为各项存货提取的跌价准备(见第四章第八节,采用企业会计准则的施工企业列作资产减值损失)。

30. 存货盘亏、毁损和报废(减盘盈)损失。指企业在清查财产过程中查明并按规定程序批准后转销的各种材料、低值易耗品、产成品等流动资产的盘亏、毁损和报废减去盘盈和过失人赔偿后的净损失,但不包括应计入营业外支出的存货非常损失(详见第四章第八节)。

31. 其他管理费用。指上列各项费用以外的其他管理费用,如排污费等。

施工企业管理费用的总分类核算,在"管理费用"科目进行,企业发生的各项管理费,都要自"现金"、"银行存款"、"应付工资"或

"应付职工薪酬——应付工资"、"应付福利费"或"应付职工薪酬——应付福利费"、"低值易耗品——低值易耗品摊销"、"累计折旧"、"无形资产"或"累计摊销"、"待摊费用"、"长期待摊费用"、"应交税金"、"坏账准备"、"存货跌价准备"等科目的贷方转入"管理费用"科目的借方：

借：管理费用　　　　　　　　　　　　　　×××
　贷：现金　　　　　　　　　　　　　　　×××
　　　银行存款　　　　　　　　　　　　　×××
　　　应付工资或应付职工薪酬——应付工资　×××
　　　应付福利费或应付职工薪酬——应付福利费　×××
　　　低值易耗品——低值易耗品摊销　　　×××
　　　累计折旧　　　　　　　　　　　　　×××
　　　无形资产或累计摊销　　　　　　　　×××
　　　待摊费用　　　　　　　　　　　　　×××
　　　长期待摊费用　　　　　　　　　　　×××
　　　应交税金　　　　　　　　　　　　　×××
　　　坏账准备　　　　　　　　　　　　　×××
　　　存货跌价准备　　　　　　　　　　　×××

企业发生的管理费用，直接计入当期损益，并于期末将其余额全部转入"本年利润"科目的借方：

借：本年利润　　　　　　　　　　　　　　×××
　贷：管理费用　　　　　　　　　　　　　×××

二、财务费用的核算

施工企业的财务费用是指企业为筹集施工生产经营所需资金而发生的各项费用，包括利息净支出、汇兑净损失、金融机构手续费，以及企业筹资发生的其他财务费用。在总分类核算上，应在"财务费用"科目进行。

施工企业因购建固定资产而发生的长期借款利息支出，在所购建的固定资产尚未交付使用之前，应记入"固定资产"、"在建专项工程"科目的借方和"长期借款"或"银行存款"科目的贷方，作为有关资产的购建成本。固定资产购建工程完成交付使用以后，在施工生产经营期间发生的长期借款的利息支出，应计入财务费用，作如下分录入账：

  借：财务费用   ×××
   贷：长期借款   ×××
     银行存款   ×××

与购建固定资产直接有关的长期借款，因使用前暂存银行而产生的利息收入，在固定资产交付使用以前发生的，应与相应计入资产成本的利息支出冲抵，记入"银行存款"科目的借方和"在建专项工程"科目的贷方。在固定资产交付使用以后发生的，应冲减财务费用，作如下分录入账：

  借：银行存款   ×××
   贷：财务费用   ×××

施工企业由于汇率变动原因而在施工生产经营期间发生的汇兑损失，以及在交付使用以后发生的与购建固定资产直接有关的汇兑损失，应记入"财务费用"科目的借方和有关科目的贷方。在施工生产经营期间发生的汇兑收益，以及在交付使用以后发生的与购建固定资产直接有关的汇兑收益，应记入"财务费用"科目的贷方和有关科目的借方。与购建固定资产直接有关的汇兑损益，在交付使用以前发生的，应计入或冲减有关资产的购建成本，记入"固定资产"、"在建专项工程"等科目的借方或贷方。在企业筹建期间发生的汇兑损益，应计入开办费，记入"长期待摊费用"科目的借方或贷方（见第二章第三节）。

施工企业因筹集施工生产经营资金而发生的借款利息支出和金融机构手续费等，应记入"财务费用"科目的借方：

借:财务费用　　　　　　　　　　　　×××
　　贷:银行存款　　　　　　　　　　　×××

企业发生的财务费用,直接计入当期损益,应于期末将"财务费用"科目的余额全部转入"本年利润"科目的借方:

借:本年利润　　　　　　　　　　　　×××
　　贷:财务费用　　　　　　　　　　　×××

必须指出,采用施工成本来计算工程项目成本,把管理费用和财务费用作为期间费用计入当期损益,不对工程项目成本进行分配,虽便于考核企业施工单位的经济效益,但也存在如下一些问题:一是在工程价款不是按月结算时,则可能使有些月份没有工程结算收入而有管理费用和财务费用的支出,不符合会计配比原则;二是在有些内部核算单位,如项目经理部,企业为了促使各施工单位节约使用资金,及时收取工程款,对占用资金实行有偿使用,在这种情况下,如不把资金占用费或利息计入工程项目成本,也不利于考核施工单位的成本责任。当然,对于内部核算单位的资金占用费,也可实行内部包干的办法,将超过包干数的资金占用费或利息,从工程成本降低额中扣除后进行考核。

三、坏账准备计提的核算

施工企业的坏账,即无法收回的应收款项,在会计上可以有如下两种核算方法。

一是直接转销法。指在坏账实际发生时才予以转销,计入当期损益的核算方法。这种方法,核算比较简单,但由于其是按应收账款的全额在资产负债表上反映的,而实际收回的款项可能要小于其账面价值,所以会虚增企业资产的价值,同时也不能反映应收账款预期可变现净值。并且由于是在发生坏账的当期,才将坏账损失计入当期损益,使坏账计入费用的时间和营业收入发生的时间不相配比。

二是备抵法。指承认应收账款存在着收不回的可能性,按期估计坏账损失,转作管理费用;同时设置"坏账准备"科目,待实际发生坏账时,再冲销坏账准备的核算方法。这种核算方法的优点,能在资产负债表上反映应收账款的可变现净值,避免虚列资产,使报表能反映较真实的财务状况。同时将估计的坏账损失计入当期损益,可以防止企业虚盈实亏,有利于促使企业加速资金周转。在实际工作中,估计坏账损失的方法主要有应收账款余额百分比法、账龄分析法等。

对于坏账准备计提及其核算,在企业会计制度和原施工企业会计制度中有着较大的差别:在施工企业会计制度中,规定一般应按应收账款余额的1%计提坏账准备。在企业会计制度中,规定不仅对应收账款还要对其他应收款计提坏账准备;企业计提坏账准备的范围、提取方法、账龄划分和提取比例,应明确规定并报有关各方备案,在确定以后不得随意变更。

企业在确定坏账准备的计提比例时,应根据历史资料、债务单位的实际财务状况和现金流量的情况,以及其他相关信息合理地估计。除属以下情况,如债务单位撤销、破产、资不抵债、现金流量严重不足、发生严重自然灾害等导致停产以及应收款项逾期3年以上等,说明该项应收款项不能收回或收回可能性不大的,可以按应收款项全额计提坏账准备外,其他应收款项,包括计划重组的应收款项、与关联方发生的应收款项、已逾期但无确凿证据证明不能收回的应收款项等,都应按规定的提取比例(不得按全额)计提坏账准备。期末应提取的坏账准备,可按下列公式计算:

$$\begin{matrix} 当期提取的 \\ 坏账准备 \end{matrix} = \begin{matrix} 当期按应收款项计算 \\ 应提坏账准备金额 \end{matrix} - \begin{matrix} 坏账准备科目 \\ 贷方余额 \end{matrix}$$

当期按应收款项计算应提坏账准备金额大于坏账准备科目的贷方余额时,应按其差额提取坏账准备;如果当期按应收款项计算应提坏账准备金额小于坏账准备科目的贷方余额,应按其差额冲减已计提的坏账准备;如果当期按应收款项计算应提坏账准备金额为零,应将坏账准备科目的余额全部冲回。

企业提取或按本期应提取的坏账准备大于其账面余额的差额提取坏账准备时,应记入"管理费用——计提的坏账准备"或"资产减值损失"科目(采用企业会计制度的施工企业,用"管理费用——计提的坏账准备"科目,采用企业会计准则的施工企业用"资产减值损失"科目)的借方和"坏账准备"科目的贷方,作如下分录入账:

借:管理费用——计提的坏账准备或资产减值损失　×××
　贷:坏账准备　×××

本期应提取的坏账准备小于其账面余额的差额,冲减其已提坏账准备时,作如上相反分录:

企业对于确实无法收回的应收款项,经批准作为坏账损失,冲销提取的坏账准备时,记入"坏账准备"科目的借方和"应收账款"、"其他应收款"科目的贷方,作如下分录入账:

借:坏账准备　×××
　贷:应收账款　×××
　　其他应收款　×××

已确认并转销的坏账损失,如果以后又收回时,仍应通过应收款项科目核算,将它记入"应收账款"、"其他应收款"科目的借方和"坏账准备"科目的贷方;同时记入"银行存款"科目的借方和"应收账款"、"其他应收款"科目的贷方。

企业持有未到期的应收票据,一般不能提取坏账准备,但如有确凿证据证明不能够收回或收回可能性不大时,应将其账面余额转入应收账款,记入"应收账款"科目的借方和"应收票据"科目的贷方,再根据应收账款的余额计提相应的坏账准备。

企业的预付账款,如有确凿证据表明其不符合预付账款性质,或者因供货单位破产、撤销等原因已无望收到所购货物时,应将原计入预付账款的金额转入其他应收款,记入"其他应收款"科目的借方和"预付账款"科目的贷方,再根据其他应收款的余额计提相应的坏账准备。

四、资产减值损失的核算[①]

资产减值损失是指企业计提各项资产减值准备所形成的损失。按照企业会计准则应用指南的规定,应设置"资产减值损失"科目并按资产减值损失的项目进行明细核算。

施工企业的应收款项、存货、长期股权投资、固定资产、在建专项工程、无形资产等资产发生减值的,应按减记的金额,记入"资产减值损失"科目的借方和"坏账准备"、"存货跌价准备"、"长期股权减值准备"、"固定资产减值准备"、"在建专项工程减值准备"、"无形资产减值准备"等科目的贷方。

```
借:资产减值损失                 ×××
    贷:坏账准备                 ×××
       存货跌价准备              ×××
       长期股权减值准备          ×××
       固定资产减值准备          ×××
       在建专项工程减值准备      ×××
       无形资产减值准备          ×××
```

企业计提的各项资产减值准备,如相关资产的价值又得以恢复,可在原已计提的减值准备金额内,按恢复增加的金额,记入相关资产减值准备科目的借方和"资产减值损失"科目的贷方。

要指出的是,在资产减值企业会计准则中规定"资产减值损失一经确定,在以后会计期间不得转回。"说明企业会计准则与其应用指南的观点是不同的。为了真实反映资产价值,如有确实证据说明减值资产确已恢复,应可考虑恢复其价值,但不能弄虚作假,把计提和恢复资产减值作为调节企业盈亏的手段。

---

① 本小节供采用企业会计准则的施工企业核算用。

资产减值损失科目的期末余额,转入"本年利润"科目,结转后,资产减值损失科目应无余额。

借:本年利润　　　　　　　　　　　　×××
贷:资产减值损失　　　　　　　　　　×××

第四节　投资净收益、补贴收入和营业外收支的核算

一、投资净收益的核算

施工企业的投资净收益,是指企业对外投资收益减对外投资损失后的净额。

投资收益包括对外投资分得的股利、利润和债券利息,投资到期收回或者中途出售取得款项多于账面价值减去减值准备后余值的差额,以及采用权益法核算的股权投资在被投资单位增加的净资产中应分享的份额等。

投资损失包括计提的投资减值准备、对外投资到期收回或者中途出售取得款项少于账面价值减去减值准备后余值的差额,以及采用权益法核算的股权投资在被投资单位减少的净资产中应分担的份额等(详见第十一章第一、第二、第三节)。

二、补贴收入的核算

补贴收入是指企业按规定从政府无偿取得的与收益相关的政府补贴收入。主要包括:

1. 企业按规定实行所得税、流转税先征后返政策返还的税款。

2. 企业按工作量等依规定的补贴定额计算并按期给予的定额补贴收入。

对上列各项补贴收入,企业应设置"补贴收入"科目进行总分类核算,并把补贴收入项目设置明细账进行明细核算。

企业收到先征后返税款时,应记入"银行存款"科目的借方和"补贴收入"科目的贷方:

借:银行存款 ×××
　贷:补贴收入 ×××

企业按工作量等依规定的补贴定额计算,按期给予定额补贴时,应于期末按应收补贴金额,记入"应收补贴款"科目的借方和"补贴收入"科目的贷方:

借:应收补贴款 ×××
　贷:补贴收入 ×××

在实际收到补贴金额时,记入"银行存款"科目的借方和"应收补贴款"科目的贷方。

期末,应将"补贴收入"科目的余额,转入"本年利润"科目,结转后,补贴收入科目应无余额:

借:补贴收入 ×××
　贷:本年利润 ×××

三、营业外收入的核算

施工企业的营业外收入和营业外支出是指与企业施工生产经营活动无直接关系的各项收入和支出。

营业外收入是与企业工程结算收入和其他业务收入相对而言的,虽与企业施工生产经营活动没有直接因果关系,但与企业又有一定联系的收入。按照《企业会计制度》的规定,列入营业外收入的项目主要有固定资产盘盈、处置固定资产净收益、处置临时设施净收益、非货币性交易收益、转让无形资产收益、罚款收入、因债权人原因确实无法支付的应付款项、教育费附加返还款等。

1. 固定资产盘盈。指盘盈固定资产的重置完全价值减估计已提折旧后的净值,应自"待处理财产损溢——待处理固定资产损溢"科目的借方转入"营业外收入——固定资产盘盈"科目的贷方

(见第五章第六节)：

  借：待处理财产损溢——待处理固定资产损溢 ×××
   贷：营业外收入——固定资产盘盈 ×××

  2. 处置固定资产净收益。指转让或变卖固定资产所得的价款减清理费用后的数额大于固定资产账面净值减已计提减值准备后的余额，应自"固定资产清理"科目的借方转入"营业外收入——处置固定资产净收益"科目的贷方（见第五章第六节）：

  借：固定资产清理 ×××
   贷：营业外收入——处置固定资产净收益 ×××

  3. 处置临时设施净收益。指清理临时设施收回残料价值减清理费用后的数额大于临时设施账面净值的余额，应自"固定资产清理——临时设施清理"科目的借方转入"营业外收入——处置临时设施净收益"科目的贷方（见第十一章第六节）：

  借：固定资产清理——临时设施清理 ×××
   贷：营业外收入——处理临时设施净收益 ×××

  4. 非货币性交易收益。指企业以存货、固定资产、无形资产、股权投资等非货币性资产交换时所获得的收益，即换入资产入账价值加上收到补价大于换出资产账面余值（账面价值减去减值准备）和相关税费的差额（详见第十一章第一节）。

  5. 转让无形资产收益。指企业转让无形资产的价款收入大于无形资产账面余值（账面价值减去减值准备）和相关税费而获得的收益（详见第五章第八节）。

  6. 罚款收入。指企业取得的因对方违反国家有关行政管理法规按照规定支付的罚款，包括因供应单位、发包单位、分包单位等不履行合同、协议而向其收取的赔偿金、违约金等。企业收入各项罚款时，应记入"银行存款"、"应付账款"等科目的借方和"营业外收入——罚款收入"科目的贷方：

借：银行存款　　　　　　　　　　　　　　×××
　　　　应付账款　　　　　　　　　　　　　　×××
　　　　贷：营业外收入——罚款收入　　　　　×××

7. 无法支付应付款。指因企业债权人单位变更登记或撤销等原因确实无法支付的应付款项。在注销无法支付的应付款项时，应自"应付账款"科目的借方转入"营业外收入——无法支付应付款"科目的贷方：

　　借：应付账款　　　　　　　　　　　　　　×××
　　　　贷：营业外收入——无法支付应付款　　×××

8. 教育费附加返还款。指自办职工子弟学校的企业，在交纳教育费附加后，教育部门返还给企业的所办学校经费补贴费。企业在收到教育费附加返还款时，应记入"银行存款"科目的借方和"营业外收入——教育费附加返还款"科目的贷方：

　　借：银行存款　　　　　　　　　　　　　　×××
　　　　贷：营业外收入——教育费附加返还款　×××

在企业会计准则中，将计入当期损益会导致所有者权益发生增减变动、而与所有者投入资本或者利润分配活动无关的营业外收入称为利得。企业发生的各项营业外收入，包括非流动资产处置利得、非货币性交换利得、政府补助、盘盈利得、捐赠利得等。

四、营业外支出的核算

施工企业的营业外支出是与企业施工生产经营活动无直接关系的各项支出。按照企业会计制度的规定，列入营业外支出的项目主要有：固定资产盘亏、处置固定资产净损失、处置临时设施净损失、转让无形资产损失、债务重组损失、计提的固定资产减值准备、计提的无形资产减值准备、计提的专项工程减值准备、非常损失、罚款支出、捐赠支出等。

1. 固定资产盘亏。指盘亏固定资产的账面净值减去减值准备后的余值。应自"待处理财产损溢——待处理固定资产损溢"科目的贷方转入"营业外支出——固定资产盘亏"科目的借方(见第五章第六节)：

借：营业外支出——固定资产盘亏　　　　　×××
　贷：待处理财产损溢——待处理固定资产损溢　×××

2. 处置固定资产净损失。指固定资产因正常原因报废清理、转让、变卖所得的出售清理收入减清理费用后的数额小于固定资产账面余值(账面净值减去减值准备)的净损失。应自"固定资产清理"科目的贷方转入"营业外支出——处置固定资产净损失"科目的借方(见第五章第六节)：

借：营业外支出——处置固定资产净损失　×××
　贷：固定资产清理　　　　　　　　　　×××

3. 处置临时设施净损失。指清理临时设施收回残料价值减去清理费用后的数额小于临时设施账面净值的净损失。应自"固定资产清理——临时设施清理"科目的贷方转入"营业外支出——处置临时设施净损失"科目的借方：

借：营业外支出——处置临时设施净损失　×××
　贷：固定资产清理——临时设施清理　　×××

4. 转让无形资产损失。指企业转让无形资产的价款收入小于无形资产账面余值(账面价值减去减值准备)和相关税费而发生的损失(详见第五章第八节)。

5. 债务重组损失。指企业以债务重组方式收回债权时，由于收到的现金小于应收债权账面余值(账面价值减去坏账准备)而发生的损失(详见第十二章第三节)。

6. 计提的固定资产减值准备。指企业为固定资产提取的减值准备(详见第五章第四节)。采用企业会计准则的施工企业列作资产减值损失。

7. 计提的无形资产减值准备。指企业为无形资产提取的减值准备(详见第五章第八节)。采用企业会计准则的施工企业列作资产减值损失。

8. 计提的在建专项工程减值准备。指企业为专项工程提取的减值准备(详见第十一章第六节)。采用企业会计准则的施工企业列作资产减值损失。

9. 非常损失。指因自然灾害等非正常原因造成的各项资产账面净值减去保险赔偿款及残值后的净损失以及发生的善后清理费用。应自"固定资产清理"、"待处理财产损溢——待处理流动资产损溢"、"银行存款"等科目的贷方转入"营业外支出——非常损失"科目的借方(详见第四章第八节和第五章第六节):

借:营业外支出——非常损失　　　　×××
　贷:固定资产清理　　　　　　　　×××
　　　待处理财产损溢——待处理流动资产损溢　×××
　　　银行存款　　　　　　　　　　×××

10. 罚款支出。指企业因未履行经济合同、协议而向其他单位支付的赔偿金、违约金、罚息等罚款性支出。企业发生各项赔偿金、违约金等时,应记入"营业外支出——罚款支出"科目的借方和"银行存款"科目的贷方:

借:营业外支出——罚款支出　　　　×××
　贷:银行存款　　　　　　　　　　×××

11. 捐赠支出。指企业对国内重大救灾或慈善事业的救济性捐赠支出。企业发生上述公益救济性捐赠时,应记入"营业外支出——捐赠支出"科目的借方和"银行存款"等科目的贷方:

借:营业外支出——捐赠支出　　　　×××
　贷:银行存款　　　　　　　　　　×××

第五节 本年利润的核算

施工企业实现的利润(或亏损),通过"本年利润"科目进行核算。期末应将各损益类科目的余额转入"本年利润"科目,即将"主营业务收入"、"其他业务收入"、"投资收益"、"补贴收入"、"营业外收入"等收入科目的余额转入"本年利润"科目的贷方;将"主营业务成本"、"主营业务税金及附加"、"其他业务支出"、"管理费用"、"财务费用"、"资产减值损失"、"营业外支出"、"所得税"或"所得税费用"(采用企业会计制度的施工企业用"所得税"科目,采用企业会计准则的施工企业用"所得税费用"科目)等支出科目的余额转入"本年利润"科目的借方,作如下分录入账:

  借:主营业务收入　　　　　　　　　×××
    其他业务收入　　　　　　　　　×××
    投资收益　　　　　　　　　　　×××
    补贴收入　　　　　　　　　　　×××
    营业外收入　　　　　　　　　　×××
   贷:本年利润　　　　　　　　　　　×××
  借:本年利润　　　　　　　　　　　×××
   贷:主营业务成本　　　　　　　　　×××
    主营业务税金及附加　　　　　　×××
    其他业务支出　　　　　　　　　×××
    管理费用　　　　　　　　　　　×××
    财务费用　　　　　　　　　　　×××
    资产减值损失　　　　　　　　　×××
    营业外支出　　　　　　　　　　×××
    所得税或所得税费用　　　　　　×××

将各损益类科目的余额结转后,"本年利润"科目如为贷方余额,即为净利润;如为借方余额,则为本期净亏损。

按照现行会计制度的规定,各月净利润和年度累计利润的计算,可以采用"账结"的办法,也可以采用"表结"的办法。采用"账结"办法时,应于每月终了将各损益类科目余额转入"本年利润"科目,通过"本年利润"科目结出当月净利润或亏损及本年累计净利润或亏损。如果采用"表结"办法,每月结账时,损益类各科目的余额不需要结转到"本年利润"科目,只有到年度终了进行年度决算时,才用"账结"办法将损益类各科目的全年累计余额转入"本年利润"科目,在"本年利润"科目集中反映本年的全年净利润(或亏损)及其构成情况。因此,每月结账时,只要结出损益类各科目的本年累计余额,就可根据这些余额,逐项填入"利润表"(见第十三章第三节),通过"利润表"计算出从年初至本月末止的本年累计净利润(或亏损),然后减去上月末本表中的本年累计净利润(或亏损),就是本月净利润(或亏损)。企业采用"表结"利润的情况下,每月编制"资产负债表"时,如果平时不进行利润分配,表内"未分配利润"项目应填列"利润表"中的"净利润";如果平时进行部分利润分配,应根据"利润表"中的"净利润"与"利润分配"科目的差额,填列"资产负债表"中的"未分配利润"项目。当然,在填列"未分配利润"项目时,均要加上以前年度未分配利润。

不论采用哪种办法结算各月净利润和年度累计净利润,年度终了时都必须将"本年利润"科目结平,转入"利润分配——未分配利润"科目。如"本年利润"科目结有贷方余额,应作:

  借:本年利润   ×××
   贷:利润分配——未分配利润   ×××

"本年利润"科目如结有借方余额,应作如上相反分录。结转后,"本年利润"科目应无余额。

第六节 所得税的核算

施工企业的利润,要根据国家所得税法的规定,按照应税所得计算上交所得税。但是,应税所得与会计利润不同。应税所得又称"应税利润"、"纳税所得",是根据税法规定所确认的收入总额与准予扣除项目金额(即可扣除的费用)的差额。会计利润又称"税前会计利润",是依据会计制度所确认的收入与费用的差额。税法与会计制度规定由于其目的不同,应税所得与会计利润也不相一致。税法是依据"公平税负,促进竞争"的原则来确定应税所得,其目的在于保证国家机构正常运转所需的财政收入。会计利润是依据权责发生制、配比原则等来确定利润总额,其目的在于公允、客观地反映企业的财务状况和经营成果。基于税法与会计制度规定的目的不同,在企业会计制度中将应税所得与会计利润两者之间产生的差异,分为永久性差异和时间性差异。

一、应税所得与会计利润的永久性差异

永久性差异是因税法与会计制度规定不同致使应税所得与会计利润不同而产生的差异。因为基于税收政策的考虑,有些会计中的收入或费用,在税法中不属于应税收入或费用;而有些会计上不属于收入的项目,在税法中却作为应税收入。如:

1. 会计中计作会计利润的已税股利和其他投资收益,免税的国债利息收入,可减免的民族自治地方企业实行定期减免税期间的利润,在税法中均规定不计作应税所得,从而使应税所得小于会计利润。

2. 会计中计作费用或损失的违法经营罚款、被没收财产损失,各项税收的滞纳金、罚金和罚款,非公益、救济性捐赠,各种赞助支出,与取得收入无关的其他各项支出,超过金融机构同类同期贷款利率计算部分的利息支出,超过地区规定计税工资标准部分

的工资支出,超过国家规定按计税工资总额的2%、14%、1.5%计算部分的工会经费、职工福利费和职工教育经费,超过国家规定按应税所得额3%计算部分的公益、救济性捐赠,超过限额规定的业务招待费部分等,在税法中均规定不得扣除应税收入,从而使应税所得大于会计利润。

3. 与关联企业以不合理定价手段减少的工程结算收入和其他业务收入,在税法中规定税务机关有权对其作合理调整,增加应税收入,从而使应税所得大于会计利润。

4. 对企业前5年内未弥补的亏损,税法规定可用当年利润弥补,从而使当年应税所得小于会计利润,等等。

上述种种因税法规定与会计制度规定不一致而产生的应税所得与会计利润的差异,一旦发生,即永久存在,故称"永久性差异"。这种差异,只影响当期的应税所得,不会影响以后各期的所得税额,因而不必作账务调整。

二、应税所得与会计利润的时间性差异

时间性差异是因收入或费用在会计中确认时间与税法规定申报时间而产生的差异,主要指以后各期发生的应税所得和以后各期发生的可扣除费用。如:

1. 对股票投资、其他股权投资采用权益法核算时,会计中按持股比例确认投资收益作为当期利润,而税法规定要在下期实际收到股利或投资利润时才确认为应税所得,从而使当期应税所得小于会计利润。

2. 会计中对工程质量担保费用在工程点交时可预提作为费用,而税法规定要在以后各期实际发生时才作为费用扣除,从而使当期应税所得大于会计利润。

由于存在时间性差异,各期应税所得与会计利润可能不相一致。如果以各期会计利润计算的应交所得税作为当期所得税费用,因会计中的利润可能在后期课税,其费用也可能在后期扣减应税所得,就应采用"纳税影响会计法",将本期会计利润与应税所得之间的时间性差异造成的影响纳税的金额,递延和分配到以后各期。如果以当期应税所得计算的应交所得税作为当期所得税费用,就可采用"应付税款法",将本期会计利润与应税所得之间的时间性差异造成的影响纳税的金额,直接计入当期损益,而不递延到以后各期。

三、应付税款法的核算

应付税款法是指企业以各期应税所得计算的应交所得税作为当期所得税费用的核算方法。由于会计利润与应税所得存在时间性差异,如将本期税前会计利润与应税所得之间的时间性差异造成的影响纳税的金额直接计入当期损益,而不递延到以后各期,就可按当期应税所得计算的应交所得税作为当期所得税费用。采用应付税款法按应税所得计算应交所得税时,应记入"所得税"科目的借方和"应交税金——应交所得税"科目的贷方,作如下分录入账:

借:所得税 ×××
　　贷:应交税金——应交所得税 ×××

实际上交所得税时,记入"应交税金——应交所得税"科目的借方和"银行存款"等科目的贷方,作如下分录入账:

借:应交税金——应交所得税 ×××
　　贷:银行存款 ×××

企业采用应付税款法核算所得税费用的理由有:

1. 有应税所得,才会交纳所得税。企业各期交纳的所得税也是根据税法规定的应税所得与所得税税率计算出来的。

2. 以当期应交所得税作为当期所得税费用入账,容易被人们所理解,且无跨期转销,会计处理比较简便。

3. 以当期应交所得税作为当期所得税费用,有助于预测未来的现金流量。

四、纳税影响会计法的核算

纳税影响会计法是指企业以各期会计利润计算的应交所得税作为当期所得税费用的核算方法。由于会计利润与应税所得存在时间性差异,按会计利润计算的应交所得税可能小于或大于按应税所得计算的应交所得税,这样就产生了差额,并需在以后各期转销。企业采用纳税影响会计法核算所得税费用时,应设置"递延税款"科目,用以核算由于时间性差异造成的会计利润与应税所得之间的差异所发生影响所得税的金额,以及以后各期转销的金额。同时要设置"递延税款备查簿",详细记录发生时间性差异的原因、金额、预计转销期限、已转销金额等。"递延税款"科目的贷方登记企业本期会计利润大于应税所得所产生的时间性差异影响所得税的金额,及本期转销已确认的时间性差异对所得税影响的借方金额;借方登记企业本期会计利润小于应税所得产生的时间性差异影响所得税的金额,以及本期转销已确认的时间性差异对所得税影响的贷方金额。企业按会计利润计算的所得税费用,记入"所得税"科目的借方。按应税所得计算的应交所得税,记入"应交税金——应交所得税"科目的贷方,按其差额,记入"递延税款"科目的借方(当按会计利润计算的所得税费用小于按应税所得计算的应交所得税时)或贷方(当按会计利润计算的所得税费用大于按应税所得计算的应交所得税时)。如某施工企业某年度按会计利润计算的所得税费用为 673 560 元,按应税所得计算的应交所得税为 676 860 元时,应作如下分录入账:

  借:所得税   673 560
    递延税款   3 300
   贷:应交税金——应交所得税   676 860

本期发生的递延税款到以后期间确认转销时,如为借方余额,记入"所得税"科目的借方和"递延税款"科目的贷方,作如下分录

入账:

  借:所得税   3 300
   贷:递延税款   3 300

  如为贷方余额,记入"递延税款"科目的借方和"所得税"科目的贷方。

  "递延税款"科目期末借方余额,反映由于时间性差异造成的按会计利润计算的应交所得税额小于按应税所得计算的应交所得税额的差额在期末尚未转销的金额,应在资产负债表资产类"递延税款借项"项目中反映;期末贷方余额,反映由于时间性差异造成的按会计利润计算的应交所得税额大于按应税所得计算的应交所得税额的差额在期末尚未转销的金额,应在资产负债表负债类"递延税款贷项"项目中反映。

  企业采用纳税影响会计法核算所得税费用的理由有:

  1. 所得税为企业的一种费用,在持续经营会计假设下,所得税费用将继续发生,与其他费用一样,它也应采用应计、递延、预计等会计程序。

  2. 对所得税作跨期转销,使得所得税费用与作为按会计利润计算的所有所得税影响数有关联,比较符合配比原则。

  3. 所得税作跨期转销所确认的"递延税款借项"和"递延税款贷项"符合资产和负债的定义,应分别在资产负债表中列作资产和负债。

五、所得税采用资产负债表债务法的核算[①]

  在企业会计准则中,借鉴所得税国际会计准则并结合我国的实际情况,要求企业对所得税采用资产负债表债务法进行核算,同时引入资产计税基础、负债计算基础和暂时性差异等概念。

---

 ① 本小节供采用企业会计准则的施工企业核算用。

(一) 资产、负债的计税基础和暂时性差异

资产的账面价值大于其计税基础或者负债的账面价值小于其计税基础的,产生应纳税暂时性差异;资产的账面价值小于其计税基础或者负债的账面价值大于其计税基础的,产生可抵扣暂时性差异。

资产的计税基础是指企业收回资产账面价值过程中,计算应纳税所得额时按照税法规定可以自应税经济利益中抵扣的金额。通常情况下,资产在取得时其入账价值与计税基础是相同的,后续计量过程中,因企业会计准则规定与税法规定不同,可能产生资产的账面价值与其计税基础的差异,如交易性金融资产(见第十一章第一节),按企业会计准则规定,在期末应以公允价值计量,公允价值的变动计入当期损益。如果按照税法规定,交易性金融资产在持有期间公允价值变动不计入应税所得,即其计税基础保持不变,则产生了交易性金融资产的账面价值与计税基础之间的差异。假定某施工企业持有一项交易性金融资产,成本为 20 000 元,期末公允价值为 36 000 元。如计税基础仍维持 20 000 元不变,该计税基础与其账面价值之间的差异 16 000 元即为应纳税暂时性差异。

负债的计税基础是指负债的账面价值减去未来期间计算应纳税所得额时按照税法规定可予抵扣的金额。多数负债如短期借款、应付账款、应付票据等负债的确认和偿还,一般不会对当期损益和应税所得额发生影响,其计税基础即为账面金额。但如预计负债(见第十章第一节)按会计制度规定应对本期交易或会计事项形成的义务,在履行时很可能导致经济利益流出企业,并且该交易或事项的金额能可靠地计量,应确认为预计负债入账。如果税法规定这项预计负债在以后实际发生时准予在税前扣除,则该项负债计税基础为零,其账面价值与计税基础之间形成可抵扣暂时性差异。假定某施工企业的期末对一项施工成本为 1 200 000 元的

已完工程,在交付使用时承诺按施工成本的1%提取工程质量保证金,作为今后一年内发生工程质量问题时的返修费,若税法规定这项工程质量保证金可作为预计负债预提入账,并在以后实际发生工程返修时,准予将返修费在税前扣除。则当年计税基础为零,该预计负债账面价值12 000元(1 200 000×1%)即为可抵扣暂时性差异。

(二)递延所得税资产、递延所得税负债和所得税费用的确认

企业应在资产负债表日,分析比较资产、负债的账面价值与其计税基础。若两者之间存在差异的,确认递延所得税资产、递延所得税负债及相应的递延所得税费用(或收益)。递延所得税资产根据可抵扣暂时性差异与该企业适用所得税税率计算,递延所得税负债根据应纳税暂时性差异与适用所得税税率计算:

$$递延所得税资产 = 可抵扣暂时性差异 \times 所得税税率$$
$$递延所得税负债 = 应纳税暂时性差异 \times 所得税税率$$

假定上述施工企业的递延所得税资产和递延所得税负债不存在期初余额。也不存在其他资产、负债的账面价值与其计税基础的差异,适用的所得税税率为25%,则:

$$递延所得税资产 = 12\,000 \times 25\% = 3\,000(元)$$
$$递延所得税负债 = 16\,000 \times 25\% = 4\,000(元)$$

递延所得税负债大于递延所得税资产的差额为递延所得税费用。反之,递延所得税资产大于递延所得税负债的差额,为递延所得税收益。设例中上述施工企业有:

$$递延所得税费用 = 4\,000 - 3\,000 = 1\,000(元)$$

企业在利润表中的所得税费用,应在当期应交所得税和递延所得税费用或递延所得税收益的基础上加以确认(但不包括直接计入所有者权益的交易或事项的所得税)其计算公式为:

$$\begin{matrix}\text{所得税} \\ \text{费 用}\end{matrix} = \begin{matrix}\text{当期应交} \\ \text{所 得 税}\end{matrix} + \begin{matrix}\text{递延所得} \\ \text{税费用}\end{matrix} - \begin{matrix}\text{递延所得} \\ \text{税 收 益}\end{matrix}$$

假定上述施工企业当期按照税法规定计算确定的应交所得税为 50 000 元,则

所得税费用＝50 000＋1 000＝51 000(元)

(三) 资产负债表债务法的核算

企业所得税采用资产负债表债务法的核算,应设置"递延所得税资产"、"递延所得税负债"和"所得税费用"三个科目。

"递延所得税资产"科目用以核算企业确认的可抵扣暂时性差异产生以及根据税法规定可用以后年度税前利润弥补的亏损及税款抵减产生的所得税资产,应按可抵扣暂时性差异等项目进行明细核算。

企业在资产负债表日确认的递延所得税资产,应记入"递延所得税资产"科目的借方和"所得税费用——递延所得税费用"科目的贷方:

借:递延所得税资产　　　　　　　　　　×××
　　贷:所得税费用——递延所得税费用　　　×××

资产负债表日,递延所得税资产的应有余额大于其账面余额的,也应按其差额作如上相同会计分录;如递延所得税资产的应有余额小于其账面余额的,应按其差额作如上相反的会计分录。

企业合并中取得资产、负债的入账价值与其计税基础不同形成可抵扣暂时性差异的,应于购买日确认递延所得税资产,将它记入"递延所得税资产"科目的借方和"商誉"等科目的贷方:

借:递延所得税资产　　　　　　　　　　×××
　　贷:商誉　　　　　　　　　　　　　　×××

对与直接计入所有者权益的交易或事项相关的递延所得税资产,应记入"递延所得税资产"科目的借方和"资本公积——其他资

本公积"等科目的贷方:

　　借:递延所得税资产　　　　　　　　　×××
　　　贷:资本公积——其他资本公积　　　　×××

　　企业在资产负债表日预计未来期间很可能无法获得足够的应纳税所得额用以抵扣可抵扣暂时性差异的,按原已确认的递延所得税资产中应减记的金额,记入"所得税费用——递延所得税费用"、"资本公积——其他资本公积"等科目的借方和"递延所得税资产"科目的贷方。

　　借:所得税费用——递延所得税费用　　×××
　　　　资本公积——其他资本公积　　　　×××
　　　贷:递延所得税资产　　　　　　　　×××

　　"递延所得税资产"科目期末借方余额,反映企业确认的递延所得税资产。

　　"递延所得税负债"科目用以核算企业确认的应纳税暂时性差异产生的所得税负债,应按应纳税暂时性差异的项目进行明细核算。

　　企业在资产负债表日确认的递延所得税负债,应记入"所得税费用——递延所得税费用"科目的借方和"递延所得税负债"科目的贷方:

　　借:所得税费用——递延所得税费用　　×××
　　　贷:递延所得税负债　　　　　　　　×××

　　资产负债表日,递延所得税负债的应有余额大于其账面余额的,也应按其差额作如上相同会计分录;如递延所得税负债的应有余额小于其账面余额的,应按其差额作如上相反的会计分录。

　　企业合并中取得资产、负债的入账价值与其计税基础不同形成应纳税暂时性差异的,应于购买日确认递延所得税负债,同时调整商誉,将它记入"商誉"科目的借方和"递延所得税负债"科目的贷方：

借：商誉 ×××
　　贷：递延所得税负债 ×××

对与直接计入所有者权益的交易或事项相关的递延所得税负债，应记入"资本公积——其他资本公积"科目的借方和"递延所得税负债"科目的贷方。

借：资本公积——其他资本公积 ×××
　　贷：递延所得税负债 ×××

"递延所得税负债"科目期末贷方余额，反映企业已确认的递延所得税负债。

"所得税费用"科目用以核算企业确认的应从当期利润总额中扣除的所得税费用，应在其下设置"当期所得税费用"和"递延所得税费用"两个二级科目。

企业在资产负债表日，应按照税法规定计算确定的当期应交所得税，记入"所得税费用——当期所得税费用"科目的借方和"应交税费——应交所得税"科目的贷方。

借：所得税费用——当期所得税费用 ×××
　　贷：应交税费——应交所得税 ×××

资产负债表日，根据递延所得税资产的应有余额大于"递延所得税资产"科目余额的差额，记入"递延所得税资产"科目的借方和"所得税费用——递延所得税费用"、"资本公积——其他资本公积"等科目的贷方：

借：递延所得税资产 ×××
　　贷：所得税费用——递延所得税费用 ×××
　　　　资本公积——其他资本公积 ×××

对递延所得税资产的应有余额小于"递延所得税资产"科目余

额的差额,应作如上相反的会计分录。

资产负债表日,根据递延所得税负债的应有余额大于其账面余额的,应按其差额记入"所得税费用——递延所得税费用"科目的借方和"递延所得税负债"科目的贷方:

借:所得税费用——递延所得税费用 ×××
　　贷:递延所得税负债 ×××

对递延所得税负债的应有余额小于其账面余额的差额,应作如上相反的会计分录。

期末,应将"所得税费用"科目的余额,转入"本年利润"科目:

借:本年利润 ×××
　　贷:所得税费用 ×××

第七节 利润分配的核算

一、利润分配的顺序

施工企业利润的分配,既要体现理顺产权关系、充分保障投资者的权益和收益,又要考虑扩大企业生产、改善职工集体福利,并加强国家宏观调控的财力。

施工企业实现的利润总额,先应按照国家规定作相应的调整,然后依照税法交纳所得税。这里所说的调整,主要是指:(1)所得税前弥补亏损;(2)投资收益中已纳税的项目或按照规定只需补交所得税的项目。因为按照现行财务制度的规定,企业发生的年度亏损,可以用下一年度的税前利润等弥补;下一年度利润不足弥补的,可以在五年内延续弥补;五年内不足弥补的,才用税后利润等弥补。所以施工企业实现的年度利润,要先用以弥补以前五年内发生的亏损,然后据以计算应税所得额。又投资收益如为税后利润,应从本年企业利润总额中扣除后计算应交所得税。否则,纳税时如不扣除,就会出现重复纳税现象。

(一)中资施工企业税后利润分配的顺序

施工企业交纳所得税后的利润,对除外商投资施工企业以外的中资施工企业来说,一般按照下列顺序进行分配:

1. 被没收的财产损失,支付各项税收的滞纳金和罚款。
2. 弥补企业以前年度亏损。
3. 提取法定盈余公积。法定盈余公积按照税后利润扣除前两项后的10%提取,法定盈余公积已达注册资本的50%时,可以不再提取。
4. 向投资者分配利润。企业以前年度未分配利润,可以并入本年度向投资者分配。

股份有限公司提取法定盈余公积金后,应按照下列顺序分配:

1. 支付优先股股利。
2. 提取任意盈余公积金。任意盈余公积金是指企业出于经营管理等方面的需要,在向投资者分配利润前,按照公司章程或者股东会议决议提取和使用的留存收益。它是为了控制向投资者分配利润水平以及调整各年利润分配的波动,而向投资者分配利润施加限制的手段。
3. 支付普通股股利。

上述利润分配顺序的逻辑关系是:企业以前年度亏损未弥补完,不得提取盈余公积金。在提取法定盈余公积金前,不得向投资者分配利润。企业必须按照当年税后利润(减弥补亏损)的10%提取法定盈余公积金,但当法定盈余公积金累计额已达到注册资本的50%时,可不再提取。企业以前年度未分配利润,可以并入本年度利润进行分配。企业向投资者分配利润时,经股东会议决定,可以提取任意盈余公积金,但股份有限公司应先分配优先股股利。

施工企业当年无利润时,不得向投资者分配利润。股份有限公司当年如无利润，原则上不分股利。但为了维护公司股票的信誉，避免股票价格大幅度波动，在用盈余公积金弥补了亏损，并经股东会议决定，可以按照不超过股票面值6%的比率用盈余公积金分配股利。在分配股利后，企业法定盈余公积金不得少于注册资本的25%。

企业提取的法定盈余公积金和任意盈余公积金，可用于弥补亏损、扩大企业施工生产经营或用于转增资本金，但转增资本金后，企业法定盈余公积金不得少于注册资本的25%。

(二) 外商投资施工企业税后利润分配的顺序

外商投资施工企业税后利润分配的顺序，与中资施工企业不完全相同。外商投资施工企业，是指中外合资经营施工企业、中外合作经营施工企业和外资施工企业。中外合资经营施工企业是指中国合营者与外国合营者依据我国法律的规定，在我国境内共同投资、共同经营，并按投资比例分配利润、分担风险及亏损的施工企业。中外合作经营企业是指中外合作者依据我国法律规定，在我国境内共同举办的、按合作企业合同的约定分配收益、分担风险和亏损的契约式施工企业。外资施工企业是指外商依据我国法律的规定，在我国境内设立的全部资本由外国投资者投资的施工企业。

外商投资施工企业的税后净利润，一般应分别按5%的比例，提取储备基金、企业发展基金和职工奖励及福利基金后，然后用来分配投资者的利润。

储备基金，是指外商投资施工企业从税后净利润中提取，主要用于弥补亏损和增加资本金的专项基金。根据《外商投资企业会计制度》的规定，还可用来扩大企业的流动资金。

企业发展基金，是指外商投资施工企业从税后净利润中提取，主要用于发展生产、进行技术改造、购建固定资产和补充流动资金的专项基金，经批准也可用于增加资本金。

职工奖励及福利基金,是指外商投资施工企业从税后净利润中提取、用于支付职工非经常性奖金(如特别贡献奖、年终奖等)和职工集体福利的专项基金。职工奖励及福利基金,只能用于支付职工非经常性奖金和举办职工的集体福利设施,不能转作他用。因此,一经提取,就构成企业的负债,将它记入"应付福利费"或"应付职工薪酬——应付福利费"科目的贷方。在企业终止清算时,剩余的职工奖励及福利基金,合营各方不能进行分配;这是与储备基金、企业发展基金的不同之处。

中外合作经营施工企业,还可根据企业合同的约定,用税后净利润归还外方投资。因为中外合作经营施工企业是契约式合营企业,它的利润分配,不像中外合资经营施工企业那样,一定要按照出资额的比例分配。如中外合作施工企业在企业合同中约定在合同期满时企业的全部资产归中方合作者所有,外方合作者在合同后期分期收回投资,则在外方合作者先行收回投资时,实际上是外方合作者出资额的减少。但是,外方合作者分期收回投资,并不改变企业合同中约定承担的责任。因此,在会计处理上也不宜直接反映为外方合作者"实收资本——外方合作者"的减少,而要为它开设一个"已归还投资"科目,在归还外方合作者投资时,记入"已归还投资"科目的借方,并将其借方余额在资产负债表中作为实收资本的减项反映。如以税后净利润归还外方合作者的投资,还要设置"盈余公积——利润归还投资"科目和"利润分配——利润归还投资"科目。在以利润归还外方合作者投资时,将它记入"已归还投资"科目的借方和"银行存款"科目的贷方,以及"利润分配——利润归还投资"科目的借方和"盈余公积——利润归还投资"科目的贷方。

二、利润分配的核算

为了反映企业利润的分配,施工企业应设置"利润分配"科目,并设置如下二级科目进行核算:

1. 其他转入。指企业在亏损年度按规定用盈余公积弥补亏损等转入的数额。

2. 提取法定盈余公积。指企业按规定提取的法定盈余公积。

3. 提取储备基金。指外商投资企业按规定提取的储备基金。

4. 提取企业发展基金。指外商投资企业按规定提取的企业发展基金。

5. 提取职工奖励及福利基金。指外商投资企业按规定提取的职工奖励及福利基金。

6. 利润归还投资。指中外合作经营企业按规定分期归还外方合作者投资的利润。

7. 应付优先股股利。指股份制企业按规定分配给优先股股东的现金股利。

8. 提取任意盈余公积。指股份制企业按股东会议决定提取的任意盈余公积。

9. 应付普通股股利。指股份制企业按规定分配给普通股股东的现金股利。

10. 转作实收资本(或股本)的普通股股利。指股份制企业按规定分配给普通股股东的股票股利,和非股份制企业以利润转增的资本。

11. 未分配利润。指企业实现的当年净利润及历年积存的未分配利润或未弥补亏损。

施工企业利润的分配,应按下列方法进行核算:

企业按规定从税后净利润中提取的法定盈余公积、任意盈余公积、储备基金和企业发展基金时,应记入"利润分配"科目的"提取法定盈余公积"、"提取任意盈余公积"、"提取储备基金"、"提取企业发展基金"等二级科目的借方,和"盈余公积"科目的"法定盈余公积"、"任意盈余公积"、"储备基金"、"企业发展基金"等二级科目的贷方:

借:利润分配——提取法定盈余公积 ×××
　　利润分配——提取任意盈余公积 ×××
　　利润分配——提取储备基金 ×××
　　利润分配——提取企业发展基金 ×××
　贷:盈余公积——法定盈余公积 ×××
　　盈余公积——任意盈余公积 ×××
　　盈余公积——储备基金 ×××
　　盈余公积——企业发展基金 ×××

企业用盈余公积弥补亏损时,应记入"盈余公积"科目的"法定盈余公积"、"任意盈余公积"、"储备基金"等二级科目的借方,和"利润分配——其他转入"科目的贷方:

借:盈余公积——法定盈余公积 ×××
　　盈余公积——任意盈余公积 ×××
　　盈余公积——储备基金 ×××
　贷:利润分配——其他转入 ×××

核算应分配给优先股和普通股股东的现金股利时,应记入"利润分配"科目的"应付优先股股利"、"应付普通股股利"、二级科目的借方和"应付股利"科目的贷方:

借:利润分配——应付优先股股利 ×××
　　利润分配——应付普通股股利 ×××
　贷:应付股利 ×××

外商投资企业从税后净利润提取职工奖励及福利基金时,应记入"利润分配——提取职工奖励及福利基金"科目的借方和"应付福利费"或"应付职工薪酬——应付福利费"科目的贷方:

借:利润分配——提取职工奖励及福利基金 ×××
　贷:应付福利费或应付职工薪酬——应付福利费 ×××

中外合作经营企业用税后净利润归还外方合作者投资时,应

记入"利润分配——利润归还投资"科目的借方和"盈余公积——利润归还投资"科目的贷方:

  借:利润分配——利润归还投资   ×××
   贷:盈余公积——利润归还投资   ×××

企业经股东会议决议,对普通股股东分派股票股利时,应在实际分派股票股利日,记入"利润分配——转作资本(或股本)的普通股股利"科目的借方和"实收资本"或"股本"科目的贷方。

  借:利润分配——转作资本(或股本)的普通股股利 ×××
   贷:实收资本或股本   ×××

年度终了,应将"利润分配"科目所属各二级科目的余额,都转入"未分配利润"二级科目:

  借:利润分配——未分配利润   ×××
   贷:利润分配——提取法定盈余公积 ×××
    利润分配——提取任意盈余公积 ×××
    利润分配——提取储备基金   ×××
    利润分配——提取企业发展基金   ×××
    利润分配——提取职工奖励及福利基金 ×××
    利润分配——利润归还投资   ×××
    利润分配——应付优先股股利   ×××
    利润分配——应付普通股股利   ×××
    利润分配——转作资本(或股本)的普通股股利 ×××
  借:利润分配——其他转入   ×××
   贷:利润分配——未分配利润   ×××

经上述结转后,"利润分配"科目除"未分配利润"二级科目外,其他各二级科目均无余额。"利润分配——未分配利润"科目年末余额,为企业历年积存的未分配利润或未弥补亏损。

股份制企业股东大会批准的利润分配方案与已入账的董事会提请批准的报告年度利润分配方案不一致时,其差额应当调整批准年度会计报表有关项目的年初数。调整增加的利润分配数,记入"利润分配——未分配利润"科目的借方和"盈余公积"等科目的贷方;调整减少的利润分配数,作相反分录入账。

第八节 以前年度损益调整的核算

以前年度损益调整是指企业本年度发生的调整以前年度损益的事项。引起以前年度损益调整的原因,主要包括:(1)以前年度发生的会计差错,如计算错误、选用会计科目不当、编制会计分录有误等。(2)以前年度采用了不恰当的会计方法,如按照《企业会计准则》,企业应当采用权责发生制,但企业却用现收现付制来处理收入或费用事项,于本年度被查出。因此,以前年度损益是与以前年度经营活动有关,而与本年度经营活动无关的事项。

因会计估计所引起的误差,不属以前年度损益调整事项。在会计工作中,有些数据需要估计。如未来可能发生的坏账损失、存货跌价损失、短期投资跌价损失、长期投资减值损失的估计,等等。以前年度估计的坏账损失、存货跌价损失、投资跌价减值损失与以后年度实际发生损失可能不相一致,但这种误差是不可避免的,除在年度财务报告报出以前有确凿证据证实某项资产的损失或永久性减值外,不属于以前年度损益调整事项。

由内部审计或外部审计发现的本年度发生的各项会计差错以及采用会计准则不允许的会计方法,由于只涉及本年度损益,可在本年度账上进行更正或调整,也不属于以前年度损益调整事项。

发生影响以前年度损益的调整事项时,可通过"利润分配——未分配利润"科目进行调整。为了反映以前年度损益调整的数额,也可另行设置"以前年度损益调整"科目进行调整。通过"以前年度损益调整"科目调整时,对企业调整增加的以前年度利润或调整减少的以前年度亏损,应记入有关科目的借方和"以前年度损益调整"科目的贷方。对调整减少的以前年度利润或调整增加的以前年度亏损,应记入"以前年度损益调整"科目的借方和有关科目的贷方。

以前年度损益的调整,必然涉及以前年度所得税的调整。所以在调整以前年度损益的同时,要相应调整应交所得税。由于调整增加或减少以前年度利润或亏损而相应增加的所得税,应记入"以前年度损益调整"科目的借方和"应交税金——应交所得税"科目的贷方。由于调整减少或增加以前年度利润或亏损而相应减少的所得税,应记入"应交税金——应交所得税"科目的借方和"以前年度损益调整"科目的贷方。

经过上述调整后,应同时将"以前年度损益调整"科目的余额转入"利润分配——未分配利润"科目。

如某施工企业将上年12月中旬购入一辆40 000元的小汽车误作管理费用处理。这一错误属于将资本支出误记为收益支出。由于它在上年发生,于本年才被发现,属于以前年度损益调整事项,应从以下两方面进行调整:

一是应将小汽车买价40 000元记入"固定资产"科目的借方,并调整增加以前年度利润,记入"以前年度损益调整"科目的贷方:

借:固定资产 40 000
  贷:以前年度损益调整 40 000

二是应将由于调整增加以前年度利润而相应增加的所得税10 000元(假定该企业所得税税率为25%)记入"以前年度损益调整"科目的借方和"应交税金——应交所得税"科目的贷方:

借:以前年度损益调整 10 000
  贷:应交税金——应交所得税 10 000

经过上列调整后,"以前年度损益调整"科目还结有贷方余额30 000元,应将它转入"利润分配——未分配利润"科目的贷方:

　　借:以前年度损益调整　　　　　　　　　　30 000
　　　贷:利润分配——未分配利润　　　　　　　　　30 000

施工企业本年度发生的调整以前年度损益的事项,应调整本年度会计报表相关项目的年初数或上年实际数。企业在资产负债表日后财务会计报告报出前发生的调整报告年度损益的事项,应调整报告年度会计报表相关项目的数字。

复 习 题

1. 施工企业的利润是怎样形成的?企业年度内各月净利润和年度累计净利润的"账结"和"表结"办法,在核算上有哪些不同?

2. 施工企业的其他业务收入包括哪些方面的收入?如何确认这些营业收入的实现?

3. 施工企业的管理费用和财务费用各包括哪些?为什么不将它们计入工程、产品成本?

4. 坏账的直接转销法和备抵法在核算上有哪些不同?

5. 施工企业的营业外收入和营业外支出主要包括哪些?

6. 应税所得与会计利润的永久性差异和时间性差异是由哪些原因产生的?

7. 应付税款法与资产负债表债务法在所得税核算上有哪些不同?

8. 中资施工企业和外商投资施工企业的利润是按怎样的顺序进行分配的?

9. 以前年度损益调整包括哪些会计事项?在会计上应怎样加以处理?

习 题

习 题 一

(一) **目的** 练习利润及其分配的核算。

(二) **资料**

1. 某施工企业在 2006 年初,"利润分配——未分配利润"科目结有贷方余额 400 000 元。

2. 2006 年 11 月 30 日,该企业有关损益类各科目的本年发生额如下:

单位:元

科目名称	本年累计发生额	
	借 方	贷 方
主营业务收入		22 552 000
主营业务成本	19 595 834	
主营业务税金及附加	744 216	
其他业务收入		2 400 000
其他业务支出	2 100 000	
管理费用	810 050	
财务费用	170 000	
投资收益	40 000	280 000
营业外收入		5 000
营业外支出	7 900	
所得税(税率25%)	487 500	

3. 2006 年 12 月,该企业发生了下列有关收入、成本、费用、税金及附加业务,将它们结转"本年利润"科目:

(1) 已完工程的工程结算收入为 2 400 000 元。

(2) 已完工程的工程结算成本为 2 061 800 元。

(3) 已完工程的工程结算税金及附加为 79 200 元。

(4) 运输作业收入为 230 000 元。

(5) 运输作业成本为192 350元,经营税金及附加为12 650元。

(6) 管理费用为83 500元。

(7) 财务费用为18 500元。

(8) 免税国债利息收入为50 000元。

(9) 营业外支出为1 000元。

4. 将"本年利润"科目余额结转"利润分配——未分配利润"科目。

5. 按净利润的10%提取法定盈余公积金。

6. 应分配给投资者利润1 000 000元。

7. 将"利润分配"科目所属各二级科目的余额转入"未分配利润"二级科目。

(三) 要求

1. 计算2006年度净利润、提取的法定盈余公积金和法定公益金。

2. 为各项利润和利润分配经济业务作成会计分录。

习 题 二

(一) 目的　练习坏账准备提取和冲销的核算。

(二) 资料

1. 某施工企业对坏账采用备抵法进行核算。

2. 2006年末应收账款、其他应收款各个账龄段的应收款及坏账准备提取比例和已提坏账准备如下:

单位:元

账　　龄	应收账款	其他应收款	坏账准备提取比例
1年及1年以下	1 000 000	500 000	0.5%
1年以上至2年	400 000	300 000	5%
2年以上至3年	200 000		20%
3年以上	50 000		100%
已提取坏账准备	105 000	180 000	

3. 账龄 3 年以上应收账款经批准作为坏账损失。

4. 2007 年 2 月,收回上年已冲销应收账款的 10 000 元坏账损失。

(三) **要求**　根据上列资料：

1. 按 2006 年应收款项账龄及坏账准备计提比例计算应提坏账准备。

2. 计算 2006 年年末提取的坏账准备并作成会计分录。

3. 将账龄 3 年以上经批准作为坏账损失的应收账款作成冲销提取坏账准备的会计分录。

4. 对收回已转销坏账损失作成会计分录。

第九章 所有者权益的核算

第一节 投入资本金的核算

所有者权益是指企业投资者对企业净资产的所有权。为了反映所有者权益的构成，便于投资者、潜在投资者和其他有关方面了解企业所有者权益的来源及其变动情况，财务上把企业所有者权益分为资本金、资本公积金、盈余公积金和未分配利润四个部分；在会计上分别设置"实收资本"（或"股本"）、"资本公积"、"盈余公积"、"利润分配——未分配利润"四个科目进行核算，并在资产负债表上分项列示。

施工企业要从事施工生产经营，必须要有一定的资金。资金可以是投资者投入的，也可以是借入的，但无论如何，办企业总要有一笔本钱，才能以本求利，以本负亏。这笔办企业的本钱，就是企业的资本金。一个企业申请开业，必须具有符合国家规定并与其生产经营和服务规模相适应的注册资本（也叫注册资金）。所以资本金也就是企业在工商管理部门登记的注册资本。

设立施工企业必须有法定资本金。法定资本金就是企业设立时筹集的资本金不得低于国家法律规定的最低数量限额。这个最低数量限额通常在公司法和企业法人管理条例中加以明确。根据我国公司法的规定，以施工生产为主的施工有限责任公司的注册资本不得少于人民币三万元；施工股份有限公司的注册资本的最低限额为人民币五百万元。

施工企业筹集的资本金，按照投资主体，分为国有资本金、法人资本金、个人资本金和外商资本金等。国有资本金为有权代表国家投资的机构以国有资产投入企业形成的资本金。法人资本金为其他法人单位以其依法可以支配的资产投入企业形成的资本金。个人资本金为社会个人或者本企业内部职工以个人合法财产投入企业形成的资本金。外商资本金为外国投资者以及我国香港、澳门和台湾地区投资者投入企业形成的资本金。

施工企业对投资者投入的资本金,在"实收资本"(或"股本")科目进行核算,但因企业组织形式的不同,投资者投入企业的资本金的核算方法也不相同。现分别就股份有限公司和有限责任公司等加以说明。

一、股份有限公司对投资者投入资本金的核算

股份有限公司的资本金,是通过发行股票的股东投入的。股票是股份有限公司为筹集资本金而发行的有价证券,是持股人拥有公司股份的入股凭证。它代表股份有限公司的所有权证。股票持有者为公司的股东。股东按照公司章程,参加或监督公司的经营管理,分享红利,并依法承担以持股额为限的公司经营亏损的责任。

股份有限公司可以采取发起方式或募集方式设立。采取发起方式设立的,公司全部股份由发起人认购,不向发起人以外的任何人募集股份。发起人以书面认足公司章程规定发行的股份后,应即缴纳全部股款;以实物、工业产权、非专利技术或土地使用权抵作股款的,应当依法办理其财产权的转移手续。

股份有限公司采用募集方式设立的,发起人认购的股份不得少于公司股份总数的35%,其余股份应向社会公开募集。发起人向社会公开募集股份时,必须向国务院证券监督管理机构递交募股申请。发起人向社会公开募集股份,应当由依法设立的证券经营机构承销,签订承销协议,并应同银行签订代收股款协议。代收股款的银行应当按照协议代收和保存股款,向缴纳股款的认股人

出具收款单据,并负有向有关部门出具收款证明的义务。发行的股份超过招股说明书规定的截止期限尚未募足的,或者发行股份的股款缴足后,发起人在三十天内未召开创立大会的,认股人可以按照所缴股款并加算银行同期存款利息,要求发起人返还。

股份有限公司的注册资本为在公司登记机关登记的实收股本总额,股份有限公司注册资本的最低限额为人民币五百万元。

股份有限公司发行的股票,按股东权利的不同,分为普通股和优先股。普通股是任何股份有限公司都必须发行的一种基本股票。普通股的股东有权选举公司董事,并在股东大会上对需由业主决定的重要事项进行表决,在董事会宣布发付普通股股利时,有权分享公司盈利;在公司增加股本时,有权按持有股份的比例,优先认购新股;当公司结束清理时,在债权人和优先股股东的要求满足后,有权参加公司资产的分配等。优先股是在公司中享有比普通股优先分配股利的一种股票。优先股的股利须按约定的股利率支付,当年可供分配股利的利润不足以按约定的股利率支付时,由以后年度可供分配股利的利润补足;公司结束清算时,优先股股东先于普通股股东取得公司剩余财产。但优先股股东一般无权选举公司董事和参加公司管理。

股份有限公司发行的股票,按其记名与否,分为记名股票和无记名股票。公司向发起人、国家授权投资的机构、法人发行的股票,应当为记名股票,并应记载该发起人、机构或者法人的名称,不得另立户名或者以代表人姓名记名。对社会公众发行的股票,可以为记名股票,也可以为无记名股票。公司发行记名股票的,应当置备股东名册,记载股东的姓名或者名称及其住所、各股东所持股份数、各股东所持股票的编号、各股东取得其股份的日期。发行无记名股票的,公司应当记载其股票数量、编号及发行日期。

股票发行的价格,可以按股票面额,也可以超过票面金额,但不得低于票面金额。以超过票面金额为股票发行价格的,须经国务院证券监督管理机构批准。

股份有限公司发行的股票,应按其票面金额即面值作为股本入账。在按面值发行股票的情况下,公司发行股票所得的收入,应全部作为资本金记入"股本"科目的贷方。在按超过面值溢价发行股票的情况下,公司发行股票的收入,相当于股票面值部分作为资本金,记入"股本"科目的贷方;超过股票面值的溢价收入,属于资本公积金,记入"资本公积"科目的贷方。又按现行财务制度的规定,委托证券经营机构代理发行股票所支付的手续费和股票、股票认购证印刷费等,应从股票溢价收入中扣除,因此,应将扣除股票发行费用后的股票溢价净收入记入"资本公积"科目的贷方(见本章第二节)。在按面值发行股票的公司,由于没有股票溢价收入,只能将股票发行费用作为开办费,记入"长期待摊费用"科目的借方,摊销时计入管理费用。

如某股份有限公司经批准发行股票 1 000 万股,每股面值 1 元,委托某证券公司按面值发行,应付证券公司代理发行手续费和股票印刷费等共 30 万元,则在收到发行股票收入和支付股票代理发行费用时,应作如下分录入账:

借:银行存款	10 000 000
贷:股本	10 000 000
借:长期待摊费用	300 000
贷:银行存款	300 000

如由国有施工企业改建为股份有限公司,应按资产评估确认的价值调整原企业的账面价值和国家投入资金,并按调整后的净资产换取的股份总数和每股票面金额的乘积作为国有股股本入账,记入"股本"科目的贷方;如有差额,应作为股票溢价记入"资本公积"科目的贷方。

股份有限公司股票经国务院证券监督管理机构批准,可以在证券交易所上市交易,股票进入证券交易所上市交易,一般要符合以下的条件:(1)股票已经国务院证券监督管理机构批准并向社会公开发行;(2)公司股本总额不少于人民币三千万元;(3)公司向社会公开发行的股份达公司股份总数的25％以上,公司股本总额超过人民币四亿元,其向社会公开发行股份的比例为10％以上;(4)公司在最近三年内无重大违法行为,财务会计报表无虚假记载。经批准上市交易的股票发行公司,应在每个会计年度的中间,向证券管理部门报送中期财务会计报告,并向公众公布。在每个会计年度末,向证券管理部门报送经会计师事务所及其注册会计师签证的年末财务会计报告,并向公众公布。

二、有限责任公司对投资者投入资本金的核算

有限责任公司是指由二人以上二百人以下股东共同出资,每个股东以其出资额为限对公司承担责任,公司以其全部资产对公司的债务承担责任的企业法人。

有限责任公司与股份有限公司不同。有限责任公司的全部资产不分为等额股份,公司向股东签发出资证明书而不发行股票;有限责任公司股东人数被限制在五十个以下,而不像股份有限公司股东数没有上限;有限责任公司的注册资本为在公司登记机关登记的全体股东实缴的出资额,有限责任公司的注册资本不得少于人民币三万元,而股份有限公司的注册资本不得少于五百万元;有限责任公司股东向股东以外的人转让其出资,必须经全体股东半数的同意,而股份有限公司股东持有的股票,可以在依法设立的证券交易所自由转让。

有限责任公司在进行投入资本金核算时,应注意以下两个问题。

(一)各股东应按照公司章程所规定的出资方式、出资额和出资缴纳期限出资

股东以货币出资的,应当将货币出资足额存入准备设立的有

限责任公司在银行开设的临时账户;以实物、工业产权、非专利技术或者土地使用权出资的,应当依法办理其财产权的转移手续。股东不按照规定缴纳所认缴的出资,应向已足额缴纳出资的股东承担违约责任。因为有限责任公司不是独资经营,各股东怎样出资,出资数额和何时出资必须事先约定,共同遵守,否则,公司的施工生产经营活动就无法正常进行,同时也破坏了公司章程中规定的股东应承担的义务。因此,一旦某一股东未按规定缴纳出资,公司就有权向该股东追缴。经追缴仍不履行缴纳义务的,公司可以依诉讼程序,请求人民法院追究该股东的违约责任。

(二)股东投入的资本金,应区别情况进行核算

有限责任公司在设立时,各股东把公司章程投入的资本金即实缴的出资额,应全部记入"实收资本"科目的贷方。公司的实收资本等于注册资本。公司在收到各股东的各项投入物时,应以评估确认的价值在验收后作如下分录入账:

```
借:银行存款                    ×××
    原材料                      ×××
    固定资产                    ×××
    无形资产                    ×××
   贷:实收资本                  ×××
      累计折旧                  ×××
```

有限责任公司在增加注册资本时,如有新股东参加,新股东缴纳的出资额中,只能将按其约定比例计算的其在注册资本中所占的份额部分,记入"实收资本"科目的贷方;出资额大于其在注册资本中所占的份额部分,不得作为资本金记入"实收资本"科目,而应作为资本溢价记入"资本公积"科目的贷方(详见本章第二节)。

三、一人有限责任公司和国有独资公司对投入资本金的核算

按照我国公司法的规定,将企业分为有限责任公司和股份有限公司。另在有限责任公司章中,设有一人有限责任公司和国有

独资公司两节,对这两种公司作了一些特别规定。

一人有限责任公司是指只有一个自然人股东或者一个法人股东的有限责任公司,一人有限责任公司的注册资本最低限额为人民币十万元。股东应当一次足额缴纳公司章程规定的出资额。一个自然人只能投资设立一个一人有限责任公司,该一人有限责任公司不能投资设立新的一人有限责任公司。一人有限责任公司应当在公司登记中注明自然人独资或者法人独资,并在公司营业执照中载明。一人有限责任公司的股东不能证明公司财产独立于股东自己的财产的,应当时债务承担连带责任。

一人有限责任公司成立时,股东应一次足额投入资本金,将它记入"实收资本"科目的贷方和"现金"、"银行存款"科目的借方,如用实物、土地使用权等作价出资的,应在经过评估核实后,将它记入"原材料"、"固定资产"、"无形资产"等科目的借方和"实收资本"、"累计折旧"科目的贷方。

国有独资公司,是指国家单独出资、由国务院或者地方人民政府授权本级人民政府国有资产监督管理机构履行出资人职责的有限责任公司。

国有独资公司作为投资者投入施工生产经营用的货币实物、工业产权、非专利技术和土地使用权,全部作为资本金入账,在收到并经评估核实后,将它记入"现金"、"银行存款"、"原材料"、"固定资产"、"无形资产"等科目的借方和"实收资本"、"累计折旧"科目的贷方。

第二节 资本公积的核算

施工企业所有者投入的资本金,一般应在"实收资本"或"股本"科目进行核算。但由于"实收资本"或"股本"科目核算的资本金有其特定的含义,投资者投入企业的有些资金,如实际缴付的出资额超出其资本金的差额,股份有限公司发行股票的溢价,以及诸如接受现金和非现金资产捐赠、外币资本折算差额等,虽属企业所有者所有,但不能记入"实收资本"或"股本"科目。按照现行《企业会计制度》的规定,应在"资本公积"科目下设置"资本溢价"、"股本溢价"、"接受现金捐赠"、"接受捐赠非现金资产准备"、"外币资本折算差额"、"股权投资准备"、"拨款转入"、"无偿调入固定资产"、"其他资本公积"等二级科目进行核算。

一、资本溢价

资本溢价是指在有限责任公司中,投资者实际缴付的出资额超出其资本金的差额。因为在这类企业中,投资者依其缴付的资本金对企业施工生产经营决策享有表决权,对其承担有限责任。在企业创立时,投资者按照合同、协议或公司章程所规定的出资比例实际缴付的出资额,全部作为资本金记入"实收资本"科目。但在企业重组前加入新的投资者时,为了维护原有投资者的权益,对新加入的投资者的出资额,并不一定全部作为资本金记入"实收资本"科目。这是因为:(1)原有投资者的资本金在质量上已有了变化。新投资者投入的资金,即使与原有投资者的数量相同,但其获利能力并不一致。企业在创立以后,要经过筹建、开拓经营过程,从投入资金到取得投资回报,要经历一定期间,并承担投资风险。这段时间的资本金利润率一般较低。企业在进入正常施工生产经营以后,资本利润率一般要高于企业初创时期。而这高于初创时期的资本利润率是以初创时投入的资本金带来的,企业原有投资者为此付出了代价。所以相同数量的投资,由于出资时间的不同,其对企业盈利的影响程度不同,由此而带给投资者的权益也应不同。所以新加入的投资者要付出大于原有投资者的出资额,才能取得与原有投资者相同的投资比例。(2)原有投资者的投资在数量上已有了变化。在一般情况下,施工企业在施工生产经营中,会获得一定数量的利润。实现利润的一部分,要按照规定提取盈余公积金，留存企业。而盈余公积金，也属于投资者的权益，但其未转入实收资本，新投资者如与原有投资者共享这部分盈余公积金，也要求付出大于原有投资者的出资额，才能取得与原有投资者相同的投资比例。基于以上两方面的原因，新投资者要取得与原有投资者相同投资比例的权益，其实际缴付的出资额要超出其作为资本金的数额。新投资者的出资额只能将其按投资比例计算的部分，作为其投入的资本金，记入"实收资本"科目。实际缴付的出资额超出其资本金的差额，应作为资本公积金，记入"资本公积"的"资本溢价"二级科目。

如某施工企业的注册资本为800万元，甲、乙、丙、丁投资者各缴付资本金200万元，经营两年以后，该企业共提取了盈余公积金100万元，这时有新投资者有意参加该企业共同施工生产经营，并表示愿意出资240万元而仅取得该企业20%的权益，则在会计上，应将新投资者投入的200万元作为资本金记入"实收资本"科目，出资额超出其资本金的40万元(240万－200万)作为资本公积金记入"资本公积——资本溢价"科目，作如下分录入账：

```
借：银行存款                        2 400 000
    贷：实收资本                    2 000 000
        资本公积——资本溢价           400 000
```

二、股本溢价

股本溢价是指股票高出票面价值溢价发行时溢价收入扣除发行费用后的净收入。按照我国《公司法》的规定，股份有限公司发行股票的价格，可以按票面金额，也可超过票面金额，但不得低于票面金额。按股票票面金额发行的，叫做按面值发行；超过股票票面金额发行的，叫做溢价发行。由于投资者股东按其所持公司股份享有权益和承担义务，为了反映和便于计算各股东所持股份占全部资本金(即股本总额)的比例，企业的资本金总额按股票面值与股份总数的乘积计算。国家规定资本金总额应与注册资本相等。因此,在按面值发行股票的情况下,企业发行股票所得的收入,应全部作为资本金记入"股本"科目。在按超过票面金额溢价发行股票的情况下,企业发行股票的收入,相等于股票面值的部分作为资本金记入"股本"科目;超过股票面值的溢价收入,属于股票溢价,应作为资本公积金,记入"资本公积"科目。又按现行财务制度的规定,企业委托证券经营机构代理发行股票所支付的手续费和股票、认购证等印刷费用,应从溢价发行收入中扣除。因此,企业应将扣除股票发行费用后的溢价净收入记入"资本公积"的"股本溢价"二级科目。

如某施工股份有限公司经批准发行股票 1 000 万股,每股面值 1 元,委托某证券公司以每股 1.25 元溢价发行,应付证券公司代理发行手续费和股票认购证等印刷费用 30 万元。则在证券公司将 1 250 万元股票发行收入扣除代理发行费用后的 1 220 万元(1 250 万－30 万)存入企业的银行账户时,除将股票面值 1 000 万元(1×1 000 万)记入"股本"科目的贷方外,还应将溢价收入扣除发行费用后的 220 万元[(1.25－1)×1 000 万－30 万]记入"资本公积——股本溢价"科目的贷方,作如下分录入账:

借:银行存款　　　　　　　　　　　　12 200 000
　贷:股本　　　　　　　　　　　　　　10 000 000
　　　资本公积——股本溢价　　　　　　2 200 000

三、接受捐赠资产

捐赠人捐赠资产,也是一种对企业的投入资金的行为。但捐赠人的投资,并不谋求对企业资产提出要求的权力,也不会由于其捐赠资产行为对企业承担责任,所以捐赠人不是企业的所有者,这种投入资金也不形成资本金。但其毕竟是对企业的一种投入,这种投入资金也会增加企业的权益。所以,企业接受捐赠资产作为资本公积金,属于所有者权益处理,在会计上应将它记入"资本公积"科目核算。但在会计处理上,对中资和外商投资施工企业接受现金捐赠和非现金资产捐赠，并不相同。

中资施工企业接受现金捐赠，应在"资本公积"的"接受现金捐赠"二级科目核算，按其捐赠的现金数额记入"银行存款"科目的借方和"资本公积——接受现金捐赠"科目的贷方，作如下分录入账：

借：银行存款　　　　　　　　　　　　　×××
　　贷：资本公积——接受现金捐赠　　　　　×××

中资施工企业接受非现金资产捐赠，应按其确认的价值在"资本公积"的"接受捐赠非现金资产准备"二级科目进行核算。如某施工企业接受某厂商捐赠一台价值100 000元的计算机时，应将其价值记入"固定资产"科目的借方和"资本公积——接受捐赠非现金资产准备"科目的贷方，作如下分录入账：

借：固定资产　　　　　　　　　　　　　100 000
　　贷：资本公积——接受捐赠非现金资产准备　100 000

接受捐赠的非现金资产处置时，应按转入资本公积的金额，记入"资本公积——接受捐赠非现金资产准备"科目的借方和"资本公积——其他资本公积"科目的贷方。

外商投资施工企业接受捐赠的现金，按实际收到的金额，记入"银行存款"等科目的借方，按接受捐赠的现金与现行所得税率计算应交的所得税，记入"应交税金——应交所得税"科目的贷方，按接受捐赠的现金资产的价值减去应交所得税后的差额，记入"资本公积——接受现金捐赠"科目的贷方：

借：银行存款　　　　　　　　　　　　　×××
　　贷：应交税金——应交所得税　　　　　×××
　　　　资本公积——接受现金捐赠　　　　×××

年度终了，企业根据年终清算的结果，按接受捐赠的现金的原计算的应交的所得税与实际应交所得税的差额，记入"应交现金——应交所得税"科目的借方和"资本公积——接受现金捐赠"科目的贷方。

外商投资施工企业接受的非现金资产捐赠,应按捐赠资产达到可使用时发生的实际成本,记入"固定资产"等科目的借方,按其本身确认的价值,记入"待转资产价值"科目的贷方,按发生的运输、安装等支出记入"银行存款"等科目的贷方:

  借:固定资产等   ×××
   贷:待转资产价值   ×××
    银行存款   ×××

年度终了,企业应按"待转资产价值"科目的账面余额,记入"待转资产价值"科目的借方,按应交的所得税,记入"应交税金——应交所得税"科目的贷方,按接受的非现金资产捐赠的价值减去应交所得税后的差额,记入"资本公积——其他资本公积"科目的贷方:

  借:待转资产价值   ×××
   贷:应交所得税   ×××
    资本公积——其他资本公积   ×××

四、外币资本折算差额

外币资本折算差额,是指企业接受外币投资因所采用的汇率不同而产生的资本折算差额。企业在筹集资本金的过程中收到的投资者的出资额,如为外币,则需折合为记账本位币人民币金额。按照规定,企业收到的出资额,其资产科目应按当日外汇牌价或当月(或季、年)1日的外汇牌价折算,而资本金科目所采用的折算汇率,虽然也是外汇牌价,但是采用哪一天的外汇牌价,往往与资产科目不一致。如果投资合同、协议有约定的,应当按照合同、协议约定的外汇牌价折算。这样,就会产生资本汇率折算差额。为了体现资本金不变的原则,其差额就不得调整资本金账户,而应将它作为资本公积金处理,记入"资本公积"的"外币资本折算差额"二级科目。

如某施工企业接受外商投资 20 万美元,当日汇率为 1 美元折合人民币 8.40 元,而投资合同约定资本金折算汇率为 1 美元折合人民币 8.20 元。则在将收到 20 万美元投资转入企业存款户和"实收资本"或"股本"科目时,应作如下分录入账:

  借:银行存款——美元存款(8.40×200 000) 1 680 000
   贷:实收资本(或股本)(8.20×200 000) 1 640 000
    资本公积——外币资本折算差额   40 000

五、股权投资准备

股权投资准备,是指企业对被投资单位的长期股权投资采用权益法核算时,因被投资单位接受捐赠、增资扩股等原因增加的资本公积,企业按其持股比例计算而增加的资本公积(见第十一章第二节)。

六、拨款转入

拨款转入,是指企业收到国家拨入的专门用于技术改造、技术研究等的拨款项目完成后,按规定转入资本公积的所形成的各项资产的实际成本(见第十章第五节)。

七、其他资本公积

其他资本公积,是指除上述各项资本公积以外所形成的资本公积,如将自用房地产转换为投资性房地产采用公允价值模式计量时公允价值高于原账面金额的差额(见第十一章第五节)以及从资本公积各准备二级科目转入的金额等。

施工企业的资本公积金,可以按照规定转增资本金,但根据《企业会计制度》的规定,资本公积各准备二级科目不能转作资本金。企业将资本公积金转增资本金时,应将它从"资本公积"科目转入"实收资本"或"股本"科目的贷方,作如下分录入账:

借：资本公积 ×××
贷：实收资本或股本 ×××

第三节 盈余公积和未分配利润的核算

施工企业投资者投入企业的资本,不但要求保值,而且要求增值,每年都有盈利。企业利润扣除按照国家规定上交的税金后,一般叫做净利润或税后利润。净利润可以按照协议、合同、公司章程或有关规定,在企业所有者之间进行分配,作为企业所有者的投资回报;也可以为了增强企业财力或改善职工集体福利等,将其中一部分净利润留存企业,不作分配。这部分留存企业不作分配的税后利润,在会计上叫做"留存收益"。

留存收益属所有者权益,所有者可以安排分配。但为了约束企业过量分配,国家要求企业留有一定积累,用以以丰补亏,以利企业持续经营,增强市场竞争实力,维护债权人利益,不断改善职工集体福利。这部分指定用途的留存收益,叫做"盈余公积金",会计上在"盈余公积"科目进行核算。

一、中资施工企业盈余公积金的核算

（一）盈余公积金的提取和用途

盈余公积金的提取,要因企业的组织形式而异。对股份有限公司,盈余公积金包括如下三种：

1. 法定盈余公积金。指按缴纳所得税后的净利润（如有被没收的财产损失、支付各项税收的滞纳金和罚款,以及应弥补的以前年度亏损的,还要加以扣除）的10%提取,但此项盈余公积金如已达到注册资本50%时,可不再提取。

2. 任意盈余公积金。指股份有限公司按公司章程或股东会议决议提取。

一般施工企业的盈余公积金只包括法定盈余公积金。法定盈

余公积金按缴纳所得税后的净利润的10%提取。

法定盈余公积金和任意盈余公积金的用途,主要有以下几个方面:

1. 弥补亏损。施工企业发生亏损,应由企业自行弥补,大体有三个渠道:(1)由以后年度税前利润弥补。按照现行财务制度的规定,企业发生亏损,可以用下一年度的税前利润弥补;下一年度利润不足弥补的,可以在五年内延续弥补。(2)用税后利润弥补。超过了税法规定的税前利润弥补期限,未弥补的以前年度亏损,可以用缴纳所得税后的净利润弥补。(3)用盈余公积金弥补。

2. 扩大企业施工生产经营规模或者转增资本金。施工企业提取的盈余公积金,在用以弥补亏损外,可用以扩大企业施工生产经营规模,或者转为增加企业资本金。股份有限公司将盈余公积金转为公司股本时,一要经股东大会决议。二要按股东原有股份比例结转,采取派送新股或增加每股面值的方法增加股本。三在将法定盈余公积金转为股本时,所留存的该项公积金不得少于注册资本的25%。

3. 分配股利。股份有限公司对股利的分配,可以采用股票股利或现金股利。公司如果没有利润,原则上不得分配股利。但为了维护企业股票信誉,经股东会特别决议,也可用盈余公积金分配股利。在用盈余公积金分配股利时,应注意下列问题:(1)公司如有未弥补亏损的,应先用盈余公积金弥补亏损;弥补亏损后,盈余公积金仍有结余的,方可分配股利。(2)用盈余公积金分配股利的股利率不得过高,一般不得超过股票面值的6%。(3)分配股利后,法定盈余公积金不得低于注册资本的25%。又公司虽有利润,但可供分配的净利润不足以按不超过股票面值的6%的股利率支付股利时,也可比照上述原则,用盈余公积金分配股利。

此外,盈余公积金还可用于兴建职工宿舍、托儿所、理发室等集体福利设施。

(二)盈余公积金的提取和使用的核算

施工企业按照规定从净利润中提取的盈余公积金,包括法定盈余公积金、任意盈余公积金,应在"盈余公积"科目进行核算,并在"盈余公积"科目下分设"法定盈余公积"、"任意盈余公积"两个二级科目。

施工企业从净利润中提取的盈余公积金,应记入"利润分配"科目的"提取法定盈余公积"、"提取任意盈余公积"二级科目的借方和"盈余公积"科目的"法定盈余公积"、"任意盈余公积"二级科目的贷方,作如下分录入账:

借:利润分配——提取法定盈余公积　　　　×××
　　利润分配——提取任意盈余公积　　　　×××
　贷:盈余公积——法定盈余公积　　　　　×××
　　　盈余公积——任意盈余公积　　　　　×××

企业用盈余公积金弥补亏损时,应记入"盈余公积——法定盈余公积"、"盈余公积——任意盈余公积"科目的借方和"利润分配——其他转入"科目的贷方,作如下分录入账:

借:盈余公积——法定盈余公积　　　　　×××
　　盈余公积——任意盈余公积　　　　　×××
　贷:利润分配——其他转入　　　　　　×××

企业将盈余公积金转作资本金或分配股票股利时,应记入"盈余公积——法定盈余公积"、"盈余公积——任意盈余公积"科目的借方和"实收资本"或"股本"科目的贷方,作如下分录入账:

借:盈余公积——法定盈余公积　　　　　×××
　　盈余公积——任意盈余公积　　　　　×××
　贷:实收资本(或股本)　　　　　　　×××

股份有限公司用盈余公积金分配现金股利时,应记入"盈余公积——法定盈余公积"、"盈余公积——任意盈余公积"科目的借方

和"应付股利"科目的贷方,作如下分录入账:

  借:盈余公积——法定盈余公积   ×××
    盈余公积——任意盈余公积   ×××
   贷:应付股利   ×××

二、外商投资施工企业盈余公积金的核算

外商投资施工企业提取的盈余公积金。与中资施工企业不同。它按照规定从税后净利润中提取的盈余公积金,是指储备基金、企业发展基金和利润归还投资。

储备基金是指外商投资施工企业从净利润中提取的主要用于弥补亏损和增加资本金的专用基金,根据《外商投资企业会计制度》的规定,还可用来扩大企业的流动资金。

企业发展基金是指外商投资施工企业从净利润中提取的主要用来发展生产、进行技术改造、购建固定资产和补充流动资金的专用基金。企业发展基金经批准,也可用于增加资本金。

利润归还投资是指中外合作经营施工企业按照企业合同、章程规定在合作经营后期以净利润归还外方合作者的投资(见第八章第七节)。

外商投资施工企业从税后净利润中提取的储备基金、企业发展基金和归还外方投资,应在"盈余公积"科目下设置"储备基金"、"企业发展基金"、"利润归还投资"三个二级科目进行核算。外商投资施工企业从净利润中提取储备基金、企业发展基金时,应记入"利润分配——提取储备基金"、"利润分配——提取企业发展基金"科目的借方,和"盈余公积——储备基金"、"盈余公积——企业发展基金"科目的贷方:

  借:利润分配——提取储备基金   ×××
    利润分配——提取企业发展基金   ×××
   贷:盈余公积——储备基金   ×××
     盈余公积——企业发展基金   ×××

中外合作经营施工企业用净利润归还外方投资时,按实际归还外方投资的金额,记入"已归还投资"科目的借方和"银行存款"科目的贷方,同时记入"利润分配——利润归还投资"科目的借方和"盈余公积——利润归还投资"科目的贷方:

　　借:已归还投资　　　　　　　　　　　　×××
　　　贷:银行存款　　　　　　　　　　　　×××
　　借:利润分配——利润归还投资　　　　　×××
　　　贷:盈余公积——利润归还投资　　　　×××

外商投资施工企业经批准用储备基金弥补亏损时,记入"盈余公积——储备基金"科目的借方和"利润分配——其他转入"科目的贷方:

　　借:盈余公积——储备基金　　　　　　　×××
　　　贷:利润分配——其他转入　　　　　　×××

外商投资施工企业经批准将储备基金、企业发展基金用于转增资本金时,记入"盈余公积——储备基金"、"盈余公积——企业发展基金"科目的借方和"实收资本"科目的贷方:

　　借:盈余公积——储备基金　　　　　　　×××
　　　　盈余公积——企业发展基金　　　　　×××
　　　贷:实收资本　　　　　　　　　　　　×××

外商投资施工企业用企业发展基金购建固定资产时,记入"固定资产"或"在建专项工程"等科目的借方和"银行存款"等科目的贷方,不需要通过"企业发展基金"二级科目核算。如企业要了解发展基金的使用情况,可在"企业发展基金"二级科目下,分设"补充流动资金"、"购建固定资产"等明细科目,动用企业发展基金购建固定资产时,将它从"补充流动资金"明细科目转入"购建固定资产"明细科目。

三、未分配利润的核算

未分配利润是指未作分配的税后净利润,它有两层含义:一是这部分利润没有分配给企业投资者;二是这部分利润未指定用途。

施工企业所以将一部分税后利润不予分配,有的是出于平衡各个会计年度的投资回报水平,以丰补歉,留有余地;有的是因为需要补充流动资金,或用以投资新的项目,或用于偿还到期债务,也要将上一年度的部分利润留待以后年度分配。

为了反映企业未分配利润的情况,在"利润分配"科目中设置了"未分配利润"二级科目。年度终了时,企业应将全年实现的利润或发生的亏损,都自"本年利润"科目转入"利润分配——未分配利润"科目;如为盈利,应记入"本年利润"科目的借方和"利润分配——未分配利润"科目的贷方;如为亏损,应记入"利润分配——未分配利润"科目的借方和"本年利润"科目的贷方。同时,应将"利润分配"科目下的其他二级科目的余额,转入"未分配利润"二级科目(详见第八章第七节)。结转后,"未分配利润"二级科目如有贷方余额,为未分配利润;如有借方余额,为未弥补亏损。由于企业不但有本年度未分配利润,而且也可能有以前年度未分配利润,因此,"未分配利润"二级科目贷方余额反映的是历年积累的未分配利润。同样道理,上一年度未弥补亏损,留待以后年度弥补,第二年度如又发生亏损,这个亏损就要继续滚存下去。所以,"未分配利润"二级科目借方余额反映的是历年累计的亏损。

第四节 资本金增减变动的核算

企业的注册资本应与实有资本相一致。企业法人实有资本比原注册资本数额增加或者减少超过20%时,应持资金证明或者验资证明,向原登记机关申请变更登记。这说明:企业的资本金,在一般情况下,不得随意增减变动。如要增减变动,必须具备一定的条件。由于企业组织形式的不同,资本金增减变动所应具备的条件也不相同。现将不同组织形式施工企业的资本金增减变动所应具备的条件及其核算方法分述如下。

一、股份有限公司资本金增减的核算

(一)发行新股方式增加资本金的核算

股份有限公司因扩大施工生产经营规模,采用发行新股方式增加资本金时,应当具备下列条件:

1. 具备健全且运行良好的组织机构。
2. 具有持续盈利能力,财务状况良好。
3. 最近三年财务会计文件无虚假记载,无其他重大违法行为。

同时一般还要求前一次发行的股份已募足并间隔一年以上,新股发行募集资金的用途符合国家产业政策的规定等。

公司发行新股,股东大会应当对新股种类及数额、新股发行价格、新股发行的起讫日期、向原有股东发行新股的种类及数额作出决议。新股发行价格应根据公司连续盈利情况和财产增值情况确定。股东大会作出发行新股的决议后,董事会必须向国务院授权的部门或省级人民政府申请批准。属于向社会公开募集的,须经国务院证券监督管理部门批准。公司经批准向社会公开发行新股时,必须公告新股招股说明书和财务会计报表及附属明细表,并制作认股书。公司发行新股募足股款后,必须向公司登记机关办理变更登记并公告。

公司发行新股所得的收入,在按面值发行新股的情况下,应全部作为资本金记入"股本"科目的贷方。在按超过票面金额溢价发行新股的情况下,企业发行新股所得的收入,相等于新股面值的部分作为资本金记入"股本"科目的贷方;超过新股面值的溢价收入减去委托证券经营机构代理发行新股所支付的发行费用后的溢价净收入,作为资本公积金记入"资本公积"科目的贷方,作如下分录入账：

借：银行存款 ×××
　　贷：股本 ×××
　　　　资本公积 ×××

（二）以向股东配股方式增加资本金的核算

股份有限公司因扩大施工生产经营规模、需要增加资本金时，除通过发行新股募集外，还可通过向股东配股的办法募集。上市公司向普通股股东配股募集资本金应具备的条件，基本上与增发新股的条件相同。

上市公司向股东配股时，必须按规定披露有关信息，并由证券交易所对配股方案进行复核。

公司向股东配股所得收入的核算，基本上与发行新股相同。在按面值配股的情况下，应将配股所得收入全部作为资本金记入"股本"科目的贷方。在按超过面值溢价配股的情况下，应将相等配股面值部分的收入作为资本金记入"股本"科目的贷方；超过配股面值的溢价收入减去委托证券经营机构代理配股费用后的溢价净收入，作为资本公积金记入"资本公积"科目的贷方。

（三）将公积金转为资本金的核算

股份有限公司经股东大会决议，可以将公积金转为资本金。在将公积金转为资本金时，可按股东原有股份比例派送新股或者增加每股面值。但将法定盈余公积金转为资本金时，所留存的该项公积金不得少于注册资本的25%。

又根据上市公司送配股的有关规定，上市公司向股东派送新股时，应符合以下条件：

1. 已按规定弥补亏损，提取法定盈余公积金。

2. 动用公积金送股后留存的法定盈余公积金和资本公积金不少于资本金的50%。

3. 派送的股票限于普通股，派送的对象为根据股东大会决议而规定的日期持有公司股票的全体普通股股东。

4.因送股增加的资本金与同一会计年度内配股增加的资本金两者之和不超过上一个会计年度截止日期的资本金。

股份有限公司根据股东大会决议,将公积金按普通股股东原有股份比例派送新股或者增加每股面值时,应将派送新股面值或增加股份面值的总额,记入"股本"科目的贷方和"资本公积"、"盈余公积"科目的借方,作如下分录入账:

借:资本公积　　　　　　　　　　　×××
　　盈余公积　　　　　　　　　　　×××
　贷:股本　　　　　　　　　　　　　×××

(四)减少资本金的核算

股份有限公司由于施工生产经营规模缩小、资本金过剩,或由于连年发生亏损、短期内无法弥补等等原因,需要减少资本金时,必须经股东大会决议后,编制资产负债表及财产清单,并自作出减少注册资本决议之日起十日内通知债权人,于三十日内在报纸上至少公告三次,对各项债务进行清偿或提供清偿保证。公司减少资本后的注册资本不得低于法定的最低限额。

公司因资本金过剩而减少注册资本时,一般采用收回公司股票的方式。公司在采用收购本公司股票的方式减少资本金时,由于"股本"科目登记的资本金是按股票面值计算的,收购时亦应按面值注销资本金,超过股票面值付出的收购款,应区别情况加以处理:收购的股票凡属溢价发行的,首先冲销溢价收入;超过部分,凡提有盈余公积金的,再冲销盈余公积金;如盈余公积金仍不足以支付收购款的,则冲销未分配利润。

如某施工股份有限公司,由于施工生产经营规模缩小,资本金过剩,经股东大会决议,减少注册资本400万元,采用收购本公司400万股股票的方式实现减资。该公司原发行股票每股面值1元,发行价格2元,共发行1 400万股。现有盈余公积金300万元,未分配利润150万元。

公司如以每股3元的价格收购本公司400万股股票,则在收购股票价格中属于股票面值部分400万元(1×400万)应冲销资本金,记入"股本"科目的借方;属于溢价发行部分400万元[(2-1)×400万],应冲销资本公积金,记入"资本公积"科目的借方;超过发行价格的部分,应先冲销盈余公积金300万元,记入"盈余公积"科目的借方,不足支付收购款部分100万元(3×400万-400万-400万-300万),再冲销未分配利润,记入"利润分配——未分配利润"科目的借方;支付的收购费1 200万元(3×400万)记入"银行存款"科目的贷方,作如下分录入账:

```
借:股本                        4 000 000
   资本公积                     4 000 000
   盈余公积                     3 000 000
   利润分配——未分配利润         1 000 000
贷:银行存款                              12 000 000
```

股份有限公司因连年亏损而减少资本金时,一般采用消除股份或注销每股部分面值的方式。这实际上是用资本金来弥补亏损。从理论上来说,资本金和未弥补亏损同属股东权益,用资本金弥补亏损,并不影响股东权益总额。但考虑到:(1)在公司连年亏损的情况下,短期内很难用利润和公积金弥补亏损;(2)公司如有未弥补亏损,不能发放股利,在这种情况下,企业如不用资本金来弥补亏损,就是以后年度有了利润,也要先用来弥补亏损,不能发放股利。而一个公司如长期不能发放股利,势必会动摇投资者的信念,影响公司的信誉,所以不如用减少资本金的方式来弥补亏损,使公司放下包袱,转为正常施工生产经营。股份有限公司经股东大会决议,用消除股份或注销每股部分面值的方式减少资本金时,应记入"股本"科目的借方和"利润分配——未分配利润"科目(因"利润分配——未分配利润"科目借方余额为未弥补亏损)的

贷方,作如下分录入账:

借:股本　　　　　　　　　　　　　　　　×××
　　贷:利润分配——未分配利润　　　　　　　×××

(五)收购、转让或注销本企业股份的核算①

股份制施工企业如有收购、转让或注销本企业股份的,按照企业会计准则应用指南的规定,应设置"库存股"科目进行核算。

企业为减少注册资本或为奖励本企业职工而收购本企业股份时,应按实际支付的金额,记入"库存股"科目的借方和"银行存款"等科目的贷方,同时设置备查簿加以登记。

企业将收购的股份奖励给本企业职工属于以权益结算的股份支付时,按根据职工获取奖励股份的实际情况确定的金额,记入"资本公积——其他资本公积"科目的借方,按奖励库存股的账面金额,记入"库存股"科目的贷方,如有实际收到的金额,记入"银行存款"科目的借方,按借贷方金额的差额,记入"资本公积——股本溢价"科目的贷方或借方,如职工获取奖励股份的金额加上企业实际收取的金额,大于奖励库存股的账面金额,将其差额,记入"资本公积——股本溢价"科目的贷方;反之,记入借方。

企业转让库存股时,应按实际收到的金额,记入"银行存款"等科目的借方,按转让库存股的账面金额,记入"库存股"的贷方,按其借方差额,记入"资本公积——股本溢价"科目的贷方;如为贷方差额,记入"资本公积——股本溢价"科目的借方。股本溢价不足冲减的,应依次记入"盈余公积"、"利润分配——未分配利润"科目的借方。

企业注销库存股时,应按股票面值和注销股数计算的股票面值总额,记入"股本"科目的借方,按注销库存股的账面余额,记入

---

① 本小节供采用企业会计准则施工企业核算用。

"库存股"科目的贷方,按其差额,记入"资本公积——股本溢价"科目的借方。股本溢价不足冲减的,应依次记入"盈余公积"、"利润分配——未分配利润"科目的借方。

"库存股"科目的期末借方余额,反映企业持有尚未转让或注销的本企业的股份金额。

二、有限责任公司资本金增减的核算

(一)有限责任公司增加资本金的核算

有限责任公司增加资本金时,须经股东会的决议。股东认缴新增资本的出资,也应按照设立有限责任公司缴纳出资的规定进行。股东的增资只能将其按约定投资的比例计算的部分,作为其投入资本金,记入"实收资本"科目的贷方;实际缴付的增资额超出其资本金的差额,为资本溢价,应将它记入"资本公积"科目的贷方(见本章第二节)。

(二)有限责任公司减少资本金的核算

有限责任公司股东在公司登记后,不得抽回出资。如因施工生产经营规模缩小等原因需要减少注册资本时,必须:

1. 经股东大会决议后,编制资产负债表及财产清单。

2. 自作出减少注册资本决议之日起十日内通知债权人,并于三十日内在报纸上至少公告三次,对各项债务进行清偿或提供清偿保证。

3. 公司减少资本以后的注册资本,不得低于法定的最低限额。

4. 公司减少注册资本后,须修改公司章程,向公司登记机关办理登记手续,并予以公告。

有限责任公司减少资本金一般采用发还出资的方式。如发还股款,应按约定投资比例计算的部分,作为投入资本金的发还,记入"实收资本"科目的借方。实际发还数超出资本金减少的数额,凡投入时有资本溢价的,首先冲销资本溢价,记入"资本公积"科目的借方,超出部分,依次冲销盈余公积金和未分配利润,记入"盈余公积"、"利润分配——未分配利润"科目的借方。

如某施工有限责任公司,由于施工经营规模缩小,资本过剩,经股东会决议,采用发还出资方式减少注册资本 250 万元。该公司注册资本 1 000 万元,账面有资本公积金 40 万元,盈余公积金 180 万元,由于有较多公积金,实际发还 320 万元,则在发还出资时,应将 250 万元作为资本金的减少,记入"实收资本"科目的借方。实际发还数超出资本金减少的数额 70 万元(320 万 - 250 万),应先冲销资本公积金 40 万元,记入"资本公积"科目的借方,再冲销盈余公积金 30 万元,记入"盈余公积"科目的借方,作如下分录入账:

借:实收资本　　　　　　　　　　　　　　2 500 000
　　资本公积　　　　　　　　　　　　　　　 400 000
　　盈余公积　　　　　　　　　　　　　　　 300 000
　贷:银行存款　　　　　　　　　　　　　　3 200 000

(三) 有限责任公司转让资本金的核算

有限责任公司股东之间可以相互转让其全部出资或部分出资。但股东如向股东以外的人转让其出资时,必须经全体股东半数的同意,不同意转让的股东应当购买该转让的出资。如果不购买该转让的出资,就视为同意转让。经股东同意转让的出资,在同等条件下,其他股东对出资有优先购买权。股东依法转让出资后,由公司将受让人的姓名或者名称、住所以及受让的出资额记载于股东名册,并作如下分录入账:

借:实收资本——出让人　　　　　　　　　　×××
　贷:实收资本——受让人　　　　　　　　　　×××

三、企业拨付所属资金的核算

施工企业如有内部独立核算单位,应根据所属单位施工生产经营的需要,拨付一定数量的施工生产经营资金。企业拨付所属内部独立核算单位的资金,应在"拨付所属资金"科目进行核算。所属单位对于上级拨给的施工生产经营资金,应在"上级拨入资金"科目进行核算。所属单位收到上级拨入的固定资产,应按其净值入账;收到拨入的流动资产,应按其实际成本或实际拨入数入账。

如某施工企业所属运输单位,实行内部独立核算。在组建时,企业拨给运输车辆一批,原值 1 500 000 元,已提折旧 600 000 元;拨给材料一批,实际成本 200 000 元,拨给货币资金 500 000 元,则在:

施工企业应作:

借:拨付所属资金	1 600 000
累计折旧	600 000
贷:固定资产	1 500 000
原材料	200 000
银行存款	500 000

所属运输单位应作:

借:银行存款	500 000
原材料	200 000
固定资产	1 500 000
贷:上级拨入资金	1 600 000
累计折旧	600 000

施工企业在汇编资产负债表时,应将本身"拨付所属资金"数与所属运输单位等的"上级拨入资金"汇总数核对相符,并相互抵销。

复 习 题

1. 什么叫做资本金?施工企业的资本金由哪些投资主体采

用何种方法投入?

2. 什么叫做资本公积金? 施工企业的资本公积金是怎样形成的?

3. 什么叫做盈余公积金? 施工企业的盈余公积金是怎样形成的? 它可用于哪些方面?

4. 施工企业未分配利润的含义包含哪些? 企业为什么对一部分净利润不进行分配? 它可用于哪些方面?

5. 施工企业的资本金的增加或减少,一般采用哪些方式? 各应具备哪些条件? 试分别就有限责任公司和股份有限公司加以说明。

习 题

习 题 一

(一) **目的** 练习实收资本和资本公积的核算方法。

(二) **资料**

1. 某国有施工企业经有关部门批准改制为股份有限公司。改制时,该企业"实收资本"科目的账面余额为 600 万元,"盈余公积"科目账面余额为 100 万元。

2. 改制时,对各项资产进行评估,评估后确认的固定资产净值较账面净值增加 140 万元。

3. 改制后股份有限公司的股本总额为 1 000 万元,股份总数为 1 000 万股,每股面值 1 元,按 1.20 元溢价发行。该企业以净资产 840 万元(600 万+100 万+140 万)换取股份 700 万股。

4. 对外发行股份 300 万股,委托某证券公司代理发行。发行完毕后,收到扣除代理发行费用和股票印刷费 1.5 万元后的股金,存入企业银行结算户。

(三) 要求　根据上列资料,为下列各项经济业务作成会计分录:

1. 按评估确认的资产价值调整入账。
2. 将原有企业全部资产净值换取的股份登记入账。
3. 将证券公司代理发行股票的股金收入扣除代理发行费用和股票印刷费用后的资金登记入账。

习 题 二

(一) 目的　练习盈余公积的核算方法。

(二) 资料　某施工企业 2006 年初"盈余公积"科目所属"法定盈余公积"二级科目的贷方余额为 1 320 万元。2006 年度内,发生了下列有关盈余公积金的提取和使用经济业务:

1. 年度实现利润总额为 800 万元,应税所得为 820 万元。
2. 按规定的所得税税率 25% 计算应交所得税。
3. 按税后利润的 10% 计提法定盈余公积金。
4. 将历年提取法定盈余公积金中的 100 万元转作资本金。

(三) 要求　根据上列资料,为以上各项经济业务作成会计分录。

第十章 负债的核算

第一节 流动负债的核算

一、流动负债的特征

负债是过去的交易、事项所承担的能以货币计量、需以资产或劳务偿付的债务。债务的承担,意味着代表未来经济利益的资源将流出企业。负债具有以下特征:(1)它是现时存在的一项强制性的义务或责任;(2)它是能用货币确切计量或合理估计的债务;(3)它在将来必须以债权人能够接受的经济资源清偿,一般都要根据规定的日期偿付。

负债按其承担经济义务期限的长短,分为流动负债和长期负债。流动负债是指将在一年或超过一年的经营周期内偿还的债务,包括短期借款、应付票据、应付账款、预收账款、应付工资、应付福利费、应付股利、应交税金、应付短期债券、其他应交款、其他应付款、预提费用、预计负债等。长期负债是指偿还期限在一年以上及超过一年的经营周期的债务。

将负债按其偿还期限的长短分为流动和长期,其目的主要是通过了解流动资产和流动负债的相对比例,反映企业的短期偿债能力,为短期债权人提供所需的会计信息。但是,流动负债与长期负债的区分,不是绝对的。如有些应付账款,由于企业无款支付或供货方产生某些未定事项,使其超过一年或一个营业周期以上,但仍将其列作流动负债。有些将在以后一年内偿付的长期负债,日常核算中仍将它列作长期负债。因此,根据流动负债与流动资产科目对比分析,只能大致了解企业短期债务的偿付能力,不一定能够说明企业的真实财力。

二、短期借款的核算

施工企业的短期借款,是施工企业在施工生产经营过程中用以满足短期资金需要,向银行或者其他金融机构借入的期限在一年以内的各种借款,主要有季节性储备借款、小型技措借款等,应在"短期借款"科目进行核算。

(一)季节性储备借款

季节性储备借款是为了解决施工企业季节性的超定额储备材料所需的流动资金而向银行等金融机构借入的款项,包括季度工作量扩大超定额储备借款和季节性材料超定额储备借款。

施工企业的流动资金借款,可分为如下两个部分:一部分是用以补充正常施工生产经营所需流动资金的不足;一部分是用以补充季节性储备所需超定额流动资金的不足。前一部分流动资金借款,起着企业正常施工生产经营所需铺底资金的作用,只要企业继续经营,就得占用这笔资金,在企业没有其他资金来源时,就需继续借用,因此,属于长期借款。后一部分季节性储备超定额流动资金借款,是用以补充季度工作量扩大超定额储备和季节性材料超定额储备所需流动资金,是临时性的,因此,属于短期借款。由于施工生产,大都在露天进行,要受气候的影响,在有些季节,施工生产比较集中,所需材料储备就要增加。某些建筑材料在生产、供应和运输等方面也存在季节性因素,需要提前采购储备,如河捞卵石只能在雨季或汛期前供应;北方水运原木要在封冻期前储备,等等。这样,施工企业在某一时期实际需要的流动资金,就会超过定额流动资金,如果企业没有多余流动资金,就得向银行等金融机构举借季节性储备贷款。

施工企业的季节性储备借款,一般须在6个月内偿还。如遇特殊情况不能按期偿还,要用书面说明其原因。逾期不还的,银行可从企业结算户存款中扣还。季节性储备借款的取得和归还,应在"短期借款——季节性储备借款"科目进行核算。取得借款时,应记入"短期借款——季节性储备借款"科目的贷方和"银行存款"科目的借方:

借:银行存款 ×××
贷:短期借款——季节性储备借款 ×××

归还借款时,应记入"短期借款——季节性储备借款"科目的借方,作如上相反分录入账。

季节性储备借款的利息,应按规定计息期和利率计算,作为一项财务费用计入损益,在会计核算上应分别情况加以处理。

如果借款利息按月支付,或在借款到期时连同本金一起支付,而数额不大的,可在实际支付时或收到银行计息通知单时,直接记入当期损益,记入"财务费用"科目的借方和"银行存款"科目的贷方:

借:财务费用 ×××
贷:银行存款 ×××

如果借款利息按季、按半年支付,或在借款到期时与本金一起支付,并且数额较大的,为了正确计算各期损益,也可采用预提的办法,按月预提计入财务费用,记入"预提费用"科目的贷方和"财务费用"科目的借方:

借:财务费用 ×××
贷:预提费用 ×××

实际支付利息或收到银行计息通知单时,按已经预提的利息记入"预提费用"科目的借方,按实际支付数大于预提数的数额记入"财务费用"科目的借方,按实际支付数记入"银行存款"科目的贷方:

借:预提费用 ×××
　　财务费用 ×××
　贷:银行存款 ×××

(二)小型技措借款的核算

施工企业的技措借款是为了提高企业施工生产能力、降低工程产品成本等采取技术组织措施而向银行等金融机构借入的款项。这项借款一般都用措施项目投产后所增加的利润来归还。如果借款进行的是小型技措工程,能在短期内完工,并以投产后所增加的利润在一年以内归还本息,属于短期借款。如果借款进行的技措工程规模较大,工期较长,不能在一年内归还本息,则属长期借款,应在"长期借款"科目进行核算。

施工企业借入的小型技措借款,应在"短期借款——小型技措借款"科目进行核算。借入时,应记入"银行存款"科目的借方和"短期借款——小型技措借款"科目的贷方:

借:银行存款 ×××
　贷:短期借款——小型技措借款 ×××

小型技措借款的利息,在技措工程进行期间发生的,应将它计入技措工程成本,记入"在建专项工程"科目的借方和"短期借款——小型技措借款"科目的贷方:

借:在建专项工程 ×××
　贷:短期借款——小型技措借款 ×××

小型技措借款在工程完工验收以后发生的利息,应作为一项财务费用计入损益,记入"财务费用"科目的借方和"短期借款——小型技措借款"科目的贷方:

借:财务费用 ×××
　贷:短期借款——小型技措借款 ×××

小型技措借款到期归还借款本息时,将它记入"短期借款——

小型技措借款"科目的借方和"银行存款"科目的贷方：

  借：短期借款——小型技措借款   ×××
    贷：银行存款   ×××

如果借款利息数额较大，为了正确计算各期损益，也可采用预提的办法，按月预提计入财务费用，记入"财务费用"或"在建专项工程"科目的借方和"预提费用"科目的贷方。借款到期归还本息时，将已经预提的利息记入"预提费用"科目的借方，按实际支付数大于预提数的数额记入"财务费用"或"在建专项工程"科目的借方，按实际支付数记入"银行存款"科目的贷方。

三、应付票据的核算

应付票据是由出票人出票，由承兑人允诺在一定时期内支付一定数额的凭证，它是在材料物资购销和工程价款结算活动中由于采用商业汇票结算方式而发生的，由收款人或付款人（或承兑申请人）签发，承兑人承兑的票据。

在采用商业承兑汇票的情况下，承兑人应为付款人，承兑人对这项债务在一定时期内支付的承诺，自应作为企业的一项负债。在采用银行承兑汇票的情况下，承兑人虽为银行，但由银行承兑的票据，只是为收款方按期收回债权提供了可靠的信用保证，对付款人或承兑申请人来说，不会由于银行承兑而使这项债务消失，因此，即使是由银行承兑的汇票，付款人或承兑申请人的现存义务依然存在，仍应将其作为一项负债。由于商业汇票的承兑期限最长不超过九个月，应付票据属于流动负债。

施工企业对外发生债务时开出、承兑的商业汇票，应在"应付票据"科目进行核算，并设置"应付票据备查簿"，详细登记每一应付票据的种类、号数、签发日期、到期日、票面金额、合同交易号、收款人姓名或单位名称，以及付款日期、金额等详细资料。

应付票据按其是否带息，分为不带息应付票据和带息应付票据两种。由于应付票据的付款期限较短,无论是否带息,一般都按票面价值记账。对不带息票据,其面值就是应付票据到期时的应付金额。对带息票据,其面值就是票据的贴现值。

带息应付票据中的应付利息,在核算上有两种方法:

1. 发生时列支。即在票据到期支付票据面值和利息时,将利息一次列作财务费用,作如下分录入账:

借:财务费用 ×××
    应付票据 ×××
贷:银行存款 ×××

2. 按月预提。即按应付票据的票面价值和规定利率按月预提应付利息,记入"财务费用"科目的借方和"预提费用"科目的贷方:

借:财务费用 ×××
贷:预提费用 ×××

应付票据到期支付本息时,将已预提的利息记入"预提费用"科目的借方,将实际支付利息大于预提利息的数额记入"财务费用"科目的借方,实际支付票面价值记入"应付票据"科目的借方,实际支付票面价值和利息,记入"银行存款"科目的贷方:

借:预提费用 ×××
    财务费用 ×××
    应付票据 ×××
贷:银行存款 ×××

由于应付票据付款期限较短,是否按月预提利息对当月损益影响不大,对带息应付票据中的利息,大都采用第一种方法进行核算。

四、预计负债的核算

预计负债是指企业很可能产生的负债。它与或有负债一样,都是过去的交易或事项形成的潜在义务或现时义务。如果履行该义务很可能导致经济利益流出企业,并且该义务的金额能可靠地计量,应确认为预计负债入账。如果履行该义务不很可能导致经济利益流出企业,或该义务的金额不能可靠地计量,则为或有负债,只需在资产负债表的附注中加以披露。

施工企业的预计负债,包括对外提存担保、商业承兑票据贴现、未决诉讼、工程产品质量保证等,应设置"预计负债"科目并按负债项目进行明细核算。

预计负债的计算,可分如下两种情况来考虑。如果所需支出存在一个金额范围的,可按该范围的上下限金额的平均数确定。如某施工企业因合同违约而涉及一桩诉讼案,根据企业的法律顾问判断,最终判决对企业不利,赔偿金额可能在 50 万～70 万元,则这项预计负债金额就可确认为 60 万元[(50 万＋70 万)÷2]。

如果所需支出不存在一个金额范围,并只涉及单个项目,可按单个项目最可能发生金额确定。如所需支出涉及多个项目,可按各种可能发生额及其发生概率计算确定。如某施工企业对交付使用工程承诺,在一年以内发生质量问题,免费负责修理。根据统计资料,各项工程返修费用约为点交工程成本的 1%,返修工程项目约为点交工程项目总数的 10%。也就是说,工程质量保修费约为点交工程成本的 1‰(1%×10%),在工程保修期为一年时,预计负债就可按全年点交工程成本的 1‰计算确定。

企业按规定的预计项目和预计金额确认的预计负债,应记入"管理费用"、"营业外支出"等科目的借方和"预计负债"科目的贷方:

借:管理费用 ×××
　　营业外支出 ×××
　　贷:预计负债 ×××

实际偿付预计的负债时,按原预计数记入"预计负债"科目的借方,按实际支付数记入"银行存款"科目的贷方,按其差额记入"管理费用"或"营业外支出"科目的借方或贷方。如实际支付违约赔偿金额大于预计数时,应作如下分录入账:

  借:预计负债   ×××
    营业外支出或管理费用   ×××
   贷:银行存款   ×××

"预计负债"科目期末贷方余额,反映企业已预计尚未支付的债务。

第二节　长期负债及其资金成本的计算

一、长期负债的特征

长期负债是指偿还期在一年或超过一个经营周期以上的债务。它是除了投资人投入的资金以外,企业向债权人筹集、可供企业长期使用的资金。

施工企业的长期负债一般可分为长期借款、应付债券和长期应付款三类。

长期借款是指企业向银行或其他金融机构借入的偿还期在一年以上的各种借款,包括基本建设投资借款、技措借款、流动资金借款。

应付债券是指企业为筹集长期资金而实际发行的有价证券及应付的利息。如果发行偿还期在一年以内的短期债券,应在"应付短期债券"科目核算。

长期应付款是指企业长期借款和应付债券以外的其他各种长期负债,如采用补偿贸易方式下引进国外设备价款、应付融资租入固定资产的租赁款等。

施工企业举借长期借款。除了用于铺底流动资金外,主要从以下两方面加以考虑:(1)企业为扩大施工生产经营、搞多种经营,需要添置各种机械设备,建造厂房,这些都需要企业投入大量的长期占用的资金,而企业所拥有的经营资金,往往是无法满足这种需要的,如等待用企业内部形成的积累资金再去购建,则可能丧失企业发展的有利时机。(2)举借长期借款,可为投资人带来获利的机会。企业需要的长期资金,主要来自如下两个方面:一是增加投资人投入的资金;二是举借长期债款。从投资人角度来看,举借长期债款往往更为有利。一方面有利于投资人保持原有控制企业的权力,不会因企业筹措长期资金而影响投资者本身的利益;另一方面还可为投资人带来获利的机会。因为举借长期债款,一般只需要按期偿还债权人按固定利率计算的利息和本金,由于债款利息,可以计入财务费用在税前利润列支,在企业盈利的情况下,就可少交一部分所得税,为投资人增加利润。

长期负债与流动负债相比,长期负债具有数额较大、偿还期较长的特点,对有盈利的施工企业来说,往往可为投资人带来更多的利润。但是,长期债款的利息,是企业根据合同必须承担的一种长期性的固定支出。如果企业经营不善,建筑市场不景气,工程任务不足,这笔固定利息支出就会成为企业财务上的沉重负担。因此,是否以债款形式筹集长期资金,必须计算各种债款的资金成本,估计这笔资金投入后的盈利水平,权衡筹资风险,认真进行决策。

二、借款、债券资金成本的计算

资金成本是在资金所有权和资金使用权分离而形成的一个经济概念。它是资金使用者向资金所有者和中介人支付的占用费和筹资费。资金筹资费是指向银行借款支付的手续费、债券印刷费、委托金融机构代理发行债券的手续费等。资金占用费主要包括资金时间价值和投资者考虑的投资风险。投资风险大的资金,其占用费率较高,如长期借款利率高于短期借款利率,债券利率高于银行借款利率。

企业在不同条件下筹集资金的成本并不相同。为了便于分析比较,资金成本通常以相对数表示。施工企业筹集使用资金所负担的费用同筹集资金净额的比率,叫做资金成本率(通常也叫资金成本)。资金成本率和筹集资金总额、筹资费用、资金占用费之间的关系,可用下列公式表示:

$$资金成本率 = \frac{资金占用费}{筹集资金总额 - 资金筹集费用} \times 100\%$$

或:
$$= \frac{资金占用费}{筹集资金总额 \times (1 - 筹资费率)} \times 100\%$$

$$筹资费率 = \frac{资金筹集费用}{筹集资金总额} \times 100\%$$

施工企业长期资金的来源不同,其资金成本的计算方法也不一样。

(一)借款成本率

施工企业向国内银行或其他金融机构借款,只要支付按规定利率计算的利息,不要支付其他手续费。由于借款利息可以计入财务费用,在税前利润列支,所以,在企业盈利的情况下,就可少交一部分所得税。这样,企业实际负担的借款利息就应扣除少交所得税。国内借款成本率的计算公式如下:

$$国内借款成本率 = \frac{国内借款总额 \times 年利率 \times (1 - 所得税率)}{国内借款总额} \times 100\%$$

如某施工企业向某国内银行借款600万元,年利率为10%,所得税率为25%,则:

$$国内借款成本率 = \frac{600万 \times 10\% \times (1 - 25\%)}{600万} \times 100\% = 7.5\%$$

施工企业如向国外银行借款,除了支付利息外,还要支付手续费、代理费、杂费、担保费、承诺费等。手续费是借款人按贷款额一定比例支付给贷款人属于银行在业务经营中的成本开支,包括房租、水电、人员工资、各种税金等。代理费是由银团贷款中的牵头银行向借款人收取的电报、电传、办公、联系等费用开支。杂费是由银团贷款中的牵头银行向借款人收取的为在借贷双方谈判至签订借款协议期间支付的差旅费、律师费等。担保费是按借款金额的一定比例支付给担保人的费用。承诺费是借款人在借贷双方签订协议后没有按期使用贷款而造成贷款人资金闲置而由借款人给予补偿的一种费用。上列各项费用,不一定在每项借款时都会发生,要根据贷款银行或银团的有关规定估算,一般可估算一个筹资费率。由于国外借款利息可以计入财务费用,在税前利润列支,在企业盈利的情况下可以少交一部分所得税,所以,国外借款成本率的计算公式如下:

$$\frac{\text{国外借款}}{\text{成 本 率}} = \frac{\text{国外借款总额} \times \text{年利率} \times (1-\text{所得税率})}{\text{国外借款总额} \times (1-\text{筹资费率})} \times 100\%$$

如某施工企业向国外某银行借款50万美元,手续费率约为借款总额的2%,年利率为10%,所得税率为25%,则:

$$\text{国外借款成本率} = \frac{50万 \times 10\% \times (1-25\%)}{50万 \times (1-2\%)} \times 100\% = 7.65\%$$

此外,在计算国外借款成本率时,还要考虑外汇汇率的变动情况。

(二)债券资金成本率

施工企业发行债券通常都在事前规定年利率,不过一般都要高于银行借款利率。因为企业债券不同于银行存款,不但要承担风险,而且一般不能随时提取,如果债券利率与银行储蓄利率一样,就可能发行不出去,所以大都高于银行同期储蓄定期存款利率。企业支付的债券利息,同银行借款利息一样,可以计入财务费用,在税前利润列支。因此,在企业盈利的情况下,也可以少交一部分所得税,企业实际负担的债券利息,也应扣除少交所得税部分。

企业发行债券,还要发生债券印刷费、代理发行费等筹资费,筹资费的发生使企业实际取得的资金少于债券的票面额。因此,企业债券资金成本率的计算公式如下:

$$债券资金成本率 = \frac{债券总额 \times 年利率 \times (1-所得税率)}{债券总额 \times (1-筹资费率)} \times 100\%$$

如某施工企业因新建钢筋混凝土构件厂的需要,向社会发行3年期债券800万元,债券年利率为12%,债券筹资费率为1%,企业所得税率为25%,则:

$$债券资金成本率 = \frac{800万 \times 12\% \times (1-25\%)}{800万 \times (1-1\%)} \times 100\% = 9.09\%$$

第三节 长期借款的核算

一、基本建设投资借款的程序

基本建设投资借款是施工企业借入用于基本建设项目(如新建、扩建建筑构配件加工厂等)投资的借款,企业要向银行或其他金融机构申请基本建设投资借款,必须有经审定的建设项目可行性研究报告和初步设计,说明借款项目符合国家产业政策,有较好投资经济效益,能保证偿还本息,一般还要有不少于总投资30%的自筹资金或其他资金。

施工企业向经办银行提出借款申请书并经审查同意后,即可与贷款银行签订借款合同,借款合同要规定借款项目的名称、用途、借款金额、借款利率、借款期限及分年用款计划、还款期限与分年还款计划、还款资金来源与还款方式、保证条件及违约责任,以及双方商定的其他条款,通过签订借款合同,明确借款企业和贷款银行的经济责任。贷款银行要保证在合同规定的借款总额内,按照年度基本建设投资计划和建设进度的需要供应资金。借款企业要保证按照设计概算和借款合同规定的用途使用借款,保证按期完成建设计划,发挥投资经济效益,按期还清借款的本息。

借款合同签订后,借款企业在核定的贷款指标范围内,按银行对贷款的管理方法,根据用款计划支用借入资金。贷款银行如对基本建设投资借款采用分次转存支付的方法,则在按照合同分次取得借款时,先存在企业存款户,再从存款户中支付使用。贷款银行如对基本建设投资借款采用指标管理的方法,借款企业应按规定用途,支一笔借一笔。在这种情况下,借款企业支用基本建设投资借款时,应根据银行核定的年度借款指标,按照订货合同、工程进度、工程建设支出的需要,向经办行支用借款。为了便于经办行对支用借款进行监督,借款企业应将设备订货合同副本、工程进度计划等送经办行。

借款应坚持有借有还的原则。借款到期,借款企业应按照合同规定按期偿还借款本息或续签合同。借款到期,借款企业如不能归还,经办行可按合同规定,从借款企业的存款户中扣回借款本息及罚息。借款企业如因资金调度困难需要延期归还借款时,应向经办行提出延期还款计划,经审查同意后,按照计划归还借款。逾期期间一般按逾期借款计收利息。

二、长期借款利息的计算

长期借款利息的计算,从其基本形式来看,可归纳为两种:单利法和复利法。

单利法按本金计算利息,其所生利息不再加入本金重复计算利息的计息方法。其计算公式如下:

$$F=P+Pin$$

式中　F 为本利和

　　　P 为本金

　　　i 为利率

　　　n 为计息期

复利法是经过一定期间,将所生利息加入本金再计利息,逐期滚算的计息方法。其计算公式如下：

$$F=P(1+i)^n$$

如某施工企业向某银行借入五年期长期借款 200 000 元，年利率为 10%，每年计息一次，到期一次归还本息，则按单利法计算，五年的本利和为：

200 000＋200 000×10%×5＝300 000 元

按复利法计算，五年的本利和为：

200 000×(1＋10%)⁵＝322 100 元

目前贷款金融机构对各企业的长期借款，一般都按复利法计算利息。

在实际向金融机构贷款时，计息期并不一定为一年，也可能是以半年、三个月或一个月为计息期。由于计息期长短的不同，同一笔借款在占用的总时间相等的情况下，所付的利息会有明显的差异。因此，在借款时，如按复利法计算利息，而借款金融机构在一年中计算利息的次数不同，就需将借款计息的"名义利率"换算成"实际利率"，然后进行比较。

所谓"名义利率"，就是通常所说的年利率，"实际利率"就是借款在计息期计息用的利率。如年利率为 12%，一年为计息期，一元借款的年利息为：

1×(1＋12%)－1＝0.12(元)

如规定半年为计息期，则半年的实际利率为 6%，到第一年末一元借款的年利息为：

1×(1＋6%)×(1＋6%)－1＝1×(1＋6%)²－1＝0.1236(元)

即实际年利率是 12.36%，大于名义利率 12%。

如规定一个月为计息期，则月实际利率为 1%，到第一年末一元借款的年利息为：
$$1\times(1+1‰)^{12}-1=0.1268(元)$$

即实际年利率是 12.68%。

从上可知，一年中计算复利的次数越频繁，计息期越短，实际年利率越高。在借款时，如果各金融机构对借款的计息期不同，都要将名义利率换算成实际利率，然后从中选择实际年利率较低的金融机构。

名义利率与实际利率的关系式为：

$$i=\left(1+\frac{r}{c}\right)^c-1$$

式中　i 为实际利率

　　　r 为名义利率

　　　c 为每年计息次数

三、一次偿还本息基本建设投资借款的核算

贷款金融机构如对基本建设投资借款采用分次转存支付的方法，施工企业在取得借款时，应先记入"银行存款"科目的借方和"长期借款——基本建设投资借款"科目的贷方，作如下分录入账：

借：银行存款　　　　　　　　　　　　×××
　　贷：长期借款——基本建设投资借款　　×××

贷款金融机构如对基本建设投资借款采用指标管理的方法，施工企业应在以借款支付各项设备款、工程款和其他固定资产购建有关支出时，记入"在建专项工程"科目的借方和"长期借款——基本建设投资借款"科目的贷方，作如下分录入账：

借：在建专项工程　　　　　　　　　　×××
　　贷：长期借款——基本建设投资借款　　×××

基本建设投资借款的利息，在采用到期一次偿还本息时，应按期根据金融机构计息通知单，将各计息期应付利息记入"长期借款——基本建设投资借款"科目的贷方。在建设工程尚未交付使用以前发生的基本建设投资借款利息，应将其资本化列作建设工

程成本,记入"在建专项工程"科目的借方,作如下分录入账:

借:在建专项工程 ×××
　　贷:长期借款——基本建设投资借款 ×××

在建设工程交付使用以后发生的基本建设投资借款利息,以及在建设活动发生非正常中断,且中断时间连续超过三个月以上时停建期间的投资借款利息,应列作当期损益,记入"财务费用"科目的借方,作如下分录入账:

借:财务费用 ×××
　　贷:长期借款——基本建设投资借款 ×××

施工企业按照借款合同规定偿还基本建设投资借款时,应记入"长期借款——基本建设投资借款"科目的借方和"银行存款"科目的贷方,作如下分录入账:

借:长期借款——基本建设投资借款 ×××
　　贷:银行借款 ×××

四、分次偿还本息基本建设投资借款的核算

基本建设投资借款的本息,如借款合同规定分次偿还,应先计算各期应归还的利息和本金。分次偿还利息、本金的计算,如按复利法计算利息,一般应采用资金回收系数计算各期应偿还本息。即已知资金现值,每次偿还固定的金额,其中一部分偿还利息,一部分偿还本金,而利息和本金的比例是逐年变化的。各期偿还本息的计算公式如下:

$$A = P \times \frac{i(1+i)^n}{(1+i)^n - 1}$$

式中　A 为每期偿还借款本息

　　　P 为借款总额

　　　i 为各期利率

　　　n 为偿还期数

　　　$\frac{i(1+i)^n}{(1+i)^n - 1}$ 为资金回收系数,可通过资金回收系数表查得

如某施工企业向某银行借得为期 5 年的基本建设投资借款 500 000 元,年利率为 10%,每年计息一次,分 5 年偿还,则各年应偿还本息为:

$$500\,000 \times \frac{10\% \times (1+10\%)^5}{(1+10\%)^5 - 1} = 500\,000 \times 0.2638$$
$$= 131\,900(元)$$

计算得各年应偿还本息,按照银行规定先还利息后还本金的做法,就可算得各年应还利息和本金,如图表 10-1 所示。

图表 10-1

基本建设投资借款还本付息计算表

单位:元

年份	年初借款累计	本年应计利息	年末借款累计	本年还本付息 合计	其中:利息	本金
1	500 000	50 000	550 000	131 900	50 000	81 900
2	418 100	41 810	459 910	131 900	41 810	90 090
3	328 010	32 801	360 811	131 900	32 801	99 099
4	228 911	22 891	251 802	131 900	22 891	109 009
5	119 902	11 990	131 892	131 892①	11 990	119 902
合计				659 492	159 492	500 000

① 调整计算误差 8 元。

根据上列还本付息计算表的各年应偿还利息和本金,就可在各年还本付息时,作如下分录入账(以第一年末偿还本息为例):

  借:在建专项工程或财务费用(利息)   50 000
    长期借款——基本建设投资借款(本金) 81 900
    贷:银行存款   131 900

在实际工作中,对基本建设投资借款,往往是逐年分次借得的。基本建设投资借款的偿还,要到工程建成投入使用后才用获得的利润来偿还。这样,在还款期以前,要先计算包括利息的借款累计数,然后根据还款期及利率按照上列公式计算每期应偿还借款本息。

如某施工企业为扩建门窗加工厂,在2006年年初向某银行借入2 000 000元,2007年年初再借入1 200 000元,2008年年初加工厂建成投入使用,年利率为10%,每年计息一次,合同规定从2008年起,在年末分3年偿还基本建设投资借款本息。则:

2006年年末包括利息在内的借款累计数为:
$$2\,000\,000 \times (1+10\%) = 2\,000\,000 + 200\,000$$
$$= 2\,200\,000(元)$$

2007年年末即2008年初包括利息在内的借款累计数为:
$$(2\,200\,000 + 1\,200\,000) \times (1+10\%) = 3\,400\,000 + 340\,000$$
$$= 3\,740\,000(元)$$

3 740 000元借款分3年偿还时各年应偿还本息为:
$$3\,740\,000 \times \frac{10\% + (1+10\%)^3}{(1+10\%)^3 - 1} = 3\,740\,000 \times 0.4021$$
$$= 1\,503\,854(元)$$

根据银行借款先还利息后还本金的规定,就可算得各年应还利息和本金,如图表10-2所示。

图表10-2

基本建设投资借款还本付息计算表

单位:元

年	份	年初借款累计	本年借款	本年应计利息	年末借款累计	本年还本付息 合 计	其中:利息	本 金
建设期	2006		2 000 000	200 000	2 200 000			
	2007	2 200 000	1 200 000	340 000	3 740 000			
还款期	2008	3 740 000		374 000	4 114 000	1 503 854	374 000	1 129 854
	2009	2 610 146		261 015	2 871 161	1 503 854	261 015	1 242 839
	2010	1 367 307		136 731	1 504 038	1 504 038①	136 731	1 367 307
合	计					4 511 746	771 746	3 740 000

① 调整计算误差184元。

根据图表 10-2 中的资料,该施工企业在各年应作如下分录入账:

2006 年年初向银行借入 2 000 000 元时:

借:银行存款 2 000 000
　贷:长期借款——基本建设投资借款 2 000 000

2006 年年末根据银行计息通知单将应计利息入账时:

借:在建专项工程 200 000
　贷:长期借款——基本建设投资借款 200 000

2007 年年初向银行借入 1 200 000 元时:

借:银行存款 1 200 000
　贷:长期借款——基本建设投资借款 1 200 000

2007 年年末根据银行计息通知单将应计利息入账时:

借:在建专项工程 340 000
　贷:长期借款——基本建设投资借款 340 000

2008 年年末偿还借款本息 1 503 854 元时:

借:财务费用 374 000
　　长期借款——基本建设投资借款 1 129 854
　贷:银行存款 1 503 854

2009 年年末偿还借款本息 1 503 854 元时:

借:财务费用 261 015
　　长期借款——基本建设投资借款 1 242 839
　贷:银行存款 1 503 854

2010 年年末偿还借款本息 1 504 038 元时:

借:财务费用 136 731
　　长期借款——基本建设投资借款 1 367 307
　贷:银行存款 1 504 038

五、技措借款的核算

技措借款也叫更新改造投资借款,是施工企业在施工生产经营过程中为了固定资产更新改造的需要而向银行和其他金融机构借入期限在一年以上的借款。施工企业的技措借款,主要用于:(1)原有固定资产的更新,包括陈旧的施工机械、运输设备、生产设备、计量测试手段等机械设备的更新和已无大修理价值的房屋建筑物的重新建造。(2)在原有固定资产的基础上进行的更新改造工程,包括在要求技术进步的前提下,采取提高机械化、自动化和现代化水平,采用新技术、新工艺、新设备、新材料、新构件,提高工程质量,增加构件品种,促进构件升级换代等发展生产措施,对原有机械设备、生产线的工艺和工程设施进行技术改造,以及为生产性技术改造所必需的相应配套的辅助性生产和必要的生活福利设施。(3)节约能源和降低原材料消耗的措施,包括为了节约能源和原材料,采用新技术、新工艺、新材料、新构件和高效低耗机械设备,对现有企业和原有固定资产进行的更新改造措施。(4)治理"三废"污染和综合利用原材料的措施。(5)劳动保护和安全生产措施。(6)试制新产品和科研成果推广的措施,包括为了开发和试制新材料、新构件等的需要而对现有企业固定资产进行的更新改造工程和添置必要的机器设备,和为了把科研成果用于生产的需要而对现有企业固定资产采取的更新改造措施。

施工企业向银行或其他金融机构借入期限在一年以上的技措借款,应在"长期借款——技措借款"科目进行核算。对用于大中型技措项目技措借款的借款程序和核算方法,基本上与基本建设投资借款相同,对用于小型技措项目技措借款的借款程序和核算方法,基本上与小型技措借款相同,在此不再赘述。

六、流动资金借款的核算

施工企业用以补充正常施工生产经营所需流动资金的借款,由于借款期较长,也属长期借款。因为这部分流动资金,只要施工生产继续进行,就得长期占用,在企业没有留存收益和增加资本金加以补充以前,仍要继续借用。

施工企业借入的流动资金借款,应在"长期借款——流动资金借款"科目进行核算,在取得借款时,应记入"长期借款——流动资金借款"科目的贷方和"银行存款"科目的借方:

借:银行存款　　　　　　　　　　　　　×××
　　贷:长期借款——流动资金借款　　　　×××

归还借款时,应记入"长期借款——流动资金借款"科目的借方,作如上相反分录入账。

流动资金借款的利息,如果数额不大,可直接计入当期损益,记入"财务费用"科目的借方:

借:财务费用　　　　　　　　　　　　　×××
　　贷:银行存款　　　　　　　　　　　　×××

如果借款利息数额较大并按年计息的,也可采用预提的办法,按月预提计入"预提费用"科目的贷方和"财务费用"的借方。实际支付利息或收到银行计息通知单时,按已经预提的利息记入"预提费用"科目的借方,实际支付数与预提数的差额记入"财务费用"科目的借方或贷方,实际支付数记入"银行存款"科目的贷方。

第四节　应付债券的核算

一、企业债券及其发行的程序

施工企业在施工生产经营过程中,如要购建固定资产和补充流动资金,在自有资金不足而又得不到银行借款时,可以发售债券来筹集所需的资金。

企业债券也叫公司债券,是企业为筹集所需资金而发行的有价证券,是持券人拥有企业债权的债权证书。它代表持券人同企业之间的债权债务关系,持券人可按期或到期取得固定利息,到期收回本金。但它与股票持有人的股票不同,无权参与企业经营管理,不能参加分红,持券人对企业的经营亏损也不承担责任。

为了加强企业债券的管理,引导资金的合理流向,有效地利用社会闲散资金,保护各方合法权益,在《公司法》、《证券法》中对股份有限公司和有限责任公司发行企业债券作了规范化的规定,明确国务院证券监督管理机构是企业债券的主管机关。

企业公开发行债券,应当符合下列条件:

1. 股份有限公司的净资产不低于人民币 3 000 万元,有限责任公司的净资产不低于人民币 6 000 万元。
2. 累计债券余额不超过公司净资产的 40%。
3. 最近三年平均可分配利润足以支付公司债券一年的利息。
4. 债券利率不超过国务院限定的利率。
5. 筹集资金投向符合国家产业政策。

同时规定筹集的资金必须用于核准的用途,不得用于弥补亏损和非生产性支出。

对有下列情况之一的企业,不得再次发行企业债券:

1. 前一次公开发行的企业债券尚未募足。
2. 对已公开发行的企业债券或者其他债务有违约或者延迟支付本息的事实,仍处于继续状态。
3. 违反规定改变公开发行企业债券所募集资金的用途。

企业债券分为记名债券和无记名债券。企业发行企业债券,必须在债券上载明企业名称、债券票面金额、利率、偿还期限等事项,并由董事长签名、企业盖章,同时应当置备企业债券存根簿。发行记名企业债券的,应在企业债券存根簿上载明:(1)债券持有人的姓名或者名称及住所;(2)债券持有人取得债券的日期及债券的编号;(3)债券总额,债券的票面金额,债券的利率,债券的还本付息的期限和方式;(4)债券的发行日期。发行无记名企业债券的，应在企业债券存根簿上载明债券总额、利率、偿还期限和方式、发行日期及债券的编号。

企业债券可以转让。转让企业债券应当在依法设立的证券交易场所进行。记名债券，由债券持有人以背书方式或者有关法规规定的其他方式转让。记名债券的转让，由企业将受让人的姓名或者名称及住所记载于企业债券存根簿。无记名债券，由债券持有人在依法设立的证券交易场所将该债券交付给受让人后即发生转让的效力。企业债券的转让价格由转让人与受让人约定。

目前我国企业发行的企业债券大都为定期偿还本息无记名的信用债券。企业债券的偿还期限，根据筹资用途而定，一般不宜太长。

企业债券的票面利率，一般都高于银行同期储蓄定期存款利率。因为企业债券不同于银行存款，持券人不但要承担风险，同时不能随时提取。因此，施工企业如发行企业债券，必须事前进行可行性研究，估算能否在债券规定偿还期内还清。如果不能，只能选择其他资金来源，暂缓发行。同时，对持券人的企业债券利息收入，一般要征收10%的所得税。如经有关部门批准，也可免征个人所得税。如果债券利息收入要征收个人所得税的话，债券的票面利率当然也要相应地提高。

企业债券发售的价格，不一定和债券的票面价值相同，有时按低于或高于票面价值发售。凡是发售企业债券的价格与其票面价值相等的，叫做按面值发售；如果发售的价格低于票面价值，叫做按折价发售；如果发售的价格高于票面价值，叫做按溢价发售。

施工企业发售的企业债券，不论是按票面价值发售，还是按折价或溢价发售，它的票面价值、折价或溢价、应支付的利息，均应通过"应付债券"科目的"债券面值"、"债券溢价"、"债券折价"、"应计利息"四个二级科目进行核算。如发行有在一年内偿还的短期债券时，应另设"应付短期债券"科目进行核算。

二、按面值发售企业债券的核算

施工企业如以票面价值发售债券,则在收到款项时,应记入"银行存款"、"现金"等科目的借方和"应付债券——债券面值"科目的贷方。

如某施工企业于 2006 年 7 月 1 日委托某银行发售年利率 10%、为期两年、面值为 300 万元的企业债券,银行按面值发售后将款项存入企业的银行账户时,应作如下分录入账:

借:银行存款 3 000 000
　　贷:应付债券——债券面值 3 000 000

企业应付给代理发售债券的银行或其他金融机构的发行手续费和债券印刷费,应在按协议规定支付后记入"在建专项工程"或"财务费用"科目的借方和"银行存款"科目的贷方。凡属与购建固定资产有关的债券发行手续费和债券印刷费,应记入"在建专项工程"科目的借方。凡属与补充流动资金有关的债券发行手续费和债券印刷费,应记入"财务费用"科目的借方。

如上述施工企业在委托银行发售与扩建混凝土构件加工厂有关的债券时,商定按发售面值的 5‰ 支付发行手续费和债券印刷费,则在按规定用银行存款支付 15 000 元(3 000 000 元×5‰)时,应作如下分录入账:

借:在建专项工程 15 000
　　贷:银行存款 15 000

施工企业应支付的债券利息,应按期计算记入"在建专项工程"或"财务费用"科目的借方和"应付债券——应计利息"科目的贷方。凡属与购建固定资产有关在资产尚未交付使用之前发生的应付债券利息,应记入"在建专项工程"科目的借方。凡不属于上述的应付债券利息,应记入"财务费用"科目的借方。

如上述施工企业按季计算应计债券利息,则每期应计债券利

息为 75 000 元(3 000 000×10%×3/12),在季末计算应计债券利息时,应作如下分录入账:

 借:在建专项工程或财务费用   75 000
  贷:应付债券——应付利息   75 000

  企业债券到期,支付债券本息时,应先计算并提取应计未计债券利息,将它记入"在建专项工程"或"财务费用"科目的借方和"应付债券——应计利息"科目的贷方,然后根据实际支付的全部债券本金和利息,记入"应付债券——债券面值"、"应付债券——应计利息"科目的借方和"银行存款"科目的贷方。

  设例中,上述施工企业于 2008 年 6 月 30 日应先计算该季应计债券利息,作如上相同的分录。然后于 2008 年 7 月 1 日用银行存款支付债券本金 3 000 000 元和利息 600 000 元。在支付时,应作如下分录入账:

 借:应付债券——债券面值   3 000 000
   应付债券——应计利息   600 000
  贷:银行存款   3 600 000

三、按溢价发售企业债券的核算

  施工企业发行的企业债券,如果高于票面价值发售,叫做溢价发售。在一般情况下,企业债券利率如能高于市场利率,投资者是乐于购买的。在这种情况下,发行债券企业因为要以高于市场利率的票面利率来支付债券利息,必然要求而且也可以高于债券面值的价格来发售。发售债券价格超过债券面值的部分,叫做债券溢价。债券溢价是在债券整个举债期间内对企业多付利息的一种补偿,也是对票面利息费用的一项调整。因此,债券溢价也可以说是债券发行企业预收债券投资者的一笔款项,将在以后通过债券溢价的摊销,陆续冲减企业的债券利息费用。

  仍以上述施工企业为例,它在 2006 年 7 月 1 日委托某银行发售企业债券时,由于债券票面利率高于市场利率,以高于票面价值的价格 3 240 000 元发售,则超过面值的部分 240 000 元(3 240 000－3 000 000)为债券溢价,应将它记入"应付债券——债券溢价"科目的贷方,债券面值 3 000 000 元应记入"应付债券——债券面值"科目的贷方,发售债券实际收到的款项 3 240 000 元应记入"银行存款"科目的借方,作如下分录入账:

借:银行存款　　　　　　　　　　　　　　　3 240 000
　贷:应付债券——债券面值　　　　　　　　　　3 000 000
　　　应付债券——债券溢价　　　　　　　　　　　240 000

由于企业债券的溢价,是发行债券企业举债期间应计利息费用的一项调整,因此,企业债券溢价应逐期在债券利息费用中扣除,这种将债券溢价逐期调整债券利息费用的方法,叫做"摊销"。企业债券溢价的摊销,一般可按直线法即在债券举债期间平均摊销的方法。

设例中,上述施工企业每季应计利息为 75 000 元(3 000 000×10%×3÷12),但这 75 000 元并不全部都是利息费用,其中有一部分属溢价的扣除。由于企业发行的债券为期两年,共应计息 8 次,因此企业收入溢价 240 000 元,就需分 8 期摊销,即每期摊销 30 000 元(240 000÷8),每季计算应计债券利息费用时,除将应计利息 75 000 记入"在建专项工程"或"财务费用"科目的借方和"应付债券——应计利息"科目的贷方外,还应将本季应摊销的债券溢价 30 000 元记入"应付债券——债券溢价"科目的借方和"在建专项工程"或"财务费用"科目的贷方,作如下分录入账:

借:在建专项工程或财务费用　　　　　　　　　　75 000
　贷:应付债券——应计利息　　　　　　　　　　　75 000
借:应付债券——债券溢价　　　　　　　　　　　30 000
　贷:在建专项工程或财务费用　　　　　　　　　　30 000

如将上面两个分录合并,即为:

借:在建专项工程或财务费用(75 000-30 000)　　　45 000
　　应付债券——债券溢价　　　　　　　　　　　　30 000
　贷:应付债券——应计利息　　　　　　　　　　　　　　75 000

这样,该项企业债券账面溢价就按季减少 30 000 元,等债券到期偿还时,账面溢价就已全部摊销完毕(240 000-30 000×8)。现将该项企业债券各期对溢价的摊销和应作的分录列示如图表 10-3 所示。

图表 10-3

债券溢价摊销表

单位:元

计息日期	贷:"应付债券——应计利息"科目	借:"在建专项工程"或"财务费用"科目	借:"应付债券——债券溢价"科目	未摊销溢价
2006年7月1日				240 000
9月30日	75 000	45 000	30 000	210 000
12月31日	75 000	45 000	30 000	180 000
2007年3月31日	75 000	45 000	30 000	150 000
6月30日	75 000	45 000	30 000	120 000
9月30日	75 000	45 000	30 000	90 000
12月31日	75 000	45 000	30 000	60 000
2008年3月1日	75 000	45 000	30 000	30 000
6月30日	75 000	45 000	30 000	0
合　计	600 000	360 000	240 000	

四、按折价发售企业债券的核算

施工企业发行的企业债券,如果低于票面价值发售,叫做折价发售。在一般情况下,企业债券利率如低于市场利率,一般投资者不愿购买。在这种情况下,发行债券企业由于只需以低于市场利率的票面利率来支付债券利息费用,就可以采用低于债券票面价值的价格来发售,以补偿债券投资者只能得到较低利息收入的损失。企业债券出售价格低于债券票面价值的部分,叫做债券折价。与债券溢价发售相反,债券折价是在债券整个举债期间预付给债券投资者的一笔利息。因此,债券折价也应通过摊销,陆续增加企业的债券利息费用。

仍以上述施工企业为例,它在 2006 年 7 月 1 日委托银行发售企业债券时,由于债券票面利率低于市场利率,只能以低于票面价值的价格 2 760 000 元发售。则低于票面价值的部分 240 000 元(3 000 000－2 760 000)为债券折价,应将它记入"应付债券——债券折价"科目的借方。债券面值 3 000 000 元应记入"应付债券——债券面值"科目的贷方,发售债券实收款项 2 760 000 元,应记入"银行存款"科目的借方,作如下分录入账:

借:银行存款 2 760 000
　　应付债券——债券折价 240 000
　贷:应付债券——债券面值 3 000 000

由于企业债券的折价,是发行债券企业举债期间应计利息费用的一项调整。因此,企业债券折价应逐期平均分摊增加债券利息费用。

设例中,上述施工企业每季按票面利率计算的应计利息为 75 000 元,但由于这项利息是按低于市场利率的票面利率计算的,因此还应加入折价摊销部分。根据企业发行的债券为期两年,计息 8 次计算,每次应摊销债券折价 30 000 元(240 000÷8),每季计算应计债券利息费用时,除将按票面利率计算的应计利息 75 000 元记入"在建专项工程"或"财务费用"科目的借方和"应付债券——应计利息"科目的贷方外,还应将本季应摊销的债券折价 30 000 元记入"在建专项工程"或"财务费用"科目的借方和"应付债券——债券折价"科目的贷方,作如下分录入账:

借：在建专项工程或财务费用	75 000
贷：应付债券——应计利息	75 000
借：在建专项工程或财务费用	30 000
贷：应付债券——债券折价	30 000

如将上面两个分录合并，即为：

借：在建专项工程或财务费用	105 000
贷：应付债券——应计利息	75 000
应付债券——债券折价	30 000

这样，该项企业债券账面折价就按季减少 30 000 元，等债券到期偿还时，账面折价都已全部摊销完毕（240 000－30 000×8）。现将该项企业债券各期对折价的摊销和应作的分录列示如图表 10-4 所示。

图表 10-4

债券折价摊销表

单位：元

计息日期	借："在建专项工程"或"财务费用"科目	贷："应付债券——应计利息"科目	贷："应付债券——债券折价"科目	未摊销折价
2006 年 7 月 1 日				240 000
9 月 30 日	105 000	75 000	30 000	210 000
12 月 31 日	105 000	75 000	30 000	180 000
2007 年 3 月 31 日	105 000	75 000	30 000	150 000
6 月 30 日	105 000	75 000	30 000	120 000
9 月 30 日	105 000	75 000	30 000	90 000
12 月 31 日	105 000	75 000	30 000	60 000
2008 年 3 月 1 日	105 000	75 000	30 000	30 000
6 月 30 日	105 000	75 000	30 000	0
合　　计	840 000	600 000	240 000	

五、可转换债券的核算

施工企业如果发行有可转换债券,应在"应付债券"科目下设置"可转换债券"二级科目进行核算。可转换债券是可以根据债券持有人的选择,以一定的价格转换成普通股股票的有价证券。可转换债券在债券发行以后,债券持有人可选择有利的时机要求发行企业按照发行时规定的转股比率将债券转换为发行企业的普通股股票,若不想转换,则可继续持有,直至偿还期满时收回本金和利息。

可转换债券在其发行时和转换为企业股票之前,它的核算方法与上述一般债券相同。当企业股票价格上涨或企业盈利增加、可转换债券持有人行使转股权利时,应按债券发行时规定的转股比率将其持有的债券转换为普通股股票。在转股时,按债券面值记入"应付债券——可转换债券——债券面值"科目的借方,按未摊销的溢价记入"应付债券——可转换债券——债券溢价"科目的借方,按未摊销的折价记入"应付债券——可转换债券——债券折价"科目的贷方,按计提的利息记入"应付债券——可转换债券——应计利息"科目的借方,按股票面值和转换的股数计算的股票面值总额,记入"股本"科目的贷方,按实际用现金支付的不能转换为股票的部分,记入"现金"等科目的贷方,按其差额,记入"资本公积——股本溢价"科目的贷方。通过上述分录,可将转股债券的面值、溢折价、应计利息在"应付债券——可转换债券"所属各明细科目注销,并可据以计算转股债券在转股时的债券本息支出。

假如上述施工企业 2006 年 7 月 1 日按折价发行的债券为可转换债券,每份债券面值为 100 元,共发行 30 000 份。债券面值总额为 3 000 000 元,由于债券利率低于市场利率,每份以低于面值的价格 92 元发行,如当时按企业 1 元面值股票的当时平均价格 4.60 元计算转股比率,转股比率为 20(92÷4.60)。到 2007 年 7 月 1 日,由于企业股票价格上涨,所有债券持有人行使转股权利,将持有 30 000 份可转换债券按规定转股比率转换为 600 000 股(30 000×20)普通股股票,从图表 10-4 可知,该债券已计提利息300 000元(75 000 元×4),尚未摊销折价为 120 000 元。则在转股时债券本息支出为:

$$3\,000\,000-120\,000+300\,000=3\,180\,000(元)$$

债转股的股本面值为:

$$1\times 600\,000=600\,000(元)$$

债转股后股本溢价为:

$$3\,180\,000-600\,000=2\,580\,000(元)$$

应作如下分录入账:

借:应付债券——可转换债券——债券面值	3 000 000
应付债券——可转换债券——应计利息	300 000
贷:应付债券——可转换债券——债券折价	120 000
股本	600 000
资本公积——股本溢价	2 580 000

第五节 长期应付款和专项应付款的核算

一、长期应付款的核算

长期应付款是指除长期借款和应付债券以外的其他长期负债,包括采用补偿贸易方式下引进国外设备款、应付融资租入固定资产的租赁款等。施工企业采用补偿贸易方式引进国外设备和融资租入固定资产,一方面增加了企业的固定资产;另一方面也增加了企业的负债。由于这些负债的偿还期一般都在一年以上,所以构成企业的长期负债。

为了核算各种长期应付款的发生和偿还情况,企业应设置"长期应付款"科目,并在其下分设"应付引进设备款"、"应付融资租赁款"等二级科目,再按长期应付款的种类进行明细核算。由于应付融资租赁款的核算,已在第五章第七节论述融资租赁固定资产核算时加以说明,下文主要说明应付引进设备款的核算。

所谓补偿贸易,是指利用国外厂商提供或国外出口信贷购买的生产设备或技术进行生产、而以产品或加工劳务偿还的贸易方式。其基本内容是:卖方提供设备或技术,买方不以现汇支付,而以产品或加工劳务进行偿付,可以一次付清,也可以分期偿还。常见的形式主要有:(1)设备进口,产品偿付。一方提供设备或生产线;另一方以投产后的产品价款,全部或陆续偿还其设备或生产线的货款。(2)设备和原材料进口,以加工费补偿。一方提供设备、元件或原材料;另一方加工装配为成品交付对方,以应得的加工费陆续补偿。(3)技术进口,产品补偿。一方提供专利和非专利技术;另一方以投产后的产品陆续补偿。(4)等值商品补偿。一方提供设备或技术;另一方以等值的双方同意的其他商品补偿。补偿贸易是20世纪60年代末期发展起来的国际贸易方式,也是利用外资的一种途径。它可以不用或少用现汇支付进口设备和技术的价款,实际上是以潜在的出口来补偿现实的进口,因而有利于引进外国先进技术,提高生产能力和技术水平,并推动出口贸易的发展。

施工企业通过补偿贸易方式引进设备的价款,包括外商提供设备及随设备而来的附属备件、检修工具的价款和运抵中国口岸的途中运杂费、保险费等。在入账时,应按有关原始凭证所列外币金额和规定的汇率折合为人民币,记入"固定资产"(不需要安装设备)、"在建专项工程"(需要安装设备)、"低值易耗品"等科目的借方和"长期应付款——应付引进设备款"科目的贷方。至于引进设备在国内发生进口关税、国内运杂费和需要安装设备的安装费等,应用人民币借款或银行存款支付,记入"固定资产"、"在建专项工程"、"低值易耗品"等科目的借方和"长期借款"、"银行存款"科目的贷方,不得记入"长期应付款——应付引进设备款"科目。采用补偿贸易方式引进的国外需要安装设备在安装完毕交付验收使用时,应将其全部价值自"在建专项工程"科目的贷方转入"固定资产"科目的借方。应付引进设备款的利息支出和汇兑损失,属于设备交付验收使用前发生的,应按规定计入有关设备的购建成本,记入"在建专项工程"科目的借方和"长期应付款——应付引进设备款"科目的贷方;属于交付使用后施工生产经营期间发生的,应按规定记入当期损益,记入"财务费用"科目的借方和"长期应付款——应付引进设备款"科目的贷方。如发生汇兑收益,应作如上相反分录。企业按期偿还应付引进设备款时,记入"长期应付款——应付引进设备款"科目的借方和"银行存款"科目的贷方。如用企业出口机械偿还应付引进设备款,则在发出出口机械时,应按机械生产成本记入"其他业务支出——产品销售支出"科目的借方和"库存商品"科目的贷方,按机械销售价格记入"应收账款"科目的借方和"其他业务收入——产品销售收入"科目的贷方。在偿还应付引进设备款时,记入"长期应付款——应付引进设备款"科目的借方和"应收账款"科目的贷方。

如某施工企业所属机械制造厂由于生产需要采用补偿贸易方式从国外引进一台需要安装设备,该台设备到岸价格为 10 000 美元,企业引进时的汇率为 1 美元兑换人民币 8 元,按合同规定在 3 年内以生产的出口机械偿还应付引进设备款,应付款年利率为 10%,以年为计息期。设备到岸后在国内发生进口关税、运杂费为 5 000 元,设备安装费为 3 000 元,用银行存款支付。则在:

企业引进设备时,应将引进设备款按汇率折合人民币 80 000 元(8×10 000)作如下分录入账:

  借:在建专项工程   80 000
   贷:长期应付款——应付引进设备款   80 000

企业用 5 000 元人民币支付引进设备进口关税和国内运杂费时,应作如下分录入账:

  借:在建专项工程   5 000
   贷:银行存款   5 000

企业用 3 000 元人民币支付引进设备安装费时,应作如下分录入账:

  借:在建专项工程   3 000
   贷:银行存款   3 000

该项引进设备交付验收使用前,应付利息支出 400 美元,如交付使用日的汇率为 1 美元兑换人民币 8.10 元,应作如下分录入账:

  借:在建专项工程(8.10×400)   3 240
   贷:长期应付款——应付引进设备款   3 240

计算这一期间发生的外币折算差额,计有汇兑损失 1 000 元(8.10×10 000－80 000)时,应作如下分录入账:

  借:在建专项工程   1 000
   贷:长期应付款——应付引进设备款   1 000

引进设备交付验收使用,结转引进设备全部价值 92 240 元(80 000＋5 000＋3 000＋3 240＋1 000)时,应作如下分录入账:

  借:固定资产   92 240
   贷:在建专项工程   92 240

以后按期计算应付引进设备款利息支出时,应记作财务费用,作如下分录入账:

  借:财务费用   ×××
   贷:长期应付款——应付引进设备款   ×××

发出出口机械,偿还应付引进设备款时,应分别按照出口机械的成本和售价,作如下分录入账:

借:其他业务支出——产品销售支出　　　　×××
　　贷:库存商品　　　　　　　　　　　　　×××
借:应收账款　　　　　　　　　　　　　　×××
　　贷:其他业务收入——产品销售收入　　　×××

用应收出口机械款偿还应付引进设备款时,作如下分录入账:

借:长期应付款——应付引进设备款　　　　×××
　　贷:应收账款　　　　　　　　　　　　　×××

二、专项应付款的核算

专项应付款是指企业接受国家拨入的具有专门用途的拨款,如专项用于建筑新工艺、建筑新材料、建筑新结构等研究开发,以及从其他来源取得的款项。企业对这些拨款,应设置"专项应付款"科目加以核算,并按照规定的用途,实行专款专用。

企业在接受专项拨款时,应记入"银行存款"科目的借方和"专项应付款"科目的贷方,作如下分录入账:

借:银行存款　　　　　　　　　　　　　　×××
　　贷:专项应付款　　　　　　　　　　　　×××

拨款项目在研究开发过程中发生的各项支出,可通过"在建专项工程"科目进行核算,对购置用于项目研究开发的设备,为简化核算手续,可登记备查簿后,在"在建专项工程"科目列支,待拨款项目完成后,再将它作价转入"固定资产"等科目。对项目研究开发人员的工资和福利费,以及辅助生产部门供应的劳务,应记入"在建专项工程"科目的借方和"银行存款"、"应付工资"或"应付职工薪酬——应付工资"、"应付福利费"或"应付职工薪酬——应付福利费"、"生产成本——辅助生产成本"科目的贷方,作如下分录入账:

借：在建专项工程 ×××
　　贷：银行存款 ×××
　　　　应付工资或应付职工薪酬——应付工资 ×××
　　　　应付福利费或应付职工薪酬——应付福利费 ×××
　　　　生产成本——辅助生产成本 ×××

拨款项目研究开发完成，并经鉴定以后，对形成的各项资产和购入用于项目研究开发用的设备，应作价转入"固定资产"等科目的借方，同时将其从专项应付款转作企业资本公积，作如下分录入账：

借：固定资产等 ×××
　　贷：在建专项工程 ×××
借：专项应付款 ×××
　　贷：资本公积——拨款转入 ×××

对未形成资产需核销的部分，报经批准后，记入"专项应付款"科目的借方和"在建专项工程"科目的贷方，作如下分录入账：

借：专项应付款 ×××
　　贷：在建专项工程 ×××

拨款项目研究开发完成后，如有拨款结余需上交的，记入"专项应付款"科目的借方和"银行存款"科目的贷方，作如下分录入账：

借：专项应付款 ×××
　　贷：银行存款 ×××

"专项应付款"科目期末贷方余额，反映企业尚未支付的各种专项应付款。

复 习 题

1. 什么叫做流动负债？什么叫做长期负债？它们之间有什

么区别？为什么在会计上要将负债区分为流动负债和长期负债？

2. 施工企业的短期借款通常包括哪些？你认为哪种流动资金借款应列作短期借款？哪种流动资金借款应列作长期借款？为什么？

3. 为什么在举借长期债款时必须先计算资金成本率？各种长期债款的资金成本率是怎样进行计算的？

4. 施工企业要取得基本建设投资借款，一般应具备哪些条件？做好哪些工作？

5. 什么叫做企业债券？发行债券时发生的印刷费、手续费和利息，在会计上应怎样加以处理？

6. 企业债券的发行为什么会发生溢价和折价？为什么要对债券溢价和折价在债券存续期间分期摊销？

习 题

习 题 一

(一) 目的　练习短期借款的核算。

(二) 资料

1. 某施工企业在2006年1月初向开户银行借入季节性储备借款200 000元，期限为7个月，年利率为9%，半年计息一次。

2. 该项借款利息采用预提方式按月计入财务费用。

3. 2006年7月初收到银行计息通知单，用银行存款支付上半年利息。

4. 2006年8月初，用银行存款归还借款本金及应付7月份借款利息。

(三) 要求

1. 计算每月预提利息。

2. 为借入季节性储备借款、预提利息、支付利息、归还借款等经济业务作成会计分录。

习 题 二

(一) 目的 练习资金成本的计算方法。

(二) 资料

1. 某施工企业在 2006 年度因扩大施工生产经营规模,拟筹措三年后一次偿还的 600 万元资金,现有如下三个筹资方案可供选择:一是向国内某银行借款;二是向国外银行借款;三是向社会发行企业债券。

2. 向国内银行借款,三年到期偿还的年利率为 8%。

3. 向国外银行借款,三年到期偿还的年利率为 7%,但美元汇率可能由 1 美元兑换 8.50 元人民币提高到 1 美元兑换 9.35 元人民币,同时要支付相当于借款总额 1.5% 的借款手续费。

4. 向社会发行三年期偿还的企业债券,年利息为 10%,并要支付相当于债券发行总额 0.8% 的债券印刷费和代理发行费。

5. 企业的所得税率为 25%。

(三) 要求 根据上列资料计算:

1. 国内借款成本率。
2. 国外借款成本率。
3. 债券资金成本率。

习 题 三

(一) 目的 练习基本建设投资借款的核算。

(二) 资料 某施工企业因建造门窗加工厂,在 2006 年年初向银行借入基本建设投资借款 400 万元,2007 年年初向银行借入基本建设投资借款 200 万元,2008 年年初加工厂建成投入使用,合同规定从 2008 年起分 4 年偿还借款本息,借款年利率为 10%,每年计息一次。

(三) **要求** 根据上列资料,为这笔基本建设投资借款:

1. 计算 2007 年年初包括利息在内的借款累计数。
2. 计算 2008 年年初包括利息在内的借款累计数。
3. 编制基本建设投资借款还本付息计算表 $\left[\dfrac{0.10\times(1+0.10)^4}{(1+0.10)^4-1}\right.$ 的资金回收系数为 $0.3155\Big]$,计算 2008 年、2009 年、2010 年和 2011 年各年应偿还的借款利息和本金。
4. 为有关这笔基本建设投资借款的借入、计息、偿还借款利息及本金等业务作成会计分录。

习 题 四

(一) **目的** 练习应付债券的核算。

(二) **资料**

1. 某施工企业经国务院证券监督管理部门批准,于 2006 年年初委托某银行发售企业债券,债券面值 100 万元,期限为三年,年利率为 14%,每季计息一次。由于债券票面利率高于市场利率,以高于票面价值的价格 112 万元溢价发售(即票面 100 元的债券,以 112 元的价格发售),收入债券资金存入银行结算户。

2. 债券代理发行手续费和债券印刷费按债券发售价格的 15‰ 支付。此项债券收入用以建造一个机修车间,机修车间在 2007 年初建成交付使用。

3. 2009 年年初用银行存款偿还债券本息。

(三) **要求**

1. 计算每季应计债券利息、应摊销债券溢价。
2. 编制债券溢价摊销表。
3. 为发售债券、支付代理发行手续费和印刷费、每季应计债券利息、每季应摊销债券溢价、到期偿还债券本息作成会计分录。

第十一章 对外投资、投资性房地产和在建专项工程的核算

第一节 短期投资和交易性金融资产的核算

一、短期投资与长期投资的划分

施工企业所拥有的资金,除了主要用于自身施工生产经营的业务外,还可以将它用于对外投资。如将暂时不用的资金用于购买股票、债券、房地产,以取得一定的收益,或借以积累整笔资金,以供扩大生产经营、进行技术改造之用,或用以与"上下游"建筑材料生产企业、建筑设备制造企业、房地产经营企业、交通运输企业等联合经营,或收买它们的股权,以建立稳定协作关系,并参与和控制其经营决策,使企业成为跨行业的企业集团,能在建筑市场的竞争中,进可攻、退可守,在投资规模压缩、建筑施工任务减少的情况下,仍能有摆脱困境的回旋余地。

对外投资按其投资目的和是否可以随时变现,分为短期投资和长期投资,并分别在"短期投资"、"长期股权投资"、"长期债权投资"科目进行核算。因此,在实际工作中,必须划清短期投资和长期投资的界限。划分短期、长期投资,主要从以下几方面来进行。一是它们的投资目的不同:短期投资是利用企业日常经营中暂时闲置的资金,去谋取一定的收益。长期投资是为了积累整笔资金,以便将来扩大生产经营规模、进行技术改造,或为了参与和控制其他企业的经营决策,建立稳定的生产协作关系,使企业成为跨行业的企业集团。二是它们的持有时间不同:短期投资持有时间不准

备超过一年(含一年)的各种债券、股票、基金等。长期投资的持有时间在一年以上。三是它们的变现能力不同:短期投资能随时变现,在企业资金周转发生困难时,即可随时将其变为现金,参加企业经营周转,它能在冒最低风险的情况下,获取一定收益,并保持资金的流动性。长期投资不能随时变现或不准备随时变现。

二、短期投资的核算

短期投资是指企业购入的各种能随时变现、持有时间不超过一年的有价证券以及不超过一年的其他投资。采用企业会计制度施工企业购买能随时变现的股票、债券、基金等短期投资,应通过"短期投资"科目进行核算,并按有价证券等短期投资的种类设置明细分类账。

有价证券从认购到付款,从付款到收到股票、债券、基金,在一般情况下都有一定的间隔时间。为了正确及时地反映企业资金的运用形态,并简化核算手续,现行制度规定以付款时间作为记账时间,即在企业付款时,才记入"短期投资"科目的借方和"银行存款"科目的贷方。企业在付款时,如尚未收到债券,应在备查簿中进行登记。

有价证券的核算除了确定记账时间外,还要确定记账依据,即以实际支付的价款为记账依据,还是以票面金额为记账依据。因为有价证券一般都是计算利息或股利的。企业购买有价证券支付的价款与收回有价证券的数额一般都不一致,加上有价证券大都可以转让,因此还存在着有价证券购入成本和票面金额可能不一致的问题。施工企业购入能够随时变现或持有时间不超过一年的有价证券,一般以实际购入成本作为记账依据。如在购入股票、债券、基金等实际支付的价款中包含已宣告但尚未领取的现金股利或已到付息期但尚未领取的债券利息,应单独核算,将其作为应收款处理,不构成投资成本。

企业购入各种有价证券作为短期投资时,应按实际支付的全部价款,包括税金、手续费等相关费用,作为投资成本,记入"短期投资"科目的借方和"银行存款"等科目的贷方。如实际支付的价款中包含有已宣告但尚未领取的现金股利,或已到付息期但尚未领取的债券利息,应按照实际支付的价款减去已宣告但尚未领取现金股利,或已到付息期但尚未领取债券利息后的金额,记入"短期投资"科目的借方,按应领取的现金股利、利息等,记入"其他应收款"或"应收股利"、"应收利息"科目的借方,按实际支付的价款,记入"银行存款"科目的贷方。

如某施工企业以银行存款 10 000 元购入已宣告发放 500 元现金股利(已扣除应交所得税)的股票,则在付款时,应按实际成本 9 500 元(10 000-500)记入"短期投资"科目的借方,按应收取 500 元现金股利记入"应收股利"科目的借方,按实际支付 10 000 元记入"银行存款"科目的贷方,作如下分录入账:

借:短期投资	9 500
应收股利	500
贷:银行存款	10 000

企业收到发放的股利,应记入"银行存款"科目的借方和"其他应收款"或"应收股利"科目的贷方。如收到上述购入股票的 500 元股利时,应作如下分录入账:

借:银行存款	500
贷:应收股利	500

企业购入的各种债券,应按实际支付数记入"短期投资"科目的借方和"银行存款"科目的贷方。收到发放债券的利息,应记入"银行存款"科目的借方和"投资收益——债券投资收益"的贷方,作如下分录入账:

借:银行存款	×××
贷:投资收益——债券投资收益	×××

企业存入证券公司但尚未进行短期投资的资金,应先作为其他货币资金,记入"其他货币资金——存出投资款"科目的借方和"银行存款"科目的贷方,待实际投资时,按实际支付的价款或实际支付的价款中减去已宣告但尚未领取的现金股利或已到付息期但尚未领取的债券利息,作为投资成本记入"短期投资"科目的借方,按应领取的现金股利、利息,记入"其他应收款"或"应收股利"、"应收利息"科目的借方,按实际支付的价款,记入"其他货币资金——存出投资款"科目的贷方。

投资者投入的短期投资,应按照投资各方确认或评估确认的价值,作为投资成本,记入"短期投资"科目的借方和"实收资本"或"股本"科目的贷方。

企业接受的债务人以非现金资产抵偿债务方式取得的短期投资,按应收债权的账面余额减去坏账准备后的账面价值加上应支付的相关税费,记入"短期投资"科目的借方,按该项应收债权已计提的坏账准备,记入"坏账准备"科目的借方,按应收债权的账面余额,记入"应收账款"等科目的贷方,按应支付的相关税费,记入"银行存款"等科目的贷方。如在接受的短期投资中包含有应领取的现金股利、利息,应将它从"短期投资"科目减去记入"其他应收款"或"应收股利"、"应收利息"科目的借方。

企业将购入的各种有价证券转让、出售时,应按实际收到的款项,记入"银行存款"科目的借方,按账面实际成本,记入"短期投资"科目的贷方,按其差额,记入"投资收益"科目的借方或贷方。如实际收到的款项大于账面实际成本,发生投资收益,应将它记入"投资收益"科目的贷方;如实际收到的款项小于账面实际成本发生投资亏损,应将它记入"投资收益"科目的借方。

如将上述购入股票在收到股利后以 9 800 元出售,则在实际收到 9 800 元时,应按收入款项记入"银行存款"科目的借方,按账面实际成本 9 500 元记入"短期投资"科目的贷方,将其差额

300元记入"投资收益"科目的贷方：

借：银行存款	9 800
贷：短期投资	9 500
投资收益	300

企业购入的股票、债券、基金如分次出售、转让时，其结转的短期投资成本，可按加权平均法、先进先出法等方法计算确定。企业计算出售、转让短期投资成本的方法一经确定，不得随意变更，如需变更，应在会计报表附注中加以说明。

"短期投资"科目的借方余额，反映企业持有股票、债券、基金等短期投资的成本。

三、短期投资跌价准备提取的核算

短期投资按购入成本记账后，如果股票、债券、基金等市场价格有所变动，就有按成本计算还是按成本与市价孰低计量的问题。现行会计准则根据谨慎性原则，规定短期投资按成本与市价孰低计量。在短期投资按成本与市价孰低计量时，应另行设置"短期投资跌价准备"科目，用以核算短期投资市价低于成本时计提的跌价准备。

企业在运用短期投资成本与市价孰低计量时，可以根据其具体情况，分别采用按投资总体、投资类别或单项投资计提跌价准备。如果某项短期投资比重较大（占到整个短期投资10%及以上），应按单项投资为基础并确定计提的跌价准备。

短期投资跌价准备一般在期末提取，即在中期期末及年度终了，应对短期投资进行全面检查，按下列公式计算当期应提取的短期投资跌价准备：

$$当期应提取的短期投资跌价准备 = 当期期末短期投资市价低于成本的金额 - 短期投资跌价准备科目的贷方余额$$

如果当期期末短期投资市价低于成本的金额大于"短期投资跌价准备"科目的贷方余额，应按其差额，记入"短期投资跌价准备"科目的贷方和"投资收益——计提的短期投资跌价准备"科目的借方。如果当期期末短期投资市价低于成本的金额小于"短期投资跌价准备"科目的贷方余额,按其差额冲减已计提的跌价准备,作如上相反分录入账。如果当期期末短期投资市价高于成本,应将"短期投资跌价准备"科目余额作如上相反分录全数冲回。

如某施工企业 2006 年 6 月 30 日"短期投资"科目的余额即成本为 80 000 元,市价为 72 000 元,"短期投资跌价准备"科目的余额为 3 000 元,则:

$$当期应提取的短期投资跌价准备 = (80\,000 - 72\,000) - 3\,000 = 5\,000(元)$$

应作如下分录入账:

借:投资收益——计提的短期投资跌价准备　　　　　5 000
　贷:短期投资跌价准备　　　　　　　　　　　　　5 000

如该企业 12 月 31 日"短期投资"科目的余额即成本为 105 000 元,市价为 100 000 元,"短期投资跌价准备"科目的余额为 8 000 元,则:

$$当期应提取的短期投资跌价准备 = (105\,000 - 100\,000) - 8\,000 = -3\,000(元)$$

由于期末短期投资市价低于成本的金额小于已提取的短期投资跌价准备,应作如下分录冲减已提的跌价准备:

借:短期投资跌价准备　　　　　　　　　　　　　3 000
　贷:投资收益——计提的短期投资跌价准备　　　　3 000

企业出售、转让短期投资,或涉及债务重组、非货币性交易时,应同时结转已计提的跌价准备。

"短期投资跌价准备"科目的期末贷方余额,反映企业已提取的短期投资跌价准备,在编制资产负债表时,应将它从"短期投资"项目中减去。

四、交易性金融资产的核算①

在企业会计准则应用指南中,把企业为交易目的所持有的债券投资、股票投资、基金投资等,称为交易性金融资产,并设置"交易性金融资产"科目进行核算。交易性金融资产与上述企业会计制度中"短期投资"科目核算的债券、股票、基金不同,前者采用公允价值计量,后者采用成本计量。

施工企业持有的交易性金融资产按公允价值计量核算时,应在"交易性金融资产"科目下设置"成本"和"公允价值变动"两个二级科目,用以核算其取得时的市场交易价格和在其持有期间资产负债表日的公允价值与其账面余额的差额。同时应按交易性金融资产的类别和品种分别"成本"、"公允价值变动"进行明细核算。

企业取得交易性金融资产时,应以市场交易价格作为公允价值记入"交易性金融资产——成本"科目的借方,按发生的交易费用记入"投资收益"科目的借方,按已到付息期但尚未领取的利息或已宣告但尚未发放的现金股利,记入"应收利息"或"应收股利"科目的借方,按实际支付的金额,记入"银行存款"等科目的贷方:

借:交易性金融资产　　　　　　　　　　×××
　　投资收益　　　　　　　　　　　　　×××
　　应收利息或应收股利　　　　　　　　×××
　贷:银行存款等　　　　　　　　　　　×××

交易性金融资产持有期间被投资单位宣告发放的现金股利,或在资产负债表日按分期付息、一次还本付息债券投资的票面利率计算的利息,应记入"应收股利"或"应收利息"科目的借方和"投资收益"科目的贷方:

---

① 本小节供采用企业会计准则的施工企业核算用。

借：应收股利或应收利息 ×××
　　贷：投资收益 ×××

编制会计报表时，资产负债表日交易性金融资产的公允价值高于其账面余额的差额，记入"交易性金融资产——公允价值变动"科目的借方和"公允价值变动损益"科目的贷方：

借：交易性金融资产——公允价值变动 ×××
　　贷：公允价值变动损益 ×××

如公允价值低于其账面余额，应将其差额作相反的分录。

企业出售交易性金融资产时，应按实际收到的金额，记入"银行存款"等科目的借方，按该金融资产的账面余额，记入"交易性金融资产——成本"、"交易性金融资产——公允价值变动"科目的贷方，按其差额记入"投资收益"科目的贷方或借方，如收到的金额高于其账面余额，记入贷方：

借：银行存款等 ×××
　　贷：交易性金融资产——成本 ×××
　　　　交易性金融资产——公允价值变动 ×××
　　　　投资收益 ×××

若该金融资产收入的金额低于其账面余额，将其差额记入"投资收益"科目的借方。

至于企业会计准则应用指南中规定要将该出售金融资产的公允价值变动损益从"公允价值变动损益"科目转入"投资收益"科目。作者认为没有必要。因为这两个科目同属损益科目，在利润表中要求将它们分别列项，如果将公允价值变动损益转入投资收益，在编制利润表时又要将它从投资收益科目中分析出来的。

"交易性金融资产"科目期末余额，反映企业持有的交易性金融资产的公允价值。

第二节 长期股权投资的核算

一、采用企业会计制度施工企业长期股权投资的核算

施工企业的长期投资,是指企业投出不准备在一年或一年以内变现的投资,包括长期股权投资和长期债权投资。长期投资的核算,分别在"长期股权投资"和"长期债权投资"科目进行。

长期股权投资,是指企业投出的期限在一年以上各种股权性质的投资,包括股票投资和其他股权投资。采用企业会计制度的企业,应在"长期股权投资"科目下设置"股票投资"和"其他股权投资"两个二级科目进行核算。

长期股权投资按其对被投资单位产生的影响,分为以下几种类型:(1)控制。指有权决定一个企业的财务和经营政策,并能据以从该企业的经营活动中获取利益。(2)共同控制。指按合同约定对某项经济活动所共有的控制。(3)重大影响。指对一个企业的财务和经营政策有参与决策的权力,但并不决定这些政策。(4)无控制、无共同控制且无重大影响。

施工企业对外进行股权投资,应根据不同情况,分别采用成本法或权益法核算。企业对被投资单位无控制、无共同控制且无重大影响的,长期股权投资应采用成本法核算。企业对被投资单位具有控制、共同控制或重大影响的,长期股权投资应采用权益法核算。

(一)长期股权投资成本法核算

施工企业对被投资单位的投资占该单位有表决权资本总额20%以下或对被投资单位虽占该单位有表决权资本总额20%或20%以上,但不具有重大影响的,一般应视为对被投资单位无控制、无共同控制且无重大影响,采用成本法核算。

长期股权投资采用成本法核算时,除追加或收回投资外,长期股权投资的账面价值,一般保持不变。被投资单位宣告分派的利润或现金股利,确认为当期投资收益。如果被投资单位无力分派利润或现金股利,企业不作任何会计处理。投资企业确认投资收益,仅限于所获得的被投资单位在接受投资后产生的累积净利润的分配额,所获得的被投资单位宣告分派的利润或现金股利超过上述数额的部分,作为初始投资成本的收回,冲减投资的账面价值。

长期股权投资应以初始投资成本计价。初始投资成本是指取得投资时实际支付的全部价款,包括税金、手续费等相关费用。但实际支付的价款中包含的已宣告但尚未领取的利润或现金股利,应作为应收款单独核算。

企业认购股票时,按实际支付的价款记入"长期股权投资"的"股票投资"二级科目的借方和"银行存款"科目的贷方。实际支付的价款中如包含有已宣告但尚未领取的现金股利,按实际支付的价款减去已宣告但尚未领取的现金股利后的金额,记入"长期股权投资"的"股票投资"二级科目的借方,按应领取的现金股利,记入"应收股利"科目的借方,按实际支付的价款,记入"银行存款"科目的贷方:

借:长期股权投资——股票投资　　　×××
　　应收股利　　　　　　　　　　×××
　　贷:银行存款　　　　　　　　　×××

企业以其他方式进行股权投资,如对有限责任公司投资时,按实际支付的价款,记入"长期股权投资——其他股权投资"科目的借方和"银行存款"科目的贷方:

借:长期股权投资——其他股权投资　×××
　　贷:银行借款　　　　　　　　　×××

企业接受的债务人以非现金资产抵偿债务方式取得的长期股

权投资，或以应收债权换入长期股权投资的，按应收债权的账面价值（账面余额减已提坏账准备）加上应支付的相关税费，记入"长期股权投资"的"股票投资"、"其他股权投资"二级科目的借方，按该项应收债权已计提坏账准备记入"坏账准备"科目的借方，按应收债权的账面余额记入"应收账款"等科目的贷方，按应支付的相关税费，记入"银行存款"、"应交税金"等科目的贷方：

借：长期股权投资——股票投资 ×××
　　长期股权投资——其他股权投资 ×××
　　坏账准备 ×××
　贷：应收账款 ×××
　　银行存款 ×××
　　应交税金 ×××

企业以固定资产、无形资产、存货等非货币性资产换入的长期股权投资，按换出资产的账面价值加上应支付的相关税费，作为初始投资成本。换出资产的账面价值为换出资产的账面余额减去累计折旧和已提减值准备后的余值。因换出资产价值大于换入资产收到补价的，应按换出资产的账面价值加上确认的收益和应支付的相关税费、减去补价后的余额，作为初始投资成本。因换出资产价值小于换入资产价值支付补价的，应按换出资产的账面价值加上应支付的补价和相关税费，作为初始投资成本（详见第十二章第一节）。

股权持有期内被投资单位宣告发放现金股利或利润时，确认为投资收益。但企业确认的投资收益，仅限于所获得的被投资单位在接受投资后产生的累积净利润的分配额，所获得的被投资单位宣告分派的现金股利或利润超过上述数额的部分，作为初始投资成本的收回，冲减投资的账面价值。企业按被投资单位宣告发放的现金股利或利润中属于本企业享有的部分，应记入"应收股利"或"其他应收款"科目的借方和"投资收益"、有关"长期股权投资"科目的贷方：

借：应收股利或其他应收款　　　　　　　　　×××
　贷：投资收益　　　　　　　　　　　　　　×××
　　长期股权投资——股票投资　　　　　　　×××
　　长期股权投资——其他股权投资　　　　　×××

企业处置股权投资时，按实际取得的价款，记入"银行存款"等科目的借方，按已提的减值准备记入"长期投资减值准备"科目的借方，按股权投资账面余额，记入"长期股权投资"的"股票投资"、"其他股权投资"二级科目的贷方，按尚未领取的现金股利或利润记入"应收股利"或"其他应收款"科目的借方，按其差额记入"投资收益"科目的贷方或借方（如处置股权投资收取的价款大于长期股权投资的账面价值和未领取现金股利或利润表明有投资收益，记入贷方；反之，表明发生投资损失，记入借方）：

借：银行存款　　　　　　　　　　　　　　×××
　　长期投资减值准备　　　　　　　　　　×××
　　投资收益（发生投资损失）　　　　　　×××
　　应收股利或其他应收款　　　　　　　　×××
　贷：长期股权投资——股票投资　　　　　×××
　　长期股权投资——其他股权投资　　　　×××
　　投资收益（发生投资收益）　　　　　　×××

（二）长期股权投资权益法核算

施工企业对被投资单位的投资占该单位有表决权资本总额20%或20%以上，或虽投资不足20%，但有重大影响的，一般应视为对被投资单位具有控制、共同控制或重大影响，采用权益法核算。

长期股权投资采用权益法核算时，股权投资最初以初始投资成本计量。投资企业的初始投资成本与应享有被投资单位所有者权益份额之间的差额，作为股权投资差额处理，按一定期限平均摊销、计入损益。企业在取得股权投资后,按应享有或应分担的被投资单位当年实现的净利润或发生的净亏损的份额(法律、法规或公司章程规定不属于投资企业的净利润,如承包经营企业支付的承包利润等除外),调整投资的账面价值,并作为当期投资损益。企业按被投资单位宣告分派的利润或现金股利计算分得的部分,减少投资的账面价值。企业在确定被投资单位发生的净亏损时,应以投资账面价值减至零为限。如果被投资单位以后各期实现净利润,投资企业应在计算的收益分享额超过未确认的亏损分担额以后,按超过未确认的亏损分担额的金额,恢复投资的账面价值。企业按被投资单位净损益计算调整投资的账面价值和确认投资损益时,应以取得被投资单位股权后发生的净损益为基础。对被投资单位除净损益以外的所有者(或股东)权益的其他变动,也应根据具体情况调整投资的账面价值。

施工企业采用权益法核算长期股权投资时,应在"长期股权投资"的"股票投资"、"其他股权投资"二级科目下设置"投资成本"、"损益调整"、"股权投资准备"三个明细科目。

"投资成本"明细科目,用以核算企业取得股权投资时,在被投资单位所有者权益中所占的份额。

"损益调整"明细科目,用以核算企业在取得股权投资后,按应享有或应分担的被投资单位当年实现的净利润或发生的净亏损的份额。

"股权投资准备"明细科目,用以核算被投资单位因增资扩股增加所有者权益和因接受捐赠等增加资本公积时,企业按持股比例计算应享有的份额。

施工企业以货币资金认购股票、其他股权,或以债权、固定资产、无形资产、材料等非货币性资产换入长期股权投资时,应按其初始投资成本记入有关股权投资科目(指"长期股权投资——股票投资"、"长期股权投资——其他股权投资"科目,以下同)的"投资成本"明细科目的借方,其核算方法,与上述采用成本法核算相同。

按股权投资初始投资成本高于享有取得日被投资单位所有者权益份额的差额确认为当期投资损益,记入"投资收益"科目的借方和"有关股权投资科目——投资成本"科目的贷方:

　　借:投资收益　　　　　　　　　　　　　　×××
　　　贷:有关股权投资科目——投资成本　　　　　×××

如股权投资初始投资成本低于应享有取得日被投资单位所有者权益份额,应将其差额作如上相反分录入账。

企业在取得股权投资后,应按应享有或分担的被投资单位当年实现的净利润或发生的净亏损的份额,调整投资的账面价值,并作为当期投资损益。期末对按被投资单位实现的净利润计算的应分享的份额,应记入"有关股权投资科目——损益调整"科目的借方和"投资收益"科目的贷方:

　　借:有关股权投资科目——损益调整　　　　　×××
　　　贷:投资收益　　　　　　　　　　　　　　×××

企业确认被投资单位发生的净亏损,以股权投资账面价值减记至零为限。期末对按被投资单位发生的净亏损计算的应分担的份额,应记入"投资收益"科目的借方和"有关股权投资科目——损益调整"科目的贷方,作如上相反分录入账。如果被投资单位以后各期实现净利润,企业应在计算的收益分享额超过未确认的亏损分担额以后,按超过未确认的亏损分担额的金额,恢复投资的账面价值。

被投资单位宣告分派现金股利时,企业应按持股比例计算应享有的份额,记入"应收股利"科目的借方和"有关股权投资科目——损益调整"科目的贷方:

　　借:应收股利　　　　　　　　　　　　　　×××
　　　贷:有关股权投资科目——损益调整　　　　　×××

对被投资单位分来的股票股利,由于不影响企业股权投资的账面价值,不必在投资科目进行账务处理,但应在备查簿中加以登记。

被投资单位因增资扩股而增加的所有者权益和因接受捐赠等增加的资本公积,企业应按持股比例计算应享有的份额,记入"有关股权投资科目——股权投资准备"科目的借方和"资本公积——股权投资准备"科目的贷方:

借:有关股权投资科目——股权投资准备　　　×××
　贷:资本公积——股权投资准备　　　　　　×××

企业因追加投资等原因对长期股权投资的核算从成本法改为权益法,应自实际取得对被投资单位有重大影响时,按股权投资的账面价值作为初始投资成本,并在此基础上计算股权投资差额,按权益法进行核算。

企业因减少投资等原因对被投资单位不再具有重大影响时,应当中止采用权益法,并按中止采用权益法时股权投资的账面价值作为新的投资成本。其后,被投资单位宣告分派现金股利或利润时,属于已记入投资账面价值的部分,作为新的投资成本的收回,冲减新的投资成本。被投资单位宣告分派现金股利或利润时,企业按应享有的份额,记入"应收股利"科目的借方,按应冲减新的投资成本的金额,记入有关股权投资科目的贷方,按应确认收益的金额,记入"投资收益"科目的贷方。

二、采用企业会计准则施工企业长期股权投资的核算[①]

企业会计准则中对施工企业持有的长期股权投资。也采用成本法和权益法核算。在采用权益法核算时,应在"长期股权投资"科目下设置"成本"、"损益调整"、"其他权益变动"三个二级科目。

---

① 本小节供采用企业会计准则施工企业核算用。

其中"成本"二级科目,用以核算企业取得股权投资时在被投资单位所有者权益中所占的份额。"损益调整"二级科目,用以核算企业在取得股权投资后,应享有或应分担被投资单位当年实现的净利润或发生的净亏损的份额。"其他权益变动"二级科目,用以核算被投资单位因增资扩股增加所有者权益和因接受捐赠等增加资本公积等时,企业按持股比例计算应享有的份额。

与企业会计制度规定不同的是,企业会计准则中根据国有企业合并现状,对同一控制下和非同一控制下企业合并采用了不同的会计处理,导致同一控制下和非同一控制下企业合并形成的长期股权投资也要采用不同的核算方法(详见第十二章第三节)。

(一)初始取得长期股权投资的核算

第一,同一控制下企业合并形成的长期股权投资的核算。

同一控制下企业合并,是指参与合并的各方在合并前后均受同一方或相同的多方最终控制的合并。这种合并形成的长期股权投资,应在合并日按取得被合并方所有者权益账面价值的份额,记入"长期股权投资——成本"科目的借方,按享有被投资单位已宣告但尚未发放的现金股利或利润,记入"应收股利"科目的借方,按支付的合并对价的账面价值,记入有关资产科目的贷方或有关负债科目的借方,按其借方差额,记入"资本公积——资本溢价或股本溢价"科目的贷方:

```
借:长期股权投资——成本              ×××
    应收股利                        ×××
    有关负债科目                    ×××
  贷:有关资产科目                   ×××
      资本公积——资本溢价或股本溢价   ×××
```

如为贷方差额,记入"资本公积——资本溢价或股本溢价"科目的借方,资本公积不足冲减的,记入"盈余公积"、"利润分配——未分配利润"科目的借方。

第二,非同一控制下企业合并形成的长期股权投资的核算。

非同一控制下的企业合并,是指合并的各方在合并前后不受同一方或相同的各方最终控制的企业合并,这种合并形成的长期股权投资,应在购买日按企业合并对价(不含应自被投资单位收取的现金股利或利润)记入"长期股权投资——成本"科目的借方,按享有被投资单位已宣告但尚未发放的现金股利或利润,记入"应收股利"科目的借方,按支付合并对价有关资产、负债的账面价值记入有关资产科目的贷方和有关负债科目的借方,按直接发生的相关费用,记入"银行存款"科目的贷方,按其差额,记入"营业外收入"科目的贷方或"营业外支出"科目的借方:

借:长期股权投资——成本　　　　　　×××
　　应收股利　　　　　　　　　　　　×××
　　有关负债科目　　　　　　　　　　×××
　　营业外支出　　　　　　　　　　　×××
　　贷:有关资产科目　　　　　　　　×××
　　　　银行存款　　　　　　　　　　×××
　　　　营业外收入　　　　　　　　　×××

第三,以支付现金、非现金资产等形成的长期股权投资的核算。

以支付现金、非现金资产等非企业合并形成的长期股权投资,可比照上文非同一控制下企业合并形成的长期股权投资进行核算。

(二) 长期股权投资成本法核算

长期股权投资采用成本法核算的,应按被投资单位宣告发放的现金股利或利润中属于本企业的部分,记入"应收股利"科目的借方和"投资收益"科目的贷方:

借:应收股利　　　　　　　　　　　　×××
　　贷:投资收益　　　　　　　　　　×××

属于被投资单位在取得本企业投资前实现净利润的分配额,应作为投资成本的收回,记入"应收股利"科目的借方和"长期股权投资"科目的贷方:

借:应收股利 ×××
　　贷:长期股权投资——成本 ×××

(三)长期股权投资权益法核算

长期股权投资的初始投资成本大于投资时应享有被投资单位可辨认净资产公允价值份额的,不调整已确认的初始投资成本。长期股权投资的初始投资成本小于投资时应享有被投资单位可辨认净资产公允价值份额的,应按其差额,记入"长期股权投资——成本"科目的借方和"营业外收入"科目的贷方:

借:长期股权投资——成本 ×××
　　贷:营业外收入 ×××

根据被投资单位实现的净利润或经调整的净利润计算应享有的份额,记入"长期股权投资——损益调整"科目的借方和"投资收益"科目的贷方:

借:长期股权投资——损益调整 ×××
　　贷:投资收益 ×××

被投资单位发生净亏损时,应作如上相反的分录,但以长期股权投资科目的账面价值减至零为限,还需要承担的投资损失,应将其他实质上构成对被投资单位净投资的"长期应收款"等科目的账面价值减记至零为限;除按照以上步骤已确认的损失外,按照投资合同或协议约定将承担的损失,确认为预计负债。发生亏损的被投资单位以后实现净利润的,应按与上述相反的顺序进行核算。

被投资单位宣告发放现金股利或利润时,企业应计算应分得的部分,记入"应收股利"科目的借方和"长期股权投资——损益调整"科目的贷方:

借：应收股利 ×××
　　贷：长期股权投资——损益调整 ×××

收到被投资单位宣告发放的股票股利时，不进行账务处理，但应在备查簿中登记。

在持股比例不变的情况下，被投资单位除净损益以外所有者权益的其他变动，如增资扩股，接受捐赠等导致股本、资本公积等变动时，企业应按持股比例计算应享有的份额，记入"长期股权投资——其他权益变动"科目的借方和"资本公积——其他资本公积"科目的贷方：

借：长期股权投资——其他权益变动 ×××
　　贷：资本公积——其他资本公积 ×××

（四）长期股权投资核算方法转换的核算

企业持长期股权投资自成本法转按权益法核算时，应按转换时该项长期股权投资的账面价值作为权益法核算的初始投资成本，初始投资成本小于转换时占被投资单位可辨认净资产公允价值份额的差额，记入"长期股权投资——成本"科目的借方和"营业外收入"科目的贷方：

借：长期股权投资——成本 ×××
　　贷：营业外收入 ×××

企业持长期股权投资自权益法转按成本法核算时，除构成企业合并的以外，应按中止采用权益法时长期股权投资的账面价值作为成本法核算的初始投资成本。

（五）处置长期股权投资的核算

企业处置长期股权投资时，应将实际收到的金额，记入"银行存款"等科目的借方，按长期股权投资后二级科目的账面余额，记入"长期股权投资——成本"、"长期股权投资——损益调整"、"长期股权核算——其他权益变动"科目的贷方，按尚未领取的现金股利或利润,记入"应收股利"科目的贷方,按其差额,记入"投资收益"科目的贷方或借方。

企业如处置采用权益法核算的长期股权投资,除按上述规定外,还应结转原记入资本公积的相关金额,将它记入"资本公积——其他资本公积"科目的借方或贷方,和"投资收益"科目的贷方或借方。

第三节 长期债权投资和持有至到期投资的核算

长期债权投资,是指企业购入的在一年或一年以内不能变现或不准备随时变现的债券和其他债权投资,企业应在"长期债权投资"科目下设置"债券投资"和"可转换债券投资"等二级科目进行核算。

一、债券投资的核算

施工企业的债券投资,是指企业购入的在一年或一年以内不能变现或不准备随时变现的各种债券,包括政府债券、金融债券、企业(公司)债券等,应在"长期债权投资——债券投资"科目下设置"面值"、"溢折价"、"应计利息"三个明细科目进行核算。

企业购入的各种债券,所支付的价格即买价,不一定和债券的票面价值相同,有时会高于或低于票面价值。凡是购入债券的价格与票面价值相等,叫做按面值购入;如果购入的价格高于票面价值,叫做按溢价购入;低于票面价值,叫做按折价购入。

(一)按面值购入的债券投资的核算

施工企业按面值购入的长期债券,应按实际支付的价款减去已到付息期但尚未领取的债券利息,记入"长期债权投资——债券投资——面值"科目的借方;按已到付息期但尚未领取的债券利息,记入"长期债权投资——债券投资——应计利息"科目的借方;

按实际支付的价款,记入"银行存款"科目的贷方。若在购入长期债券时支付有税金、手续费等相关费用的,一般可将它直接计入当期财务费用,如数额较大,可在"债券投资"二级科目下另设"债券费用"明细科目,于计算利息时平均摊销。

如某施工企业于 2006 年 7 月 1 日以银行存款 10 500 元购入上海钢厂于 2005 年底发售的年利率为 10%、为期三年、面值为 10 000 元的债券,则在支付价款中,含有年初到 7 月 1 日止的应计利息 500 元($10\ 000 \times 10\% \times 6 \div 12$),应将债券面值 10 000 元记入"长期债权投资——债券投资——面值"科目的借方,债券应计利息记入"长期债权投资——债券投资——应计利息"科目的借方,实际支付价款 10 500 元记入"银行存款"科目的贷方,作如下分录入账:

借:长期债权投资——债券投资——面值 10 000
　　长期债权投资——债券投资——应计利息 500
　贷:银行存款 10 500

如在购入债券时,发生相关税费,应将它记入"财务费用"科目的借方。

企业长期债券的取得,除了用现金购入外,还可通过其他方式,如以应收债权、以固定资产、无形资产、材料等非货币资产换入,用这些方式取得的长期债券,其核算方法,基本上和长期股票投资相同(详见第十二章第一节)。

各个会计期间终了时,应计算本期应计未收利息,记入"长期债权投资——债券投资——应计利息"科目的借方和"投资收益"科目的贷方。如按年计算债券应计利息,设例应在 2006 年底和 2007 年底分别作如下分录入账:

借:长期债权投资——债券投资——应计利息 500
　贷:投资收益 500

```
借:长期债权投资——债券投资——应计利息      1 000
  贷:投资收益                                  1 000
```

出售或到期收回债券本息时,应将实际收到的金额记入"银行存款"科目的借方,债券面值记入"长期债权投资——债券投资——面值"科目的贷方,已计利息收入记入"长期债权投资——债权投资——应计利息"科目的贷方,未计利息收入记入"投资收益"科目的贷方。设例中,2008年年底到期收回债券本息为13 000元(10 000+10 000×10%×3),债券面值为10 000元,已计利息收入为2 000元(500+500+1 000),未计利息收入为1 000元(2008年利息),应作如下分录入账:

```
借:银行存款                                   13 000
  贷:长期债权投资——债券投资——面值          10 000
     长期债权投资——债券投资——应计利息     2 000
     投资收益                                  1 000
```

(二) 按折价和溢价购入的债券投资的核算

债券的价格,所以会低于或高于其票面价值,发生折价或溢价,主要是因为债券的票面利率(即名义利率)低于或高于市场利率(即实际利率)。票面利率高于市场利率时,债券就会以溢价发行或成交。从持券人来说,溢价是为以后逐期多得利息收入而预先付出的代价。从发行债券的企业来说,溢价是对它以后逐期多付利息费用而预先得到的补偿;反之,票面利率低于市场利率时,则持券人按票面利率每年收到的利息少于按市场利率所能得到的利息,于是债券就会以折价发行或成交,折价补偿了持券人逐期少收的利息;而就债券发行企业来说,则折价等于为补足实际利率所预付的代价。从上可知债券的溢价或折价,实质上是由于债券的名义利率和实际利率之间的差距而发生的。债券溢价或折价发行的作用,是借以平衡债券持券人的利息收入和债券发行企业的利息支出,使之符合市场利率或实际利率,以保证举债企业和投资人的经济利益,使双方的成交做到公允合理。

施工企业以溢价购入作为长期投资的债券,其每期实得的利息,少于票面规定的利息,溢价是逐期多得利息而预先付出的代价。这项预付的代价,应于每期收到利息或计算利息时,分期平均摊销,使到期时将溢价摊销完毕,并使债券利息在"投资收益"科目得到正确反映。

施工企业以折价购入作为长期投资的债券,其每期实得的利息,多于票面规定的利息,折价是逐期少得利息而预先得到的补偿。这项预先得到的补偿,也应于每期收到或计算利息时,分期平均摊销,使债券到期时将折价摊销完毕,并使债券利息在"投资收益"科目得到正确的反映。

施工企业按溢价或折价购入债券时,应将溢价或折价记入"长期债权投资——债券投资——溢折价"科目的借方或贷方。在计算债券应计利息摊销债券溢价或折价时,应记入"长期债权投资——债券投资——溢折价"科目的贷方或借方。

现先举例说明按溢价购入的债券投资的核算。

如某施工企业于2005年年底以银行存款10 800元购入上海钢厂同日发行的三年期、年利息率10%的债券,债券面值10 000元,600元为债券溢价,200元为相关税费,每年计息一次。

则在购入债券时,应将债券面值记入"长期债权投资——债券投资——面值"科目的借方,将债券溢价记入"长期债权投资——债券投资——溢折价"科目的借方,将相关税费记入"财务费用"科目的借方,支付价款记入"银行存款"科目的贷方,作如下分录入账:

借:长期债权投资——债券投资——面值	10 000
长期债权投资——债券投资——溢折价	600
财务费用	200
贷:银行存款	10 800

每期应计的债券利息为1 000元(10 000×10%×1)。但这1 000元并不全部都是利息收入,其中有一部分属于溢价的收回。由于上海钢厂发行的债券为期三年,共计息三次,因而企业付出的溢价600元,就需分三期摊销,即每期摊销200元(600÷3)。每期计算应计利息时,按应计利息记入"长期债权投资——债券投资——应计利息"科目的借方,应分摊的溢价记入"长期债权投资——债券投资——溢折价"科目的贷方,将借贷方差额记入"投资收益"科目的贷方,作如下分录入账:

借:长期债权投资——债券投资——应计利息　　　　1 000
　　贷:长期债权投资——债券投资——溢折价　　　　　　200
　　　　投资收益　　　　　　　　　　　　　　　　　　　800

这样,该项债券投资溢价就按期减少200元,在债券到期时就摊销完毕。现将该项债券投资各期对溢价的摊销和应作分录列示如图表11-1所示。

图表11-1

债券溢价摊销表

单位:元

计息期次	借:"债券投资——应计利息"科目	贷:"债券投资——溢折价"科目	贷:"投资收益"科目	"债券投资——溢折价"科目借方余额
2006年1月1日				600
1(2006年12月31日)	1 000	200	800	400
2(2007年12月31日)	1 000	200	800	200
3(2008年12月31日)	1 000	200	800	0
合　　计	3 000	600	2 400	

再举例说明按折价购入的债券投资的核算。

假如上述施工企业以折价9 700元购入面值10 000元的上海钢厂债券,加上相关税费200元,共支付价款9 900元,则在购入时,应将债券折价300元(10 000－9 700)记入"长期债权投资——

债券投资——溢折价"科目的贷方,作如下分录入账:

借:长期债权投资——债券投资——面值	10 000
财务费用	200
贷:长期债权投资——债券投资——溢折价	300
银行存款	9 900

每期计算应计利息时,除按债券面值的年利率10%计算外,还要计算债券折价摊销额。该项债券折价300元按三期分摊,每期应分摊100元(300÷3)。每期计算利息时,应按应计利息1 000元(10 000×10%×1)记入"长期债权投资——债券投资——应计利息"科目的借方,按当期分摊的折价100元记入"长期债权投资——债券投资——溢折价"科目的借方,按这两科目的借方金额之和1 100元记入"投资收益"科目的贷方,作如下分录入账:

借:长期债权投资——债券投资——应计利息	1 000
长期债权投资——债券投资——溢折价	100
贷:投资收益	1 100

这样,该项债券投资折价就按期摊销100元,在债券到期时就摊销完毕。现将该项债券投资各期对折价的摊销和应作分录列示如图表11-2所示。

图表11-2

债券折价摊销表

单位:元

计　息　期　次	借:"债券投资——应计利息"科目	贷:"债券投资——溢折价"科目	贷:"投资收益"科目	"债券投资——溢折价"科目贷方余额
2006年1月1日				300
1(2006年12月31日)	1 000	100	1 100	200
2(2007年12月31日)	1 000	100	1 100	100
3(2008年12月31日)	1 000	100	1 100	0
合　　　计	3 000	300	3 300	

出售或到期收回按溢折价购入债券本息时,按实际收到的金额记入"银行存款"等科目的借方,按面值记入"长期债权投资——债券投资——面值"科目的贷方,按已计未收利息记入"长期债权投资——债券投资——应计利息"或"应收利息"科目的贷方,按尚未摊销的溢价或折价记入"长期债权投资——债券投资——溢折价"科目的贷方或借方,如已计提减值准备的,按已计提的减值准备记入"长期投资减值准备"科目的借方,按借贷方差额记入"投资收益"科目的贷方或借方。

二、可转换债券投资的核算

企业如购入可转换为股权的企业债券,应在"长期债权投资"科目下设置"可转换债券投资"二级科目并在其下设置"面值"、"溢折价"、"应计利息"明细科目进行核算。企业购入的可转换债券投资在转换为股权之前的核算方法,基本上与上述一般债券相同。

施工企业将可转换债券投资转换为股票投资时,应按可转换为股票投资股份的债券价值,记入"长期股权投资——股票投资"科目的借方,按收到未转换为股份部分偿还的现金,记入"现金"或"银行存款"科目的借方;按可转换债券投资的面值、溢价和已计未收利息记入"长期债权投资——可转换债券投资——面值、溢折价、应计利息"科目的贷方,按可转换债券投资的折价记入"长期债权投资——可转换债权投资——溢折价"科目的借方。

施工企业如有其他债权投资,可在"长期债权投资"科目下设置"其他债权投资"二级科目进行核算。

三、长期投资减值准备提取的核算

为了使会计核算资料能够较真实地反映长期投资(不包括以后所讲可供出售金融资产)可收回金额,避免虚列资产价值,企业应定期或年终对长期投资逐项进行检查,如有由于市价持续下跌或被投资单位经营状况恶化等原因导致其可收回金额低于账面价值的,应当计提长期投资减值准备。

企业在计提长期投资减值准备时,对有市价的长期投资是否应当计提减值准备,可以根据下列迹象判断:(1)市价持续两年低于账面价值;(2)该项投资暂停交易一年或一年以上;(3)被投资单位当年发生严重亏损;(4)被投资单位持续两年发生亏损;(5)被投资单位进行清理整顿、清算或出现其他不能持续经营的迹象。

对无市价的长期投资是否应当计提减值准备,可以根据下列迹象判断:(1)影响被投资单位经营的政治或法律环境的变化,如税收、贸易等法规的颁布或修改,可能导致被投资单位出现巨额亏损;(2)被投资单位所供应的商品或提供的劳务因产品过时或消费者偏好改变而使市场的需求发生变化,从而导致被投资单位财务状况发生严重恶化;(3)被投资单位所在行业的生产技术等发生重大变化,被投资单位已失去竞争能力,从而导致财务状况发生严重恶化,如进行清理整顿、清算等;(4)有证据表明该项投资实质上已经不能再给企业带来经济利益的其他情形。

企业对计提的长期投资减值准备,应在"长期股权投资减值准备"和"长期债权投资减值准备"两个二级科目进行核算。当长期投资的预计可收回金额低于其账面值价值时,应将其差额记入"投资收益——计提的长期投资减值准备"科目或"资产减值损失"科目(采用企业会计制度施工企业用"投资收益"科目,采用企业准则施工企业用"资产减值损失"科目,以下同)的借方和"长期股权投资减值准备"、"长期债权投资减值准备"科目的贷方。作如下分录入账:

  借:投资收益或资产减值损失   ×××
   贷:长期股权投资减值准备   ×××
     长期债权投资减值准备   ×××

长期股权、债权投资减值准备科目的期末贷方余额,反映企业已提取的长期股权、债权投资减值准备,在编制资产负债表时,应将它从"长期股权投资"、"长期债权投资"项目中减去。

四、委托贷款的核算

施工企业在施工生产经营中,如有较多的现金流入,而又找不到合适的投资渠道,也可将多余的资金委托金融机构向其他单位贷款。企业委托金融机构向其他单位贷款,要按照有关规定的程序办理,并在"委托贷款"科目下设置"本金"、"利息"两个二级科目进行核算。

企业按规定委托金融机构贷出的款项,应按实际委托的贷款金额,记入"委托贷款——本金"科目的借方和"银行存款"科目的贷方,作如下分录入账:

借:委托贷款——本金　　　　　　　　　×××
　贷:银行存款　　　　　　　　　　　　×××

期末按照委托贷款规定的利率计提应收利息时,将计提的应收利息记入"委托贷款——利息"科目的借方和"投资收益"科目的贷方,作如下分录入账:

借:委托贷款——利息　　　　　　　　　×××
　贷:投资收益　　　　　　　　　　　　×××

企业计提的利息到期不能收回的,应停止计提利息,并冲回原已计提的利息,作如上相反的分录入账。

为了较真实地反映企业委托贷款的可收回金额,避免虚列资产价值,企业应定期或在年终对委托贷款本金进行全面检查。如果有迹象表明委托贷款本金高于可收回金额的,应当计提相应的减值准备,将它记入"投资收益"或"资产减值损失"科目的借方和"委托贷款减值准备"科目的贷方,作如下分录入账:

借:投资收益或资产减值损失　　　　　　×××
　贷:委托贷款减值准备　　　　　　　　×××

如果已计提减值准备的委托贷款的价值又得以恢复,应在已计提的减值准备的范围内转回,作如上相反分录入账。

委托贷款到期收回本息时,按实际收到的金额,记入"银行存款"科目的借方,按委托贷款本金记入"委托贷款——本金"科目的贷方,按已计提未收利息记入"委托贷款——利息"科目的贷方,作如下分录入账:

借:银行存款　　　　　　　　　　　　×××
　贷:委托贷款——本金　　　　　　　　×××
　　　委托贷款——利息　　　　　　　　×××

如提有减值准备的,应将尚未转回的减值准备,记入"委托贷款减值准备"科目的借方。

"委托贷款"科目期末的借方余额,反映企业委托贷款的账面价值。编制资产负债表时,对一年内到期的委托贷款,并在"短期投资"项目反映,超过一年到期的委托贷款,并在"长期债权投资"项目反映。

五、持有至到期投资的核算[①]

在企业会计准则应用指南的会计科目目录中,设有"持有至到期投资"科目,用以核算企业持有至到期投资的摊余成本。所谓持有至到期投资,是指到期日固定、回收金额固定或可确定且企业有明确意图和能力持有至到期的非衍生金融资产,但不包括初始确认时被指定为以公允价值计量且其变动计入当期损益的非衍生金融资产、初始确认时被指定为可供出售的非衍生金融资产、贷款和应收款项;也不包括企业没有明确意图将它持有至到期的金融资产投资,如在发生市场利率变动、流动性需要变化、替代投资机会及其投资收益率变化等将其出售的金融资产。

---

① 本小节供采用企业会计准则的施工企业核算用。

施工企业对持有至到期投资,应按成本计量,在核算时,应在"持有至到期投资"科目下设置"成本"、"应计利息"、"利息调整"三个二级科目。同时,应按其类别和品种,分别成本、应计利息、利息调整等进行明细核算。

企业取得的持有至到期投资,应按该投资的面值,记入"持有至到期投资——成本"科目的借方,按支付的价款中包含的已到付息期但尚未领取的利息,记入"应收利息"科目的借方,按实际支付的金额,记入"银行存款"等科目的贷方,按其差额,记入"持有至到期投资——利息调整"科目的借方或贷方(如成本加应收利息小于实付金额,记入借方):

借:持有至到期投资——成本 ×××
　　应收利息 ×××
　　持有至到期投资——利息调整 ×××
贷:银行存款 ×××

编制会计报表时,应将资产负债表日对分期付息的持有至到期投资,按票面利率计算确定的应收未收利息,记入"应收利息"科目的借方,按持有至到期投资的摊余成本和实际利率确定的利息收入,记入"投资收益"科目的贷方,按其差额,记入"持有至到期投资——利息调整"科目的借方或贷方(如确定的利息收入大于应收利息,记入借方):

借:应收利息 ×××
　　持有至到期投资——利息调整 ×××
贷:投资收益 ×××

一次还本付息的持有至到期投资,应于资产负债表日按票面利率确定的应收未收利息,记入"持有至到期投资——应计利息"科目的借方,按持有至到期投资摊余成本和利率计算确定的利息收入,记入"投资收益"科目的贷方。

借：持有至到期投资——应计利息 ×××
　　贷：投资收益 ×××

企业出售持有至到期投资时，应按实际收到的金额，记入"银行存款"科目的借方（如将它转作可供出售金融资产，应记入"可供出售金融资产"科目的借方），按其账面余额，记入"持有至到期投资——成本"、"持有至到期投资——应计利息"、"持有至到期投资——利息调整"科目的贷方，按其差额，记入"投资收益"科目的贷方或借方（如实收金额大于出售持有至到期投资账面余额，记入贷方）：

借：银行存款或可供出售金融资产 ×××
　　贷：持有至到期投资——成本 ×××
　　　　持有至到期投资——应计利息 ×××
　　　　持有至到期投资——利息调整 ×××
　　　　投资收益 ×××

"持有至到期投资"科目期末借方余额，反映企业持有至到期投资的摊余成本。

企业持有至到期投资如发现被投资单位（发行债券单位）的经营财务状况恶化，难以收回投资时，应设置"持有至到期投资减值准备"科目，将经评估确认的减值记入"资产减值损失"科目的借方和"持有至到期投资减值准备"科目的贷方：

借：资产减值损失 ×××
　　贷：持有至到期投资减值准备 ×××

如已计提减值准备的持有至到期投资价值以后又得以恢复，应在原已计提的减值准备金额内，按恢复增加的金额，记入"持有至到期投资减值准备"科目的借方和"资产减值损失"科目的贷方。

"持有至到期投资减值准备"科目的期末贷方余额，反映企业已计提但尚未转销的持有至到期投资减值准备。

第四节 可供出售金融资产的核算[①]

在企业会计准则应用指南中,企业持有的将可可供出售的股票投资、债券投资等,称为可供出售金融资产,并设置"可供出售金融资产"科目进行核算。

施工企业持有的可供出售的金融资产按公允价值计量核算,在核算时,应在"可供出售金融资产"科目下设置"成本"、"利息调整"、"应计利息"、"公允价值变动"四个二级科目。同时应按可供出售金融资产的类别和品种,分别成本、利息调整、应计利息和公允价值变动进行明细核算。

企业在取得可供出售的金融资产为股票投资时,应按其公允价值与交易费用之和,记入"可供出售金融资产——成本"科目的借方;按支付的价款中包含的已宣告但尚未发放的现金股利,记入"应收股利"科目的借方;按实际支付的金额,记入"银行存款"等科目的贷方:

借:可供出售金融资产——成本　　　　　×××
　　应收股利　　　　　　　　　　　　　×××
　贷:银行存款等　　　　　　　　　　　×××

企业在取得可供出售的金融资产为债券投资时,应按债券的面值,记入"可供出售金融资产——成本"科目的借方;按支付的价款中包含的已到付息期但尚未领取的利息,记入"应收利息"科目的借方;按实际支付的金额,记入"银行存款"等科目的贷方;按其差额记入"可供出售金融资产——利息调整"科目的借方或贷方

[①] 本节供采用企业会计准则的施工企业核算用。

(如成本加应收利息小于实付金额,记入借方):

  借:可供出售金融资产——成本   ×××
    应收利息   ×××
    可供出售金融资产——利息调整   ×××
   贷:银行存款等   ×××

  编制会计报表时,应将资产负债表日可供出售债券为分期付息、一次还本债券投资的,按票面利率计算确定的应收未收利息,记入"应收利息"科目的借方;按可供出售债券摊余成本和实际利率确定的利息收入,记入"投资收益"科目的贷方;按其差额,记入"可供出售金融资产——利息调整"科目的借方或贷方(如确定投资收益大于应收利息,记入借方):

  借:应收利息   ×××
    可供出售金融资产——利息调整   ×××
   贷:投资收益   ×××

  如可供出售债券为一次还本付息债券投资,应于资产负债表按票面利率计算确定的应收未收利息,记入"可供出售金融资产——应计利息"科目的借方;按可供出售债券的摊余成本和实际利率计算确定的利息收入,记入"投资收益"科目的贷方;按其差额,记入"可供出售金融资产——利息调整"科目的借方或贷方(如确定投资收益大于应计利息,记入借方):

  借:可供出售金融资产——应计利息   ×××
    可供出售金融资产——利息调整   ×××
   贷:投资收益   ×××

  在资产负债表日,应对可供出售金融资产重估价,重估价后的公允价值如高于其账面余额,应将其差额记入"可供出售金融资产——公允价值变动"科目的借方和"资本公积——其他资本公积"科目的贷方:

借:可供出售金融资产——公允价值变动 ×××
　　贷:资本公积——其他资本公积 ×××

如重估价后的公允价值低于其账面余额,应将其差额作如上相反的分录。

企业确认减值的可供出售金融资产后,按应减记的金额记入"资产减值损失"科目的借方,按应从所有者权益中转出原计入资本公积的累计损失金额,记入"资本公积——其他资本公积"科目的贷方,按其差额,记入"可供出售金融资产——公允价值变动"科目的贷方:

借:资本减值损失 ×××
　　贷:资本公积——其他资本公积 ×××
　　　　可供出售金融资产——公允价值变动 ×××

对已确认减值损失的可供出售金融资产,在随后会计期间内公允价值已上升且客观上与确认原减值损失事项有关的,应按原确认的减值损失,记入"可供出售金融资产——公允价值变动"科目的借方和"资产减值损失"科目的贷方:

借:可供出售金融资产——公允价值变动 ×××
　　贷:资产减值损失 ×××

企业将可供出售金融资产出售时,应按实际收到的金额,记入"银行存款"等科目的借方,按其账面余额,记入"可供出售金融资产——成本"、"可供出售金融资产——公允价值变动"、"可供出售金融资产——利息调整"、"可供出售金融资产——应计利息"科目的贷方;按应从所有者权益中转出的公允价值累计变动额,记入"资本公积——其他资本公积"科目的贷方或借方(如被出售金融资产公允价值减值,记入贷方);按其差额,记入"投资收益"科目的贷方或借方(如实收金额大于出售金融资产账面余额和从所有者权益贷方转出的公允价值累计变动额之和,记入贷方):

```
借：银行存款等                           ×××
    贷：可供出售金融资产——成本              ×××
        可供出售金融资产——公允价值变动      ×××
        可供出售金融资产——应计利息          ×××
        可供出售金融资产——利息调整          ×××
        资本公积——其他资本公积              ×××
        投资收益                            ×××
```

"可供出售金融资产"科目期末借方余额，反映企业可供出售金融资产的公允价值。

第五节　投资性房地产的核算①

一、投资性房地产的范围

随着国民经济的发展和城市化进程的加速，以及对人民币升值的预期，人们对房地产需求日益增加，房地产的价格不断上涨，不少企业一方面将自用土地转为商业用地（本节所述土地、地产均指土地使用权，以下同），一方面热衷于房地产投资，并逐渐成为一种时尚。在这种情况下，为了规范房地产投资的确认和计量，财政部发布了投资性房地产企业会计准则，规定投资性房地产是指为赚取租金或资本增值，或两者兼有所持有的房地产，包括：

1. 已出租的土地使用权。指企业已通过经营租赁方式出租的土地使用权。

2. 持有并准备增值的土地使用权。但不包括按照国家有关规定认定的闲置土地。

3. 已出租的建筑物。指企业拥有产权的出租建筑物。

某项房地产，部分用于赚取租金或资本增值、部分用于生产经

---

① 本节供采用企业会计准则的施工企业核算用。

营,能够单独计量和出售的,用于赚取租金或资本增值的部分,应当确认为投资性房地产;不能够单独计量和出售的,用于赚取租金或资本增值的部分,也不得确认为投资性房地产。

企业将建筑物出租,按租赁协议向承租人提供的相关辅助服务在整个协议中所占比重不大的,如企业将办公楼出租并向承租人提供保安、维修等辅助服务,应当将该建筑物确认为投资性房地产。

企业拥有并自行经营的旅馆饭店,其经营目的主要是通过提供客房服务赚取服务收入,该旅馆饭店不得确认为投资性房地产。

从上可知,要将某项房地产确认为投资性房地产,还要同时满足以下条件:

1. 该投资性房地产的成本能够可靠地单独计量。

2. 与该投资性房地产有关的经济利益主要由租赁经营产生并很可能流入企业。

二、投资性房地产形成的核算

施工企业对投资性房地产的核算,在"投资性房地产"科目进行。考虑到我国的城镇土地,属于国家所有,企业拥有的土地,没有所有权,只有使用权,属于无形资产。它与属于固定资产的房屋,具有不同的属性和核算方法,因此在核算中,应将地产与房产分开,在"投资性房地产"科目下,分设"投资性房产"、"投资性地产"两个二级科目。如果不分开核算,则在计提折旧、摊销,将其转为自用或出售、转让、报废时,都会给核算带来困难。投资性房地产在形成时,应按实际成本计量。

企业对外购的投资性房地产,其初始成本包括购买价款、相关税费和可直接归属于该资产的其他支出,记入"投资性房地产——投资性房产"、"投资性房地产——投资性地产"科目的借方和"银行存款"等科目的贷方:

借：投资性房地产——投资性房产　　　　　　　×××
　　　　投资性房地产——投资性地产　　　　　　　×××
　　　贷：银行存款等　　　　　　　　　　　　　　×××

　　企业对自行开发投资性房地产的初始成本，由开发该项资产达到预期可使用状态前所发生的必需支出构成，如果土地原为征用土地，应先补交相当批租地价（即按租用土地年限一次性支付租金的地价）的价款。房地产在开发过程中发生的各项目支出，应先记入"在建专项工程"科目的借方，等开发完成转作投资性房地产时，再自"在建专项工程"科目的贷方转入"投资性房地产——投资性房产"、"投资性房地产——投资性地产"科目的借方：

　　借：投资性房地产——投资性房产　　　　　　　×××
　　　　投资性房地产——投资性地产　　　　　　　×××
　　　贷：在建专项工程　　　　　　　　　　　　　×××

　　企业对自用的房地产转为出租，用以赚取租金或资本增值时，如果采用下述成本模式计量，对房屋应将其在"固定资产"科目的原值和在"累计折旧"科目的已提折旧转入"投资性房地产——投资性房产"科目的借方和"投资性房产累计折旧"科目的贷方，对地产，在采用企业会计制度的施工企业，应将其在无形资产——土地使用权"科目的余值作为投资性地产的初始成本转入"投资性房地产——投资地产"科目的借方。在采用企业会计准则的施工企业，应将"无形资产——土地使用权"科目的原值和"累计摊销"科目的已提摊销转入"投资性房地产——投资性地产"科目的借方和"投资性地产累计摊销"科目的贷方。

　　如某原采用企业会计制度的施工企业将一块自用土地和一幢自用房屋转为出租，地产在"无形资产——土地使用权"科目的余值为 100 000 元，房屋在"固定资产"科目的原值为 150 000 元，在"累计折旧"科目的已提折旧为 70 000 元，则在转换日应作如下分录入账：

借：投资性房地产——投资性地产	100 000	
贷：无形资产——土地使用权		100 000
借：投资性房地产——投资性房产	150 000	
累计折旧	70 000	
贷：固定资产		150 000
投资性房产累计折旧		70 000

三、投资性房地产在投资过程的后续计量及其核算

企业对投资性房地产在投资过程的后续计量，可采用成本模式，也可采用公允价值模式，但一个企业只能采用一种模式对所有投资性房地产进行后续计量，不得同时采用两种计量模式。

（一）采用成本模式计量的核算

企业对投资性房地产采用成本模式计量时，在核算上均可比照出租固定资产和出租无形资产进行会计处理。在投资过程中，对投资性房产，应计折旧，对投资性地产，应计提摊销。因为出租的房产，会随着使用而发生损耗，应将其损耗价值计提折旧，出租的地产虽不会随着使用而导致减值，但地产都有批租年限，应在批租年限内摊销其批租地价。因此，在采用成本模式计量时，一方面应将租金收入记入"其他业务收入"科目的贷方，同时应将出租房产的折旧和出租地产的摊销自"投资性房产累计折旧"和"投资性地产累计摊销"科目转入"其他业务成本"科目的借方。

如上述施工企业将房地产出租后，当年共收入租金 30 000 元，为出租房产计提折旧 10 000 元，出租地产摊销地价 5 000 元，则应作如下分录入账：

借：银行存款	30 000	
贷：其他业务收入		30 000
借：其他业务成本	15 000	
贷：投资性房产累计折旧		10 000
投资性地产累计摊销		5 000

企业在采用成本模式计量时,如投资性房地产发生减值时,应将减值的金额,计提减值准备,将它记入"资产减值损失"科目的借方和"投资性房产减值准备"、"投资性地产减值准备"科目的贷方:

借:资产减值损失 ×××
　贷:投资性房产减值准备 ×××
　　　投资性地产减值准备 ×××

(二) 采用公允价值模式计量的核算

企业对投资性房地产采用公允价值模式计量,是指投资性房地产在投资过程中,不通过计提房产折旧和地产摊销来计算其投资成本和账面价值,而通过投资性房地产的重估价来计算其公允价值,再以其公允价值与账面价值的差额,来调整其账面价值,并以公允价值变动数作为当期投资损益。为了反映投资性房地产的公允价值。在会计中应在投资性房地产科目的投资性房产和投资性地产二级科目下,分设"成本"和"公允价值变动"两个三级科目。在"成本"三级科目反映投资性房地产的初始成本,在"公允价值变动"三级科目反映投资性房地产的增值或减值数,同时要在会计中设置"公允价值变动损益"科目,反映当期投资性房地产的增值收益和减值损失。因此,企业在编制会计报表时,应以资产负债表日对投资性房地产重估价后公允价值高于其账面余值的差额,记入"投资性房地产——投资性房(或)地产——公允价值变动"科目的借方和"公允价值变动损益"科目的贷方。如公允价值低于其账面余值,应作如上相反的分录。对投资期间取得的租金收入,应记入"银行存款"等科目的借方和"其他业务收入"科目的贷方。

如某施工企业对一块年租金收入为 30 000 元的投资性地产采用公允价值模式计量,这块地产年末账面余值为 500 000 元,重估价后的公允价值 540 000 元,较账面余值增值 40 000 元,应作如下分录入账:

借：投资性房地产——投资性地产——公允价值变动　40 000
　　贷：公允价值变动损益　　　　　　　　　　　　　40 000
借：银行存款　　　　　　　　　　　　　　　　　　30 000
　　贷：其他业务收入　　　　　　　　　　　　　　　30 000

如果上述地产年末重估价后的公允价值为480 000元,较账面余值减值20 000元,则对出租地产应作如下分录入账：

借：公允价值变动损益　　　　　　　　　　　　　　20 000
　　贷：投资性房地产——投资性地产——公允价值变动　20 000

企业对投资性房地产采用公允价值模式计量,应同时满足是列条件：

1. 投资性房地产所在地有活跃的房地产交易市场。
2. 企业能够从活跃的房地产交易市场上取得同类或类似房地产的市场价格及其他相关信息,从而能对投资性房地产的公允价值作出合理的估计。

四、投资性房地产转换的处置的核算

企业出租的投资性房地产,如果用途改变,可将它转换为自用房地产。在转换时,对采用成本模式计量的,应将投资性房产转换日的账面价值,作为"固定资产"科目的入账价值,投资性房产累计折旧作为固定资产"累计折旧"科目的入账价值,将投资性地产转换日的账面价值,作为"无形资产——土地使用权"科目的入账价值,作如下分录入账：

借：固定资产　　　　　　　　　　　　　　　　　×××
　　投资性房产累计折旧　　　　　　　　　　　　　×××
　　贷：投资性房地产——投资性房产　　　　　　　×××
　　　　累计折旧　　　　　　　　　　　　　　　　×××

企业如果采用公允价值模式计量的,在将投资性房地产转换为自用房地产时,应以其转换日的公允价值作为自用房地产的账面价值,记入"固定资产"和"无形资产——土地使用权"科目的借方,公允价值与原账面价值的差额,作为当期损益,记入"公允价值变动损益"科目的借方或贷方(如公允价值高于原账面价值,记入贷方;反之,记入借方)。

如某施工企业将一块账面价值为500 000元的投资性地产转为自用时,应将转换日重估价的公允价值520 000元作为"无形资产——土地使用权"科目的账面价值,公允价值高于原账面价值的20 000元(520 000－500 000),应作为当期收益,记入"公允价值变动损益"科目的贷方,作如下分录入账:

借:无形资产——土地使用权　　　　　　　　520 000
　　贷:投资性房地产——投资性地产　　　　　　500 000
　　　　公允价值变动损益　　　　　　　　　　　20 000

但企业将自用的房地产转换为采用公允价值模式计量的投资性房地产时,投资性房地产应按转换日的公允价值计量,公允价值高于原账面价值的金额,记入"资本公积——其他资本公积"科目的贷方;公允价值低于原账面价值的金额,记入"管理费用"科目的借方。所以不将公允价值高于原账面价值的金额记入公允价值变动收益,一是因为这种收益不在投资过程中发生;二是可以防止企业利用公允价值计量,高估投资性房地产的价值,来调节企业的利润。

如某施工企业将一块自用的土地转换为采用公允价值模式计量的投资性地产,土地原账面价值为600 000元,转换日重估价后的公允价值为650 000元,则应将公允价值高于原账面金额的50 000元记入"资本公积——其他资本公积"科目的贷方,作如下分录入账:

借:投资性房地产——投资性地产　　　　　　650 000
　　贷:无形资产——土地使用权　　　　　　　　600 000
　　　　资本公积——其他资本公积　　　　　　　50 000

当投资性房地产被处置或者永久性退出使用且预计不能从其处置中取得经济利益时,应当终止确认该项投资性房地产。

企业投资性房地产处置的核算,基本上与固定资产、无形资产的报废清理的核算相同(参见第五章第六、第八节)。处置时,应将处置收入扣除其账面价值和相关税费后的余额,计入当期营业外损益。

需要指出的是,我国城镇的土地,属于国家所有,土地的用途,必须符合城镇规划的要求。土地的价格,不但与所在地区、地段的环境质量和土地批租年限有关,还与土地规定的用途密切相关,如住宅用地的价格,高于工业和基础设施用地的价格,商业用地的价格,大大高于住宅用地的价格。同是住宅用地,建筑容积率(房屋建筑面与占用土地面积的比率)高的又高于建筑容积率低的地价。在这种情况下,如果当地没有房地产评估机构,如何来计算各幢各块房地产的公允价值?又由谁和如何鉴证公允价值的是否合理?因此,在房地产价格还要受政策法规等影响时,对投资性房地产能否采用公允价值模式计量,还值得研究。另外,我国原有企业占用土地,大都属于征用土地,若要转作商业出租土地,是否要先补交相当于批租地价的地价款。如将自用土地转作投资性房地产,就可采用公允价值模式计量,将房地产增值作为投资收益(公允价值变动收益),既会导致国家土地资源的流失,又会促进人们把它作为调节企业盈亏的手段,热衷于房地产投资。

对施工企业来说,在房地产涨价的情况下,将自用房地产转作投资性房地产,采用公允价值模式计量,虽能增加房地产的价值和投资收益,但如在房地产出租合同中没有可调高租金的条款,在房地产出租期间内不但不能增加收入,而且还要按规定的税率上交一笔所得税,再加上房地产在出租期间不计算折旧、摊销导致成本降低利润增加后要上交的所得税、使支出大增。因此,企业是否要将自用房地产转换为投资性房地产,采用公允价值模式计量,必须根据企业的财务状况和现金流量,权衡得失细思量。

第六节 在建专项工程的核算

施工企业除了承包发包建设单位的建筑安装工程施工任务外,往往还有企业固定资产的新建、扩建、改造、大修工程和临时设施搭建工程等建设任务,这些与固定资产、临时设施建造、安装、大修等有关工程,在企业会计制度中,将它叫做在建工程,并在"在建工程"科目核算其支出。为了避免与企业承包的在建工程相互混淆,本书将它叫做专项工程在"在建专项工程"科目核算其支出。

一、专项工程的核算对象和支出项目

要组织专项工程的核算,必先明确其核算的目的,并界定其支出的内容。企业组织专项工程核算的目的,主要是为了确定固定资产和临时设施的价值。要确定固定资产和临时设施的价值,必须界定建设过程中哪些支出可以计入,哪些支出不得计入。按照现行企业会计制度的规定,通过"在建专项工程"科目计入固定资产和临时设施的工程支出,主要有:

1. 建筑工程支出。包括一般土建工程和水、暖、电、卫、煤气、通风等工程支出、设备基础、支柱工程支出。

2. 安装工程支出。指需要安装设备的安装工程支出。

3. 需要安装设备购置费。

4. 工程建设其他支出。包括工程项目可行性研究费、勘察设计费、合同公证费、负荷联合试车费、工程管理监理费、工程建设过程借款费用等。

至于新建、扩建工程项目发生的土地批租费或土地征用及拆迁补偿费,可直接记入"无形资产——土地使用权"科目,购入不需要安装设备的支出,可直接记入"固定资产"科目,均可不必通过"在建专项工程"科目进行核算。

要计算各项固定资产和临时设施的工程支出,还要划分工程支出的核算对象,并根据核算对象设置"工程支出明细分类账",进行在建专项工程支出的明细核算。

房屋、建筑物工程支出的核算对象,一般应以一个完整、独立的房屋或建筑物,如厂房、办公室、仓库、宿舍等,包括一般土建工程和水、暖、电、卫、煤气、通风工程等为一个核算对象,并按"建筑工程支出"(包括材料费、人工费、机械使用费、其他直接费和间接费)和分配的"工程建设其他支出"项目分栏进行明细核算。

各项需要安装设备及其安装工程支出的核算对象,应按单体设备或联动设备,包括设备、设备安装工程、设备基础支柱建筑工程为一个核算对象,并按"设备购置费"、"设备安装工程支出"、"设备基础建筑工程支出"和分配的"工程建设其他支出"项目分栏进行明细核算。为了简化核算手续,也可将同一车间安装、基础工程支出相差不多的各项需要安装设备,合并为一个核算对象,设置一个工程支出明细分类账,分栏登记各项设备的购置费,以及这些设备的安装工程支出、基础建筑工程支出、分配的工程建设其他支出,于设备安装试运转并经验收后,再将安装工程支出、基础建筑工程支出和分配的工程建设其他支出,按一定标准对各项设备进行分配,算得各项需要安装设备的实际支出。

与各项工程支出核算对象有关的工程建设其他支出,由于不能确定其为某项工程所应负担,因而不能直接将它记入各个工程支出核算。为了简化核算手续,可将它先记入"在建专项工程"科目的"工程建设其他支出"二级科目,并设置明细账,按支出明细项目分栏登记,于项目完工后,将它按一定标准分配记入各个专项工程核算对象。

二、专项工程企业自行施工的核算

施工企业的专项工程,除了少数大型设备安装工程外,大都由企业自行施工,专项工程自行施工所需的材料,与企业承包工程所用的材料相同,不必与施工用料分别核算。对于需要安装的设备,可在"工程物资"科目进行核算。企业为购置专项工程大型设备而预付的设备款,可记入"工程物资——预付大型设备款"科目的借方和"银行存款"科目的贷方。收到设备、补付设备款和支付运杂费及相关税费时,按设备的实际成本记入"工程物资"科目的借方,按预付设备款记入"工程物资——预付大型设备款"科目的贷方,按补付设备款和支付运杂费及相关税费记入"银行存款"科目的贷方。

施工单位领用专项工程用料时,按领用材料的实际成本或计划成本(材料日常收发按计划价格核算时)记入"在建专项工程"科目的借方和"原材料"科目的贷方:

借:在建专项工程 ×××
　贷:原材料 ×××

月末分摊领用材料的材料成本差异时,要将分摊的材料成本差异记入"在建专项工程"科目的借方和"材料成本差异"科目的贷方(如为贷方差异用红字):

借:在建专项工程 ×××
　贷:材料成本差异 ×××

施工单位领用需要安装设备时,按其实际成本记入"在建专项工程"科目的借方和"工程物资"科目的贷方:

借:在建专项工程 ×××
　贷:工程物资 ×××

专项工程施工过程中发生的工资以及其他支出,应记入"在建专项工程"科目的借方和"应付工资"或"应付职工薪酬——应付工资"、"应付福利费"或"应付职工薪酬——应付福利费"、"银行存款"等科目的贷方:

借：在建专项工程 ×××
　　贷：应付工资或应付职工薪酬——应付工资 ×××
　　　　应付福利费或应付职工薪酬——应付福利费 ×××
　　　　银行存款 ×××

专项工程耗用辅助生产等单位提供的水、电、机械作业、设备安装、修理和运输等劳务时，应按月根据实际成本记入"在建专项工程"科目的借方和"生产成本——辅助生产成本"、"内部往来"（当辅助生产单位实行内部独立核算时）科目的贷方：

借：在建专项工程 ×××
　　贷：生产成本——辅助生产成本 ×××
　　　　内部往来 ×××

专项工程在工程建设管理过程中发生的工程项目可行性研究费、勘察设计费、合同公证费、负荷联合试车费、工程管理监理费、工程借款费用等工程建设其他支出，应先记入"在建专项工程"的"工程建设其他支出"二级科目的借方和"银行存款"、"长期借款"等科目的贷方：

借：在建专项工程——工程建设其他支出 ×××
　　贷：银行存款 ×××
　　　　长期借款 ×××

设备安装工程在负荷联合试车过程中发生的试车收入，应冲减试车费用，将它记入有关材料、产品科目的借方和"在建专项工程——工程建设其他支出"科目的贷方。

对专项工程借有银行贷款进行建设的，应将建设期间借款费用按期记入"在建专项工程——工程建设其他支出"科目的借方，于工程完工后将它摊作各项工程支出，予以资本化。但如在建设过程中发生非正常中断、而且中断时间连续超过三个月时，应当暂停借款费用的资本化，将它记入当期"财务费用"科目的借方。至于是否要分别计算各项工程每一会计期间借款利息的资本化金额,笔者认为没有必要。因为工程建设的资金,往往是多元化的,一般总有一部分自有资金,在建设过程中,很难认定各项工程支出的资金,哪些是自有的,哪些是借来的,只能在项目完工后将建设期间的借款利息,按一定标准分配计作各项工程支出,予以资本化。

对于工程建设其他支出的分配,可以按支出项目采用不同的分配标准,也可采用同一标准一起分配。如采用同一分配标准,就可按照各项工程实际发生建筑安装工程支出和设备购置费之和进行分配。它的计算方法如下:

$$工程建设其他支出分配率 = \frac{建设期间实际发生工程建设其他支出之和}{各项工程建筑安装工程支出和设备购置费合计} \times 100\%$$

$$某项工程分配的工程建设其他支出 = 该项工程建筑安装工程支出和设备购置费合计 \times 工程建设其他支出分配率$$

如果工程项目建设期较长,各项工程交付使用时间不同,对工程建设其他支出就不宜采用上述按照实际分配率于全部工程完工之后再行分配计算的方法。而应根据工程概算采用预定分配率计算各项工程应分配的工程建设其他支出。其计算方法如下:

$$工程建设其他支出预定分配率 = \frac{工程建设其他支出概算数}{概算中各项工程建筑安装工程支出和设置购置费合计} \times 100\%$$

$$某项工程分配的工程建设其他支出 = 该项工程建筑安装工程支出和设备购置费合计 \times 工程建设其他支出预定分配率$$

经过分配的工程建设其他支出,应记入"在建专项工程"科目的借方和"在建专项工程——工程建设其他支出"科目的贷方:

借:在建专项工程 ×××
　　贷:在建专项工程——工程建设其他支出 ×××

同时应将分配的工程建设其他支出分别记入各工程支出明细分类账的"工程建设其他支出"栏。

按照预定分配率分配的工程建设其他支出数,其与实际发生数的差额,如果不大,可由最后完工的各项工程负担。如果差额较大,则应调整分配率,并对已完工交付使用的工程作追加或追减的分配。

三、专项工程发包施工的核算

专项工程以发包方式发包给其他施工单位施工的,可参照第六章第九节与分包单位结算工程价款的核算方法进行账务处理。如按照工程合同要预付工程款,应在"在建专项工程"科目下设置"预付工程款"二级科目进行核算,在预付工程款时,记入该科目的借方和"银行存款"科目的贷方:

借:在建专项工程——预付工程款　　　　　×××
　贷:银行存款　　　　　　　　　　　　　×××

与承包施工单位结算工程价款时,应按承包单位提出"工程价款结算账单"中的应付工程款记入"在建专项工程"科目的借方,按应扣预付工程款记入"在建专项工程——预付工程款"科目的贷方,按支付工程款记入"银行存款"科目的贷方:

借:在建专项工程　　　　　　　　　　　×××
　贷:在建专项工程——预付工程款　　　×××
　　　银行存款　　　　　　　　　　　　×××

为了计算各专项工程支出核算对象的工程支出,在"工程价款"结算账单中应要求承包单位按工程支出核算对象分别列示工程价款,以便登记专项工程支出明细分类账。

四、专项工程完工交付使用的核算

专项工程完工并经验收以后,要检查工程支出记录是否完整,有无漏记误记,并清理剩余材料,作价办理退库手续。剩余材料退

库时,应记入"原材料"科目的借方和"在建专项工程"科目的贷方:

  借:原材料   ×××
    贷:在建专项工程   ×××

同时应将退库材料在有关专项工程支出明细分类账中的"建筑工程支出"或"安装工程支出"栏用红字冲减。

在办理剩余材料退库后,就可根据各专项工程支出明细分类账的记录,按照下列公式计算各专项工程核算对象即交付使用固定资产的建设成本:

$$\text{房屋、建筑物建设成本} = \text{建筑工程支出} + \text{分配的工程建设其他支出}$$

$$\text{需要安装设备建设成本} = \text{设备购置费} + \text{安装工程支出} + \text{基础建筑工程支出} + \text{分配的工程建设其他支出}$$

然后按照各专项工程支出明细分类账编制"交付使用固定资产明细表",向固定资产使用单位办理固定资产交接手续。"交付使用固定资产明细表"的格式如图表 11-3 所示。

图表 11-3

交付使用固定资产明细表

单项工程名称:

交付使用固定资产类别名称	工程结构或型号规格	单位	建筑面积或台数	概算工数	建设成本					合计	说明
					建筑工程支出	安装工程支出	设备购置费	基础建筑工程支出	工程建设其他支出		
合 计											

接收单位   年 月 日   交付单位   年 月 日

根据交付使用固定资产明细表,就可将交付使用固定资产的建设成本记入"固定资产"科目的借方和"在建专项工程"科目的贷方。如果交付使用的固定资产属于投资性房产,应将它的建设成本记入"投资性房地产——投资性房产"科目的借方和"在建专项工程"科目的贷方:

借:固定资产 ×××
　　投资性房地产——投资性房产 ×××
　贷:在建专项工程 ×××

至于完工的大修理工程和临时设施,一般只计算其大修理工程支出和临时设施搭建支出,不分配工程建设其他支出。在交付固定资产大修理工程和临时设施时,应将其支出记入"长期待摊费用"、"临时设施"或"固定资产——临时设施"科目(采用企业会计准则的施工企业用"固定资产——临时设施"科目)的借方和"在建专项工程"科目的贷方:

借:长期待摊费用 ×××
　　临时设施或固定资产——临时设施 ×××
　贷:在建专项工程 ×××

固定资产的技术改造工程和大修理工程,如果工期较长,在工程开工时,应将技术改造和大修理固定资产的原值从在用的固定资产转入未使用固定资产;待完工后,再按其原值从未使用的固定资产转回在用固定资产。

五、在建专项工程减值准备提取的核算

随着地区投资规模的压缩和建筑新结构、新施工工艺的出现,往往会对施工企业的工程任务和构配件等的需求发生变动,从而对专项工程的建设带来重大影响,有的甚至会造成停建、缓建。因此,施工企业应定期或在年终,对在建专项工程进行全面检查,如果发现存在下列一项或若干项情况,有证据表明在建专项工程已

经发生了减值,应当计提在建专项工程减值准备:

1. 长期停建并且预计在未来两年内不会重新开工。

2. 所建项目无论在性能上、还是在技术上已经落后,并且给企业带来的经济效益具有很大的不确定性。

3. 其他如建筑材料、需要安装设备的市场价格大幅下降等原因证明在建专项工程已经发生减值的情形。

企业发生在建专项工程减值时,应将计提减值准备记入"营业外支出——计提的在建专项工程减值准备"或"资产减值损失"科目(采用企业会计准则的施工企业列作资产减值损失)的借方和"在建专项工程减值准备"科目的贷方:

借:营业外支出——计提的在建专项工程减值准备
　　或资产减值损失　　　　　　　　　　×××
　贷:在建专项工程减值准备　　　　　　　×××

"在建专项工程减值准备"科目期末的贷方余额,反映企业已提取的在建专项工程减值准备,在编制资产负债表时,应将它从"在建专项工程"项目中减去。

第七节　临时设施的核算

一、施工企业临时设施的内容

施工企业的临时设施是为了保证施工和管理的正常进行而建造的各种临时性生产、生活设施。施工企业所以需要搭建临时设施,是由于建筑安装工程的固定性和建筑施工的流动性引起的。每当施工队伍进入新的建筑工地时,为了保证施工的顺利进行,必须搭建一些临时设施。这些临时设施,在工程完工以后,就失去了它原来的作用,必须予以拆除或作其他处理。

建筑工地搭建的临时设施,通常可分为大型临时设施和小型临时设施两类,包括如下内容:

(一)大型临时设施

1. 施工人员的临时宿舍。
2. 食堂、浴室、医务室、图书馆、理发室和托儿所等现场临时性文化福利设施。
3. 施工单位及附属企业在现场的临时办公室。
4. 现场各种临时仓库和施工机械设备库。
5. 临时铁路专用线、轻便铁道、塔式起重机路基、临时道路、场区刺网、围墙等。
6. 施工过程中应用的临时给水、排水、供电、供热和管道(不包括设备)等。
7. 施工现场的混凝土构件预制厂、混凝土搅拌站、钢筋加工厂、木材加工厂以及配合单位的附属加工厂等临时性建筑物。

(二)小型临时设施

1. 现场施工和警卫安全用的小型临时设施,如作业棚、机棚、休息棚、茶炉棚、化灰池、施工用不固定的水管、电线、宽三米以内的便道、临时刺网等。
2. 保管器材用的小型临时设施,如简易料棚、工具储藏室等。
3. 行政管理用的小型临时设施,如工地收发室等。

目前施工企业在施工现场所需的临时设施(包括大型临时设施和小型临时设施),一种是由建设单位投资搭建,产权归建设单位所有,其费用由建设单位摊入建设成本,无偿供施工单位使用。另一种是由施工企业利用向发包单位收取的临时设施费来建造,其取费办法,一般有如下两种:

一是由企业按照地区规定的临时设施费的取费标准与工程价款一起向发包单位收取。临时设施费的取费标准,由各个地区根据具体情况,经过测算确定。

二是由企业按照施工组织设计的规划,编制临时设施预算,经有关部门审批后,向发包建设单位收取。

施工企业在施工过程中,应尽量利用施工现场可供用作临时设施的原有建筑物。必须搭建的临时设施,也应根据自然条件、工期长短,本着就地取材、因陋就简的原则加以解决,做到既满足施工的需要,又节约搭建临时设施的费用开支。对于拆除临时设施的残余材料,要及时回收,防止丢失。

二、采用企业会计制度施工企业临时设施搭建、摊销、清理的核算

为了全面反映临时设施的搭建、摊销、拆除清理情况,采用企业会计制度施工企业应设置"临时设施"、"临时设施摊销"和"固定资产清理——临时设施清理"三个科目进行核算(采用企业会计准则施工企业的临时设施,在"固定资产——临时设施"科目核算)。

(一)临时设施搭建的核算

施工企业购置、搭建临时设施发生的各项支出,应记入"临时设施"科目的借方。但对需要通过建筑安装施工活动才能完成的临时设施,其支出应先通过"在建专项工程"科目进行核算,于临时设施搭建完成交付使用时,再由"在建专项工程"科目将其实际成本转入"临时设施"科目的借方。

如某施工企业在施工现场搭建临时办公室和仓库过程中,共领用建筑材料 193 000 元,发生应付工人工资 50 000 元、职工福利费 7 000 元时,应先将其领用的材料费和发生的人工费等记入"在建专项工程"科目的借方和"原材料"、"应付工资"或"应付职工薪酬——应付工资"、"应付福利费"或"应付职工薪酬——应付福利费"等科目的贷方,作如下分录入账:

借:在建专项工程	250 000
贷:原材料	193 000
应付工资或应付职工薪酬——应付工资	50 000
应付福利费或应付职工薪酬——应付福利费	7 000

在搭建完成交付使用时,再将其实际成本250 000元由"在建专项工程"科目的贷方转入"临时设施"科目的借方:

借:临时设施　　　　　　　　　　　　　　250 000
　　贷:在建专项工程　　　　　　　　　　　　250 000

(二)临时设施摊销的核算

施工企业的临时设施,应根据其使用期限和服务对象合理确定分摊方法,按月进行摊销。由于临时设施一般在工程完工后必须拆除,因此临时设施的使用期限,不得长于工程施工期限,即要按耐用期限和工程施工期限中较短者来作为使用期限。临时设施月摊销额的计算公式如下:

$$临时设施月摊销额=\frac{临时设施原值\times(1-预计净残值率)}{使用期限(月)}$$

如上述临时办公室和仓库,预计净残值率为4%,它虽可使用4年,但由于工程施工期限为2年,就应在24个月内进行摊销:

$$月摊销额=\frac{250\,000\times(1-4\%)}{24}=10\,000(元)$$

临时设施的摊销额,应分摊记入各有关工程的施工成本。为了简化核算手续,可与该工地发生的其他间接费用一并进行分配。

施工企业每月摊销的临时设施摊销额,应将它记入"生产成本——工程施工成本——其他直接费"科目的借方和"临时设施摊销"科目的贷方:

借:生产成本——工程施工成本——其他直接费　　10 000
　　贷:临时设施摊销　　　　　　　　　　　　　　10 000

(三)临时设施拆除清理的核算

施工企业在工地搭建的临时设施,在不需用或不能继续使用时,要加以拆除清理。临时设施的拆除清理,应通过"临时设施清理"科目进行核算。在拆除清理临时设施时,应将临时设施的账面净值(账面原值减已提摊销额)记入"临时设施清理"科目的借方；将临时设施的账面原值记入"临时设施"科目的贷方；将已提摊销额记入"临时设施摊销"科目的借方；收回的残料价值和发生的变价收入应记入"原材料"、"银行存款"等科目的借方和"临时设施清理"科目的贷方；发生的清理费用应记入"临时设施清理"科目的借方和"银行存款"、"应付工资"或"应付职工薪酬——应付工资"等科目的贷方。收回残料价值和变价收入如大于临时设施的账面净值和清理费用，为清理净收益，应将它记入"临时设施清理"科目的借方和"营业外收入——处理临时设施净收益"科目的贷方；如临时设施的账面净值和清理费用大于收回残料价值和变价收入，为清理净损失，应将它记入"营业外支出——处理临时设施净损失"科目的借方和"临时设施清理"科目的贷方。现举例说明其核算方法如下：

如上述施工企业在工程完工时将原值 250 000 元、已提摊销额 220 000 元的临时办公室和仓库拆除清理。在清理过程中，共发生清理人工费 5 000 元，收回残料作价 20 000 元入库。则在开始清理临时设施、注销临时设施原值和已提摊销额时，应作如下分录入账：

借：临时设施清理 30 000
　　临时设施摊销 220 000
　贷：临时设施 250 000

发生清理人工费时：

借：临时设施清理 5 000
　贷：应付工资或应付职工薪酬——应付工资 5 000

收回残料作价入库时：

借：原材料 20 000
　贷：临时设施清理 20 000

由于临时设施账面净值 30 000 元(250 000－220 000)加清理费用 5 000 元大于收回残料变价收入 20 000 元,发生清理净损失 15 000 元(30 000＋5 000－20 000),应将它自"临时设施清理"科目的贷方转入"营业外支出——处理临时设施净损失"科目的借方,作如下分录入账：

借：营业外支出——处理临时设施净损失　　　15 000
　贷：临时设施清理　　　　　　　　　　　　　　15 000

三、采用企业会计准则施工企业临时设施的核算

由于企业会计准则中将临时设施作为固定资产的组成进行核算,采用企业会计准则的施工企业,在核算时应在"固定资产"和"累计折旧"科目下设置"临时设施"和"临时设施累计折旧"二级科目取代"临时设施"、"临时设施摊销"科目。对搭建完成交付使用的临时设施,应在"在建专项工程"科目的贷方将其搭建成本转入"固定资产——临时设施"科目的借方。临时设施在使用过程中,应按其耐用期限和工程施工期限中较短者作为使用期限计提折旧,按月将折旧额记入"工程施工——其他直接费"科目的借方和"累计折旧——临时设施累计折旧"科目的贷方。工程完工将临时设施拆除清理时,应通过"固定资产清理——临时设施清理"科目按以上小节所述的方法加以核算。

复 习 题

1. 施工企业的短期投资,一般包括哪些？与长期投资进行比较,它具有哪些特点？

2. 什么叫做股权投资的成本法核算？什么叫做股权投资的权益法核算？两者在核算上有哪些不同？它们各适用于哪种情况下的投资？

3. 为什么在购入债券时会发生折价或溢价？按折价或溢价购入的债券，在核算上应怎样加以处理？

4. 什么叫做短期投资跌价准备？什么叫做长期投资减值准备？它们是在哪些情况下提取的？怎样提取？

5. 什么是投资性房地产？它与非投资性房地产有哪些不同之处？投资性房地产在投资阶段采用的成本模式和公允价值模式计量在核算上有哪些不同？

6. 施工企业的专项工程包括哪些？怎样确定各专项工程的核算对象？在核算各专项工程价值时，要设置哪些支出项目？通过怎样的程序进行核算？

7. 施工企业的临时设施包括哪些？对临时设施的搭建、摊销和拆除清理应怎样加以核算？

8. 什么叫做持有至到期投资？它和交易性金融资产在核算上有哪些不同之处？

习 题

习 题 一

(一) **目的** 练习股票投资的核算。

(二) **资料**

1. 某施工企业于2006年初以银行存款400万元购入华东水泥股份有限公司25%的股票。

2. 2006年，华东水泥股份有限公司的税后可分配利润为280万元，该施工企业从中分得股利60万元，存入银行结算户。

(三) **要求**

1. 按成本法核算为上述股票投资业务作成有关会计分录。

2. 按权益法核算为上述股票投资业务作成有关会计分录。

习 题 二

(一) 目的　练习债券投资的核算。

(二) 资料

1. 某施工企业于 2006 年年初以银行存款 19 400 元购入上海建筑材料厂发行的债券,债券面值为 20 000 元,期限为 3 年,年利率 10%,每半年计息一次。

2. 2009 年年初收回债券本息 26 000 元,存入银行结算户。

(三) 要求

1. 计算每期应计债券利息、应摊债券折价和债券投资收益。

2. 编制债券折价摊销表。

3. 为购买债券、每期应计债券利息、应分摊债券折价和债券投资收益、到期收回债券本息等会计事项作成会计分录。

习 题 三

(一) 目的　练习投资性房产的核算。

(二) 资料　某施工企业对投资性房产采用成本模式计量。2006 年内,发生了下列有关经济业务:

1. 年初将一幢自用房屋转为出租投资性房产,该幢房屋账面原值 800 000 元,已提折旧 300 000 元。

2. 年内收入租金 50 000 元,计提折旧 20 000 元。

(三) 要求

为自用房屋转为出租投资性房产、收入租金和计提房屋折旧作成会计分录。

习 题 四

(一) 目的　练习投资性房地产的核算。

(二) 资料　某施工企业对投资性地产采用公允价值模式计

量,2007年内,发生了下列有关经济业务:

1. 年初将一块自用土地转为出租投资性地产。该块土地账面余值 700 000 元,转换日重估价后的公允价值为 800 000 元。

2. 年内收入租金 35 000 元。

3. 年末重估价后的公允价值为 850 000 元。

(三) 要求

为自用土地转为出租投资性地产、收入租金和年末对地产重估公允价值作成会计分录。

习 题 五

(一) 目的 练习专项工程的核算。

(二) 资料 某施工企业在 2006 年度内,共发生了下列有关所属机修厂扩建工程的经济业务:

1. 该项扩建工程,预算造价为 1 000 000 元,因资金不足,向银行借款 600 000 元,存入银行结算户。

2. 购入需要安装设备一批,买价和运杂费共 500 000 元。

3. 支付工程设计费 10 000 元。

4. 施工单位领用建筑安装材料 300 000 元,材料成本差异率为 2%。

5. 将购入需要安装设备交付施工单位安装。

6. 在施工过程中,共发生了工人工资 80 000 元,应付福利费 11 200 元,用银行存款支付其他支出 62 800 元。

7. 收到银行通知,应付投资借款利息 10 000 元。

8. 该项专项工程竣工验收,结转已完专项工程支出。

(三) 要求 为各项经济业务作成会计分录。

习 题 六

(一) 目的 练习采用企业会计制度施工企业临时设施搭建、

摊销和清理的核算。

(二) 资料 某施工单位在2006、2007年度内,共发生了下列有关临时设施搭建、摊销和清理的经济业务:

1. 2006年1月,在施工现场搭建临时设施一批,共耗用建筑材料400 000元,材料成本差异率+1.5%,应付工资100 000元,应付福利费14 000元。

2. 2006年2月初,将搭建临时设施交付使用。

3. 由于该工地工程施工期为20个月,临时设施从2月份开始按20个月进行摊销,预计净残值率为5%。

4. 2007年8月初,工程提前一个月完工,将临时设施进行拆除清理。

5. 在拆除清理临时设施过程中,共发生人工费500元,收入残料作价8 000元入库。

(三) 要求

1. 计算临时设施月摊销额。
2. 为各项经济业务作成会计分录。

第十二章 资产、负债重组和企业合并的核算

第一节 非货币性资产交换的核算

一、非货币性资产及其交换的计量模式

随着市场经济和资本市场的迅速发展,企业在资产、债务重组活动中,经常发生各种非货币性资产的交换。为了规范非货币性资产的交换,会计准则中把货币性资产以外的资产,包括存货、固定资产、无形资产、股权投资以及不准备持有至到期的债券投资等交换,叫做非货币性资产交换,并对其计量模式和会计处理作了规定。

非货币性资产交换与货币性资产交换不同。货币性资产是指企业持有的货币资产以及将以固定或可确定金额的货币收取的资产,包括现金、银行存款、应收账款、应收票据以及准备持有至到期的债券投资等。准备持有至到期的债券投资,由于它在到期时能为企业带来固定的或可确定的金额,所以也将其列作货币性资产。货币性资产交换是以货币收支来完成的交换。购入的资产是以货币支出额作为资产的入账价值;出售的资产是以货币收入额作为资产的销售收入。非货币性资产交换是各种非货币性资产的相互交换,换入资产是以投出资产加以抵偿。因此,必须对换入、换出的非货币性资产进行计量(计价)。如果换入资产与换出资产不是等价的,就要用少量货币性资产如现金、银行存款等加以补偿。所以,非货币性资产交换,是指交易双方主要以存货、固定资产、无形

资产和长期股权投资等非货币性资产进行的交换,该交换不涉及或只涉及少量的货币性资产用作补价。

要进行非货币性资产的交换,首先要解决对交换资产如何计量(计价)的问题,为使交换做到公正、公平,原则上都应采用公允价值进行计量。所谓公允价值,是指在公平交易中。熟悉情况的交易双方,自愿进行资产交换或债务清偿的金额。非货币性资产公允价值的确定原则是:如果该资产存在活跃市场,则该资产的市价即为其公允价值。如果该资产不存在活跃市场,但与该资产类似的资产存在活跃市场,则该资产的公允价值应比照相关类似资产的市价确定;如果该资产和与该资产类似的资产均不存在活跃市场,则该资产的公允价值可按其所能产生的未来现金流量以适当的折现率贴现计算的现值评估确定。

在非货币性资产交换中,根据等价交换原则,如果换入资产公允价值大于换出资产公允价值,应向对方支付补价;相反,换入资产公允价值小于换出资产公允价值,应向对方收取补价。

又如企业换出资产公允价值大于其账面价值,应将其差额确认为非货币性资产交换收益;相反,如换出资产公允价值小于其账面价值,应将其差额确认为非货币性资产交换损失。至于换出资产的账面价值,是指换出资产的账面余额减去累计折旧、减值准备后的余值。股权投资和债券投资的账面价值,是指股权投资、债权投资有关明细科目借方余值减去贷方余额和投资减值准备后的余值。

企业对非货币性资产交换采用公允价值计量模式进行核算,无疑是合理的,但由于我国经济发展不平衡,有些偏远地区可能还没有资产评估机构,各个地区对同一资产的价格往往相差很大,如要求所有企业对非货币性资产交换都采用公允价值计量模式,难以做到。所以在会计准则中,同时规定了对非货币性资产交换,可按其账面价值和应支付的相关税费作为换入资产的成本进行核算。

二、非货币性资产交换采用公允价值计量模式的核算

企业对非货币性资产交换采用公允价值计量模式核算时,如不涉及补价,应以换出资产的公允价值,加上应支付的相关税费,作为换入资产的入账价值。换出资产公允价值与其账面价值的差额,作为当期损益,记入"营业外收入——非货币性资产交换收益"或"营业外支出——非货币性资产交换损失"科目的贷方或借方:

$$\text{换入资产的入账价值} = \text{换出资产的公允价值} + \text{应支付的相关税费}$$

$$\text{非货币性资产交换收益(损失)} = \text{换出资产的公允价值} - \text{换出资产的账面价值}$$

如果涉及支付补价的交换,应以换出资产的公允价值,加上支付的补价和应支付的相关税费,作为换入资产的入账价值;换出资产公允价值与其账面价值的差额,作为当期损益。

$$\text{换入资产的入账价值} = \text{换出资产的公允价值} + \text{支付的补价} \times \text{应支付的相关税费}$$

$$\text{非货币性资产交换收益(损失)} = \text{换出资产的公允价值} - \text{换出资产的账面价值}$$

如果涉及收到补价的交换,应以换出资产的公允价值,减去收到的补价,加上应支付的相关税费,作为换入资产的入账价值。换出资产的公允价值与其账面价值的差额,作为当期损益。

$$\text{换入资产的入账价值} = \text{换出资产的公允价值} - \text{收到的补价} + \text{应支付的相关税费}$$

$$\text{非货币性资产交换收益(损失)} = \text{换出资产的公允价值} - \text{换出资产的账面价值}$$

如果同时换入多项资产,应按换入各项资产的公允价值与换入资产公允价值总额的比例,确认各项换入资产的入账价值:

$$\text{某项换入资产入账价值} = \text{换入资产入账价值总额} \times \frac{\text{该项换入资产公允价值}}{\text{换入资产公允价值总额}}$$

如某施工企业以一块拥有使用权的土地向建筑机械厂换入一

台起重机和一台挖土机。这两台施工机械的市场价格分别为216 000元、144 000元。换出土地使用权的账面价值为350 000元,评估价为400 000元。由于换出资产公允价值大于换入资产公允价值,向建筑机械厂收取补价40 000元。交换资产时支付相关税费20 000元。则:

换入固定资产的入账价值为:

$$400\,000 - 40\,000 + 20\,000 = 380\,000(元)$$

土地使用权交换收益为:

$$400\,000 - 350\,000 = 50\,000(元)$$

换入起重机的入账价值为:

$$380\,000 \times \frac{216\,000}{360\,000} = 228\,000(元)$$

转入挖土机的入账价值为:

$$380\,000 \times \frac{144\,000}{360\,000} = 152\,000(元)$$

在会计处理上,应按换入固定资产的入账价值,记入"固定资产"科目的借方,按换入起重机和挖土机的入账价值记入起重机和挖土机的固定资产卡片;按土地使用权的账面价值记入"无形资产"科目的贷方;将土地使用权交换收益记入"营业外收入——非货币性资产交换收益"科目的贷方;将收到的补价记入"银行存款"科目的借方;将支付的相关税费,记入"银行存款"科目的贷方。作如下分录入账:

借:固定资产	380 000
银行存款	40 000
贷:无形资产——土地使用权	350 000
营业外收入——非货币性资产交换收益	50 000
银行存款	20 000

三、非货币性资产交换采用账面价值计量模式的核算

企业对非货币性资产交换采用账面价值计量模式核算时,如不涉及补价,应以换出资产的账面价值加上应支付的相关税费,作为换入资产的入账价值,不涉及资产交换损益。

$$\text{换入资产的入账价值} = \text{换出资产的账面价值} + \text{应支付的相关税费}$$

如果涉及支付补价的交换,应以换出资产的账面价值,加上支付的补价和应支付的相关税费,作为换入资产的入账价值,也不涉及资产交换损益。

$$\text{换入资产的入账价值} = \text{换出资产的入账价值} + \text{支付的补价} + \text{应支付的相关税费}$$

如果涉及收到补价的交换,应以换出资产的账面价值,减去收到的补价,加上应支付的相关税费,作为换入资产的入账价值,也不涉及资产交换损益。

$$\text{换入资产的入账价值} = \text{换出资产的入账价值} - \text{收到的补价} + \text{应支付的相关税费}$$

如果同时换入多项资产,应按换入各项资产的市场价格与换入资产市场价格总额的比例,确认各项换入资产的入账价值。

$$\text{某项换入资产入账价值} = \text{换入资产入账价值总额} \times \frac{\text{该项换入资产市场价格}}{\text{换入资产市场价格总额}}$$

如某施工企业以一批积压钢材与房地产开发公司交换一块拥有使用权的土地以供建造构件加工厂使用。换出钢材的账面金额为 440 000 元,已计提跌价准备 60 000 元。换入土地使用权的市场价格为 400 000 元,换出钢材市场价格为 380 000 元。交换时,以银行存款支付补价 20 000 元,相关税费 30 000 元,则:

换出钢材的账面价值为:

$$440\,000 - 60\,000 = 380\,000(元)$$

换入土地使用权的入账价值为：

$$380\,000+20\,000+30\,000=430\,000(元)$$

在会计处理上,应按换入土地使用权的入账价值记入"无形资产——土地使用权"科目的借方,按换出钢材的账面金额记入"原材料"科目的贷方,按已提取钢材跌价准备记入"存货跌价准备"科目的借方,按支付的补价和相关税费记入"银行存款"科目的贷方,作如下分录入账：

```
借：无形资产——土地使用权              430 000
    存货跌价准备                         60 000
  贷：原材料                            440 000
      银行存款                           50 000
```

第二节 债务重组的核算

一、债务重组的涵义和方式

债务重组,是指在债务人发生财务困难的情况下,债权人按照其与债务人达成的协议或法院的裁定作出让步的事项。随着社会主义市场经济的发展,一方面为企业的生产和发展提供了越来越广阔的空间；另一方面也使企业之间的竞争更趋激烈。一些企业可能由于生产经营环境变化或经营管理不善等原因陷入财务困境,难以偿还到期债务,债务纠纷屡见不鲜。虽然按照我国法律,债权人有权在债务人不能偿还到期债务时向法院申请债务人破产,但在债务人主管部门申请整顿且经债务人与债权人会议达成了和解协议时,破产程序应予中止。此外,即使债务人进入了破产程序,也可能因为相关的过程持续很长,费时费力,结果还可能难以保证债权人的债权能如数收回。于是,就有了另外一种解决债务纠纷的方法,即债务重组,包括减少债务本金、债务利息和修改其他债务条件等。

债权人之所以同意与债务人进行债务重组,其主要原因在于:

1. 为最大限度地回收债权。企业陷入财务困境,不能按既定条件全额偿还所欠债务,但是债务人可能有能力按较低的条件来偿债。对于债权人来说,即使从债务人方面所收到的资产的价值比应收回的债权的价值小,有时也是值得的,因为这样至少可以最大限度地收回债权。

2. 为缓解债务人暂时的财务困境,避免由于采取立即的求偿措施,致使债权上的更大损失。债务人发生暂时财务困难并不意味着其没有改善财务状况的希望,如果债权人对债务人采取立即的求偿措施,那么有可能对债务人造成较大的冲击,使债务人原本只是"暂时"的财务困难,滑向"永久"财务困难的境地。如果债权人与债务人有长期的合作关系,那么债权人对债务人采取立即的求偿措施,损害的不仅是债务人,也包括债权人本身。

债务重组的方式,可以概括为以下四种:

1. 以资产清偿债务。即债务人转让其资产给债权人以清偿债务。这里的资产是指作为过去事项的结果而由企业控制的、可望向企业流入未来经济利益的资源。债务人常用于偿债的资产主要有:现金、存货、短期投资、固定资产、长期投资、无形资产等。

2. 债务转为资本。债务转为资本是站在债务人的角度讲的,如从债权人的角度讲,则为债权转为股权。债权转为资本时,对股份制企业来讲,即将债务转为股本;对其他类型企业来讲,即将债务转为实收资本。债务转为资本的结果是,债务人因此而增加股本或实收资本,债权人因此而增加长期股权投资。债务人以债务转为资本方式进行债务重组时,必须严格遵照国家有关法律的规定。

3. 修改其他债务条件,即修改不包括上述两种方式在内的债务条件,如减少债务本金,减少债务利息等。

4. 以上三种方式的组合,如以转让资产、债务转为资本等方式的组合清偿某项债务;以转让资产清偿某项债务的一部分,并对该项债务的另一部分以修改其他债务条件进行债务重组等。

债务重组及其损益应于债务重组日确认和计量。债务重组日为债务重组完成日,即债务人履行协议或法院裁定,将相关资产转让给债权人、将债务转为资本或修改后的偿债条件开始执行的日期。

以非现金资产清偿债务的,债务人应分清债务重组收益和转让资产损益的界限。转让资产损益是指转让非现金资产的公允价值与其账面价值之间的差额。转让非现金资产时涉及相关税费的,在计算转让资产损益时,还要区别相关税费的不同性质,考虑其是否计入转让资产损益。

资产公允价值是指在公平交易中,熟悉情况的交易双方,自愿进行资产交换或债务清偿的金额。对于非现金资产,其公允价值的确定原则是:如该资产存在活跃市场,以资产的市价为其公允价值;如该资产不存在活跃市场但与该资产类似的资产存在活跃市场,该资产的公允价值应比照相关类似资产的市价确定;如该资产和与该资产类似的资产均不存在活跃市场,该资产的公允价值按其所能产生的未来现金流量以适当的折现率计算的现值确定。债权人因放弃债权而享有的股权,其公允价值的确定原则是:如债务人为股票公开上市公司,该股权的公允价值即为对应的股份的市价总额;如债务人为其他企业,该股权的公允价值按评估确认价或双方协议价确定。

二、债务重组时债务人的核算

债务重组是企业的偶发经济业务,债务人因此而产生的收益,属于与其日常活动无直接关系的收益,应与企业日常经营活动损益区分开来,在"营业外收入"科目下单独设置"债务重组收益"明细科目进行核算;债权人因此而发生的损失属于与日常活动无直接关系的损失,应在"营业外支出"科目下单独设置"债务重组损失"明细科目进行核算。

以非现金资产清偿债务的,债务人应将债务重组收益和转让资产损益分开核算。转让资产损益一般不需要单独设置科目进行核算。如转让的存货作为销售处理,销售收入与其成本及相关跌价准备为转让资产损益,该损益不需要单独设置科目核算。又如转让的无形资产作为其他业务收入处理,该项收入与其相关成本之间的差额为转让资产损益,该损益不需要单独设置科目核算。再如转让的固定资产作为固定资产清理处理,固定资产清理收入与清理支出之间的差额为转让资产损益,如为收益,在"营业外收入"科目下的"处置固定资产净收益"明细科目核算,如为损失,在"营业外支出"科目下的"处置固定资产净损失"明细科目核算,都不需要单独设置"转让资产收益"或"转让资产损失"明细科目核算。

(一)以现金清偿债务进行债务重组的核算

以现金清偿某项债务的,重组债务的账面价值与支付的现金之间的差额为债务重组收益,于当期确认。"重组债务的账面价值",一般为债务面值(或本金、原值),如应付账款;如有利息的,还应加上应计未付利息,如长期借款;有溢(折)价的,还应加上尚未摊销的溢价或减去尚未摊销的折价,如应付债券,等等。

如某施工企业于 2006 年 2 月 1 日向水泥厂购买一批水泥,价款 50 000 元规定在 3 个月内支付。到 5 月 1 日,施工企业发生财务困难,无法按期偿还债务,经双方协议,水泥厂同意减免施工企业 10 000 元债务,余额用银行存款立即偿清,则:

施工企业应付账款的账面价值为 50 000 元,支付的银行存款为 40 000 元,差额 10 000 元为债务重组收益,应作如下分录入账:

```
借:应付账款                        50 000
    贷:银行存款                    40 000
        营业外收入——债务重组收益    10 000
```

(二) 以非现金资产清偿债务进行债务重组的核算

以非现金资产清偿某项债务的,重组债务的账面价值与转让的非现金资产的公允价值之间的差额为债务重组收益,转让的非现金资产的公允价值与其账面价值的差额为转让资产损益,于当期确认。非现金资产的账面价值,为非现金资产的账面余额扣除有关准备后的账面净值,如存货的账面价值在握有存货跌价准备的就是账面余值扣除有关跌价准备后的金额;长期债权投资的账面价值在提有长期投资减值准备的就是账面余额扣除有关长期投资减值准备后的金额;固定资产的账面价值就是其原值减去累计折旧后的净值等。有些非现金资产没有计提准备,其账面价值就是账面余值。在转让非现金资产的过程中发生的各项税费,如资产评估费、运杂费等,可以直接计入转让损益。

如某施工企业于 2006 年 2 月 15 日向钢铁厂购买钢材一批,买价为 60 000 元,合同规定 6 个月后付款。8 月 15 日,该施工企业财务发生困难,无法按合同规定偿还,经双方协议,钢铁厂同意施工企业用一辆运货汽车抵偿。这辆汽车的账面原值为 80 000 元,累计折旧为 25 000 元,评估确认的原值为 75 000 元,净值为 50 000 元,评估费用为 1 000 元。则:

施工企业应付账款的账面价值为 60 000 元,所转让汽车的公允价值为 50 000 元,债务重组收益为 10 000 元(60 000−50 000)。固定资产的账面价值为 55 000 元(80 000−25 000),与其评估价 50 000 元的差额为 5 000 元,加上 1 000 元的资产评估费用后的 6 000元,为转让资产损失。应作如下分录入账:

借:固定资产清理	55 000
累计折旧	25 000
贷:固定资产	80 000
借:固定资产清理	1 000
贷:银行存款	1 000

借:应付账款	60 000
贷:固定资产清理	50 000
营业外收入——债务重组收益	10 000
借:营业外支出——处理固定资产净损失	6 000
贷:固定资产清理	6 000

(三) 债务转为资本进行债务重组的核算

债务转为资本的,重组债务的账面价值与债权人因放弃债权而享有的股权的公允价值之间的差额为债务重组收益,于当期确认。该项股权的公允价值与实收资本或股本之间的差额,作为资本公积。债务转为资本时发生的一些税费,有的可作为抵减资本公积处理,如股票发行费;有的计入当期损益,如印花税。

如某施工企业于2006年2月1日向建材公司购入材料一批,签发并承兑一张面值100 000元、年利率6%、6个月到期、到期还本付息的票据。8月1日,施工企业发生财务困难,无法兑现票据,经双方协议,建材公司同意施工企业以其普通股抵偿该票据。普通股的面值为1元,施工企业以20 000股抵偿该项债权,该股票市价为每股4.50元,印花税和手续费税费率为7.5‰。则:

施工企业应付票据的账面价值为103 000元[100 000×(1+6%×6÷12)],股票的公允价值为90 000元(4.50×20 000),两者之间的差额13 000元为债务重组收益。股票的公允价值与股本20 000元(1×20 000)的差额70 000元作为资本公积,应作如下分录入账:

借:应付票据	103 000
贷:股本	20 000
资本公积	70 000
营业外收入——债务重组收益	13 000
借:管理费用(90 000×7.5‰)	675
贷:银行存款	675

(四)以修改其他债务条件进行债务重组的核算

以修改其他债务条件进行债务重组的,如修改后的债务条件中不涉及或有支出,则在重组日,重组债务的账面价值大于将来应付金额的差额为债务重组收益,应于当期确认。重组后债务的账面价值为将来应付金额(包括应付债务面值和利息)。

如上述某施工企业签发并承兑的应付票据到期,由于财务陷入困境,建材公司同意免去票据利息3 000元,并将本金延长一年偿还。则:

施工企业应付票据的账面价值为103 000元[100 000×(1+6‰×6÷12)],将来应付金额为100 000元,两者之间的差额3 000元为债务重组收益。应付票据到期不能支付,即失去了据以付款的证明能力,要将它转作应付账款处理,作如下分录入账:

借:应付票据　　　　　　　　　　　　　103 000
　　贷:应付账款　　　　　　　　　　　　　　100 000
　　　　营业外收入——债务重组收益　　　　　3 000

以修改其他债务条件进行债务重组时,如修改后的债务条款中涉及"或有支出",即依具有不确定性未来某种事项出现而发生的支出,应根据谨慎原则将或有支出包含在将来应付金额中,并据此计算债务重组收益。在重组日,应将重组债务的账面价值与含或有支出的将来应付金额进行比较,大于部分为债务重组收益,债务重组后的账面价值为含或有支出的将来应付金额。由于债务重组后的账面价值含或有支出,因此,或有支出实际发生时,应作为减少债务的账面价值处理;结清债务时,或有支出如未发生,应将其作为结清债务当期的债务重组收益。

如某施工企业在2007年7月4日向银行借得年利率为10%、三年期贷款100 000元,因财务发生困难,于2010年1月4日进行债务重组,银行同意延长到2013年1月4日,年利率降至6%,免除积欠利息,本金减至80 000元,但附一条件:债务重组

后,如施工企业自第二年起有盈利,则年利率回复至10%,若无盈利,仍维持6%。则:

施工企业银行借款的账面价值为125 000元(100 000×10%×2.5),将来应付金额为100 800元[其中面值为80 000,应计利息为14 400元(80 000×6%×3),或有支出6 400元(80 000×49%×2)]两者的差额24 200元为债务重组收益。债务重组后的账面价值为100 800元,由于债务重组后的账面价值含将来应付面值80 000元、将来正常应付利息14 400元和6 400元的或有支出,因此,以后各期发生的正常利息支出和或有支出应作为冲减重组后债务的账面价值处理。

2010年1月4日进行债务重组时,应作如下分录入账:

 借:长期借款   125 000
  贷:长期借款——债务重组   100 800
    营业外收入——债务重组收益 24 200

2011年1月4日支付利息时,应作如下分录入账:

 借:长期借款——债务重组(80 000×6%×1) 4 800
  贷:银行存款   4 800

假如债务重组后的第二年起盈利,2012年1月4日支付利息时,应作如下分录入账:

 借:长期借款——债务重组(80 000×10%×1) 8 000
  贷:银行存款   8 000

2013年1月4日支付本息时,应作如下分录入账:

 借:长期借款——债务重组   88 000
  贷:银行存款   88 000

假如债务重组后的第二年起仍没有盈利,2012年1月4日支付利息时,应作如下分录入账:

借:长期借款——债务重组(80 000×6%×1)　　4 800
　　贷:银行存款　　4 800

2013年1月4日支付本息时,应作如下分录入账:

借:长期借款——债务重组　　91 200
　　贷:银行存款　　84 800
　　　　营业外收入——债务重组收益　　6 400

(五)以现金、非现金资产两种方式组合清偿债务进行债务重组的核算

以现金、非现金资产两种方式的组合清偿某项债务的,重组债务的账面价值与支付的现金、转让的非现金资产的公允价值的差额为债务重组收益。非现金资产的公允价值与其账面价值的差额为转让资产损益。

以现金、债务转为资本两种方式的组合清偿某项债务的,重组债务的账面价值与支付的现金、债权人因放弃债权而享有的股权的公允价值的差额为债务重组收益。股权的公允价值与实收资本或股本的差额为资本公积。

以非现金资产、债务转为资本两种方式组合清偿某项债务的,重组债务的账面价值与转让的非现金资产的公允价值、债权人因放弃债权而享有的股权的公允价值的差额为债务重组收益。非现金资产的公允价值与其账面价值的差额为转让资产损益;股权的公允价值与实收资本或股本的差额为资本公积。

以现金、非现金资产、债务转为资本三种方式的组合清偿某项债务的,重组债务的账面价值与支付的现金、转让的非现金资产的公允价值、债权人因放弃债权而享有的股权的公允价值的差额为债务重组收益;非现金资产的公允价值与其账面价值的差额为转让资产损益;股权的公允价值与实收资本(或股本)的差额为资本公积。

上述产生的债务重组收益、资产转让损益等均于当期确认。

如某施工企业于2007年2月1日向银行借入年利率8%、三年期贷款200 000元,因财务发生困难,无法按期偿还,经双方协议,施工企业支付60 000元款项,同时转让一块土地使用权以清偿该项债务。该项土地使用权的账面余额为120 000元,评估确认价为160 000元,土地使用权评估费用为1 000元,因转让土地使用权应交纳的营业税为4 800元。则施工企业长期借款的账面价值为248 000元[200 000×(1+8%×3)],与支付现金60 000元、转让无形资产的公允价值160 000元之间的差额28 000元(248 000-60 000-160 000)为债务重组收益。无形资产公允价值与其账面价值120 000元、评估费用1 000元、营业税4 800元的差额34 200元(160 000-120 000-1 000-4 800),为转让资产收益。应作如下分录入账:

借:长期借款　　　　　　　　　　　　　　　248 000
　　贷:银行存款　　　　　　　　　　　　　　60 000
　　　　其他业务收入——无形资产转让收入　　160 000
　　　　营业外收入——债务重组收益　　　　　28 000
借:其他业务支出——无形资产转让支出　　　　125 800
　　贷:无形资产——土地使用权　　　　　　　120 000
　　　　银行存款　　　　　　　　　　　　　　1 000
　　　　应交税金——营业税　　　　　　　　　4 800

(六)以资产、债务转为资本等方式清偿债务进行债务重组的核算

以资产、债务转为资本等方式清偿某项债务的一部分,并对该项债务的另一部分以修改其他债务条件进行债务重组时,债务人应先以支付的现金、转让的非现金资产的公允价值、债权人因放弃债权而享有的股权的公允价值冲减重组债务的账面价值,余额与将来应付金额进行比较,据此计算债务重组收益。债权人因放弃

债权而享有的股权的公允价值与实有资本或股本的差额作为资本公积;非现金资产的公允价值与其账面价值的差额作为转让资产损益,于当期确认。

如某施工企业向材料公司承兑半年期、年利率6%的带息票据160 000元到期,因发生财务困难,无法兑现,经法院裁定,进行债务重组达成如下协议:免去票据利息4 800元,施工企业以一台吊车抵偿50 000元的债务,将110 000元的债务转为5%的股权。假定这台吊车的原值为70 000元,累计折旧为30 000元,评估确认的原价为70 000元,评估确认的净值为45 000元;施工企业重新注册的资本为2 000 000元,债权人因放弃债权而享有的股权的评估确认价为105 000元。则在不考虑相关税费时:

施工企业应付票据账面价值164 800元[160 000×(1+6%×6÷12)],减去所转让吊车公允价值45 000元、股权公允价值105 000元后的余额14 800元(164 800-45 000-105 000)为债务重组收益。所转让吊车账面价值40 000元(70 000-30 000)与其公允价值45 000元的差额5 000元为转让资产收益。转增实收资本100 000元(2 000 000×5%)与股权公允价值105 000元的差额5 000元转为资本公积。应作如下分录入账:

借:应付票据	164 800
贷:固定资产清理	45 000
实收资本	100 000
资本公积	5 000
营业外收入——债务重组收益	14 800
借:固定资产清理	40 000
累计折旧	30 000
贷:固定资产	70 000
借:固定资产清理	5 000
贷:营业外收入——处置固定资产净收益	5 000

三、债务重组时债权人的核算

债务重组涉及债权人和债务人,对债权人来说,即为"债权重组"。但为便于表述,本节将"债权重组"和"债务重组"统称为"债务重组"。

(一)以资产清偿债务或债务转为资本进行债务重组的核算

以资产清偿某项债务或债务转为资本,在重组日,重组债权的账面余额与收到的现金(或受让的非现金资产的公允价值或因放弃债权而享有的股权的公允价值)之间的差额,应分别处理:已对债权计提减值准备的,该差额先冲减减值准备,减值准备不足以冲减的部分,再确认为债务重组损失;未对债权计提减值准备的,应直接将该差额确认为债务重组损失。但对增值税应税项目,如债权人不向债务人另行支付增值税,则增值税进项税额可以作为冲减重组债权的账面余额处理;如债权人向债务人另行支付增值税,则增值税进项税额不能作为冲减重组债权的账面余额处理。

"重组债权的账面余额"一般为债权面值(或本金、原值),如应收账款;有利息的,应加上应计未收利息,如应收票据;有溢(折)价的,还应加上尚未摊销的溢价或减去尚未摊销的折价,如债券投资。

以非现金资产清偿某项债务进行债务重组时,债权人应将受让的非现金资产按公允价值入账。债权人发生的运杂费、保险费等,也应计入相关资产的价值。

将债务转为资本的债务重组,债权人应将因放弃债权而享有的股权按公允价值记入长期股权投资。发生的相关税费,如印花税,也应记入长期股权投资。

如某施工企业于2006年2月15日销售一批钢材给房产开发企业,价款60 000元,8月15日,房产开发企业因财务发生困难,无法按合同规定偿还,经双方协议,房产开发企业将一辆运货汽车抵偿。该辆汽车历史成本为80 000元,累计折旧为25 000元,评估确认的原价为75 000元,净值为50 000元,施工企业计提了4 000元的坏账准备。则:

施工企业应收账款账面余额60 000元与受让汽车公允价值50 000元的差额为10 000元,扣除坏账准备4 000元后的余额6 000元为债权重组损失,应作如下分类入账:

借:固定资产	75 000
营业外支出——债务重组损失	6 000
坏账准备	4 000
贷:累计折旧(75 000-50 000)	25 000
应收账款	60 000

又如某施工企业于2006年2月1日销售一批材料给房产开发企业,同时收到房产开发企业签发并承兑的一张面值100 000元、年利率为6%、6个月到期、到期还本付息的票据。8月1日,房产开发企业发生财务困难,无法兑现票据,经双方协议,施工企业同意房产开发企业以其普通股抵偿该票据。普通股的面值为1元,房产开发企业以20 000股抵偿该项债权。该股票市价为每股4.50元。印花税和手续费税费率为7.5‰。则:

施工企业应收票据账面余额为103 000元[100 000×(1+6%×6÷12)],与受让股票的公允价值90 000元(4.50×20 000)的差额13 000元为债务重组损失。应作如下分录入账:

借:长期股权投资——股票投资[90 000×(1+7.5‰)]	90 675
营业外支出——债务重组损失	13 000
贷:应收票据	103 000
银行存款(90 000×7.5‰)	675

(二)以修改其他债务条件进行债务重组的核算

以修改其他债务条件进行债务重组,如修改后的债务条款中不涉及或有收益,则在重组日,重组债权的账面余额大于将来应收金额的差额为债务重组损失,于当期确认。债权重组后的账面余额为将来应收金额。

"将来应收金额"一般为将来应收债权面值(或本金、原值),如应收账款;如有利息,还应加上将来应收利息。

如上述施工企业持有房产开发企业的应收票据 100 000 元,票据到期,累计利息 3 000 元,房产开发企业因财务陷入困境,无法偿还本息,经双方达成协议,施工企业同意免去票据利息,并将本金延长一年偿还。则:

施工企业应收票据的账面余额为 103 000 元[100 000×(1+6‰×6÷12)],将来应收金额为 100 000 元,两者的差额 3 000 元为债务重组损失。应收票据不能按期收回,即失去了据以收款的证明能力,要将它转作应收账款,作如下分录入账:

借:应收账款　　　　　　　　　　　　　　100 000
　　营业外支出——债务重组损失　　　　　　3 000
　　贷:应收票据　　　　　　　　　　　　　　　103 000

以修改其他债务条件进行债务重组,如修改后的债务条款中涉及"或有收益",即依具有不确定性未来某种事项出现而发生的收益,则在重组日,应将重组债权的账面余额与不含或有收益的将来应收金额进行比较,差额作为债务重组损失。但根据谨慎性原则,现行制度没有将或有收益包含在将来应收金额中。或有收益应于实际发生时,计入当期损益。

如某施工企业在 2006 年 1 月 15 日向建材公司点交工程后,收到该公司一张面值为 100 000 元、年利率为 6‰、6 个月到期、到期还本付息的票据。7 月 15 日,建材公司因财务困难,无法兑现票据,经双方协议,施工企业同意建材公司将该项工程款延长 6 个月偿还,并免去应收票据中的利息。但附一条件,债务重组后,如建材公司当年有盈利,仍应偿还该票据中的利息。则:

施工企业应收票据的账面余额为 103 000 元[100 000×(1＋6‰×6÷12)],将来应收金额为 100 000 元(不含或有收益)。两者的差额 3 000 元,为债务重组损失。

在 2006 年 1 月 15 日进行债务重组时,应作如下分录入账:

借:应收账款——债务重组　　　　　　　　　100 000
　　营业外支出——债务重组损失　　　　　　　　3 000
　　贷:应收票据　　　　　　　　　　　　　　103 000

2006 年建材公司如没有盈利,2007 年 1 月 15 日账款到期收到应收工程款 100 000 元时,应作如下分录入账:

借:银行存款　　　　　　　　　　　　　　　100 000
　　贷:应收账款——债务重组　　　　　　　　100 000

2006 年建材公司如有盈利,2007 年 1 月 15 日账款到期收到应收工程款 100 000 元和或有收益利息 3 000 元时,应作如下分录入账:

借:银行存款　　　　　　　　　　　　　　　103 000
　　贷:应收账款——债务重组　　　　　　　　100 000
　　　　财务费用——利息收入　　　　　　　　3 000

（三）以资产清偿债务和债务转为资本进行债务重组的核算

以现金、非现金资产两种方式组合清偿某项债务的,重组债权的账面价值与收到的现金、受让的非现金资产的公允价值的差额为债务重组损失。

以现金、债务转为资本两种方式的组合清偿某项债务的,重组债权的账面价值与收到的现金、因放弃债权而享有的股权的公允价值的差额为债务重组损失。

以非现金资产、债务转为资本两种方式的组合清偿某项债务的,重组债权的账面价值与受让的非现金资产的公允价值、因放弃债权而享有的股权的公允价值的差额为债务重组损失。

以现金、非现金资产、债务转为资本三种方式的组合清偿某项债务的,重组债权的账面价值与收到的现金、受让的非现金资产的公允价值、因放弃债权而享有的股权的公允价值的差额为债务重组损失。

重组债权的账面价值,为重组债权的账面余额扣除计提的相关准备后的余额。如企业没有对债权计提准备,则该债权的账面价值等于其账面余额。以上产生的债务重组损失,均应于当期确认。

如某房地产公司共欠施工企业工程款 200 000 元,由于房地产公司财务陷入困境,根据双方协议,房地产公司支付 30 000 元现金,同时转让一块土地使用权以清偿该项债务。该项土地使用权的账面价值为 120 000 元,评估确认价为 150 000 元。施工企业提有坏账准备 8 000 元。则:

施工企业应收账款的账面余额为 200 000 元,与收到的现金 30 000 元、受让无形资产的公允价值 150 000 元的差额为 20 000 元,减去坏账准备 8 000 元后的余额 12 000 元为债务重组损失,应作如下分录入账:

借:银行存款	30 000
无形资产——土地使用权	150 000
营业外支出——债务重组损失	12 000
坏账准备	8 000
贷:应收账款	200 000

(四)以资产、债务转为资本清偿债务一部分,并对债务另一部分以修改其他债务条件进行债务重组的核算

以各种债务重组方式组合进行债务重组时,债权人应以债权账面余额,与受让非现金资产的公允价值、因放弃债权而享有的股权的公允价值比较,据以计算债务重组损失。

如某施工企业持有房产公司承兑的半年期、年利率 6% 带息应收票据 160 000 元。票据到期,由于房产公司发生财务困难,经法院裁定,进行债务重组达成如下协议:免去票据利息 4 800 元,房产公司以一台吊车抵偿 50 000 元的债务,将 110 000 元的

债务转为5％的股权。假定这台吊车的原值为70 000元,累计折旧30 000元,评估确认的原价为70 000元、净值为45 000元。房产公司重新注册的资本为2 000 000元,债权人因放弃债权而享有的股权的评估确认价为105 000元。则在不考虑相关税费时:

施工企业应收票据的账面余额为164 800元[160 000×(1+6％×6÷12)],减去受让吊车公允价值45 000元、股权公允价值105 000元后的余额14 800元(164 800－45 000－105 000)为债务重组损失。受让吊车评估确认的原价70 000元,作为固定资产的原值,其与评估确认的净值45 000元的差额25 000元,作为累计折旧。受让股权公允价值105 000元,作为长期股权投资。应作如下会计分录入账:

借:固定资产	70 000
长期股权投资	105 000
营业外支出——债务重组损失	14 800
贷:应收票据	164 800
累计折旧	25 000

第三节 企业合并的核算

一、企业合并的形式及其会计处理方法

企业合并是指将两个或两个以上单独的企业合并成一个报告主体的交易或事项。它是企业扩大和发展的重要手段。从我国目前已出现的企业合并来看,主要有:新设合并、吸收合并和控股合并三种形式。

新设合并又称创设合并。它是指两家或多家企业合并设立一家新企业,合并各方解散。新设合并后,原企业所有者将各自企业的全部净资产投入新企业,成为新企业的股东,原有企业不再作为单独法人而存在,只是作为新企业的分部进行经营活动。新企业取得法人资格后,独立承担经济责任。

吸收合并又称兼并。它是指一个企业通过支付现金、转让非货币性资产、承担债务或发行权益性证券取得其他企业的股权或净资产而实现的企业合并。吸收合并后,被吸收的企业解散,不再是企业法人。即使被吸收合并的企业仍在继续经营,但也只是合并企业的一个分部。

控股合并是指一个企业通过支付现金、转让非货币性资产、承担债务或发行权益性证券取得其他企业的全部或足以控制该企业的部分有表决权的股份而实现的企业合并。控股合并后,合并各方仍作为单独的法人而存在,控股公司与被控股公司形成母子公司的关系。在会计中涉及长期股权投资初始投资成本的确定和合并报表的问题。

企业合并按合并各方是否受同一方或相同的多方最终控制,分为同一控制下企业合并和非同一控制下企业合并。

同一控制下企业合并,是指参与合并的各方在合并前后均受同一方或相同的多方最终控制的合并,如母公司将全资子公司的净资产转移到母公司并注销子公司,母公司将其拥有的一个子公司的权益转移到另一个子公司等。由于这种合并同受一方或相同的多方控制,多数的合并往往不是自愿的,其交易大都按账面价值计量,而不是按公允价值计量,在会计处理上采用权益结合法。

非同一控制下企业合并,是指参与合并的各方在合并前后不受同一方或相同的多方最终控制的合并。这种合并,都出于企业的自愿,为了合并各方各自的经济利益。在交易过程,要求采用公允价值计量,做到公平合理。在会计处理上采用购买法。

二、同一控制下企业合并的权益结合法

权益结合法的权益结合,是指参与企业合并的股东联合控制其经营活动,以便继续对联合实体分享利润和分担风险的合并。

权益结合法,就是在处理企业合并时按照股权结合的方式来进行企业合并的会计处理方法。权益结合法的要点如下:

对采用新设合并和吸收合并形式的合并方,在企业合并中取得的资产和负债,应当按照合并日被合并方的账面价值计量,合并方取得的净资产账面价值与支付的合并对价账面价值的差额,应当调整资本公积,资本公积不足冲减的,调整留存收益。

对采用控股合并形式的合并方,以发行权益性证券支付对价的,应在合并日按取得被合并方账面净资产份额作为长期股权投资的成本,按发行股份面值总额作为股本或实收资本,按确认的长期股权投资成本与所发生股份面值总额的差额,调整资本公积和留存收益。

在同一方控制下的企业合并中,如被合并方采用的会计政策与合并方不一致时,合并方在合并日应当按照本企业会计政策对被合并方的财务报表相关项目进行调整,然后按调整后的账面价值进行确认。

合并方为进行企业合并发生的各项直接相关费用,包括为进行企业合并而支付的审计费用、评估费用、法律服务费用等,应在发生时计入当期损益。为企业合并而发生的债券或承担其他债券支付的手续费、佣金等,应当计入所发行债券及其他债券的初始计量金额。企业合并中发行权益性证券发生的手续费、佣金等费用,应抵减权益性证券溢价收入,溢价收入不足冲减的,冲减留存收益。

企业合并形成母子公司关系的,母公司应当编制合并日的合并资产负债表、合并利润表和合并现金流量表。为防止企业利用同一控制下企业合并操纵利润,对于被合并方在合并前实现的净利润,应在合并利润表中单列项目反映。

如某建筑公司和安装公司是江南建设集团控制的两个子公司。2006年9月30日,建筑公司与安装公司达成合并协议,由建筑公司以面值1元的60 000股普通股,换取安装公司账面价值57 000元的净资产,换股后,安装公司作为建筑公司的安装分部继续进行施工。在合并过程中发行股票时应付相关手续费1 500元。合并日前,建筑公司与安装公司的资产负债表和合并日后全年的利润表(经简化)如图表12-1、图表12-2所示。

图表12-1

建筑公司资产负债表 2006年9月30日		安装公司资产负债表 2006年9月30日	
资产:		资产:	
货币资金	20 000	货币资金	10 000
应收账款	20 000	应收账款	10 000
存货	50 000	存货	30 000
固定资产	115 000	固定资产	80 000
累计折旧	(25 000)	累计折旧	(20 000)
负债:		负债:	
应付账款	35 000	应付账款	23 000
长期借款	40 000	长期借款	30 000
所有者权益:		所有者权益:	
股本	100 000	实收资本	55 000
资本公积	3 000	盈余公积	2 000
盈余公积	2 000		
负债和所有者权益合计	180 000	负债和所有者权益合计	110 000

图表12-2

建筑公司利润表			安装公司利润表	
	2006年1~9月	2006年10~12月		2006年1~9月
收入	74 000	40 000	收入	42 000
成本、费用、税金	60 000	32 000	成本、费用、税金	34 000
净利润	14 000	8 000	净利润	8 000

按照权益结合法的会计处理,在合并日:

安装公司按账面价值计量的净资产为:

$$55\,000+2\,000=57\,000(元)$$

建筑公司发行普通股面值总额为:

$$1\times 60\,000=60\,000(元)$$

建筑公司为安装公司发行普通股账面总值与取得安装公司净资产账面总值的差额为:

$$60\,000-57\,000=3\,000(元)$$

加上发行普通股应付的手续费 1 500 元,共 4 500 元。该差额应先用建筑公司的 3 000 元资本公积冲减,再将不足额 1 500 元冲减盈余公积。这样,这项企业合并应作会计分录为:

借:货币资金	10 000
应收账款	10 000
存货	30 000
固定资产	80 000
资本公积	3 000
盈余公积	1 500
贷:累计折旧	20 000
应付账款(23 000+1 500)	24 500
长期借款	30 000
股本	60 000

建筑公司合并安装公司后的合并资产负债表(经简化)如图表 12-3 所示:

建筑公司应编制 2006 年合并前后包括安装公司合并前的收入、成本费用税金和净利润的合并利润表(经简化,见图表 12-4)。

图表 12-3

合并资产负债表

2006 年 9 月 30 日 单位：元

资产：		负债：	
货币资金		应付账款	
（20 000＋10 000）	30 000	（35 000＋1 500＋23 000）	59 500
应收账款		长期借款	
（20 000＋10 000）	30 000	（40 000＋30 000）	70 000
存货（50 000＋30 000）	80 000	所有者权益：	
固定资产原值		股本	
（115 000＋80 000）	195 000	（100 000＋60 000）	160 000
减：累计折旧		资本公积	
（25 000＋20 000）	45 000	（3 000－3 000）	0
固定资产净值		盈余公积	
（90 000＋60 000）	150 000	（2 000－1 500）	500
资产合计	290 000	负债和所有者权益合计	290 000

图表 12-4

合 并 利 润 表

2006 年 单位：元

	1～9 月	10～12 月	1～12 月
收入	116 000	40 000	156 000
成本、费用、税金	94 000	32 000	126 000
净利润	22 000	8 000	30 000

三、非同一控制下企业合并的购买法

非同一控制下的企业合并，是指合并的各方在合并前后不受同一方或相同的各方最终控制的企业合并。这种合并，合并各方都能从企业自身利益出发，将它看成是一个企业购买另一个企业的交易行为，在会计处理上，采用购买法。为了使交易公平合理，在交易中采用公允价值计量。

在非同一控制下的企业合并中,被合并企业总是希望多收回投资。合并企业总是希望通过合并,不但能做大企业,还能做强企业,获得更好的投资经济效益。因此,在合并之前,要通过财产清查和评估,确认被合并企业的资产、负债和净资产的公允价值。同时合并企业还要对合并前后的投资经济效益(即资本利润率)进行分析和预测。因为企业所以要合并其他企业,主要是为了获得生产经营的协同效应,提高企业收入和盈利水平。如建筑公司合并装饰公司后,能提高企业资质,承包高级住宅、宾馆、饭店等工程,增加公司工程价款收入和利润。建筑公司合并混凝土构件公司后,可将混凝土构件公司作为一个车间,减少混凝土构件交易费用和流转税支出,降低工程成本,提高盈利水平。由于企业合并后能为合并企业带来生产经营协同等效应,在合并过程中,被合并企业往往要求合并企业支付高于其净资产公允价值的对价(即买价),合并企业也愿支付高于取得净资产公允价值的对价。当然,这个对价不能超过合并以后能给企业带来的投资经济效益,否则是不可行的。所以在企业合并时,通过讨价还价商定一个能为合并双方都能接受的对价,是企业合并能否成功的关键,也是会计人员在合并过程发挥会计监督作用的环节。在现行会计准则中,把上述合并对价称为合并成本,但从它内含合并双方通过讨价还价商定买价的含义来讲,本书将它称为合并对价。

企业合并双方确认合并对价和并入资产、负债公允价值后,合并企业就可按购买法进行如下会计处理:

对并入企业的资产(包括能可靠地计量的可辨认无形资产),按其公允价值记入相关资产科目的借方,对可辨认无形资产,按其公允价值记入"无形资产——专利权"、"无形资产——土地使用权"等科目的借方。

对并入企业的负债(包括能可靠地计量的预计负债等),按其公允价值记入相关负债科目的贷方。

对合并对价大于并入净资产(并入资产减并入负债)公允价值的差额,即能为合并企业带来生产经营协同效应的经济效益,应视同商誉记入"商誉"科目的借方。

如预测企业合并后不能为企业带来生产经营协同效应,反而会带来负效应,一般不应进行这种合并。如由于某种原因必须进行合并时,可将合并对价小于并入净资产公允价值的差额,计入当期损益或记入"商誉"科目的贷方。当然,必须经过股东大会的通过。

合并企业对被合并企业支付的合并对价款,如用银行存款支付,记入"银行存款"科目的贷方,如部分对价款商定延期支付,应将延期支付欠款,记入"其他应付款——应付合并欠款"科目的贷方。如以发行权益性证券的公允价值偿付合并对价款,记入"应付债券"等科目的贷方。

至于合并企业为进行企业合并而发生各项税费的会计处理,与上述权益结合法相同。

如某建筑公司为了做大做强企业,合并当地一家装饰公司,经过对装饰公司资产、负债的清偿和评估,装饰公司在 2006 年 9 月 30 日资产、负债和净资产的账面价值和公允价值如下:

项目	账面价值(元)	公允价值(元)
银行存款	2 000	2 000
应收账款	10 000	8 000
存货	30 000	35 000
固定资产	60 000	76 000
累计折旧	20 000	25 000
应付账款	25 000	25 000
长期借款	10 000	10 000
净资产	47 000	61 000

建筑公司合并装饰公司后,可承包高级住宅、宾馆等工程,增加工程款收入,提高公司盈利水平,经双方多次协商后,决定将合并对价由净资产公允价值的 61 000 元提高到 100 000 元,并在合

并日先用银行存款支付对价款 40 000 元,余款 60 000 元于两个月后付清,则建筑公司在合并时应将装饰公司并入的资产、负债的公允价值、应支付对价和合并对价高于装饰公司净资产公允价值的 39 000 元等作如下分录入账:

借:银行存款	2 000
应收账款	8 000
存货	35 000
固定资产	76 000
商誉(100 000－61 000)	39 000
贷:累计折旧	25 000
应付账款	25 000
长期借款	10 000
银行存款	40 000
其他应付款——应付合并欠款	60 000

假如建筑公司 2006 年 9 月 30 日合并前的资产负债表如图表 12-5 "合并前"栏所示,就可与上述会计分录中各科目并入额一起,编制有如图表 12-5 所示的合并资产负债表。

图表 12-5

合并资产负债表

2006 年 9 月 30 日　　　　　　　　　　　　　　　　单位:元

项　　　目	合 并 前	并 入 数	合 并 后
资产:			
银行存款	60 000	2 000－40 000	22 000
应收账款	20 000	8 000	28 000
存货	50 000	35 000	85 000
固定资产	115 000	76 000	191 000
减:累计折旧	25 000	25 000	50 000
固定资产净额	90 000	51 000	141 000
商誉		39 000	39 000
资产合计	220 000	95 000	315 000

(续表)

项目	合并前	并入数	合并后
负债:			
应付账款	35 000	25 000	60 000
其他应付款		60 000	60 000
长期借款	40 000	10 000	50 000
所有者权益:			
实收资本	120 000		120 000
未分配利润	25 000		25 000
负债和所有者权益合计	220 000	95 000	315 000

复 习 题

1. 非货币性资产交换包括哪些资产的交换？交换中的补价是怎样产生的？在涉及支付或收到补价和相关税费时，如何确认换入资产的入账价值？试分别就采用公允价值计量模式和采用账面价值计量模式加以说明。

2. 什么叫做债务重组？债务重组的方式主要有哪几种？为什么在债务人发生财务困难时，债权人往往同意与债务人进行债务重组？

3. 什么叫做债务重组损益？债务重组损益是怎样计算的？试就各种债务重组方式加以说明。

4. 什么叫做企业合并？企业合并主要有哪几种形式？为什么在会计上对企业合并要将它分为同一控制下的企业合并和非同一控制下的企业合并？

5. 为什么对同一控制下的企业合并要采用权益结合法？对非同一控制下的企业合并要采用购买法？权益结合法与购买法在会计处理上有哪些不同？在采用时各要注意哪些方面？

习 题

习 题 一

(一) 目的 练习非货币性资产交换的核算。

(二) 资料 某施工企业以两台木工机械与木材加工厂置换施工急需木材50立方米,换出木工机械的账面原值为100 000元,已提累计折旧40 000元,减值准备10 000元。换入木材每立方米市场价格为800元。由于换出木工机械的公允价值大于换入木材的市场价格,向木材加工厂收取10 000元补价。置换时发生相关税费5 000元。

(三) 要求 采用公允价值计量模式,为上述企业非货币性资产交换:

1. 计算换出木工机械的账面价值。
2. 计算应确认的收益。
3. 计算换入木材的入账价值。
4. 为这笔资产置换交易作成会计分录。

习 题 二

(一) 目的 练习以非现金资产清偿债务和债务转为资本方式进行债务重组的核算方法。

(二) 资料

某施工企业于2006年3月15日向建材公司购买材料一批,签发并承兑一张面值300 000元、年利率6%、6个月期、到期还本付息的票据,9月15日,施工企业因发生财务困难,无法兑现票据,经双方协议,建材公司同意施工企业以一台汽车吊抵偿95 000元的历史成本为120 000元,累计折旧为30 000元,评估确认的原价为 120 000 元,评估确认的净值为 95 000 元,施工企业发生的评估费为 1 000 元。施工企业普通股的面值为 1 元,股票市价为每股 5 元,印花税和手续费的税费率为 7.5‰。

(三) 要求

1. 计算施工企业的转让资产收益、债务重组收益和资本公积。
2. 为施工企业有关债务重组业务作成会计分录。
3. 计算建材公司的债务重组损失。
4. 为建材公司有关债务重组业务作成会计分录。

习 题 三

(一) 目的 练习以修改其他债务条件进行债务重组的核算方法。

(二) 资料

某施工企业于 2006 年 6 月 30 日从开户银行借得年利率 10%、三年期的贷款 200 000 元。现因施工企业财务陷入困境,于 2008 年 12 月 31 日进行债务重组。银行同意延长贷款到期日至 2012 年 12 月 31 日,利率降至 6%,免除积欠利息 50 000 元,本金减至 180 000 元。但附有一条件:债务重组后,如施工企业自第二年(2010 年)起有盈利,则利率回复至 10%,若无盈利,仍维持 6%。

(三) 要求

1. 计算施工企业的或有支出和债务重组收益。
2. 为施工企业在 2008 年 12 月 31 日进行债务重组和 2009 年 12 月 31 日支付利息时作成会计分录。
3. 为施工企业自债务重组后的第二年起有盈利,在 2010 年、2011 年 12 月 31 日支付利息及 2012 年 12 月 31 日支付本息时作成会计分录。
4. 为施工企业自债务重组后的第二年起没仍有盈利,在 2008

年、2011年12月31日支付利息及2012年12月31日支付本息时作成会计分录。

习 题 四

(一) 目的 练习非同一控制下企业合并的核算。

(二) 资料

1. 某建筑公司为了降低工程成本,合并一家当地混凝土构件厂,经过对混凝土构件厂的资产、负债的清查、评估,确认该厂在2006年6月30日资产、负债和净资产的账面价值和公允价值如下:

项 目	账面价值(元)	公允价值(元)
银行存款	1 000	1 000
应收票据	2 500	2 500
存 货	3 500	4 000
固定资产	20 000	24 000
累计折旧	5 000	7 500
应付账款	4 000	4 000
长期借款	8 000	8 000
净资产	10 000	12 000

2. 由于建筑公司合并混凝土构件厂将该厂改组为一个车间后,可以减少混凝土构件交易费用和流转税支出,增加企业利润,经双方多次协商后,决定将合并对价由净资产公允价值的12 000元提高到32 000元。

3. 合并对价高于混凝土构件厂净资产公允价值的差额,经协商其中12 000元用银行存款支付,余款用签发三个月后到期的商业承兑汇票支付。

4. 建筑公司合并日前资产负债表各项目的余额如下:银行存款4 000元、应收账款5 000元、存货8 000元、固定资产80 000

元、累计折旧27 000元、应付账款5 000元、长期借款20 000元、实收资本40 000元、盈余公积3 000元、未分配利润2 000元。

(三) **要求** 根据上列有关企业合并资料,为建筑企业:

1. 作企业合并会计分录。
2. 编制合并资产负债表。

第十三章 财务会计报告

第一节 财务会计报告的作用和种类

一、财务会计报告的作用

施工企业的财务会计报告,是根据日常会计核算资料编制,用以反映企业财务状况和经营成果的书面文件。日常的会计核算资料,虽能对企业经常发生的各种施工生产经营活动进行考核,但它是比较分散的。为了全面分析和检查企业的资金、成本、利润情况,使企业管理者、投资者、开户贷款银行、财政机关、税务部门和经济管理部门能够比较全面地掌握企业的财务状况、经营成果和现金流量,就必须定期地把日常核算资料加以系统的综合和整理,使之概括化。也就是说,必须在日常会计核算资料的基础上,定期编制财务会计报告。

财务会计报告的作用,主要有以下方面:

(一)是企业管理者了解企业资金、成本、盈利情况进行经营决策和计划的重要依据

企业管理当局要进行经营决策和计划,必须先利用财务会计报告提供的会计信息,了解、分析企业资金、成本、盈利情况。只有这些资料越详尽、越正确,经营决策和计划就越能符合实际,越富有指导性和现实性。

(二)是投资者和金融机构进行投资决策和贷款决策的信息来源

企业的资金,主要来自投资者的投资和金融机构的贷款。无

论是现有的投资者、潜在的投资者还是金融机构,为了作出合理的投资决策和贷款决策,都必须拥有一定的会计信息,以了解被投资企业和借款单位的经营情况、盈利能力和偿债能力,而这些会计信息的获得,主要来自企业的财务会计报告。

(三)是财税部门监督检查企业财政纪律遵守情况,和经济管理部门加强宏观调控的主要依据

要发展社会主义市场经济,一方面要给予企业自主经营权;另一方面要求企业单位遵守财经制度和财政纪律,正确计算企业盈亏,及时上交税金,为国家提供财政收入,而财务会计报告能为财政机关和税收部门提供监督、检查企业财经制度和财政纪律遵守情况较详细的资料。要发展社会主义市场经济,还必须加强宏观调控,促进国民经济的协调发展。财务会计报告提供的会计信息,揭示了企业权益的取得、利润的分配、资源的流向,为国家制定正确的经济财政政策,进行宏观调控提供信息。

二、财务会计报告的种类

施工企业的财务会计报告包括会计报表和财务情况说明书。

(一)会计报表

施工企业的会计报表是根据日常会计核算资料编制,用以反映企业财务状况、经营成果和现金流量信息的综合指标体系。会计报表按其用途可分为向外提供的会计报表和企业内部管理需要的会计报表。

企业向外提供的会计报表由财政部统一规定,所有企业都必须按期编制并提供给有关部门。按照现行会计制度的规定,采用企业会计制度施工企业对外提供的会计报表有如下几种:(1)资产负债表;(2)利润表;(3)现金流量表;(4)资产减值准备明细表;(5)所有者(或股东)权益增减变动表;(6)利润分配表;(7)分部报表;(8)会计报表附注。其中资产负债表和利润表为年度兼月度、季度、半年度会计报表。现金流量表、资产减值准备

明细表、所有者(或股东)权益增减变动表、利润分配表和分部报表为年度会计报表。上市股份制施工企业的现金流量表和利润分配表兼半年度会计报表。月度、季度、半年度会计报表统称为中期会计报表。

施工企业拥有一个或一个以上子公司,并对子公司拥有控制权的,除了编制企业本身会计报表外,还应编制合并会计报表,以综合反映企业本身和拥有控制权的子公司所形成的企业集团的经营成果、财务状况及其变动情况。企业合并会计报表包括:(1)合并资产负债表;(2)合并利润表;(3)合并现金流量表;(4)合并利润分配表。

按照企业会计准则规定财务报表编制的施工企业,至少应当包括下列财务报表:(1)资产负债表;(2)利润表;(3)现金流量表;(4)所有者(或股东)权益变动表;(5)附注。对有子公司的母公司,还应编制合并财务报表,对存在多种经营或跨地区经营的施工企业,应再编制分部报告。

企业内部管理需要的会计报表由企业根据实际需要自行设计确定,一般有工程成本表、产品成本表、竣工工程成本表等。

(二)财务情况说明书

财务情况说明书是用文字和数字补充说明在会计报表及其附注中不能反映的企业财务状况的书面报告。其内容主要包括:企业施工生产经营基本情况;新建扩建和更新改造项目投资的筹措、投入情况,项目完成进度及完工后经济效益;利润实现和分配情况;资金增减和周转情况;企业盈利能力、偿债能力和资本保值增值能力;工程成本超降主要原因;施工生产经营环境以及宏观政策、法规发生重大变化对企业财务状况、经营成本和现金流量产生的重大影响及拟采取对策;提高企业盈利、改善资金利用效率的意见和措施等。

施工企业的财务会计报告,应在规定的期限内编好,按照企业会计制度的规定,月度财务会计报告应在月度终了后六天内(节假日顺延,以下同)对外提供;季度财务会计报告应在季度终了后十五天内对外提供;半年度财务会计报告应于年度中期结束后60天内对外提供;年度财务会计报告应于年度终了后四个月内对外提供。月度、季度财务会计报告一般只编制规定的会计报表;半年度财务会计报告除包括规定会计报表外,还应包括会计报表附注中有关重大事项的说明;年度财务会计报告应包括全部会计报表和会计报表附注、财务情况说明书。

企业对外提供的财务会计报告应依次编定页数,加具封面,装订成册,加盖公章。封面上应注明:企业名称、组织形式、地址、报告所属年度或月份、报出日期,并由企业负责人和主管会计工作负责人、会计机构负责人签名并盖章,设置总会计师的企业,还应由总会计师签名盖章。

三、财务会计报告的编制要求

编制财务会计报告,必须做到数字真实、内容完整、编报及时。这是充分发挥财务会计报告作用的关键,也是编制财务会计报告的要求。

(一)编制财务会计报告,必须根据核对无误的账簿记录,以保证财务会计报告的真实性

为了保证报告数字的真实性,施工企业在编制财务会计报告之前,一般须首先检查报告期内所有经济业务是否都已入账;然后根据账簿记录,编制总分类账户和明细分类账户余额表,检查会计记录是否正确;再根据总分类账户和明细分类账户余额表及账簿有关记录,编制会计报表,以保证账账相符,账表一致。为了保证账簿记录的真实性,在月终结账之前,必须注意抓好以下各项工作:

1. 正确计算已完工工程量,做好工程价款结算工作,划清上期已结和本期应结的界限,防止多算或漏算。

2. 划清各个月份的费用界限、各项工程的费用界限以及已完工程和未完工程的费用界限。应由本期负担的费用,不能延到下期;应由下期负担的费用,不得挤入本期。

3. 划清各项费用的开支界限。应由专项工程开支的,不得挤入工程的成本;应由施工成本开支的,不得列作管理费用、财务费用和营业外支出。

4. 积极清理应收、应付、预收、预付款项,及时收回各项欠款。

5. 做好与银行结算户、外币存款户的对账工作,保证双方账目相符。

在办理年度决算报告以前,还要全面清查财产物资,核实库存数量和查清盘点盈亏的原因,并按规定作出固定资产、材料的盘盈、盘亏的账务处理,保证账实相符。同时应逐项检查各项资产是否存在减值情况,并对减值资产提取减值准备。

(二) 编制财务会计报告,必须按照统一规定的报表种类、格式和内容,以保证财务会计报告的完整性

企业在不同会计期间应当编制的各种会计报表和年度、中期财务会计报告应当编制的会计报表附注及财务情况说明书,必须编制齐全;应当填列的报表指标,不论是表内项目或是附注资料,必须全部填列。对拥有子公司控制权的企业,必须编制合并会计报表。

(三) 编制的财务会计报告,必须遵守规定的提供期限,以保证财务会计报告信息的及时性

为了使企业管理当局、投资者及其他有关方面能及时利用财务会计报告反映的财务状况和经营成果信息,必须在会计期间结束后及时编制财务会计报告,并在规定期限内迅速提供。要做到财务会计报告编报及时,必须加强日常核算工作,把账记好、算好、对好,同时要做好财产清查和结账工作。但是,财务会计报告编报的及时性,要以不影响其真实性为前提。不能片面强调财务会计

报告的及时性而提前结账,更不能任意估计会计数字或伪造报告中的数字,致使财务会计报告不能如实反映企业财务状况和经营成果。

股份制施工企业的年度会计报表,应在董事会对利润分配作出决议后进行编制。但为了便于董事会在开会讨论时了解企业当年的盈利水平和年末的财务状况,企业往往要在利润分配之前,编制当年的利润表和利润分配前的资产负债表,提交董事会。但在利润分配作出决议前编制的资产负债表只供董事会人员的参考,企业对外编报的资产负债表,应该是根据董事会对利润分配作出决议以后编制的。

第二节 资产负债表及其附表

一、采用企业会计制度施工企业的资产负债表

资产负债表是总括反映施工企业在每一会计期末(月末、年末)全部资产、负债和所有者(或股东)权益情况的会计报表。其基本结构可用"资产=负债+所有者(或股东)权益"这个会计等式来表达。在会计等式的左方,列示企业在这一时日持有的不同形态资产的价值;与此相对照,在会计等式的右方,则列示企业对不同债权人承担的偿债责任(即负债)和偿债以后归属于所有者(股东)的权益。

资产负债表能为不同的报表使用者提供各自所需的会计信息:(1)企业所掌握的经济资源及其配置状况;(2)企业所负担的长短期债务;(3)企业所有者(或股东)所拥有的净资产;(4)企业偿还债务的能力;(5)企业发展的财力前景。

在资产负债表中,资产项目分为流动资产、长期投资、固定资产、无形资产及其他资产和递延税项等几类。负债项目分为流动负债、长期负债和递延税项等三类。这种分类为分析企业财务状

况提供了一个重要的指标,即企业的流动资产减去流动负债后的净额,是企业流动资产在抵偿流动负债后能保证企业在正常施工生产经营活动中周转使用的营运资金,它表示企业在报告期末的经营财力。

资产负债表的资产方和负债及所有者(或股东)权益方,均设置"年初数"和"期末数"两栏。

"年初数"栏内各项数字,应根据上年年末资产负债表"期末数"栏内所列数字填列。上年决算报告经审查需要修改的,应填列经修改后的上年年末资产负债表所列的期末数。如果本年度资产负债表规定的各个项目的名称和内容与上年度资产负债表不相一致时,应该对上年年末资产负债表各项目有关数字,按照本年度的规定进行调整后,填入本表"年初数"栏内,以便与"期末数"栏内所列的数字相互比较,正确反映各项资产和各项负债及所有者(或股东)权益的增减情况。

"期末数"栏内各项目的数字,根据账簿记录中各科目的余额分析填列。因为资产负债表中的项目与会计科目并不完全一致,所以不能根据各会计科目的期末余额简单转录,对于某些项目的金额,必须根据科目的记录进行必要的分析计算和调整。现将有关项目的内容和填列方法说明如下:

"货币资金"项目,反映企业库存现金、银行结算户存款、外埠存款、银行汇票存款、银行本票存款、信用卡存款、信用证保证金存款、存出投资款等的合计数,根据"现金"、"银行存款"、"其他货币资金"科目的期末余额合计填列。

"短期投资"项目,反映企业购入的各种能随时变现、并准备随时变现的、持有时间不超过一年(含一年)的股票、债券、基金等。根据"短期投资"科目的期末余额填列。对已提跌价准备的,应根据"短期投资"科目的期末余额,减去"短期投资跌价准备"科目的期末余额后的金额填列。有一年内到期委托贷款的企业,其本金和利息减去已计提的减值准备后的净额,也应根据"委托贷款"科目在本项目反映。

"应收票据"项目,反映企业收到的未到期收款、也未向银行贴现的商业承兑汇票和银行承兑汇票,根据"应收票据"科目的期末余额填列。已向银行贴现和已背书转让的应收票据不包括在本项目内,其中已贴现的商业承兑汇票应在会计报表附注中单独披露。

"应收股利"项目,反映企业因股权投资而应收取的现金股利,及应收其他单位的利润,根据"应收股利"科目的期末余额填列。

"应收利息"项目,反映企业因债权投资而应收取的利息,但不包括企业购入到期还本付息债券应收的利息,根据"应收利息"科目的期末余额填列。

"应收账款"项目,反映企业应收的与企业经营业务有关的各项账款,减去已计提的坏账准备后的净额,根据"应收账款"科目所属各明细科目的期末借方余额合计,减去"坏账准备"科目中有关应收账款计提的坏账准备期末余额后的金额填列。如"应收账款"科目所属明细科目期末有贷方余额,应在"预收账款"项目填列。

"其他应收款"项目,反映企业对其他单位和个人的应收和暂付的款项,减去已计提的坏账准备后的净额,根据"其他应收款"科目的期末余额,减去在"坏账准备"科目中有关其他应收款计提的坏账准备期末余额后的金额填列。

"应收补贴款"项目,反映企业按规定应收的各种补贴款,根据"应收补贴款"科目的期末余额填列。

"预付账款"项目,反映企业预付给分包单位工程款和预付给供应单位的购料款,根据"预付账款"科目所属各明细科目的期末借方余额加总填列。如"预付账款"科目所属各明细科目期末有贷方余额,应在"应付账款"项目内填列。又如"应付账款"科目所属明细科目有借方余额,应将它包括在本项目内。

"存货"项目,反映企业期末在库、在用、在途、在施工、在加工中的各项存货的实际成本或可变现净值,包括各种材料、低值易耗品、周转材料、未完工程、在产品、产成品等。根据"物资采购"、"原材料"、"低值易耗品"、"周转材料"、"委托加工物资"、"生产成本"、"库存商品"、"材料成本差异"等科目借方期末余额合计减"材料成本差异"科目贷方期末余额后填列。如计提有跌价准备的,应将存货成本减去"存货跌价准备"科目期末余额后的金额即可变现净值填列。

"待摊费用"项目,反映企业已经支出,但应在一年或一年以内分期摊销的费用,根据"待摊费用"、"采购保管费"科目的期末借方余额填列。"预提费用"科目期末如有借方余额,以及"长期待摊费用"科目中将于一年内到期的部分,也在本项目内反映。

"其他流动资产"项目,反映除表列各项流动资产以外的其他流动资产,根据"备用金"等科目的期末余额填列。

"一年内到期的长期债权投资"项目,反映企业长期债权投资中,将于一年内到期的债券等,根据"长期债权投资"科目期末余额分析填列。

"长期股权投资"项目,反映企业不准备在一年内(含一年)变现的各种股权性质投资的可收回金额,根据"长期股权投资"科目的期末余额,减去"长期投资减值准备"科目中有关股权投资减值准备期末余额后的金额填列。

"长期债权投资"项目,反映企业,不准备在一年内(含一年)变现的各种债权性质的投资的可收回金额,根据"长期债权投资"科目的期末余额,减去"长期投资减值准备"科目中有关债权投资减值准备期末余额和"一年内到期的长期债权投资"后的金额填列。如有超过一年到期的委托贷款,其本金和利息减去已计提的减值准备后的净额,也在本项目内反映。

"固定资产原价"和"累计折旧"项目,反映企业包括融资租入固定资产在内所有各种固定资产的原值和累计折旧,分别根据"固定资产"、"累计折旧"科目的期末余额填列。但对融资租入固定资产原价应在会计报表附注中另行反映。

"固定资产减值准备"项目,反映企业计提的固定资产减值准备,根据"固定资产减值准备"科目的期末余额填列。

"工程物资"项目,反映企业各项专项工程尚未使用的工程物资的实际成本,根据"工程物资"科目的期末余额填列。

"在建专项工程"项目,反映企业在期末尚未完工交付使用的各种专项工程的实际支出,包括交付安装设备购置费、未完建筑安装工程支出、未摊销工程建设其他支出等,根据"在建专项工程"科目的期末余额填列。对在建专项工程已计提减值准备的,应减去"在建专项工程减值准备"科目期末余额后的金额填列。

"固定资产清理"项目,反映企业因出售、毁损、报废等原因转入清理但尚未清理完毕的固定资产的净值或减去减值准备后的余值,以及在清理过程中发生的清理费用减变价收入后的数额,根据"固定资产清理"科目的期末余额扣除临时设施清理后的金额填列;如为贷方余额,以"一"号填列。

"无形资产"项目,反映企业各项无形资产的摊销余值,根据"无形资产"科目的期末余额填列。如已计提减值准备的,应减去"无形资产减值准备"科目期末余额后的金额填列。

"长期待摊费用"项目,反映企业尚未摊销的摊销期限在一年以上的各项费用支出,包括租入固定资产改良工程支出、大修理工程支出以及摊销期限在一年以上的其他待摊费用支出,根据"长期待摊费用"科目的期末余额减去一年内(含一年)摊销的数额后的金额填列。

"临时设施"和"临时设施摊销"项目,反映企业所有各种临时设施原值和累计摊销额,分别根据"临时设施"、"临时设施摊销"科目的期末余额填列。

"临时设施清理"项目,反映企业已转入清理但尚未清理完毕的临时设施净值以及在清理过程中发生的清理费用减变价收入后的数额,根据"固定资产清理——临时设施清理"科目余额填列;如为贷方余额,以"一"号填列。

"其他长期资产"项目,反映除以上长期投资、固定资产专项工程、无形资产、长期待摊费用、临时设施以外的各项长期资产,如有其他长期资产价值较大的,应在会计报表附注中披露其内容和金额。

"递延税款借项"项目,反映企业采用纳税影响会计法核算所得税费用时,期末尚未转销的递延税款的借方余额,根据"递延税款"科目的期末借方余额填列。

"短期借款"项目,反映企业向银行或其他金融机构借入尚未归还的一年期以下(含一年)的款项,根据"短期借款"科目的期末余额填列。

"应付票据"项目,反映企业为了抵付货款和工程款等而开出、承兑的尚未到期付款的应付票据,包括银行承兑汇票和商业承兑汇票,根据"应付票据"科目期末余额填列。

"应付账款"项目,反映企业因购买材料、物资和接受劳务等而应付给供应单位的款项,以及因分包工程应付给分包单位的工程价款,根据"应付账款"科目所属各有关明细科目的期末贷方余额加总填列。如"应付账款"科目所属各明细科目期末有借方余额,应在"预付账款"项目内填列。

"预收账款"项目,反映企业预收发包单位的工程款和预收购货单位的货款,根据"预收账款"科目所属各有关明细科目的期末贷方余额加总填列。如"预收账款"科目所属有关明细科目有借方余额,应在"应收账款"项目内填列。又如"应收账款"科目所属明细科目有贷方余额的,也应包括在本项目内。

"应付工资"项目,反映企业应付未付的职工工资,根据"应付工资"科目的期末贷方余额填列。

"应付福利费"项目,反映企业提取的福利费的期末余额,以及外商投资企业按净利润提取的职工奖励及福利基金的期末余额,根据"应付福利费"科目的期末余额填列。

"应付股利"项目,反映企业尚未支付的现金股利,根据"应付股利"科目的期末余额填列。

"应交税金"项目,反映企业期末应交、多交或未抵扣的各种税金,根据"应交税金"科目的期末贷方余额填列。如"应交税金"科目期末为借方余额,用"一"号填列。

"其他应交款"项目,反映企业应交未交的除税金、应付股利等以外的各种款项,根据"其他应交款"科目的期末贷方余额填列。如"其他应交款"科目期末为借方余额,用"一"号填列。

"其他应付款"项目,反映企业所有应付和暂收其他单位和个人的款项,根据"其他应付款"科目的期末余额填列。

"预提费用"项目,反映企业所有已经预提计入成本费用而尚未支付的各项费用,根据"预提费用"、"采购保管费"科目的期末贷方余额填列。如"预提费用"、"采购保管费"科目为借方余额,应合并在"待摊费用"项目内反映。

"预计负债"项目,反映企业对外提供担保、商业承兑票据贴现、未决诉讼、工程质量保证等确认很可能产生的负债,根据"预计负债"科目的期末余额填列。

"其他流动负债"项目,反映企业除表列流动负债以外的其他流动负债,如应付短期债券等,根据"应付短期债券"等科目的期末余额填列。如其他流动负债价值较大的,应在会计报表附注中披露其内容及金额。

"长期借款"项目,反映企业向银行及其他金融机构借入尚未归还的一年期以上的借款本息,根据"长期借款"科目期末余额减去将于一年或一年内到期偿还的借款后的余额填列。

"应付债券"项目,反映企业发行的在一年以上到期的各种长期债券本息,根据"应付债券"科目期末余额减去将于一年或一年内到期的应付债券本息后的余额填列。

"长期应付款"项目,反映企业除长期借款和应付债券以外的期限在一年以上的其他各种长期应付款,根据"长期应付款"科目的期末余额减去将于一年或一年内到期的长期应付款后的余额填列。

"专项应付款"项目,反映企业接受国家拨入的具有专门用途的拨款以及其他来源取得的款项,根据"专项应付款"科目的期末余额填列。

"其他长期负债"项目,反映企业除表列长期负债项目以外的其他长期负债,根据有关科目的期末余额填列。如其他长期负债价值较大的,应在会计报表附注中披露其内容和金额。

上述长期负债项目中将于一年或一年内到期的长期负债,应在流动负债类的"一年内到期的长期负债"项目单独反映。

"递延税款贷项"项目,反映企业采用纳税影响会计法核算所得税费用时,期末尚未转销的递延税款的贷方余额,根据"递延税款"科目的期末贷方余额填列。

"实收资本"或"股本"项目,反映企业投资者实际投入的资本或股本总额,根据"实收资本"或"股本"科目的期末余额填列。

"资本公积"项目,反映企业资本公积的期末余额,根据"资本公积"科目的期末余额填列。

"盈余公积"项目,反映企业盈余公积的期末余额,根据"盈余公积"科目的期末余额填列。

"未分配利润"项目,反映企业尚未分配的利润,根据"本年利润"科目和"利润分配"科目的余额计算填列。对未弥补的亏损,在本项目内用"—"号填列。

施工企业如有内部独立核算单位,应在企业(公司)资产负债表的资产方增设"拨付所属资金"和"应收内部单位款"项目,分别

图表13-1

编制单位:

资产负债表(采用企业会计制度施工企业用)
2006年12月31日

单位:元

资产	年初数	期末数	负债和所有者(或股东)权益	年初数	期末数
流动资产:			流动负债:		
货币资金	256 100	402 000	短期借款	320 000	536 000
短期投资			应付票据	280 000	356 000
应收票据	566 100	877 400	应付账款	471 000	583 000
应收股利			预收账款	108 000	160 000
应收利息			应付工资		
应收账款	742 500	792 000	应付福利费	5 000	7 000
其他应收款	8 000	10 000	应付股利	500 000	801 400
预付账款			应交税金	20 000	75 376
应收补贴款			其他应交款		
存货	4 409 300	4 844 000	其他应付款	6 000	8 000
待摊费用	48 000	44 000	预提费用		
一年内到期的长期债权投资			预计负债		
其他流动资产			一年内到期的长期负债		
流动资产合计	6 030 000	6 969 400	其他流动负债		
长期投资:			流动负债合计	1 710 000	2 526 776
长期股权投资	200 000	1 107 200	长期负债:		
长期债权投资			长期借款	720 000	1 578 960

长期投资合计		200 000	应付债券	
固定资产:			长期应付款	
固定资产原价	9 637 300	1 107 200	专项应付款	
减:累计折旧	2 916 000	10 200 000	其他长期负债	
固定资产净值	6 721 300	3 540 000	长期负债合计	1 578 960
减:固定资产减值准备		6 660 000	递延税项:	
固定资产净额	6 721 300	6 660 000	递延税款贷项	
工程物资	649 100			
在建专项工程		1 122 400		
固定资产清理	7 370 400	7 782 400		
无形资产及其他资产:				
无形资产	600 000	600 000		
长期待摊费用	294 000	310 000		
临时设施	290 800	350 600	负债合计	2 430 000 4 105 736
减:临时设施摊销	90 500	110 600	所有者(或股本)权益:	
临时设施净值	200 300	240 000	实收资本(或股本)	9 204 000 9 204 000
临时设施清理			资本公积	1 860 000 1 860 000
其他长期资产			盈余公积	700 700 916 695
无形资产及其他资产合计	1 094 300	1 150 000	未分配利润	500 000 922 569
递延税项:			所有者(或股东)权益合计	12 264 700 12 903 264
递延税款借项			负债和所有者(或股东)权益总计	14 694 700 17 009 000
资 产 总 计	14 694 700	17 009 000		

反映拨付各内部独立核算单位的施工生产经营资金和对各内部独立核算单位的应收和暂付款项,根据"拨付所属资金"和"应收内部单位款"科目的期末余额分析填列。在负债及所有者(股东)权益方增设"应付内部单位款"项目,反映对各内部独立核算单位的应付和暂收款项,根据"应付内部单位款"科目的期末余额分析填列。

施工企业所属各内部独立核算单位资产负债表的负债及所有者(或股东)权益方应增设"上级拨入资金"和"应付内部单位款"项目,分别反映企业(公司)拨入施工生产经营资金和对企业、其他内部独立核算单位的应付及暂收款项,根据"上级拨入资金"和"应付内部单位款"科目的期末余额分析填列。在资产方增设"应收内部单位款"项目,反映对企业和其他内部独立核算单位的应收和暂付款项,根据"应收内部单位款"科目的期末余额分析填列。

施工企业在汇编资产负债表时,应将企业(公司)资产负债表中的"拨付所属资金"项目期末数与所属各内部独立核算单位资产负债表中的"上级拨入资金"项目期末数之和核对相符,并相互抵销。将企业(公司)和所属各内部独立核算单位资产负债表中的"应收内部单位款"项目期末数和所属各内部独立核算单位资产负债表中的"应付内部单位款"项目期末数核对相符,并相互抵销。将企业(公司)和所属各内部独立核算单位资产负债表中的"应付内部单位款"项目期末数和所属各内部独立核算单位资产负债表中的"应收内部单位款"项目期末数核对相符,并相互抵销。

采用企业会计制度的施工企业的资产负债表的格式如图表13-1所示。

二、采用企业会计准则施工企业的资产负债表

采用企业会计准则施工企业用的资产负债表与采用企业会计制度施工企业用的资产负债表比较,主要有以下几个方面不同:

在资产负债表的资产项目将它分为流动资产和非流动资产两类,在负债项目将它分为流动负债和非流动负债两类。

在资产项目中的新设项目,按如下方法填列。

"交易性金融资产"项目,反映企业为交易目的所持有的债券投资、股票投资、基金投资等交易性金融资产的公允价值,根据"交易性金融资产"科目的期末借方余额填列。

"可供出售金融资产"项目,反映企业持有的可供出售的股票投资,债券投资等金融资产的公允价值,根据"可供出售金融资产"科目的期末借方余额填列。

"持有至到期投资"项目,反映企业持有至到期投资的可收回余额,根据"持有至到期投资"科目的期末余额,减去"持有至到期投资减值准备"科目期末余额后的金额填列。

"投资性房地产"项目,对采用成本模式计量的投资性房地产,反映企业持有的投资性房地产的净值,根据"投资性房产"和"投资性地产"科目的期末余额减去"投资性房产累计折旧"和"投资性地产累计摊销"科目期末余额后的金额填列。对采用公允价值模式计量的投资性房地产,反映企业持有的投资性房地产的公允价值,根据"投资性房产"和"投资性地产"科目的期末余额之和填列。

"开发支出"项目,反映企业进行研究与开发无形资产过程中发生的满足资本化条件的支出,根据"研发支出——资本化支出"科目的期末余额填列。

"商誉"项目,反映企业合并中形成的商誉价值,根据"商誉"科目的期末余额填列。

"递延所得税资产"项目,反映企业确认的可抵扣暂时性差异产生的递延所得税资产,根据"递延所得税资产"科目的期末借方余额填列。

在负债项目中的新设项目,按如下方法填列:

"递延所得税负债"项目,反映企业确认的应纳税暂时性差异产生的所得税负债,根据"递延所得税负债"科目的期末贷方余额填列。

在所有者权益项目中新设的项目,按如下方法填列:

"库存股"项目,反映企业收购转让或注销的本公司股份金额,根据"库存股"科目的期末借方余额填列。

采用企业会计准则的施工企业的资产负债表的格式如图表13-2所示。

图表 13-2

资产负债表(采用企业会计准则施工企业用)

编制单位:＿＿＿＿　＿＿年＿＿月＿＿日　　单位:元

资产	期末余额	年初余额	负债和所有者权益 (或股东权益)	期末余额	年初余额
流动资产:			流动负债:		
货币资金			短期借款		
交易性金融资产			应付票据		
应收票据			应付账款		
应收账款			预收款项		
预付款项			应付职工薪酬		
应收利息			应交税费		
应收股利			应付利息		
其他应收款			应付股利		
存货			其他应付款		
一年内到期的非流动资产			一年内到期的非流动负债		
其他流动资产			其他流动负债		
流动资产合计			流动负债合计		
非流动资产:			非流动负债:		
可供出售金融资产			长期借款		
持有至到期投资			应付债券		
长期应收款			长期应付款		
长期股权投资			专项应付款		

(续表)

资　　　产	期末余额	年初余额	负债和所有者权益 （或股东权益）	期末余额	年初余额
投资性房地产			预计负债		
固定资产			递延所得税负债		
在建专项工程			其他非流动负债		
工程物资			非流动负债合计		
固定资产清理			负债合计		
无形资产			所有者权益（或股东权益）：		
开发支出			实收资本（或股本）		
商誉			资本公积		
长期待摊费用			减：库存股		
递延所得税资产			盈余公积		
其他非流动资产			未分配利润		
非流动资产合计			所有者权益（或股东权益）合计		
资　产　总　计			负债和所有者权益 （或股东权益）总计		

三、资产减值准备明细表

资产减值准备明细表是采用企业会计制度施工企业反映各项资产减值准备的增减变动情况的会计报表，用以详细说明资产负债表中各项资产计提的减值准备及其变动。因为企业会计制度要求在会计报表上所反映的各项会计要素更加符合其质量特性，满足会计信息可靠性的要求，对企业所拥有或控制的各项资产，如已发生了减值，均应计提减值准备，将它从资产负债表各资产项目减去反映。但是各项资产的质量究竟怎样，就要求编制资产减值准备明细表，来反映各项资产计提的减值准备。表中各项目应根据"短期投资跌价准备"、"坏账准备"、"存货跌价准备"、"长期投资减值准备"、"固定资产减值准备"、"在建专项工程减值准备"、"无形资产减值准备"、"委托贷款"等科目的记录分析填列。

采用企业会计制度施工企业资产减值准备明细表的格式如图表 13-3 所示。

图表 13-3

资产减值准备明细表

编制单位：　　　　　　　　　　年度　　　　　　　　　　单位：元

项　　目	年初余额	本年增加数	本年减少数	年末余额
一、坏账准备合计				
其中：应收账款				
其他应收款				
二、短期投资跌价准备合计				
其中：股票投资				
债券投资				
三、存货跌价准备合计				
其中：在建工程				
原材料				
四、长期投资减值准备合计				
其中：长期股权投资				
长期债权投资				
五、固定资产减值准备合计				
其中：房屋、建筑物				
施工机械				
六、无形资产减值准备				
其中：专利权				
商标权				
七、在建专项工程减值准备				
八、委托贷款减值准备				

四、所有者(或股东)权益增减变动表

所有者权益增减变动表又称股东权益增减变动表,它是采用企业会计制度施工企业用以反映所有者或股东权益增减变动的会计报表,用以详细说明资产负债表中所有者或股东权益类各项目的增减变动的原因,根据"实收资本"或"股本"、"资本公积"、"盈余公积"、"利润分配"科目的发生额分析填列。

采用企业会计制度施工企业所有者(或股东)权益增减变动表的格式如图表 13-4 所示。

图表 13-4

所有者(或股东)权益增减变动表

编制单位:　　　　　　　　年度　　　　　　　　单位:元

项　　目	本 年 数	上 年 数
一、实收资本(或股本):		
年初余额		
本年增加数		
其中:资本公积转入		
盈余公积转入		
利润分配转入		
新增资本(或股本)		
本年减少数		
年末余额		
二、资本公积:		
年初余额		
本年增加数		
其中:资本(或股本)溢价		
接受捐赠非现金资产准备		
接受现金捐赠		
股权投资准备		
拨款转入		

(续表)

项目	本年数	上年数
外币资本折算差额		
其他资本公积		
本年减少数		
其中：转增资本(或股本)		
年末余额		
三、法定和任意盈余公积：		
年初余额		
本年增加数		
其中：从净利润中提取数		
其中：法定盈余公积		
任意盈余公积		
本年减少数		
其中：弥补亏损		
转增资本(或股本)		
分派现金股利或利润		
分派股票股利		
年末余额		
其中：法定盈余公积		
四、未分配利润：		
年初未分配利润		
本年净利润(净亏损以"－"号填列)		
本年利润分配		
年末未分配利润(未弥补亏损以"－"号填列)		

五、所有者权益变动表

所有者权益变动表是采用企业会计准则施工企业用以反映所有者权益变动的会计报表,用以详细说明实收资本或股本、资本公积、库存股、盈余公积、未分配利润的年初余额调整、本年增减变动的原因,根据所有者权益类各科目的发生额分析填列。

采用企业会计准则施工企业所有者权益变动表的格式如图表13-5所示。

第三节 利润表及其附表

一、采用企业会计制度施工企业的利润表

利润表又称损益表,是总括反映施工企业在一定期间经营成果的会计报表。它提供的会计信息,具有如下作用:(1)用以了解报告期内企业利润的完成情况,考核企业当局的经营业绩;(2)用以分析企业利润的构成,计算报告期内营业收入利润率,与行业平均利润率比较,评定企业的获利能力和工程投标标价上的竞争实力;(3)据以预测企业以后年度的盈利水平和偿债能力,为投资者和贷款金融机构在投资、贷款决策时提供依据。

采用企业会计制度施工企业利润表的结构,可用以下四个关系式表示:

$$\text{主营业务收入} - \text{主营业务成本} - \text{主营业务税金及附加} = \text{主营业务利润}$$

$$\text{主营业务利润} + \text{其他业务利润} - \text{管理费用} - \text{财务费用} = \text{营业利润}$$

$$\text{营业利润} + \text{投资收益} + \text{营业外收入} - \text{营业外支出} = \text{利润总额}$$

$$\text{利润总额} - \text{所得税} = \text{净利润}$$

利润表设置"本月数"和"本年累计数"两栏,用以反映各项目的当月实际发生数和年度累计实际发生数。在编报年度报表时,

图表13-5

所有者权益变动表

___年度

编制单位：

会企：04表
单位：元

项目	本年金额						上年金额					
	实收资本（或股本）	资本公积	减：库存股	盈余公积	未分配利润	所有者权益合计	实收资本（或股本）	资本公积	减：库存股	盈余公积	未分配利润	所有者权益合计
一、上年年末余额												
加：会计政策变更												
前期差错更正												
二、本年年初余额												
三、本年增减变动金额（减少以"-"号填列）												
（一）净利润												
（二）直接计入所有者权益的利得和损失												
1. 可供出售金融资产公允价值变动净额												
2. 权益法下被投资单位其他所有者权益变动的影响												
3. 与计入所有者权益项目相关的所得税影响												
4. 其他												

上述(一)和(二)小计
(三) 所有者投入和减少资本
1. 所有者投入资本
2. 股份支付计入所有者权益的金额
3. 其他
(四) 利润分配
1. 提取盈余公积
2. 对所有者(或股东)的分配
3. 其他
(五) 所有者权益内部结转
1. 资本公积转增资本(或股东)
2. 盈余公积转增资本(或股东)
3. 盈余公积弥补亏损
4. 其他
四、本年年末余额

"本月数"栏改为"上年累计数",填列上年全年累计实际发生数。如果上年度利润表与本年利润表的项目名称和内容不相一致,应对上年度报表项目的名称和数字按本年度的规定进行调整,填入本表"上年累计数"栏。"本年累计数"栏反映各项目自年初起到本月末止的累计实际发生数,根据上月本表本栏数字与本月本表"本月数"栏数字加总填列。现将"本月数"栏各项目的内容和填列方法说明如下:

"主营业务收入"项目,反映企业经营主要业务即工程所取得的收入总额,根据"主营业务收入"科目贷方发生额分析填列。

"主营业务成本"项目,反映企业经营主要业务发生的成本。根据"主营业务成本"科目借方发生额分析填列。

"主营业务税金及附加"项目,反映企业经营主要业务应负担的营业税、城市维护建设税和教育费附加等税费,根据"主营业务税金及附加"科目借方发生额分析填列。

"其他业务利润"项目,反映企业除主营业务收入以外的其他业务收入扣除其他业务支出(包括其他业务成本及应负担的税金及附加)后的净收益(如为净支出应以"一"号填列),根据"其他业务收入"和"其他业务支出"科目的发生额分析计算填列。

"管理费用"和"财务费用"项目,分别反映企业发生的应由工程收入、其他业务收入负担的管理费用和财务费用,根据"管理费用"、"财务费用"科目的借方发生额减贷方发生额填列。

"投资收益"项目,反映企业对外投资取得的收益,包括分得的投资利润、债券投资的利息收入、股票投资的股利等,根据"投资收益"科目的本期发生额分析填列。如为投资亏损,应以"一"号填列。

"补贴收入"项目,反映企业取得的各种补贴收入,根据"补贴收入"科目的发生额分析填列。

"营业外收入"项目和"营业外支出"项目,反映企业业务经营以外的收入和支出,分别根据"营业外收入"、"营业外支出"科目的本期发生额分析填列。

"利润总额"项目,反映企业实现的利润总额,根据"营业利润"项目数加"投资收益"、"补贴收入"、"营业外收入"项目数,减"营业外支出"项目数后的余额填列。如为亏损,应以"一"号填列。

"所得税"项目,反映企业年度内按照所得税法规定计算的应交所得税,根据"所得税"科目的发生额分析填列。

"净利润"项目,反映企业本年度内缴纳所得税后的利润,根据"利润总额"减"所得税"后的数字填列。如为亏损,应以"一"号填列。

为了说明营业利润以外损益的形成,在利润表补充资料中还列有:出售处理部门或被投资单位所得收益、自然灾害发生的损失、会计政策变更增加(或减少)利润总额、会计估计变更增加(或减少)利润总额、债务重组损失等项目。这些项目的本年累计数,根据"投资收益"、"营业外支出"、"以前年度损益调整"等科目的发生额分析填列。

采用企业会计制度施工企业利润表的格式如图表 13-6 所示。

二、采用企业会计准则施工企业的利润表

采用企业会计准则施工企业的利润表的作用和结构,基本上与采用企业会计制度施工企业的利润表相同。但由于企业会计准则应用指南中损益类科目的组成和名称与企业会计制度不同,利润表在显示其结构的项目名称上也不相同。

$$营业利润 = 营业收入 - 营业成本 - 营业税金及附加 - 管理费用$$

$$- 财务费用 - 资产减值损失 + 公允价值变动收益 + 投资收益$$

图表 13-6

利 润 表

编制单位： 2006 年 月份 单位：元

项　　　目	本月数(上年实际数)	本年累计数
一、主营业务收入		24 380 000
减：主营业务成本	（略）	20 893 460
主营业务税金及附加		804 540
二、主营业务利润		2 682 000
加：其他业务利润		539 200
减：管理费用	（略）	1 045 000
财务费用		176 300
三、营业利润		1 999 900
加：投资收益		140 800
补贴收入	（略）	
营业外收入		24 000
减：营业外支出		15 500
四、利润总额	（略）	2 149 200
减：所得税		709 236
五、净利润	（略）	1 439 964

补充资料：

项　　　目	本年累计数	上年实际数
1. 出售、处理部门或被投资单位所得收益		
2. 自然灾害发生的损失		
3. 会计政策变更增加(或减少)利润总额		
4. 会计估计变更增加(或减少)利润总额		
5. 债务重组损失		
6. 其他		

$$\text{利润总额} = \text{营业利润} + \text{营业外收入} - \text{营业外支出}$$

$$\text{净利润} = \text{利润总额} - \text{所得税费用}$$

利润表设置"本期金额"和"上期金额"两栏,用以反映各项目的当期和上年同期实际发生额。如果上年度利润表与本年度利润表的项目名称和内容不相一致,应对上年度报表项目的名称和金额按本年度的规定进行调整,填入本表"上期金额"栏。"本期金额"栏反映当期各项目的实际发生额。现将"本期金额"栏各项目的内容和填列方法说明如下:

"营业收入"项目,反映企业主营业务和其他业务的收入总额,根据"主营业务收入"和"其他业务收入"科目本期贷方发生额分析填列。

"营业成本"项目,反映企业主营业务和其他业务发生的成本,根据"主营业务成本"和"其他业务成本"科目本期借方发生额分析填列。

"营业税金及附加"项目,反映企业经营主要业务和其他业务应负担的营业税、城市维护建设税和教育费附加等税费,根据"营业税金及附加"科目的发生额分析填列。

"管理费用"和"财务费用"项目,分别反映企业发生的应由主营业务收入、其他业务收入负担的管理费用和财务费用,根据"管理费用"、"财务费用"科目的发生额分析填列。

"资产减值损失"项目,反映企业计提各项资产(包括应收账款、存货、长期股权投资、持有至到期投资、固定资产、无形资产等)减值准备所形成的损失,根据"资产减值损失"科目的发生额分析填列。

"公允价值变动收益"项目,反映企业交易性金融资产以及采用公允价值模式计量的投资性房地产等公允价值变动形成的应计入当期损益的收益或损失,根据"公允价值变动损益"科目贷方发生额大于借方发生额的差额填列。如借方发生额大于贷方发生额,其差额为公允价值变动损失,应以"一"号填列。

"投资收益"项目,反映企业对外投资取得的收益或损失,根据"投资收益"科目贷方发生额大于借方发生额的差额填列,如借方发生额大于贷方发生额,为投资损失,应以"一"号填列。"其中:对联营企业和合营企业的投资收益"项目,根据"投资收益"科目的贷方发生额分析填列。

"营业外收入"项目,反映企业发生的各项营业外收入,包括非流动资产处置利润、非货币性资产交换利得、债务重组利得、政府补助、盘盈利得、捐赠利得等,根据"营业外收入"科目本期发生额分析填列。

"营业外支出"项目,反映企业发生的各项营业外支出,包括非流动资产处置损失、非货币性资产交换损失、债务重组损失、公益性捐赠支出、非常损失、盘亏损失等,根据"营业外支出"科目本期发生额分析填列。"其中:非流动资产处置损失"项目,根据"营业外支出"科目借方发生额分析填列。

"所得税费用"项目,反映企业确认的应从当期利润总额中扣除的所得税费用,根据"所得税费用"科目的发生额分析填列。

"基本每股收益"项目,根据普通股股东当期净利润除以发行在外普通股加权平均数计算:

$$基本每股收益 = \frac{当期净利润 - 当期优先股股利}{当期发行在外普通股加权平均数}$$

$$当期发行在外普通股加权平均数 = 期初发行在外普通股股数 + 当期新发行普通股股数 \times \frac{发行在外时间}{报告期时间} - 当期回购普通股股数 \times \frac{回购时间}{报告期时间}$$

采用企业会计准则施工企业利润表的格式如图表13-7所示。

图表13-7

利 润 表(采用企业会计准则施工企业用)

编制单位： ____年__月 单位：元

项 目	本期金额	上期金额
一、营业收入		
减：营业成本		
营业税金及附加		
管理费用		
财务费用		
资产减值损失		
加：公允价值变动收益(损失以"－"号填列)		
投资收益(损失以"－"号填列)		
其中：对联营企业和合营企业的投资收益		
二、营业利润(亏损以"－"号填列)		
加：营业外收入		
减：营业外支出		
其中：非流动资产处置损失		
三、利润总额(亏损总额以"－"号填列)		
减：所得税费用		
四、净利润(净亏损以"－"号填列)		
五、每股收益：		
（一）基本每股收益		
（二）稀释每股收益		

三、利润分配表

利润分配表是反映企业利润分配情况和年末未分配利润结余情况的会计报表。从报表体系来说，它是伴随着利润的产生或亏损的出现而出现的，与利润表有着因果关系。因此，它是利润表的附表。

采用企业会计制度施工企业的利润分配表的结构,可用以下关系式表示:

净利润＋年初未分配利润＋其他转入＝可供分配利润

可供投资者分配的利润 ＝ 可供分配的利润 － 提取法定盈余公积 － 提取职工奖励基金

－ 提取储备基金 － 提取企业发展基金 － 利润归还投资

未分配利润 ＝ 可供投资者分配的利润 － 应付优先股股利

－ 提取任意盈余公积 － 应付普通股股利 － 转作资本或股本的普通股股利

为了便于与上年利润分配情况进行对比分析、利润分配表除列"本年实际"数外,还列有"上年实际"数。"本年实际"栏根据上年"利润分配表"填列。如果上年度利润分配表的项目名称和内容与本年不一致,应对上年度报表项目的名称和数字按本年度的规定进行调整填入本表。"本年实际"栏,根据本年"本年利润"及"利润分配"科目及其所属二级科目的记录分析填列。

"净利润"项目,反映企业实现的净利润,如为净亏损,以"－"号填列,其数额应与利润表中净利润项目的本年累计数相一致。

"年初未分配利润"项目,反映企业年初和未分配的利润,如为未弥补亏损,以"－"号填列。

"其他转入"项目,反映企业按规定用盈余公积弥补亏损等转入的数额。

"提取法定盈余公积"项目,反映企业按规定提取的法定盈余公积。

"提取职工奖励及福利基金"、"提取储备基金"和"提取企业发展基金"项目,分别反映外商投资企业按照规定提取的职工奖励及福利基金、储备基金和企业发展基金。

"利润归还投资"项目,反映中外合作经营企业按规定在合作后期以利润归还投资者的投资。

"应付优先股股利"项目,反映企业应分配给优先股股东的现金股利。

"提取任意盈余公积"项目,反映企业提取的任意盈余公积。

"应付普通股股利"项目,反映企业应分配给普通股股东的现金股利,以及分配给投资者的利润。

"转作资本或股本的普通股股利"项目,反映企业分配给普通股股东的股票股利,以及以利润转增的资本。

"未分配利润"项目,反映企业年末尚未分配的利润。如为未弥补的亏损,以"－"号填列。

采用企业会计制度施工企业的利润分配表的格式如图表13-8所示。

图表13-8

利 润 分 配 表

编制单位:　　　　　　　　年度　　　　　　　　单位:元

项　　　目	本 年 实 际	上 年 实 际
一、净利润 　加:年初未分配利润 　　　其他转入	1 439 964 500 000	(略)
二、可供分配利润 　减:提取法定盈余公积 　　　提取职工奖励基金 　　　提取储备基金 　　　提取企业发展基金 　　　利润归还投资	1 939 964 215 995	(略)
三、可供投资者分配的利润 　减:应付优先股股利 　　　提取任意盈余公积 　　　应付普通股股利 　　　转作资本或股本的普通股股利	1 723 969 801 400	(略)
四、未分配利润	922 569	(略)

四、分部报表

分部报表是跨行业、跨地区施工生产经营施工企业反映企业各行业、各地区经营业务的收入、成本、费用、营业利润、资产总额以及负债总额情况的会计报表,用以明细反映企业所属单位按业务、按地区分类的营业利润及其形成以及拥有的资产、负债总额。分部报表应按业务分部和地区分部分别编制业务分部报表和地区分部报表。

业务分部是指企业内可区分的组成部分,该组成部分提供单项产品或劳务,或一组相关的产品或劳务,并且承担着不同于其他业务分部所承担的风险和回报。对施工企业来说,业务分部是按建筑工程施工、安装工程施工、路桥施工、隧道施工、建筑构件生产、建筑材料生产、房地产开发等划分的内部独立核算单位。

地区分部是指企业内可区分的组成部分,该组成部分在一个特定的经济环境内提供产品或劳务,并且承担着不同于在其他经济环境中经营的组成部分所承担的风险和回报。对施工企业来说,地区分部是按境外、境内各个行政区设置的内部独立核算单位。

如果两个或多个性质上相似的业务分部或地区分部,可以合并为单一的业务分部和地区分部。企业应根据本企业的具体情况,制定适合于本企业的业务分部、地区分部的划分原则,并且一贯地遵循这一原则。如随着情况的变化而作出调整时,应在会计报表附注中予以说明,并且提供调整后的比较分部报表。

满足下列三个条件之一的,应纳入分部报表编制的范围:(1)分部营业收入占所有分部营业收入合计的10%或以上;(2)分部营业利润占所有盈利分部的营业利润合计的10%或以上,或者分部营业亏损占所有亏损分部的营业亏损合计的10%或以上;(3)分部资产总额占所有分部资产总额合计的10%或以上。如果按上述条件纳入分部报表范围的各个分部对外营业收入总额低于企

图表13-9

业务分部报表

编制单位： 　　　　　　　　　年度　　　　　　　　　　　　　　　单位：元

项目	×××业务		×××业务		×××业务		……	其他业务		抵销		未分配项目		合计	
	本年	上年	本年	上年	本年	上年		本年	上年	本年	上年	本年	上年	本年	上年
一、营业收入合计															
其中：对外营业收入															
分部间营业收入															
二、销售成本合计															
其中：对外销售成本															
分部间销售成本															
三、期间费用合计															
四、营业利润合计															
五、资产总额															
六、负债总额															

图表13-10

地区分部报表

___年度

编制单位: 单位: 元

项 目	××地区		××地区		……		其他地区		抵 销		未分配项目		合 计	
	本年	上年	本年	上年	本年	上年	本年	上年	本年	上年	本年	上年	本年	上年
一、营业收入合计														
其中：对外营业收入														
分部间营业收入														
二、销售成本合计														
其中：对外销售成本														
分部间销售成本														
三、期间费用合计														
四、营业利润合计														
五、资产总额														
六、负债总额														

业全部营业收入总额75%的,应将更多的分部纳入分部报表编制范围。纳入分部报表的各个分部最多为10个,如果超过,应将相关的分部予以合并反映。如果某一分部的对外营业收入总额占企业全部营业收入总额90%及以上的,则不需编制分部报表。

表中"对外营业收入"、"对外销售成本",是指各业务分部对整个企业以外的单位结算、销售所产生的收入和成本。"分部间营业收入"、"分部间销售成本",是指各业务分部与其他业务分部结算、销售所产生的收入和成本。

对外销售成本与分部间销售成本,可以按照营业收入占全部业务或地区分部营业收入总额的比例进行分配。

分部资产总额,是指分部在其施工生产经营活动中使用的、并可直接归属于该分部的资产总额。分部负债总额,是指分部的施工生产经营活动形成的、并可直接归属于该分部的负债总额。

"抵销栏"反映各分部间结算、销售所应抵销的收入成本等。

通过业务、地区分部报表,可以了解各业务、地区分部的资源配置和施工生产经营情况,据以调整企业的产业、地区结构,提高企业资源的利用效率,实现利润最大化。

采用企业会计制度施工企业的业务分部报表和地区分部报表的格式如图表13-9、图表13-10所示。

第四节 现金流量表

一、采用企业会计制度施工企业的现金流量表

(一)现金流量及其分类

现金流量表是反映企业一定会计期间内有关现金和现金等价

物的流入、流出信息的会计报表。

现金流量表中的现金,是指企业的库存现金以及可以随时用于支付的存款。它不仅包括"现金"科目核算的库存现金,还包括企业"银行存款"科目核算的存入金融企业、随时可以用于支付的存款,也包括"其他货币资金"科目核算的外埠存款、银行汇票存款、银行本票存款、信用卡存款和信用证保证金存款等。至于银行存款和其他货币资金中有些不能随时用于支付的存款,如不能随时支取的定期存款等,不应作为现金,而应列作投资。

现金等价物是指企业持有的期限短、流动性强、易于转换为已知金额现金、价值变现风险很小的投资。现金等价物虽然不是现金,但其支付能力与现金的差别不大,也可视为现金。如企业为保证支付能力、手持必要的现金,为了不使现金闲置,可以购买短期债券,在需要现金时,随时可以变现。一项投资被确认为现金等价物,必须同时具备如下四个条件:期限短,流动性强,易于转换为已知金额现金、价值变现风险很小。其中期限短,一般是指3个月内可到期变现。

现金流量是指某一段时期内企业现金(包括现金等价物,下文同)流入和流出的数量。如企业点交工程、销售商品、提供劳务、出售固定资产、向银行借款等取得现金,形成企业的现金流入;购买原材料、接受劳务、购买固定资产、对外投资、偿还债务等支付现金,形成企业的现金流出。现金流量信息能够表明企业经营状况是否良好,资金是否紧缺、企业偿付能力大小,从而为企业管理者、投资者、债权人等报表使用者提供非常有用的信息。应该指出的是,企业现金形式的转换,并不构成现金的流入和流出,如企业从银行提取现金,企业用现金购买将于三个月内到期的政府债券等。

施工企业的现金流量,可分为经营活动产生的现金流量、投资活动产生的现金流量和筹资活动产生的现金流量三类。

1. 经营活动产生的现金流量

经营活动是指企业投资活动和筹资活动以外的所有交易和事项。就施工企业来说,经营活动主要包括:承发包工程、提供劳务、经营性租赁、购买材料、接受劳务、交纳税费,等等。

经营活动产生的现金流入有:承包工程、销售商品、提供劳务收到的现金;收到的税费返还;收到的其他与经营活动有关的现金等。

经营活动产生的现金流出有:发包工程、购买商品、接受劳务支付的现金;支付给职工以及为职工支付的现金;支付的各项税费;支付的其他与经营活动有关的现金等。

2. 投资活动产生的现金流量。

投资活动是指企业长期资产的购建和不包括在现金等价物范围内的投资及其处置活动。这里所指的长期资产是指固定资产、临时设施、专项工程、无形资产、其他长期资产等持有期限在一年或一个营业周期以上的资产。所以将包括在现金等价物范围内的投资排除在外,是因为已经将包括在现金等价物范围内的投资视为现金。

投资活动产生的现金流入有:收回投资所收到的现金;取得投资收益所收到的现金;处置固定资产、临时设施、无形资产和其他长期资产而收到的现金净额;收到的其他与投资活动有关的现金等。

投资活动产生的现金流出有:购建固定资产、临时设施、无形资产和其他长期资产所支付的现金;投资所支付的现金;支付的其他与投资活动有关的现金等。

3. 筹资活动产生的现金流量。

筹资活动是指导致企业资本及债务规模和构成发生变化的活动。这里所说的资本,是指实收资本(或股本)、资本溢价(或股本溢价)及与资本有关的现金流入和流出项目,包括吸收投资、发行股票、分配利润等。"债务"是指企业对外举债所借入的款项,如发行债券、向金融企业借入款项及偿还债务等。

筹资活动产生的现金流入有:吸收投资所收到的现金;借款所收到的现金;收到的其他与筹资活动有关的现金等。

筹资活动产生的现金流出有:偿还债务所支付的现金;发生筹资费用所支付的现金;分配股利、利润或偿付利息所支付的现金;支付的其他与筹资活动有关的现金。

(二)现金流量表的作用

编制现金流量表,可为企业管理当局改善企业财务状况,投资者、债权人及其他报表使用者正确评价企业财务状况和预测企业发展情况提供会计信息。

1. 可使企业管理当局掌握现金流量信息,搞好资金调度,最大限度地提高资金使用效率,化解财务风险。

在市场经济条件下,企业现金流量很大程度上决定着企业的生存和发展能力,即使企业有盈利能力,但如资金周转不畅,现金调度不灵,就会严重影响企业的发展,甚至影响企业的生存。如在1997年亚洲金融风暴中,香港百富勤公司就因无法及时筹集6 000万美元以偿还到期债务,最终导致崩溃。事实上,当时百富勤公司只是定息市场业务在东南亚金融危机中蒙受了巨额损失,而集团整体仍是盈利,也远未达到资不抵债,但终因现金不足无法清偿到期债务,被迫清盘。因此,一个企业如被拖欠的工程款和呆滞材料很多,即使账面利润不少,有承包工程,也会使企业无钱购买材料,偿还应付款,组织再生产。所以,企业管理当局根据现金流量表掌握的现金流量信息,可以及时搞好资金调度,合理地利用资金,化解财务风险。

2. 可使投资者、债权人了解企业较真实的财务状况,预测企业的支付能力、偿债能力和未来发展情况。

现金流量表提供的信息,能说明企业从经营中获得现金的各种活动,借以偿还债务、分发股利或进行投资以维持或扩大经营的能力。它还能说明在债务和权益方面的各种理财活动,以及现金投资和现金耗用等情况。如通过经营活动净现金流量与流动负债的对比,可以评价企业短期偿债能力的强弱;通过经营活动净现金流量与全部负债的对比,可以说明企业用每年的经营活动现金流量偿付所有债务的能力;通过经营活动净现金流量与普通股股数的对比,可以说明企业进行资本支出和支付股利能力的强弱。所有这些,都有助于投资者、债权人了解企业当前的支付能力、偿债能力和支付股利能力,预测企业未来的发展情况,为投资者、债权人进行投资决策、贷款决策提供依据。

3. 可使经济管理部门对企业的财务活动进行监督。

现金流量信息是政府综合经济管理部门、国有资产管理部门,尤其是证券市场监管部门对企业进行监督的重要依据。因为现金流量表是以现收现付实现制为基础综合反映企业一定期间现金流入和流出的会计报表。将现金流量信息与资产负债表和利润表提供的信息综合起来考虑,可以综合评价企业是如何获得现金,又是如何运用这些现金的;企业的真实财务状况如何,是否潜伏着重大的风险,等等。通过掌握、分析现金流量信息,监管部门可以将事后监督转为事前监督,防范和化解潜在风险。

(三) 现金流量表的编制

编制现金流量表时,列报经营活动现金流量的方法有两种:一是直接法;二是间接法。

所谓直接法,是指通过现金收入和支出的主要项目反映来自企业经营活动的现金流量。在实务中,一般是以利润表中的工程结算等收入为起算点,调整与经营活动各项目有关的增减变动,然后分别计算出经营活动的现金流量。

所谓间接法,是指以本期净利润为起算点,调整不涉及现金的收入、费用、营业外收支以及应收应付等项目的增减变动,据以计算并列示经营活动的现金流量。

直接法的主要优点是显示了经营活动现金流量的各项流入流出内容。相对间接法来说,它更能体现现金流量表的目的。因在现金流量表中列示各项现金流入的来源和现金流出的用途,有助于预测未来的经营活动现金流量,更能揭示企业从经营活动中产生足够的现金来偿付其债务的能力、进行再投资的能力和支付股利的能力。当然,间接法在净利润的基础上调整不涉及现金收支的收入、费用、营业外收支和应收应付等项目,据以确定并列示经营活动现金流量,也有助于分析影响现金流量的原因以及从现金流量角度分析企业净利润的质量。因此,在现行企业会计准则中,要求企业按直接法编制现金流量表,并在补充资料中披露,按间接法将净利润调整为经营活动现金流量的信息,从而兼顾了两种方法的优点。

1. 采用直接法编制现金流量表的方法。

施工企业现金流量表按照经营活动产生的现金流量、投资活动产生的现金流量和筹资活动产生的现金流量分别反映。

(1) 经营活动产生的现金流量的项目的内容和填列方法:

"承包工程、销售商品、提供劳务收到的现金"项目,反映企业工程价款结算、销售产品和材料、提供机械作业和运输作业等劳务实际收到的现金,包括本期工程结算、销售商品、提供劳务收到的现金,以及前期工程结算、销售商品、提供劳务本期收到的现金和本期预收工程款,根据"现金"、"银行存款"、"应收账款"、"应收票据"、"预收账款"、"工程结算收入"或"主营业务收入"、"其他业务收入"等科目的记录分析填列。

"收到的税费返还"项目,反映企业收到返还的各种税费,如收到的营业税、所得税、教育费附加返还等,根据"现金"、"银行存款"、"应交税金"、"工程结算税金及附加"或"主营业务税金及附加"、"补贴收入"、"应收补贴款"等科目的记录分析填列。

"收到的其他与经营活动有关的现金"项目,反映企业除了上述项目外,收到的其他与经营活动有关的现金,包括捐赠现金收入、罚款收入、流动资产损失中由个人赔偿的现金收入等,根据"现金"、"银行存款"、"营业外收入"、"其他应收款"等科目的记录分析填列。

"发包工程、购买商品、接受劳务支付的现金"项目,反映企业与分包单位结算工程价款、购买材料、接受劳务实际支付的现金,包括本期与分包单位结算工程价款、购买材料、接受劳务支付的现金,以及本期支付前期与分包单位结算工程价款、购买材料、接受劳务的未付款项,和本期预付分包单位工程款、及供应单位购货款,根据"现金"、"银行存款"、"应付账款"、"应付票据"、"预付账款"、"物资采购"或各材料等科目的记录分析填列。

"支付给职工以及为职工支付的现金"项目,反映企业实际支付给职工,以及为职工支付的现金,包括本期实际支付给职工的工资、奖金、各种津贴和补贴等,以及为职工支付的其他费用,不包括支付的离退休人员的各项费用和支付给专项工程人员的工资等,根据"现金"、"银行存款"、"应付工资"、"应付福利费"等科目的记录分析填列。

企业为职工支付的养老金、失业等社会保险基金、补充养老保险、住房公积金、支付给职工的住房困难补助,以及企业支付给职工或为职工支付的其他福利费用等,应按职工的工作性质和服务对象,分别在本项目和在"购建固定资产、临时设施、无形资产和其他长期资产所支付的现金"项目反映。

"支付的各项税费"项目,反映企业按规定支付的各种税费,包括本期发生并支付的税费,以及本期支付以前各期发生的税费和预交的税金,如支付的教育费附加、印花税、房产税、车船使用税、预交的营业税等(不包括计入固定资产价值、实际支付的耕地占用税等),根据"应交税金"、"现金"、"银行存款"等科目的记录分析填列。至于本期退回的所得税和营业税,在"收到的税费返还"项目反映。

"支付的其他与经营活动有关的现金"项目,反映企业除上述各项目外,支付的其他与经营活动有关的现金流出,如罚款支出、支付的差旅费、业务招待费现金支出、保险费支出、离退休人员统筹退休金支出以及未参加统筹的退休人员的各项费用等,根据"现金"、"银行存款"、"管理费用"、"营业外支出"等科目的记录分析填列。

(2) 投资活动产生的现金流量的项目的内容和填制方法:

"收回投资所收到的现金"项目,反映企业出售、转让或到期收回除现金等价物以外的短期投资、长期股权投资而收现的现金,以及收回长期债权投资本金而收到的现金,根据"现金"、"银行存款"、"短期投资"、"长期股权投资"、"长期债权投资"等科目的记录分析填列。

"取得投资收益所收到的现金"项目,反映企业因股权性投资和债权性投资而取得的现金股利、利息,以及从子公司、联营企业和合营企业分回利润收到的现金,根据"现金"、"银行存款"、"投资收益"等科目的记录分析填列。

"处置固定资产、临时设施、无形资产和其他长期资产而收回的现金净额"项目,反映企业出售、转让、清理固定资产、临时设施、无形资产和其他长期资产所取得的现金,减去为处置这些资产而支付的有关费用后的净额,根据"现金"、"银行存款"、"固定资产清理"、"无形资产"、"临时设施"等科目的记录分析填列。由于自然灾害所造成的固定资产等长期资产损失而收到的保险赔偿收入,也在本项目反映。

"收到的其他与投资活动有关的现金"项目,反映企业除了上述各项以外,收到的其他与投资活动有关的现金,根据"现金"、"银行存款"等科目的记录分析填列。

"购建固定资产、临时设施、无形资产和其他长期资产所支付的现金"项目,反映企业购买、建造固定资产和临时设施,取得无形资产和其他长期资产支付的现金,根据"现金"、"银行存款"、"固定资产"、"在建专项工程"、"无形资产"等科目的记录分析填列。至于为购建固定资产而发生的借款利息资本化的部分,以及融资租入固定资产支付的租赁费、借款利息,在筹资活动产生的现金流量中反映。

"投资所支付的现金"项目,反映企业进行权益性投资和债权性投资支付的现金,包括企业取得的除现金等价物以外的短期股票投资、短期债券投资、长期股权投资、长期债权投资支付的现金,以及支付的佣金、手续费等附加费用,根据"现金"、"银行存款"、"短期投资"、"长期股权投资"、"长期债权投资"等科目的记录分析填列。至于购买股票债券时实际支付的价款中包含的已宣告但尚未领取的现金股利或已到付息期但尚未领取的债券利息,在投资活动的"支付的其他与投资活动有关的现金"项目反映;收回上述现金股利或债券利息,在投资活动的"收到的其他与投资活动有关的现金"项目反映。

"支付的其他与投资活动有关的现金"项目,反映企业除了上述各项以外,支付的其他与投资活动有关的现金,根据"现金"、"银行存款"等科目的记录分析填列。

(3) 筹资活动产生的现金流量的项目的内容和填列方法:

"吸收投资所收到的现金"项目,反映企业收到的投资者投入的现金,包括以发行股票、债券等方式筹集的资金实际收到款项净额(发行收入减去支付的佣金等发行费用后的净额),根据"实收资本"或"股本"、"现金"、"银行存款"等科目的记录分析填列。至于以发行股票、债券等方式筹集资金而由企业直接支付的审计、咨询等费用,在"支付的其他与筹资活动有关的现金"项目反映。

"借款所收到的现金"项目,反映企业向银行等金融机构借入的资金,根据"银行存款"、"短期借款"、"长期借款"等科目的记录分析填列。

"收到的其他与筹资活动有关的现金"项目,反映企业除上述各项以外收到的其他与筹资活动有关的现金,根据"现金"、"银行存款"等科目的记录分析填列。

"偿还债务所支付的现金"项目,反映企业以现金偿还债务的本金,包括偿还银行等金融机构的借款本金、偿还债券本金,根据"银行存款"、"短期借款"、"长期借款"、"应付债券"等科目的记录分析填列。企业偿还的借款利息、债券利息在"分配股利、利润或偿付利息所支付的现金"项目反映。

"分配股利、利润或偿付利息所支付的现金"项目,反映企业实际支付的现金股利,支付给其他投资单位的利润以及支付的借款利息、债券利息等,根据"应付股利"、"财务费用"、"长期借款"、"现金"、"银行存款"、"应付债券"等科目的记录分析填列。

"支付的其他与筹资活动有关的现金"项目,反映企业除了上述各项目外,支付的其他与筹资活动有关的现金流出,如捐赠现金支出、融资租入固定资产支付的租赁款等,根据"现金"、"银行存款"等科目的记录分析填列。企业在报告期如有因减少注册资本而对投资者支付现金,应单列"减少注册资本所支付的现金"项目加以反映。

施工企业如有外币业务的,还要在"汇率变动对现金的影响"项目,反映企业外币现金流量,按现金流量发生日的汇率或平均汇率折算的人民币金额与外币现金净额按期末汇率折算的人民币金额之间的差额。如某施工企业当期与外商结算工程价款时收入

50万美元,收汇当日汇率为1:8.40,期末汇率为1:8.30,假定当期没有其他外币业务发生,则"汇率变动对现金的影响"为5万元[500 000×(8.40-8.30)]。在实务中,对当期发生的外币业务,也可不必逐笔计算汇率变动对现金的影响,可以通过报表补充资料中"现金及现金等价物净增加额"数额与报表中"经营活动产生的现金流量净额"、"投资活动产生的现金流量净额"、"筹资活动产生的现金流量净额"三项之和比较,其差额即为"汇率变动对现金的影响额"。

"现金及现金等价物净增加额"项目,反映企业本期净增加的现金、银行存款、其他货币资金和持有期限短、流动性强、易于转换为已知金额现金、价值变现风险很小的投资。根据下列公式计算填列。

$$\text{现金及现金等价物净增加额} = \text{经营活动产生的现金流量净额} + \text{投资活动产生的现金流量净额} + \text{筹资活动产生的现金流量净额} + \text{汇率变动对现金的影响额}$$

$$\text{经营活动产生的现金流量净额} = \text{经营活动流入的现金} - \text{经营活动流出的现金}$$

$$\text{投资活动产生的现金流量净额} = \text{投资活动流入的现金} - \text{投资活动流出的现金}$$

$$\text{筹资活动产生的现金流量净额} = \text{筹资活动流入的现金} - \text{筹资活动流出的现金}$$

2. 现金流量表补充资料披露的信息及其填列。

现金流量表补充资料披露的信息,包括:将净利润调节为经营活动的现金流量、不涉及现金收支的投资和筹资活动、现金及现金等价物净增加情况三个部分。

(1) 采用间接法将净利润调节为经营活动现金流量的方法。

上文已经说过,为了有助于报表使用者分析影响现金流量增减变动的原因和分析企业净利润的质量,现金流量还应采用间接法将净利润调节为经济活动的现金流量。由于利润表中反映的净利润,是按权责发生制原则确定的,其中有些收入、费用、损失项目并没有实际发生现金流入和流出,有些不属于经营活动的损益,因此,要在净利润基础上计算经营活动的现金流量,必须对这些项目进行调整。就施工企业来说,应调整的项目主要有:(1)计提的资产减值准备;(2)固定资产折旧和临时设施摊销;(3)无形资产摊销;(4)长期待摊费用摊销;(5)待摊费用减少(减增加);(6)预提费用增加(减减少);(7)处置固定资产、临时设施、无形资产和其他长期资产的损失(减收益);(8)固定资产和临时设施报废损失;(9)属于投资、筹资活动的财务费用;(10)投资损失(减收益);(11)递延税款贷项(减借项);(12)存货的减少(减增加);(13)经营性应收项目的减少(减增加);(14)经营性应付项目的增加(减减少)等。上列各调整项目的金额,可根据"管理费用"、"投资收益"、"营业外支出"、"累计折旧"、"临时设施摊销"、"无形资产"、"长期待摊费用"、"待摊费用"、"预提费用"、"固定资产清理"、"递延税款"、"应收账款"、"应收票据"、"其他应收款"、"应付账款"、"应付票据"、"应交税金"、"其他应付款"等科目记录和资产负债表"存货"项目期初期末余额分析计算填列。

"经营活动产生的现金流量净额"项目的金额根据"净利润"项目与上述各调整项目的金额加总填列。

(2)不涉及现金收支的投资和筹资活动的项目及其填列方法。

不涉及现金收支的投资和筹资活动,反映企业一定期间内影响资产或负债但不形成该期现金收支的所有投资和筹资活动的信息。包括:(1)债务转为资本;(2)一年内到期的可转换公司债券;(3)融资租入固定资产。这些投资和筹资活动,虽不涉及本期现金收支,但能影响本期和以后各期的现金收支。如本期转为资本的债务金额,会减少本期或以后各期的现金流出;用融资租赁方式租入固定资产,会增加以后各期的现金流出。至于这些项目的金额,可根据"实收资本"或"股本"、"长期投资"或"长期债权投资"、"长期应付款"等科目的记录分析填列。

(3) 现金及现金等价物净增加额的计算。

$$\text{现金及现金等价物净增加额} = \text{现金的期末余额} - \text{现金的期初余额} + \text{现金等价物的期末余额} - \text{现金等价物的期初余额}$$

"现金的期末余额"和"现金的期初余额"项目反映企业"现金"、"银行存款"、"其他货币资金"科目的期末、期初余额扣除不能随时支取定期存款后的合计数。

"现金等价物的期末余额"和"现金等价物的期初余额"项目反映持有期限短、流动性强、易于转换为已知金额现金、价值变现风险小的投资的期末、期初数,根据"短期投资"科目的期末、期初余额分析填列。

补充资料中的"现金及现金等价物增加额"应与现金流量表中最后一行"现金及现金等价物增加额"核对相符。

采用企业会计制度施工企业现金流量表及其补充资料的格式如图表13-11所示。

图表 13-11

现 金 流 量 表(采用企业会计制度施工企业用)

编制单位: 2000年度 单位:元

项　　　　目	金　　额
一、经营活动产生的现金流量:	
承包工程、销售商品、提供劳务收到的现金	26 910 500
收到的税费返还	
收到的其他与经营活动有关的现金	108 200
现金流入小计	27 018 700

(续表)

项　　　　目	金　　额
发包工程、购买商品、接受劳务支付的现金	19 363 386
支付给职工以及为职工支付的现金	4 504 000
支付的各项税费	1 567 450
支付的其他与经营活动有关的现金	150 100
现金流出小计	25 584 936
经营活动产生的现金流量净额	1 433 764
二、投资活动产生的现金流量：	
收回投资所收到的现金	
取得投资收益所收到的现金	33 600
处置固定资产、临时设施、无形资产和其他长期资产而收回的现金净额	
收到的其他与投资活动有关的现金	
现金流入小计	33 600
购建固定资产、临时设施、无形资产和其他长期资产所支付的现金	595 164
投资所支付的现金	800 000
支付的其他与投资活动有关的现金	
现金流出小计	1 395 164
投资活动产生的现金流量净额	−1 361 564
三、筹资活动产生的现金流量：	
吸收投资所收到的现金	
借款所收到的现金	750 000
收到的其他与筹资活动有关的现金	
现金流入小计	750 000
偿还债务所支付的现金	
分配股利、利润或偿付利息所支付的现金	676 300
支付的其他与筹资活动有关的现金	
现金流出小计	676 300
筹资活动产生的现金流量净额	73 700
四、汇率变动对现金的影响	
五、现金及现金等价物净增加额	145 900

(续表)

补充资料:	
项目	金额
1. 将净利润调节为经营活动现金流量:	
净利润	1 439 964
加:计提的资产减值准备	40 500
固定资产折旧和临时设施摊销	644 100
无形资产摊销	60 000
长期待摊费用摊销	
待摊费用减少(减:增加)	4 000
预提费用增加(减:减少)	
处置固定资产、临时设施、无形资产和其他长期资产的损失(减:收益)	
固定资产和临时设施报废损失	
属于投资、筹资活动的财务费用	
投资损失(减:收益)	−140 800
递延税款贷项(减:借项)	
存货的减少(减:增加)	−434 700
经营性应收项目的减少(减:增加)	−362 400
经营性应付项目的增加(减:减少)	183 100
其他	
经营活动产生的现金流量净额	1 433 764
2. 不涉及现金收支的投资和筹资活动:	
债务转为资本	
一年内到期的可转换公司债券	
融资租入固定资产	
3. 现金及现金等价物净增加情况:	
现金的期末余额	402 000
减:现金的期初余额	256 100
加:现金等价物的期末余额	
减:现金等价物的期初余额	
现金及现金等价物净增加额	145 900

二、采用企业会计准则施工企业的现金流量表

采用企业会计准则施工企业的现金流量表,除在格式中的一些项目须根据相关科目金额分析填列外,其作用和编制方法都与采用企业会计制度施工企业的现金流量表相同。采用企业会计准则施工企业的现金流量表及其补充资料的格式如图表 13-12 所示。

表 13-12

现 金 流 量 表(采用企业会计准则施工企业用)

会企03表

编制单位: ＿＿＿＿年度＿月　　　　　　　　　　　单位:元

项　目	本期金额	上期金额
一、经营活动产生的现金流量:		
承包工程销售商品、提供劳务收到的现金		
收到的税费返还		
收到其他与经营活动有关的现金		
经营活动现金流入小计		
发包工程购买商品、接受劳务支付的现金		
支付给职工以及为职工支付的现金		
支付的各项税费		
支付其他与经营活动有关的现金		
经营活动现金流出小计		
经营活动产生的现金流量净额		
二、投资活动产生的现金流量:		
收回投资收到的现金		
取得投资收益收到的现金		
处置固定资产、无形资产和其他长期资产收回的现金净额		
处置子公司及其他营业单位收到的现金净额		
收到其他与投资活动有关的现金		

(续表)

项　　目	本期金额	上期金额
投资活动现金流入小计		
购建固定资产、无形资产和其他长期资产支付的现金		
投资支付的现金		
取得子公司及其他营业单位支付的现金净额		
支付其他与投资活动有关的现金		
投资活动现金流出小计		
投资活动产生的现金流量净额		
三、筹资活动产生的现金流量：		
吸收投资收到的现金		
取得借款收到的现金		
收到其他与筹资活动有关的现金		
筹资活动现金流入小计		
偿还债务支付的现金		
分配股利、利润或偿付利息支付的现金		
支付其他与筹资活动有关的现金		
筹资活动现金流出小计		
筹资活动产生的现金流量净额		
四、汇率变动对现金及现金等价物的影响		
五、现金及现金等价物净增加额		
加：期初现金及现金等价物余额		
六、期末现金及现金等价物余额		
补　充　资　料	本期金额	上期金额
1. 将净利润调节为经营活动现金流量：		
净利润		
加：资产减值准备		
固定资产折旧、油气资产折耗、生产性生物资产折旧		
无形资产摊销		

(续表)

补 充 资 料	本期金额	上期金额
长期待摊费用摊销		
处置固定资产、无形资产和其他长期资产的损失(收益以"一"号填列)		
固定资产报废损失(收益以"一"号填列)		
公允价值变动损失(收益以"一"号填列)		
财务费用(收益以"一"号填列)		
投资损失(收益以"一"号填列)		
递延所得税资产减少(增加以"一"号填列)		
递延所得税负债增加(减少以"一"号填列)		
存货的减少(增加以"一"号填列)		
经营性应收项目的减少(增加以"一"号填列)		
经营性应付项目的增加(减少以"一"号填列)		
其他		
经营活动产生的现金流量净额		
2. 不涉及现金收支的重大投资和筹资活动：		
债务转为资本		
一年内到期的可转换公司债券		
融资租入固定资产		
3. 现金及现金等价物净变动情况：		
现金的期末余额		
减：现金的期初余额		
加：现金等价物的期末余额		
减：现金等价物的期初余额		
现金及现金等价物净增加额		

第五节 合并会计报表

一、合并会计报表及其合并范围

合并会计报表是以母公司和子公司组成的企业集团为一报告主体,以母公司和子公司单独编制的个别会计报表为基础,由母公司编制的综合反映企业集团的经营成果、财务状况现金流量及其变动情况的会计报表。

合并会计报表主要包括合并资产负债表、合并利润表、合并利润分配表、合并现金流量表。与企业个别会计报表一样,这些合并会计报表分别从不同的方面反映企业集团这一报告主体的财务状况、经营成果和现金流量,构成一个完整的合并会计报表体系。

凡在我国境内设立的施工企业集团,当其拥有一个或一个以上子公司时,其母公司都应编制合并会计报表,将其所控制的境内外所有子公司纳入合并会计报表的合并范围。按照现行会计制度的规定,合并会计报表的合并范围具体包括:

1. 母公司拥有其过半数以上(不包括半数)权益性资本的被投资企业,包括:(1)直接拥有其过半数以上权益性资本的被投资企业;(2)间接拥有其过半数以上权益性资本的被投资企业;(3)直接和间接方式拥有其过半数以上权益性资本的被投资企业。间接拥有过半数以上权益性资本是指通过子公司而对子公司的子公司拥有其过半数以上的权益性资本。直接和间接方式拥有其半数以上权益性资本是指母公司虽然只拥有其半数以下的权益性资本,但通过与子公司合计拥有其过半数以上的权益性资本。

2. 其他被母公司所控制的被投资企业。母公司对被投资企业虽然不持有其过半数以上的权益性资本,但母公司与被投资企业之间有下列情况之一的,应当将该被投资企业作为母公司的子公司,纳入合并会计报表的合并范围:(1)通过与该被投资企业的其他投资者之间的协议,持有该被投资企业半数以上表决权;(2)根据章程或协议,有权控制被投资企业的财务和经营政策;(3)有权任免董事会等类似权力机构的多数成员;(4)在董事会或类似权力机构会议上有半数以上投票权。

在确定能否控制被投资单位时,还应考虑企业和其他企业持有的被投资单位的当期可转换的可转换公司债券、当期可执行的认股权证等潜在表决权因素。

3. 在母公司编制合并会计报表时,下列子公司可以不包括在合并会计报表的合并范围之内:(1)已关、停、并、转的子公司;(2)按照破产程序,已宣告被清理整顿的子公司;(3)已宣告破产的子公司;(4)准备近期售出而短期持有其半数以上的权益性资本的子公司;(5)非持续经营的所有者权益为负数的子公司;(6)受所在国外汇管制及其他管制,资金调度受到限制的境外子公司。

二、合并会计报表的作用

合并会计报表能综合反映母公司和子公司所形成的企业集团的经营成果、财务状况及其变动情况,有以下方面的作用:

1. 提供母公司和子公司经营活动的合并报表。母公司的投资者、债权人和管理者不仅希望了解公司本身的经营情况,也希望知道包括子公司的经营情况,以获得其投资方面的信息。子公司的投资者也希望了解包括母公司和其他子公司在内的整个集团的经营情况和经济实力。合并会计报表可以满足这两方面的需要,否则,他们需要花很大的精力去搜集、分析各个公司的会计报表。

2. 提供整个企业集团真实的财务状况和盈利能力。在会计期间,母公司和子公司将发生很多交易,其中包括工程总分包、材料和产品买卖、劳务供应、应收应付往来款等,这些交易都在各公司的账簿和报表中得到反映,编制合并会计报表时,需消除公司间的交易,以免重复计算和提供虚假信息。因此,合并会计报表反映了整个企业集团真实的财务状况和盈利能力。

3. 有利于企业集团的内部管理和国家经济管理部门的宏观调控。通过阅读和分析合并会计报表,可使管理当局全面了解整个企业集团的资金来源及其配置情况,以便有效地规划和合理地配置资源,使有限的资源得到充分的利用。同时根据合并会计报表提供的信息,可合理调整企业集团的各个经营环节,以确保整个企业集团的利润最大化。国家经济管理部门根据各个企业集团提供的信息,可以了解各个产业的经营情况和盈利水平,调整国家产业政策,进行宏观调控。

但是,由于合并会计报表基本上是根据集团各个公司的资产、负债和所有者权益加总编制的报表,混淆了各个公司的权益结构,无法反映各个公司的盈利能力和偿债能力,各个公司的投资者也无法了解其投资的可靠性和安全性。所以即使编制了合并会计报表,也不能忽视各个公司编制的会计报表。

三、合并会计报表的编制方法

由于合并会计报表是以母公司和纳入合并范围的子公司的各个会计报表以及其他有关资料为依据编制的,而各个会计报表是以各个企业为会计主体进行会计核算的总结,它从母公司本身或从子公司本身的角度对企业的经营成果和财务状况进行反映。这样,集团内部公司间发生的经济业务,从发生内部间经济业务公司各个会计报表来看,双方都进行了反映。而编制合并会计报表是以企业集团作为报告主体,对于集团内部各公司间的经济业务就不必在合并会计报表上反映,否则,就会虚增合并会计报表中有些项目的数额,使合并会计报表反映的信息失真。

为编制合并会计报表,子公司除向母公司提供本身的会计报表外,还应提供下列有关资料:(1)子公司所采用的与母公司不同的会计政策;(2)与母公司及与母公司的其他子公司业务往来、债权债务、投资等资料;(3)子公司利润分配的有关资料;(4)子公司所有者权益变动的明细资料等。

母公司为编制合并会计报表,对子公司进行的权益性资本投资,必须采用权益法进行核算,并以此编制个别会计报表,为编制合并会计报表提供基础数据。

对于子公司因本期损益而引起的所有者权益的变动,母公司应计算确定其所拥有的数额,并将其计入本期投资损益,同时按照该数额增加或减少长期投资,调整长期投资账面价值。母公司进行账务处理时,在增加长期投资的情况下,借记"长期股权投资"科目,贷记"投资收益"科目;在减少长期投资的情况下,借记"投资收益"科目、贷记"长期股权投资"科目。收到子公司分来的利润时,母公司应作为长期投资减少处理。进行账务处理时,借记"银行存款"等科目、贷记"长期股权投资"科目。

对于子公司因本期损益以外的原因,如接受捐赠、接受外币投资折算差额所引起的子公司所有者权益的变动,母公司应计算确定所拥有的数额,按照计算确定的数额增加或减少长期股权投资,调整长期股权投资账面价值,同时增加或减少资本公积的数额。(1)对于因子公司接受捐赠所引起子公司所有者权益的变动,母公司应按接受捐赠,借记"长期股权投资"科目,贷记"资本公积"科目入账。(2)对于因子公司接受外币投资折算差额所引起的所有者权益的变动,在外币折算差额为贷方余额时,母公司应借记"长期股权投资"科目,贷记"资本公积"科目入账;在外币折算差额为借方余额时,母公司应借记"资本公积"科目,贷记"长期股权投资"科目入账。

编制合并会计报表一般要先编合并工作底稿。合并工作底稿分设三栏:第一栏为"母、子公司报表金额"栏,按母、子公司分栏列示;第二栏为"调整及抵销数"栏,分设借方、贷方栏;第三栏为"合并报表金额"栏。编制合并会计报表时,一般先编合并利润表和合并利润分配表,再编合并资产负债表。

合并工作底稿编制的程序,通常是:

1. 将母、子公司的会计报表各项目的金额填列到合并工作底稿的各个公司报表金额栏内。需要指出的是,在编制合并会计报表时,要先统一母公司和子公司的会计报表的决算日、会计期间和所采用的会计政策。如不一致时,应按母公司本身会计报表的决算日、会计期间和所采用的会计政策对子公司的会计报表进行必要的调整,再将调整后的子公司的会计报表金额填列到合并工作底稿上。

2. 在调整及抵销栏内的有关项目填列调整及抵销数。凡属内部往来及内部交易性质的经济业务,均应根据调整、抵销分录,将调整抵销数填列合并工作底稿有关项目的调整及抵销数栏。需要指出的是,调整抵销分录,仅是为了编制合并会计报表在合并工作底稿中调整、抵销内部往来、内部交易经济业务所作的分录,并不记入各个公司的账上,因而也不对各个公司本身的经营成果和财务状况产生影响。同时也不具备连续性,仅对编制当期合并会计报表提供有关项目的调整及抵销数。

3. 计算少数股东权益,在合并工作底稿上另行列出。少数股东权益是指子公司所有者权益中由母公司以外的其他投资者所拥有的份额。因为编制合并会计报表后,这部分权益不属企业集团所有,所以应另行列出。

4. 根据前两栏数字,计算第三栏"合并报表金额"。计算时要根据各项目的性质、余额的借、贷方和调整、抵销分录的借、贷方数进行加减计算。

5. 将合并工作底稿中算出的各项目第三栏"合并报表金额"填入合并利润表、合并利润分配表和合并资产负债表的有关项目,然后根据合并资产负债表、合并利润表、合并利润分配表和有关资料,编制合并现金流量表。

四、合并利润表和合并利润分配表

合并利润表和合并利润分配表的编制,以母公司和纳入合并范围的子公司的个别利润表和利润分配表为基础,在抵销企业集团内部经济业务对下列项目的影响后,合并各项目的数额进行。

1. 母公司与子公司、子公司相互之间发生内部工程结算收入的抵销。

内部点交工程已向发包单位点交并结算工程价款时,应当在合并主营业务收入项目中抵销内部主营业务收入,在合并主营业务成本项目中抵销从内部分包公司验收工程所发生的工程款(即分包公司内部主营业务收入),在合并工作底稿中编制抵销分录时,借记"主营业务收入"项目,贷记"主营业务成本"项目。

内部点交工程尚未向发包单位点交工程并结算工程价款时,应在合并主营业务收入项目中抵销内部点交工程的价款收入,在合并主营业务成本项目中抵销内部点交工程的成本,在合并存货项目中将按内部点交工程结算价款计算的存货调整为工程成本,即将内部点交主营业务成本和税金及附加与工程结算收入的差额,调整合并存货项目。在合并工作底稿中编制调整及抵销分录时,借记"主营业务收入"项目,贷记"主营业务成本"项目和"存货"项目(在合并资产负债表中调整)。

2. 母公司与子公司、子公司相互之间发生的内部结构件销售利润的抵销。

内部销售结构件尚未用于点交工程向发包单位结算工程价款时,应在合并其他业务利润项目中抵销内部销售结构件的利润,在存货(库存材料科目结构件或工程施工科目材料成本)项目抵销内部销售结构件中所包含的未实现的内部销售结构件的利润。在合并工作底稿中编制抵销分录时,借记"其他业务利润"项目,贷记"存货"项目(在合并资产负债表中抵销)。如结构件已用于点交工程时,在合并工作底稿中编制抵销分录时,借记"其他业务利润"项目,贷记"主营业务成本"项目,抵销内部销售结构件的利润。

3. 母公司与子公司以及子公司相互之间持有对方债券所发生的投资收益,应与其相对应的利息支出相互抵销。在合并工作底稿中编制抵销分录时,借记"投资收益"项目,贷记"财务费用"等项目。

4. 对于全资子公司,应将子公司利润分配表中年初未分配利润项目,子公司资产负债表中实收资本(或股本)项目、资本公积项目、盈余公积项目和母公司损益表(或利润表)中投资收益项目,与母公司对子公司权益性资本投资项目、子公司利润分配表中提取盈余公积(或提取法定盈余公积、提取任意盈余公积)项目、应付利润(或应付优先股股利、应付普通股股利)项目相互抵销。在合并工作底稿中编制抵销分录时,借记"投资收益"、"年初未分配利润"、"实收资本(或股本)"、"资本公积"、"盈余公积"项目,贷记"长期股权投资"、"提取盈余公积"(或"提取法定盈余公积"、"提取任意盈余公积")、"应付利润"(或"应付优先股股利"、"应付普通股股利")项目。在上述抵销分录发生差额时,其差额应作为合并价差处理。当上述抵销分录借方发生额大于贷方发生额时,应贷记"合并价差"项目;当上述抵销分录借方发生额小于贷方发生额时,应借记"合并价差"项目。

5. 对于非全资子公司,应先将子公司利润表中"净利润"项目扣除母公司投资收益后的余额,作为少数股东损益,在合并利润表中单列"少数股东损益"项目,列在"净利润"项目之前。然后将子公司利润分配表中年初未分配利润项目,子公司资产负债表中实收资本(或股本)项目、资本公积项目、盈余公积项目和母公司利润表中投资收益项目、少数股东损益项目,与母公司对子公司权益性资本投资项目、少数股东权益项目,子公司利润分配表中"提取法定盈余公积"、"提取任意盈余公积"或"应付优先股股利"、"应付普通股股利"项目相互抵销。在合并工作底稿中编制如下分录:借记

"投资收益"、"少数股东损益"、"年初未分配利润"、"实收资本(或股本)"、"资本公积"、"盈余公积"项目,贷记"长期股权投资"、"提取法定盈余公积"、"提取任意盈余公积"、"应付优先股股利"、"应付普通股股利"、"少数股东权益"项目。其中少数股东权益的数额,根据子公司所有者权益的数额减去母公司所持有的份额,计算确定。在上述抵销发生抵销差额时,其差额应作为合并价差处理。当抵销分录借方发生额大于贷方发生额时,应贷记"合并价差"项目;反之,应借记"合并价差"项目。

6. 对于境外子公司以外币表示的会计报表,母公司应将利润表所有项目和利润分配表中有关反映发生额的项目,按照合并会计报表的会计期间的平均汇率或合并会计报表决算日市场汇率折算为母公司记账本位币,然后据以编制合并会计报表。利润分配表中"年初未分配利润"项目,以上一年折算后的期末的"未分配利润"项目的数额列示;"未分配利润"项目,按折算后的利润分配表中的其他各项目的数额计算列示。上年实际数按照上期折算后的损益表利润表和利润分配表的数额列示。

五、合并资产负债表

合并资产负债表以母公司和子公司的个别资产负债表为依据,在相互抵销下列项目的基础上,合并资产、负债和所有者(或股东)权益各项目的数额编制。

1. 母公司对子公司权益性资本投资项目的数额与子公司所有者权益中母公司所持有的份额相抵销。抵销时发生的合并价差,在合并资产负债表中以"合并价差"项目在"长期股权投资"项目中单独反映,贷方余额以"—"号表示。对于子公司之间相互投资,母公司应比照上述做法,将权益性资本投资项目的数额与相对应另一子公司所有者权益各有关项目中相应的数额相互抵销。

2. 母公司与子公司、子公司相互之间的债权与债务项目,包括应收、应付、预收及预付等项目应当相互抵销。在合并工作底稿中编制抵销分录时,借记应付和预收等项目,贷记应收和预付等项目。

对于母公司与子公司、子公司相互之间持有对方的债券,母公司编制合并会计报表时也应相互抵销。在合并工作底稿中编制抵销分录时,借记"应付债券"项目,贷记"长期股权投资"或"短期投资"项目。

对于长期投资中内部债券投资与应付债券抵销时发生的差额,应作为合并价差处理。当长期投资中债券投资的数额高于相对应的应付债券的数额,编制抵销分录时,应借记"合并价差"项目,贷记"长期股权投资"项目;当长期投资中内部债券投资的数额低于相对应的应付债券的数额,编制抵销分录时,应借记"长期股权投资"项目,贷记"合并价差"项目。

母公司与子公司、子公司相互之间应收账款与应付账款相互抵销后,其已抵销的应收账款所计提的坏账准备的数额,也应予以抵销。在合并资产负债表中,坏账准备应以抵销后应收账款计提的数额列示。在合并工作底稿中,编制抵销分录抵销已抵销的应收账款计提的坏账准备时,借记"坏账准备"项目,贷记"管理费用"项目。

对于以前会计期间编制合并会计报表时因内部应收账款抵销而抵销的坏账准备的数额,在本期编制合并会计报表编制抵销分录时,应借记"坏账准备"项目,贷记"年初未分配利润"项目。对于本期内部应收账款增加而计提的坏账准备进行抵销,编制抵销分录时,应借记"坏账准备"项目,贷记"管理费用"项目;对于本期内部应收账款减少而冲销的坏账准备进行抵销,编制抵销分录时,应借记"管理费用"项目,贷记"坏账准备"项目。

3. 存货项目中,由内部销售所产生的未实现内部销售利润的数额,应予以抵销,并以抵销后的数额列示。

4. 子公司所有者权益各项目中不属于母公司拥有的数额,应作为少数股东权益,在合并资产负债表中所有者权益类(或股东权益类)项目之前,单列一类,以总额反映。

5. 所有者权益(或股东权益)中未分配利润的数额,根据合并利润分配表中期末未分配利润的数额列示。

6. 对于境外子公司以外币表示的资产负债表,母公司应将其所有资产、负债类项目均按照合并会计报表决算日的市场汇率折算为母公司记账本位币。所有者权益(或股东权益)类项目,除"未分配利润"项目外,均应按照发生时的市场汇率折算为母公司记账本位币。"未分配利润"项目以折算后的利润分配表中该项目的数额作为其数额列示。折算后资产类项目与负债类项目和所有者权益(或股东权益)类项目合计数的差额,作为报表折算差额在"未分配利润"项目后单独列示。年初数按照上年折算后的资产负债表的数额列示。

至于母公司与子公司以及子公司相互之间发生的固定资产交易,在施工企业集团一般不多,按照合并会计报表暂行规定,可视为企业集团交易,不进行相抵销。

六、合并工作底稿和合并利润表、合并利润分配表、合并资产负债表编制举例

在编制合并工作底稿时,应先将母、子公司会计报表的本年累计数或期末数分别填入"母子公司报表金额"栏(为节约篇幅,设例仅列有本年累计发生额及期末数的项目),然后根据内部交易及调整事项,编制调整及抵销分录填入"调整及抵销数"的"借方"、"贷方"栏。

如某施工企业于 2006 年年初投资 800 000 元组建拥有 80% 股权的子公司,从事建筑工程施工及构配件生产。子公司实收资本为 1 000 000 元,其中少数股东权益为 200 000 元。年度内,母子公司之间发生了下列内部交易:

子公司向母公司点交工程价款为 500 000 元的分包工程,母公司已向发包单位点交并结算工程价款。

子公司于年末向母公司销售 100 000 元结构件,此项结构件内部销售利润为 20 000 元,因结构件尚未用于点交工程,结构件价款尚欠。

子公司当年税后利润为 134 000 元,母公司投资收益为 107 200 元(134 000×80%),少数股东损益为 26 800 元(134 000×20%),又按规定提取盈余公积 20 100 元、分配利润 106 800 元后,7 100 元留存下年度。

根据上列内部交易及调整事项,应在合并工作底稿中作如下分录:

① 抵销内部点交工程结算收入:

借:主营业务收入		500 000
贷:主营业务成本		500 000

② 抵销结构件内部销售利润:

借:其他业务利润		20 000
贷:存货		20 000

③ 抵销母子公司相互之间应付应收结构件购销款:

借:应付账款		100 000
贷:应收账款		100 000

④ 抵销因内部应收账款抵销而抵销的坏账准备:

借:坏账准备		1 000
贷:管理费用		1 000

⑤ 抵销母公司对子公司权益性投资与子公司所有者权益中母公司所有者权益,并算出少数股东权益和少数股东损益:

借：投资收益	107 200
少数股东损益	26 800
实收资本（或股本）	1 000 000
盈余公积	20 100
应付股利	80 000
贷：长期股权投资	907 200
提取法定盈余公积	20 100
应付普通股股利	106 800
少数股东权益	200 000

按照合并会计报表暂行规定，上列分录中记入"未付利润"项目借方的 80 000 元，应记入"合并价差"项目的借方。但从设例来说，这是子公司对母公司的应付未付利润（即从应付股利 106 800 元减去对少数股东应付利润 26 800 元后对母公司的应付股利），应对"应付股利"项目加以抵销。

施工企业集团合并工作底稿的格式如图表 13-13 所示。

图表 13-13

合并工作底稿

单位：元

项目	母子公司报表金额		调整及抵销数		合并报表金额
	母公司	子公司	借方	贷方	
主营业务收入	24 380 000	3 000 000	① 500 000		26 880 000
主营业务成本	20 893 460	2 607 000		① 500 000	23 000 460
主营业务税金及附加	804 540	99 000			903 540
其他业务利润	539 200	40 000	② 20 000		559 200
管理费用	1 045 000	106 000		④ 1 000	1 150 000
财务费用	176 300	30 000			206 300
投资收益	140 800		⑤ 107 200		33 600
营业外收入	24 000	4 000			28 000
营业外支出	15 500	2 000			17 500

(续表)

项 目	母子公司报表金额		调整及抵销数		合并报表金额
	母公司	子公司	借 方	贷 方	
所得税	709 236	66 000			775 236
少数股东损益			⑤ 26 800		26 800
年初未分配利润	500 000				500 000
提取盈余公积	215 995	20 100		⑤ 20 100	215 995
应付普通股股利	801 400	106 800		⑤ 106 800	801 400
货币资金	402 000	40 500			442 500
应收票据	877 400	68 000			945 400
应收账款	800 000	160 000		③ 100 000	860 000
坏账准备	8 000	1 600	④ 1 000		8 600
其他应收款	10 000	1 000			11 000
待摊费用	44 000	5 000			49 000
存 货	4 844 000	365 500		② 20 000	5 189 500
长期股权投资	1 107 200			⑤ 907 200	200 000
合并价差					
固定资产	10 300 000	1 064 000			11 364 000
累计折旧	3 640 000	70 400			3 710 400
在建专项工程	1 122 400				1 122 400
无形资产	600 000	70 000			670 000
长期待摊费用	310 000	32 000			342 000
临时设施	350 600	40 000			390 600
临时设施摊销	110 600	8 000			118 600
短期借款	536 000	45 000			581 000
应付票据	356 000	50 000			406 000
应付账款	583 000	80 400	③ 100 000		563 400
预收账款	160 000				160 000

(续表)

项 目	母子公司报表金额		调整及抵销数		合并报表金额
	母公司	子公司	借 方	贷 方	
应付福利费	7 000	600			7 600
其他应付款	8 000				8 000
应交税金	75 376	36 000			111 376
应付股利	801 400	106 800	⑤ 80 000		828 200
长期借款	1 578 960	420 000			1 998 960
少数股东权益				⑤ 200 000	200 000
实收资本(或股本)	9 204 000	1 000 000	⑤ 1 000 000		9 204 000
资本公积	1 860 000				1 860 000
盈余公积	916 695	20 100	⑤ 20 100		916 695
未分配利润	922 569	7 100	654 000	627 900	903 569

根据合并工作底稿的调整及抵销数,调整母、子公司报表金额后,就可按照下列方法算出合并报表金额。

收入、收益、负债、所有者权益项目为:

$$\frac{母、子公司报}{表金额合计数} + \frac{调整及抵}{销贷方数} - \frac{调整及抵}{销借方数}$$

成本、费用、支出、损失、资产项目为:

$$\frac{母、子公司报}{表金额合计数} + \frac{调整及抵}{销借方数} - \frac{调整及抵}{销贷方数}$$

但对"未分配利润"项目的合并报表金额,应根据编制的合并利润分配表计算的本年年末未分配利润数填列。因为经过调整抵销母、子公司的收入、收益、成本、费用、支出、损失项目后,必然影响集团公司的利润和未分配利润。

根据合并工作底稿合并报表金额栏各项目数和上年合并报表,就可编制有如图表13-14、图表13-15、图13-16所示的合并利润表、合并利润分配表和合并资产负债表(设例以采用企业会计制度的企业集团合并报表为例)。

图表 13-14

合 并 利 润 表

编制单位：　　　　　　　　2006 年度　　　　　　　　单位：元

项　　　目	上年累计数	本年累计数
一、主营业务收入		26 880 000
减：主营业务成本		23 000 460
主营业务税金及附加		903 540
二、主营业务利润		2 976 000
加：其他业务利润		559 200
减：管理费用		1 150 000
财务费用		206 300
三、营业利润		2 178 900
加：投资收益		33 600
营业外收入		28 000
减：营业外支出		17 500
四、利润总额		2 223 000
减：所得税		775 236
少数股东损益		26 800
五、净利润		1 420 964

七、合并现金流量表

合并现金流量表以母、子公司的现金流量表和合并工作底稿等有关资料为基础编制。一般可先加总现金流量表各项目母、子公司的现金流量，然后剔除内部经济业务所产生的重复计算的现金流量。对施工企业集团来说，应从母、子公司剔除的重复计算现金流量的内部经济业务，主要有：

1. 子公司向母公司承包工程、销售结构件。

子公司向母公司承包工程、销售结构件所取得的工程款和结

图表13-15

合并利润分配表

编制单位： 2006年度 单位：元

项　　　　目	本 年 实 际	上 年 实 际
一、净利润	1 420 964	
加：年初未分配利润	500 000	
其他转入		
二、可供分配的利润	1 920 964	
减：提取法定盈余公积	215 995	
三、可供投资者分配的利润		
应付优先股股利		
提取任意盈余公积		
应付普通股股利	801 400	
转作资本或股本的普通股股利		
四、未分配利润	903 569	

构件款，应在子公司"承包工程、销售商品、提供劳务收到的现金"项目中剔除，并在母公司"发包工程、购买商品、接受劳务支付的现金"项目中剔除支付给子公司的工程款和结构件款。

2. 母公司对子公司进行权益性投资。

母公司对子公司权益性投资所支付的现金，应在母公司"投资所支付的现金"项目中剔除，并在子公司"吸收投资所收到的现金"项目中剔除母公司权益性投资所收到的现金。

3. 母公司收到子公司分得股利或利润。

母公司从子公司分配股利或利润所收到的现金，应在母公司"取得投资收益所收到的现金"项目中剔除，并在子公司"分配股利、利润或偿付利息所支付的现金"项目中剔除对母公司分配股利或利润所支付的现金。

4. 母公司依法减少对子公司投入的资本

母公司从子公司收回投资所收到的现金,应从母公司"收回投资所收到的现金"项目中剔除,并在子公司"减少注册资本所支付的现金"项目中剔除减少注册资本对母公司所支付的现金。

在编制合并现金流量表时,也可先编制"合并现金流量表工作底稿",在工作底稿中设置"母、子公司报表现金流量"、"现金流量调整、剔除数"和"合并报表现金流量"三栏,对母、子公司现金流量表各项目现金流量进行加总、调整剔除后,求得合并现金流量表各项目的现金流量。

上述合并会计报表编制举例,仅涉及母公司与一个子公司,如果母公司有几个子公司,则在编制合并会计报表时,就要将母公司与几个子公司及子公司之间的内部交易有关金额,逐一加以调整、抵销或剔除。如母公司还有孙公司,应先由子公司与它的子公司(即母公司的孙公司)编制合并会计报表。然后编制母公司会计报表与子公司合并会计报表的合并会计报表。

第六节 会计报表附注

一、采用企业会计制度施工企业的会计报表附注

施工企业除定期编制会计报表向报表使用者提供会计信息外,还应本着充分披露的原则,在会计报表之外,用附注的方式,对会计报表的编制基础、编制依据、编制原则和方法及主要项目等作出必要解释,来帮助报表使用者理解会计报表的信息。根据企业会计制度规定的会计报表附注的内容,主要应包括以下几个方面:

(一) 不符合基本会计假设的说明

会计假设又称会计前提。它是指在特定的经济环境下决定会计运行和发展的基本前提。基本会计假设包括会计主体假设、持续经营假设、会计分期假设和货币计量假设,只有规定了这些假

图表13-16

合并资产负债表

编制单位：　　　　　　　　　　　2006年12月31日　　　　　　　　　　　　单位：元

资　产	年初数	期末数	负债和所有者（或股东）权益	年初数	期末数
流动资产：			流动负债：		
货币资金	256 100	442 500	短期借款	320 000	581 000
短期投资			应付票据	280 000	406 000
应收票据	566 100	945 400	应付账款	471 000	563 400
应收股利			预收账款	108 000	160 000
应收利息			应付工资		
应收账款	742 500	851 400	应付福利费	5 000	7 600
其他应收款	8 000	11 000	应付股利	500 000	828 200
预付账款			应交税金	20 000	11 376
应收补贴款			其他应交款		
存货	4 409 300	5 189 500	其他应付款	6 000	8 000
待摊费用	48 000	49 000	预提费用		
一年内到期的长期债权投资			一年内到期的长期负债		
其他流动资产			其他流动负债		
流动资产合计	6 030 000	7 488 800	流动负债合计	1 710 000	2 665 576
长期投资：			长期负债：		
长期股权投资	200 000	200 000	长期借款	720 000	1 998 960
长期债权投资					

资产			负债和所有者权益		
长期投资合计		200 000	应付债券		
固定资产:			长期应付款		
固定资产原价	9 637 300	11 264 000	专项应付款		
减:累计折旧	2 916 000	3 810 400	其他长期负债	7 200 000	1 998 960
固定资产净值	6 721 300	7 653 600	长期负债合计		
减:固定资产减值准备			递延税项:		
固定资产净额			递延税款贷项		
工程物资	649 100	1 122 400	负债合计	2 430 000	4 664 536
在建专项工程					
固定资产清理					
固定资产合计	7 370 400	8 776 000			
无形资产及其他资产:			少数股东权益		200 000
无形资产	600 000	670 000	所有者(或股东)权益:		
长期待摊费用	294 000	342 000	实收资本(或股本)	9 204 000	9 204 000
临时设施	290 800	390 600	资本公积	1 860 000	1 860 000
减:临时设施摊销	90 500	118 600	盈余公积	700 700	916 695
临时设施净值	200 300	272 000	未分配利润	500 000	903 569
其他长期资产			所有者(或股东)权益合计	12 264 700	12 884 264
无形资产及其他资产合计	1 094 300	1 284 000			
递延税项:					
递延税款借项					
资产总计	14 694 700	17 748 800	负债和所有者(或股东)权益总计	14 694 700	17 748 800

设,会计工作才能得以正常地运行下去。但是在某些特殊的施工经营环境下,会计处理方法不一定都能符合会计假设。如某施工企业承担边远高山哨口营房工程时,由于该地区没有后续工程,机械设备运出费用很高,对某些不便运输的施工机械,就不宜根据持续经营假设按使用年限计提损耗价值的方法,而应将其价值全部计入该项工程成本。这就应在会计报表附注中说明没有遵循持续经营会计假设计提施工机械折旧的原因。

(二) 重要会计政策及其变更情况、变更原因和对财务状况、经营成果影响的说明

会计政策是指企业在会计核算时所遵循的具体原则以及企业所采纳的具体会计处理方法。如收入确认、外币折算、坏账核算、存货计价、长期投资核算、所得税核算、会计报告中所采用的原则,基础和会计处理方法。

企业所采用的会计政策,前后各期应当保持一致,不得随意变更。否则,不同期间会计报表所反映的会计信息就无法进行比较。但若法律或会计准则等行政法规或经济环境变化等原因,使得变更会计政策能够提供企业有关财务状况、经营成果和现金流量等更可靠、更相关的会计信息,则应改变原选用的会计政策。

会计政策变更,是指企业对相同的交易或事项由原来采用的会计政策改用另一会计政策的行为。会计政策变更一般采用追溯调整法,如果会计政策变更的累积影响数不能合理确定,会计政策变更应采用未来适用法。

在采用追溯调整法时,应计算会计政策变更的累积影响数,并调整变更当期的期初留存收益,以及会计报表其他相关项目的期初数,如同新的会计政策在一开始时就采用。但不需要重编以前年度会计报表。

会计政策变更的累积影响数,指按变更后的会计政策对以前各期追溯计算的变更年度初期留存收益应有的金额与现有金额之

间的差额。它是假设与会计政策变更相关的交易或事项在初次发生时即采用新的会计政策,而得出的变更年度期初留存收益应有的金额与现有的金额的差额。累积影响数通常可以通过以下各步计算求得:(1)根据新的会计政策重新计算受影响的前期交易或事项;(2)计算两种会计政策下的差异;(3)计算差异的所得税影响金额;(4)确定前期中的每一期的税后差异;(5)计算会计政策变更的累积影响数。

如某施工企业 2004 年 1 月对建材公司投资占该公司表决权资本的 25%,按当时会计制度规定按成本法核算该项长期股权投资,投资成本为 500 000 元。2006 年度按会计制度规定应采用权益法核算,并要求对这项会计政策的变更按追溯调整法进行会计处理。假定建材公司 2004、2005 年实现的净利润分别为 160 000 元、240 000 元,施工企业 2004、2005 年从建材公司分得的现金股利分别为 20 000 元、40 000 元。按税法规定,施工企业对投资单位分得的股利以被投资单位宣告分派现金股利计入应税所得额,改用权益法核算不影响应交所得税。施工企业按净利润的 15% 提取法定盈余公积。则该施工企业将长期股权投资由成本法改为权益法核算后的累积影响数为:

年度	按权益法核算的收益(元)	按成本法核算的收益(元)	税前差异(元)	所得税影响	税后差异(元)
2004	160 000×25%=40 000	20 000	20 000	0	20 000
2005	240 000×25%=60 000	40 000	20 000	0	20 000
合计	100 000	60 000	40 000	0	40 000

在会计处理上,应作如下会计分录调整会计政策变更累积影响数和调整利润分配数:

借:长期股权投资　　　　　　　　　　　　40 000
　　贷:利润分配——未分配利润　　　　　　40 000

借:利润分配——未分配利润　　　　　　　　　　6 000
　　贷:盈余公积——法定盈余公积　　　　　　　　6 000

同时,在编制 2006 年"资产负债表"时,应将"盈余公积"项目年初数调增 6 000 元,"未分配利润"项目年初数调增 34 000 元(40 000－6 000)。将"长期股权投资"项目年初数调增 40 000 元。

未来适用法是指对某项交易或事项变更会计政策时,新的会计政策适用于变更当期及未来期间发生的交易或事项的方法。在未来适用法下,不需要计算会计政策变更产生的累积影响数,也无须重编以前年度的会计报表。企业账簿记录及会计报表上反映的金额,变更之日仍保留原有的金额,不因会计政策变更而改变以前年度的既定结果,并在现有金额的基础上再按新的会计政策进行核算。如某施工企业原材料计价采用后进先出法,根据新企业会计准则的规定,对材料计价不应采用后进先出法,为此,该企业于 2007 年 1 月变更会计政策,将材料计价改为先进先出法。2007 年 1 月初材料账面余额为 950 000 元,这是在采用后进先出法基础上计算出的余额。在采用未来适用法时,材料账面余额保持不变,仍为 950 000 元。对材料采用先进先出法从 2007 年 1 月及以后才适用,不需要计算 2007 年 1 月 1 日以前按先进先出法计算材料应有的余额,以及对留存收益的影响金额。

会计政策变更应在会计报表附注中披露:(1)变更的内容和理由;(2)变更的影响数;(3)累积影响数不能合理确定的理由。

(三)重要会计估计及其变更情况、变更原因和对财务状况、经营成果影响的说明

会计估计是指企业对其结果不确定的交易或事项以最近可利用的信息为基础所作的判断。企业为了定期、及时提供有用的会计信息,将持续经营活动人为地划分为各个阶段,并在权责发生制的基础上对企业财务状况和经营成果进行定期确认和计量。在确认、计量过程中,当记入的交易或事项涉及未来事项不确定性时,

就需予以估计入账。常见的需要进行估计的项目有:坏账、存货陈旧毁损、固定资产使用年限、无形资产受益期、长期待摊费用摊销年限、费用预提、收入确认等。

但是,估计毕竟是就现有资料对未来所作的判断,随着时间的推移,如果赖以进行估计的基础发生了变化,或者由于取得新的信息、积累更多的经验以及后来的发展变化,就需要对会计估计进行修订。

会计估计变更应采用未来适用法,不需要计算变更产生的累积影响数,也不需要重编以前年度的会计报表,但应对变更当期和未来期间发生的交易或事项采用新的会计估计进行处理。会计估计的变更,如果仅影响变更当期,会计估计变更的影响数应计入变更当期与前期相同的相关项目中;如果既影响变更当期又影响未来期间,会计估计变更的影响数应计入变更当期和未来期间与前期相同的相关项目中。

如某施工企业于 2004 年年初购入管理用设备一台,价值 64 000 元,估计使用年限为 6 年,净残值为 4 000 元,按年限平均法计提折旧。至 2006 年初,由于新技术的发展等原因,需要对原估计的使用年限作出修正。修改后该设备的使用年限为 4 年。则至 2006 年年初,该设备在前两年已提折旧 20 000 元,固定资产净值为 44 000 元,今后还能使用两年,2006 年、2007 年的年折旧额为 20 000 元 $[(44\,000-4\,000)\div(4-2)]$。较变更前的年折旧额增加 10 000 元。2006 年不必对以前年度已提折旧进行调整,以后只需按重新预计的使用年限计算的年折旧额编制如下分录入账:

  借:管理费用   20 000
    贷:累计折旧   20 000

会计估计变更应在会计报表附注中披露:(1)变更的内容和理由;(2)变更的影响数及不能确定的理由。

(四)或有事项及或有负债的说明

或有事项是指过去的交易或事项形成的一种状况,其结果需通过未来不确定事项的发生或不发生予以证实。资产、负债、或有负债、或有资产等,都可能是或有事项的结果。比如未决诉讼,对于预期会胜诉的原告而言,因未决诉讼产生了一项或有资产,该或有资产最终是否转化为企业的资产,要根据诉讼的最终调解或判决来定。而对于预期会败诉的被告而言,因未决诉讼产生了一项负债或或有负债,如为或有负债,那么该或有负债最终是否转化为企业的负债,也只能根据诉讼的最终调解或判决而定。

或有事项按其发生可能性的大小及其金额能否合理估计,有三种处理方式:确认入账;在会计报表附注披露;不予反映。

或有事项发生的可能性,分为基本确定、很可能、可能、很少可能。或有事项发生的金额,分为能合理估计和不能合理估计两种情况。

对或有资产的披露,应遵循谨慎性原则和收入实现原则予以处理,一般说来,对基本确定和很可能转化为资产的或有事项,不予入账,但应在会计报表附注中披露。对可能转化为资产的或有事项,是否在会计报表附注中披露要特别谨慎。对很少可能转化为资产的或有事项,不必在会计报表附注中披露。

对或有负债的披露,应遵循谨慎性原则和充分披露原则予以处理。对基本确定和很可能发生负债的或有事项,能估计其金额的,应将其作为预计负债入账,不能估计其金额的,应在会计报表附注中充分加以披露。对可能发生负债的或有事项,应在会计报表附注中加以披露,对很少可能发生负债的或有事项,一般也应在会计报表附注中披露。

对于下列没有作为预计负债入账的或有负债,应估计其可能发生的金额,并在会计报表附注中说明对未来结果的可能影响:(1)已贴现商业承兑汇票形成的或有负债;(2)未决诉讼、仲裁形成的或有负债;(3)为其他单位提供债务担保形成的或有负债;(4)工程质量保证形成的或有负债等。如无法估计,应说明其理由。

(五)资产负债表日后事项的说明

资产负债表日后事项又称期后事项。它是指自年度资产负债表日至财务会计报告批准报出日之间发生的需要调整或说明的事项。按其是否需要调整会计报表,分为调整事项和非调整事项。

调整事项,是指对资产负债日存在的情况能提供进一步证据,以确定资产负债表日提供的财务信息是否与事实相符的事项。这类事项所提供的新的或进一步的证据,有助于对资产负债表日存在状况的有关金额作出重新估计,并据此对资产负债表日所反映的收入、费用、资产、负债以及所有者权益进行调整。资产负债表日后调整事项,主要有:已证实资产发生了减损;已确定获得或支付的赔偿;经税务部门批准的税率变动;资产负债表日后董事会制订的利润分配方案中与财务会计报告所属期间有关的利润分配(不包括分配方案中的股票股利)等。

非调整事项,是指资产负债表日后才发生或存在、但不影响资产负债表日存在状况的事项。这类事项虽不影响资产负债表日存在的状况,但如不加以说明,将会影响财务会计报告使用者作出正确估计或决策,因而需要在会计报表附注中予以披露。资产负债表日后非调整事项主要有:发行股票、债券;对其他企业控股投资;资产遭受重大自然灾害损失;外汇汇率发生较大变动;发生重大经营性亏损等。

对非调整事项,应说明其内容,估计其对财务状况、经营成果的影响,在会计报表附注中加以披露。

(六)关联方关系及其交易的说明

关联方的交易,往往会影响企业的工程结算收入、工程结算成本、其他业务利润,对企业经营成果的真实性产生影响,所以也应在会计报表附注中加以披露。

会计中所指关联方,是指在财务和经营决策中,一方有能力直接或间接控制、共同控制另一方或对另一方施加重大影响的各方,以及两方或多方同受一方控制的各方。关联方关系主要指:(1) 直接或间接地控制其他企业或受其他企业控制,以及同受某一企业控制的两个或多个企业(如母公司、子公司、受同一母公司控制的子公司之间);(2) 合营企业;(3) 联营企业;(4) 主要投资者个人、关键管理人员或与其关系密切的家庭成员;(5) 受主要投资者个人、关键管理人员或与其关系密切的家庭成员直接控制的其他企业。在存在控制关系的情况下,关联者如为企业时,不论他们之间有无交易,都应当在会计报表附注中披露如下事项:(1) 企业经济性质或类型、名称、法定代表人、注册资本及其变化;(2) 企业的主营业务;(3) 所持股份或权益及其变动。

关联方交易是指关联方之间发生转移资源或义务的事项,而不论是否收取价款。主要包括:(1) 承发包工程;(2) 购买或销售商品;(3) 购买或销售除商品以外的其他资产;(4) 提供或接受劳务;(5) 代理;(6) 租赁;(7) 提供资金(包括以现金或实物形式的贷款或权益性资金);(8) 担保和抵押;(9) 管理方面的合同;(10) 研究与开发项目的转移;(11) 许可协议;(12) 关键管理人员报酬。在企业与关联方发生交易的情况下,企业应当在会计报表附注中披露关联方关系的性质、交易类型及其交易要素。这些要素一般包括:(1) 交易的金额或相应比例;(2) 未结算项目的金额或相应比例;(3) 定价政策(包括没有金额或只有象征性金额的交易),关联交易应当分别关联方以及交易类型予以披露,类型相同的关联方交易,在不影响会计报表阅读者正确理解的情况下,可以合并披露;(4) 对于关联方交易价格的确定,如果高于或低于一般交易价格,应说明其价格的公允性。

（七）会计报表中重要项目的明细资料和必要说明

对会计报表中的一些重要项目，因受报表格式的限制，未能详细列示，应在附表中列出明细资料，并加必要的说明。

1. 应收款项。应收款项应披露应收账款、其他应收款的账龄在一年以下、一至二年、二至三年、三年以上的期末余额、所占比例及计提坏账准备，本年度全额计提坏账准备的理由，以前年度已全额计提坏账准备但在本年度又全额或部分收回的原因。

2. 存货。存货应按主要材料、结构件、周转材料、低值易耗品、未完工程、在产品、产成品等披露期初、期末余额。说明存货跌价准备计提的方法及存货可变现净值的确定依据。

3. 投资。投资应将短期投资、长期股权投资、长期债权投资披露其期初、期末余额和本期增加、减少数。还应对长期股票投资披露被投资单位名称、股份类别、股票数量、股权比例、初始投资成本。对长期债券投资披露债券种类、面值、年利率、初始投资成本、到期日、本期利息和累计应收或已收利息。说明投资的计价方法、短期投资的期末市价、长期投资减值准备的计提方法。

4. 固定资产。固定资产应按类别披露其期初、期末余额和本期增加、减少数；说明固定资产的计价方法和折旧方法；各类固定资产的预计使用年限、预计净残值率和折旧率；固定资产购建、出售、置换、抵押和担保等情况。

5. 无形资产。无形资产应按类别披露其名称，实际成本，期初余额，本期增加、转出、摊销数和期末余额。

6. 长期待摊费用。长期待摊费用应按类别披露其名称，期初、期末余额和本期增加和摊销数。

7. 收入。收入应披露当期确认的各类业务收入的金额。

（八）企业合并、分立的说明

企业合并是指两个或两个以上企业，依照法律规定的程序组成一个企业的经济行为，是企业扩大和发展的重要手段。施工企业进行合并,应披露企业合并的动机、被合并企业的业务经营范围、经评估后的资产、负债、净资产总额、被合并前的盈亏情况,以及企业所占产权份额。对被合并企业的债务,是否承担还款,如承担还款,合并前债务的利息是否免除,合并后债务偿还的期限及其资金来源。企业合并以后的施工生产经营规模和所占市场份额、年营业收入、年利润和资本利润率的预测数,以及对企业财务状况、现金流量产生的影响。

企业分立是指企业将现有部分所属单位从企业中划分出来,形成与原有企业相同的新企业。施工企业进行分立,应披露企业分立的动机,对企业资产、人员、债权、债务分割的原则,分立以后企业的年营业收入、年利润和资本利润率的预测数,以及对企业财务状况、现金流量产生的影响。

(九)重大固定资产投资活动的说明

施工企业如有新建、扩建、更新改造投资项目的,应披露:各个项目的投资总额、建设期限、建成后年投资收益率和投资回收期;各个项目的投资来源、资金筹措方式及资金成本;筹集资金如改变用途的,应说明其原因;各个项目的建设进度,如没有达到原定进度的,应说明其原因;各个项目投入使用后的投资收益率,如没有达到预期投资效益的,应分析说明其原因。

(十)合并会计报表的说明

施工企业编制合并会计报表的,应披露:合并范围的确定原则;纳入合并会计报表合并范围的子公司名称、业务性质、母公司所持有的各类股权的比例;纳入合并会计报表的子公司增减变动情况;未纳入合并会计报表范围的子公司的名称和持股比例,未纳入原因及其财务状况;子公司与母公司会计政策不一致时,在合并会计报表中的处理方法。

二、采用企业会计准则施工企业财务报表附注的披露要点

根据企业会计准则列报财务报表的施工企业,财务报表附注

一般应按下列顺序披露：

1. 财务报表的编制基础。说明财务报表是否根据会计持续经营假设的基础编制，如果未按持续经营基础编制，应说明其原因。

2. 遵循企业会计准则的声明。说明企业的财务报表是否全部遵循了企业会计准则的编制和表述。如果只是部分地遵循了企业会计准则，应说明哪些没有遵循。

3. 重要会计政策的说明。包括财务报表项目的计量基础和会计政策的确定依据等。如报表项目的计量是按历史成本、可收回金额还是公允价值；企业合并采用的是权益结合法还是购买法；投资性房地产是按历史成本计量还是按公允价值等。

4. 重要会计估计的说明。包括下一会计期间内很可能导致资产、负债账面价值重大调整的会计估计的确定依据等。如在可收回金额确定中，计算预计未来现金流量现值所使用折现率的确定依据；对预计负债的确定依据等。

5. 会计政策和会计估计变更以及差错更正的说明。包括对会计政策变更、会计估计变更和前期差错的描述、累积影响数等。

6. 对已在资产负债表、利润表、现金流量表和所有者权益变动表中列示的重要项目的进一步说明。包括终止经营税后利润的金额及其构成情况等。

7. 或有和承诺事项、资产负债表日后非调整事项、关联关系及其交易等需要说明的事项。

第七节 财务情况说明书

财务情况说明书是用文字和数字补充说明在会计报表及其附注中不能反映的企业财务状况的书面报告，相似于股份制施工企业年度报告中经营情况的回顾、主要财务指标等部分的内容。

一、企业的施工生产经营情况

在分析说明企业财务状况时,首先应将企业的施工产值、开工面积、竣工面积、在建施工面积、新接工程项目合同金额、工程质量、劳动生产率等指标的实际完成数与计划数比较,说明计划完成的程度,并对财务指标的影响进行分析。其次,应通过本年实际完成数与上年或以前若干年度的相应指标的实际完成数相比较,来分析企业的发展趋势及尚可进一步挖掘的潜力。

如果施工生产经营环境以及宏观政策、法规发生了重大变化,因而已经或将要对企业的财务状况和经营成果产生较大影响的,也应加以说明。

二、企业利润完成情况和盈利能力

1. 根据利润表中各主要项目本年实际数与上年实际数及计划数的对比,分析构成利润总额的各个项目的增减变动对利润总额的影响。对影响利润完成较大的项目,应分析其产生滑坡的原因。

2. 计算主营业务收入利润率和营业收入利润率,评价企业工程结算收入和营业收入的盈利水平。

主营业务收入利润率是指以主营业务利润除以主营业务收入而得出的比率,说明工程施工的获利能力。它的计算公式如下:

$$主营业务收入利润率 = \frac{主营业务利润}{主营业务收入} \times 100\%$$

企业的主营业务收入利润率如高于同行业其他施工企业,说明企业在建筑市场工程投标时,能在标价上有较强的竞争实力,承揽较多的工程。

营业收入利润率是指以营业利润除以营业收入(包括主营业务收入和其他业务收入)而得出的比率,即每元营业收入能够获得的利润。它的计算公式如下:

$$营业收入利润率 = \frac{营业利润}{主营业务收入 + 其他业务收入} \times 100\%$$

企业的营业收入利润率越高,说明企业总体盈利水平越高,投资者权益越有保障。

3. 计算资本利润率,评价投资者投入企业资本的获利能力。

资本利润率又称净资产收益率。它是指企业净利润(即税后利润)与资本总额(即所有者权益或净资产)的比率,即每元资本所能获得的净利润。其计算公式如下:

$$资本利润率 = \frac{净利润}{资本总额} \times 100\%$$

对企业投资者来说,资本利润率越高,说明投资收益越多,投资者的风险越小,值得投资。对企业经营者来说,如果资本利润率高于债务资金成本率,则适度负债经营对投资者来说是有利的;反之,如果资本利润率低于债务资金成本率,则过高的负债经营就将损害投资者的利益,并使企业利润滑坡,处于困境。

4. 计算总资产利润率,评价企业运用全部资产的获利能力。

总资产利润率又称总资产报酬率。它是指企业利润总额加利息支出与资产平均总额的比率。其计算公式如下:

$$总资产利润率 = \frac{利润总额 + 利息支出}{资产平均总额} \times 100\%$$

$$资产平均总额 = \frac{期初资产总额 + 期末资产总额}{2}$$

利息支出包括银行借款利息、企业应付债券利息等。

在计算总资产利润率的分子中,除利润总额外,还要加上利息支出,是由于企业的资产,有的是用投资者的资金购建的,有的是用向债权人借入的资金购建的,而后者是要支付利息的。按照现行财务制度的规定,利息支出列作当期损益从实现利润中扣除,但这笔利息支出,也是企业利用资产的经营效益,只有将它与本期利润一起计算,才能使不同资金构成的企业的总资产利润率具有可比性,能够全面反映企业全部资产的获利能力。

5. 股份制施工企业,还要计算每股收益和扣除非经常性损益后的每股收益。它们的计算公式如下:

$$每股收益 = \frac{净利润}{股份总数}$$

$$扣除非经常性损益后的每股收益 = \frac{净利润 - 非经常性损益}{股份总数}$$

式中非经常性损益是指企业发生的与施工生产经营无直接关系,以及虽与施工生产经营相关,但由于其性质、金额或发生频率影响了真实、公允地评价企业当期经营成果和盈利能力的各项收入支出,包括交易价格显失公允的关联交易导致的损益;出售、处置部门或被投资单位发生损益、资产置换损益;政策有效期短于三年、越权审批或无正式批准文件的税收返还、减免以及其他政策补贴;会计政策变更对以前年度净利润的追溯调整数;各项营业外收入、支出。通过扣除非经常性损益计算的每股收益,更能真实反映企业的盈利能力。

如果股份制施工企业发行有优先股股票的,则要计算普通股每股收益。因为优先股的股利是按事前约定的股利率支付的,普通股分享的利润是扣除优先股股利后的净利润。其计算公式如下:

$$普通股每股收益 = \frac{净利润 - 优先股股利}{普通股股份总数}$$

又如企业当期发行有新普通股或回购普通股,则在计算每股收益时,应先按下列公式计算当期发行在外普通股加权平均数,然后除以应归普通股分享的净利润。

$$当期发行在外普通股加权平均数 = 期初发行在外普通股股数 + 当期新发行普通股股权 \times \frac{发行在外时间}{报告期时间}$$

$$- 当期回购普通股股数 \times \frac{回购时间}{报告期时间}$$

式中报告期时间、发行在外时间、回购时间一般按照天数计算,在不影响计算结果合理性的前提下,也可按月计算。

如某施工企业 2006 年 1 月 1 日发行在外普通股为 1 000 000 股,2006 年 4 月 1 日发行新普通股 300 000 股,2006 年 11 月 1 日回购在外普通股 120 000 股,该企业没有优先股,当年净利润为 723 000 元,则 2006 年度:

$$\begin{aligned}发行在外普通股加权平均数 &= 1\,000\,000 + 300\,000 \times \frac{9}{12} - 120\,000 \times \frac{2}{12} \\ &= 1\,205\,000(股)\end{aligned}$$

$$普通股每股收益 = \frac{723\,000}{1\,205\,000} = 0.60(元)$$

每股收益与上市公司股票股价的比率,即为购买股票的投资收益率。每股收益除股票股价,即为市盈率。这些指标,都可用以直接或间接地说明企业的盈利能力。

三、企业资本保值增值能力

1. 计算资本保值增值率,评价投资者投入企业资本的完整性和安全性。

资本保值增值率是指企业期末所有者权益总额与期初所有者权益总额的比率。其计算公式如下:

$$资本保值增值率 = \frac{期末所有者权益总额}{期初所有者权益总额} \times 100\%$$

由于所有者权益总额归投资者所有,期末所有者权益总额大于期初所有者权益总额,资本保值增值率大于 100%,表示资本增值。期末所有者权益总额等于期初所有者权益总额,资本保值增值率等于 100%,表示资本保值。将资本保值增值率和资本利润率指标结合使用,能反映投资者的权益或利益的保障程度。

2. 股份制施工企业,要计算每股净资产和调整后的每股净资产,说明每股平均享有的净资产。

每股净资产是指以企业期末股东权益除以期末普通股股份总数而得的商。调整后的每股净资产是指以企业期末股东权益减去三年以上的应收账款、待摊费用、长期待摊费用后的净权益除以期末普通股股份总数而得的商。它们的计算公式如下:

$$每股净资产=\frac{期末股东权益}{期末普通股股份总数}$$

$$调整后的每股净资产=\frac{期末股东权益-三年以上的应收账款-待摊费用-长期待摊费用}{期末普通股股份总数}$$

除了计算每股净资产外,所以还要计算调整后的每股净资产,是因为企业的资产很多,但从流动性和变现价值来看,是各不相同的。其中有一部分是"不良资产",实际是费用或损失,它们是没有变现价值或者是市场价值极低的。例如待摊费用和长期待摊费用,虽然也在资产行列中,但只能在今后陆续分期摊入成本、费用,而不能流动和变现的。三年以上账龄的应收账款,只能作为坏账损失冲销,是不大可能收回来的。把它们从股东权益中减掉,可以使计算的每股净资产更实在可靠,质量更高。将期末每股净资产、调整后的每股净资产与期初每股净资产、调整后的每股净资产比较,就可了解资本的保值增值情况。如每股净资产逐年增加,说明企业盈利能力较强,发展前景可观,股东权益能得到保障,有利于投资者长期投资。当然也要结合股本扩张情况加以分析对比。

四、企业资产负债水平和偿债能力

1. 计算资产负债率,观察企业总资产中举债筹资的比重,评价借入资金的安全程度。

资产负债率又称负债比率,它是指企业负债总额与资产总额的比率。即每元资产中有多少属于债权人提供的资金。其计算公式如下:

$$资产负债率=\frac{负债总额}{资产总额}\times 100\%$$

对债权人来说,企业资产负债率越低,说明债权人资金的"安全边际"越高,越有物质保障。因为企业在清算时,资产变现所得可能低于账面价值,而所有者一般只承担有限责任,比率过高,债权人可能蒙受损失。

对经营者和投资者来说,企业资产负债率较高,意味着负债经营能力较强,在企业资本利润率或投资收益率高于债务资金成本率的情况下,带来的财务杠杆利益越多,越能提高资本利润率,但财务风险也越大。若企业经营不善,利润滑坡,过度负债经营,就将遭到财务杠杆的惩罚,降低资本利润率,并可能导致资不抵债而破产。因此,对资本利润率低于债务利率的施工企业,应尽可能地降低资产负债率。

2. 计算流动比率、速动比率和现金比率,分析企业偿还短期债务的能力。

流动比率是指流动资产与流动负债的比率。其计算公式如下:

$$流动比率 = \frac{流动资产}{流动负债} \times 100\%$$

用流动比率来衡量资产流动性的大小,当然要求企业的流动资产在清偿流动负债以后还有财力应付日常经营活动中其他资金的需要,所以对债权人来说,此项比率越高越好。因为比率越高,债权越有保障。但在实际上,流动资产中库存材料常因工程结构变动和施工任务不足等原因而影响其流动,因此,流动比率只能作为理论上衡量企业短期债务偿还能力的比率,不能据以说明企业的现实偿债能力。这个比率一般要求保持在200%左右,这样,即使存货中库存材料等占流动资产的50%,企业也可以不依赖出售材料就能保证偿还短期债权人的债务。

速动比率是指速动资产与流动负债的比率。所谓速动资产,是指从全部流动资产中扣除存货后的流动资产(也有主张再扣除待摊费用),主要包括银行存款、库存现金、应收票据、应收账款、短期投资、其他应收款等。速动比率是衡量企业在某一时点上可快速变现资产偿付到期债务的能力。其计算公式如下：

$$速动比率=\frac{速动资产}{流动负债}\times100\%$$

速动比率一般要求保持在100%左右,因为此时的速动比率表示：即使不处理存货,仅出售有价证券,收回应收账款加上货币资金,也能偿付到期短期债务。

必须指出,由于目前建设单位投资往往留有缺口,普遍存在拖欠工程款现象,速动比率即使达到100%,也不一定就有偿还到期短期债务的能力。所以还必须计算现金比率和应收账款周转率。

现金比率是指现金与流动负债的比率。这里的现金,是指现金流量表中的现金,包括现金、银行存款、其他货币资金等货币资金和三个月内可变现的短期投资。其计算公式如下：

$$现金比率=\frac{货币资金+三个月内可变现的短期投资}{流动负债}\times100\%$$

在企业的流动资产中,货币资金和三个月内可变现的短期投资,是变现能力最强的。如无意外,可以如数保证等额短期债务的偿还。因此,较之流动比率和速动比率,用现金比率来评价企业流动负债的偿还能力,更有现实的意义。

3. 计算应收账款周转率,分析企业应收账款周转的速度。

应收账款周转率又称收账比率,是指企业主营业务收入和其他业务收入与应收账款平均余额的比值,通常以周转次数表示。其计算公式如下：

$$应收账款周转率=\frac{主营业务收入+其他业务收入}{应收账款平均余额}$$

$$应收账款平均余额=\frac{期初应收账款余额+期末应收账款余额}{2}$$

应收账款周转率越高,说明周转速度快,变现能力强,债务偿还有保障。

对坏账损失较多的施工企业,还应计算应收账款损失率,说明本期发生坏账损失与期初应收账款余额的比率,即每元应收账款在本期发生多少坏账损失,然后进而对其原因进行分析。应收账款损失率的计算公式如下:

$$应收账款损失率 = \frac{本期坏账损失}{期初应收账款余额} \times 100\%$$

4. 计算材料周转率,分析企业材料储备资金周转的速度。

材料周转率是指主营业务成本和其他业务支出与材料(包括库存材料、周转材料和低值易耗品)平均余额的比值,通常以周转次数表示。其计算公式如下:

$$材料周转率 = \frac{主营业务成本 + 其他业务成本}{材料平均余额}$$

$$材料平均余额 = \frac{期初材料余额 + 期末材料余额}{2}$$

材料周转率高,说明企业材料储备资金周转速度快,使用效率高,债务偿还有保障。必须指出的是,由于各个地区各个企业材料供应体制的不同,各个企业的材料周转率可能有较大的差异,这是在对比分析时必须加以注意的。

上述应收账款周转率和材料周转率是对资产负债率、流动比率、速动比率的补充。如果企业资产负债率偏高、短期支付能力不强,但只要应收账款周转率和材料周转率快,应收账款能及时回笼和材料储备使用效率高,到期债务的偿还还是有保障的。

此外,还应提出降低成本、提高企业盈利、改善资金利用效率的意见和措施,以及针对施工生产经营环境和宏观政策、法规发生重大变化所采取的对策。

复 习 题

1. 什么叫做财务会计报告？施工企业的财务会计报告包括哪些组成部分,具有哪些作用？

2. 资产负债表和利润表的结构有什么特点？它们各有哪些作用？

3. 什么叫做现金流量？现金流量表的内容包括哪些？为什么要编制现金流量表？

4. 哪些施工企业要编制合并会计报表？它有哪些作用？施工企业的哪些内部交易和事项要在编制合并会计报表中加以抵销和调整？

5. 施工企业的哪些内容,应在会计报表附注中加以说明？

6. 为什么在编制会计报表的同时,还要编写财务情况说明书？施工企业的财务状况说明书,主要应包括哪些方面的内容？

习 题

习 题 一

（一）目的　练习资产负债表的编制方法。

（二）资料　某施工企业采用企业会计制度,在 2006 年 12 月 31 日总分类账户及其有关二级账户的余额如下：

会 计 科 目	借 方	贷 方
现金	300	
银行存款	856 000	
其他货币资金	160 000	
短期投资	105 000	

会计科目	借方	贷方
应收票据	246 000	
应收账款	700 000	
坏账准备		9 000
预付账款	100 000	
其他应收款	5 000	
物资采购	200 000	
原材料	1 010 000	
周转材料	190 000	
低值易耗品	200 000	
材料成本差异	28 000	
备用金	2 000	
待摊费用	100 000	
长期股权投资	300 000	
固定资产	2 000 000	
累计折旧		600 000
临时设施	300 000	
临时设施摊销		100 000
在建专项工程	900 000	
长期待摊费用	40 000	
待处理财产损溢——待处理固定资产损溢	5 000	
短期借款		200 000
应付票据		200 000
应付账款		506 300
其他应付款		50 000
应交税金		30 000
应付股利		200 000
预提费用		2 000
长期借款(其中一年内到期借款 200 000 元)		1 700 000
实收资本(或股本)		4 000 000
盈余公积		303 000
利润分配——未分配利润		100 000
生产成本——工程施工成本	553 000	
合 计	8 000 300	8 000 300

（三）要求　编制该施工企业 2006 年 12 月 31 日资产负债表。

习 题 二

（一）目的　练习利润表和利润分配表的编制方法。
（二）资料　见第八章[习题一]。
（三）要求　编制该施工企业 2006 年度利润表和利润分配表。

习 题 三

（一）目的　练习资产负债表、利润表、利润分配表的编制方法。

（二）资料

1. 某施工企业采用企业会计制度，2007 年年初各会计科目的余额见本章[习题一]。

2. 该施工企业在 2007 年度内，发生了如下经济业务（为了简化核算手续，年度内不分月份，假定只有一个施工单位，并以工地为成本计算对象，物资采购逐笔结转库存材料等科目，材料成本差异按综合差异率计算，周转材料和低值易耗品采用一次摊销法摊销，股票投资采用成本法核算）。

（1）收到银行通知，用银行存款支付到期的商业承兑汇票 100 000 元。

（2）收到发包单位预付工程款 340 000 元，存入银行结算户。

（3）收到上年采购成本为 200 000 元的在途材料并验收入库，该批材料计划价格成本为 198 000 元。

（4）用银行存款购入主要材料一批，买价 148 000 元，运杂费 8 000 元，材料已验收入库，该批材料计划价格成本为 152 000 元。

（5）施工单位领用主要材料一批，计划价格成本为 600 000

元,周转材料一批,计划价格成本为50 000元。

(6) 计算并结转领用材料应分摊的材料成本差异。

(7) 用银行存款支付应付利润200 000元,交纳欠交税金30 000元,支付其他应付款50 000元。

(8) 收到发包单位欠交工程款700 000元,存入银行结算户。

(9) 应付职工工资140 000元,其中建筑安装工程施工人员工资100 000元,机械施工机上人员工资15 000元,施工单位管理人员工资10 000元,企业行政管理人员工资15 000元。

(10) 向银行提取现金140 000元,支付应付职工工资。

(11) 按工资总额的14%提取职工福利费,按工资总额的2%计提应付工会经费。

(12) 计提固定资产折旧80 000元,其中施工机械折旧60 000元,企业行政管理部门使用固定资产折旧20 000元。

(13) 摊销固定资产大修理支出20 000元,其中施工机械大修理支出15 000元,企业行政管理部门使用固定资产大修理支出5 000元。

(14) 机械施工单位领用材料一批,计划价格成本4 500元,低值易耗品一批,计划价格成本3 500元。

(15) 施工单位领用低值易耗品一批,计划价格成本3 000元,企业行政管理部门领用低值易耗品一批,计划价格成本4 000元。

(16) 计算并结转领用材料和低值易耗品应分摊的材料成本差异。

(17) 用银行存款支付电费17 660元,其中施工机械用电9 740元,施工现场照明用电5 000元,企业行政管理部门照明用电2 920元。

(18) 用银行存款支付水费3 000元,其中施工生产用水费

2 000元,企业行政管理部门用水费1 000元。

(19) 收到股息84 000元,存入银行结算户。

(20) 将短期投资的到期债券105 000元兑现,收到本金105 000元,利息3 000元,存入银行结算户。

(21) 待处理固定资产盘亏5 000元,经批准转作营业外支出处理。

(22) 从银行提取现金18 000元,其中8 000元用以支付职工困难补助,10 000元用以支付职工医药卫生费用。

(23) 用银行存款支付应付材料款480 000元。

(24) 用银行存款支付施工单位土方运输费12 000元,办公费12 600元,差旅交通费10 940元,其他间接费用5 000元。

(25) 用银行存款支付企业行政管理部门办公费13 600元,差旅交通费20 000元,其他管理费用5 300元。

(26) 摊销施工单位临时设施10 000元,记入工程间接费用。

(27) 向发包单位点交已完工程,应收工程款1 450 000元。

(28) 计算并结转工程结算税金及附加,其中营业税按工程价款收入3%计算,城市维护建设税按营业税的7%计算,教育费附加按营业税的3%计算。

(29) 将"生产成本——机械作业成本"科目登记的机械使用费结转"生产成本——工程施工成本"科目,"生产成本——工程施工成本——间接费用"科目登记的工程间接费用结转"生产成本——工程施工成本"科目。

(30) 将"生产成本——工程施工成本"科目的施工成本扣除未完施工成本254 000元后的已完工程成本结转"主营业务成本"科目。

(31) 收到发包单位工程款1 060 000元,存入银行结算户。

(32) 用银行存款上交营业税42 000元,城市维护建设税2 940元。

(33) 归还到期短期借款本金 200 000 元,利息 8 000 元。

(34) 购入施工机械两台,价款 100 000 元,运杂费 6 000 元,价款和运杂费均以银行存款支付,施工机械经验收交付使用。

(35) 购入需要安装生产设备一批,价款 200 000 元,运杂费 18 000 元,交给安装公司安装。

(36) 用银行存款支付安装公司安装工程价款 60 000 元。

(37) 用银行存款偿还长期借款本金 200 000 元,利息 93 400 元,其中 70 000 元利息由专项工程负担,23 400 元利息记入财务费用。

(38) 一项专项工程完工,交付生产使用,已办理竣工手续,固定资产价值 808 000 元。

(39) 年终盘点固定资产,将一台损坏施工机械报废清理,这台施工机械原值 40 000 元,已提折旧 24 000 元,在清理过程中,用现金支付清理费用 300 元,残料出售收入现金 800 元。

(40) 按应收账款余额的 1% 调整坏账准备。

(41) 将各收支科目结转本年利润科目。

(42) 计算应交所得税,税率为 25%(假定本年应税所得和会计利润相同),并将本年利润科目余额转入"利润分配"的"未分配利润"二级科目。

(43) 按税后利润 10% 提取法定盈余公积金。

(44) 按规定计算应分配给投资者利润为 150 000 元。

(45) 将利润分配各二级科目的余额转入"未分配利润"二级科目。

(三) **要求**

1. 将上列各项经济业务和转账事项作成会计分录,并在每笔分录前注明经济业务和转账事项的号数。

2. 根据所作会计分录登记总分类账(有二级科目的按二级科

目设账,采用"T"式)。

3. 编制总分类账户(包括二级账户)本期发生额及余额表。

4. 编制下列会计报表:

(1) 2007年12月31日资产负债表。

(2) 2007年度利润表。

(3) 2007年度利润分配表。